何乐士先生在工作中

碎 金 集 拾

——何乐士古汉语著译文稿

何乐士 著

商 务 印 书 馆

2010 年 · 北京

图书在版编目（CIP）数据

碎金集拾：何乐士古汉语著译文稿/何乐士著. —北京：
商务印书馆,2010
ISBN 978 - 7 - 100 - 06658 - 7

Ⅰ.碎… Ⅱ.何… Ⅲ.汉语-古代-文集 Ⅳ. H109. 2 - 53

中国版本图书馆 CIP 数据核字（2009）第 066896 号

SUÌJĪN JÍSHÍ

碎 金 集 拾
——何乐士古汉语著译文稿

何乐士 著

商 务 印 书 馆 出 版
（北京王府井大街36号 邮政编码 100710）
商 务 印 书 馆 发 行
北 京 瑞 古 冠 中 印 刷 厂 印 刷
ISBN 978 - 7 - 100 - 06658 - 7

2010 年 1 月第 1 版 开本 850×1168 1/32
2010 年 1 月北京第 1 次印刷 印张 16¾
定价：33. 00 元

目　　录

语　法

书评·书序

评　传

小　品　文

译 著

说"稍"和"稍稍"

"稍"和"稍稍"在现代汉语里都表示"稍微"的意思,如"衣服稍长了一点"、"稍稍休息一下"。在古代汉语里,它们的用法要复杂得多,除"稍微"义外,还表示多种别的意思,有的甚至与"稍微"完全相反。

一　稍

1.1　古代"稍"字大多有"渐"义,表示动作行为是逐渐进行的。可解为"渐渐"、"逐渐"、"逐步"等。如:

（1）自缪公以来,稍蚕食诸侯,竟成始皇。(《史记·秦始皇本纪》)

（2）仆自去年八月来,痞疾稍已,往时间一二日作,今一月乃二三作。(柳宗元《与李翰林建书》)(稍已:渐愈)

1.2　表示程度的轻微。可解为"稍微"。先秦时,"稍微"之义多用"少"表示,如:"太后之色少解。"(《战国策·赵策四》)自汉以后,"稍"也常用来表示"稍微"。如:

（3）稍近,益狎,荡倚冲冒,驴不胜怒,蹄之。(柳宗元《黔之驴》)

（4）迩年狱讼,情稍重,京兆五城即不敢专决。(方苞《狱

中杂记》)

1.3 表示范围之广。可解为"尽"、"全都"等。如：

(5)与子雅邑,辞多受少。与子尾邑,受而稍致之,公以为忠,故有宠。(《左传·襄公二十八年》)(稍致之:尽还之于景公。)

(6)吴王之弃其军亡也,军遂溃,往往稍降太尉、梁军。(《史记·吴王濞列传》)(稍降:尽降,全降。往往:纷纷。)

1.4 表示程度之甚。由"尽"义而引申为"甚"义。可解为"颇"、"极"、"很"等。如：

(7)紫台稍远,关山无极。(江淹《恨赋》)("稍远"与"无极"互应,表示"极远"。)

(8)稍喜临边王相国,肯销金甲事春农。(杜甫《诸将五首》)

1.5 表示"已经"之义。如：

(9)坐来黄叶落四五,北斗稍挂西城楼。(李白《单父东楼,秋夜送族弟沈之秦诗》)(稍,一作"已"。)

(10)稍无虫飞喧,复觉蝉语多。(陈师道《次韵晁无斁夏雨诗》)("稍"与"复"互应,"稍无"表示"已无"。)

1.6 表示"旋即"、"已而"之义。如：

(11)才萦下苑曲,稍满东城路。(韦应物《叹杨花》)("稍"与"才"互应,"稍满"表示"旋满"。)

(12)快焰初煌煌,碧烟稍团团。(苏轼《夜烧松明火》)("稍"与"初"互应,有"旋即"或"已而"之义。)

1.7 有"才"、"方"、"正"之义。如：

(13)始有清风至,稍见飞鸟还。(白居易《截树》)(稍见:才见。)

(14)笳鼓远多思,衣裘寒始轻。稍知田父稳,灯火闭柴荆。(王安石《发馆陶诗》)(稍知:方知、才知。诗意谓远行在外的人方知田父安稳,有灯火闭门之乐。)

1.8　有"偶"、"聊(且)"等之义。如:

(15)晴窗洗砚坐,蛇蚓稍蟠结。便有好事人,敲门求醉帖。(苏轼《孙莘老寄墨四首》)("稍"与"便"互应,"稍"有"偶"义。言偶尔挥笔写字,便有人来求帖。)

(16)将探夏禹穴,稍背越王城。(孟浩然《与崔二十一游镜湖》)(稍背:且出。)

二　稍稍

"稍稍"比较后起,在先秦时很少见到,自汉以后逐渐增多。它的意思与"稍"相近,但语气似有所加重。

2.1　表示"渐渐"之义。如:

(1)秦之攻韩魏也,则不然。无有名山大川之限,稍稍蚕食之,傅之国都而止矣。(《战国策·赵策二》)

(2)河间献王采礼乐古事,稍稍增辑,至五百余事。(《汉书·礼乐志》)

2.2　表示范围之广,可理解为"纷纷"一类意思。如:

(3)乃使使徙义帝长沙郴县。趣义帝行,其群臣稍稍背叛之,乃阴令衡山、临江王击杀之江中。(《史记·项羽本纪》)

(4)魏其失窦太后,益疏不用,无势,诸客稍稍自引而怠

傲,唯灌将军独不失故。(《史记·魏其武侯列传》)

2.3 表示"随即"、"已而"之义。如:

(5)灌夫曰:"今日斩头陷胸,何知程、李乎!"坐乃起更衣,稍稍去。魏其侯去,麾灌夫出。(《史记·魏其武侯列传》)(稍稍去:随即离去。)

(6)乱流新安口,北指严光濑。钓台碧云中,邈与苍梧对。稍稍来吴都,徊徘上姑苏。(李白《送王屋山人魏万还王屋》)(稍稍:已而。)

2.4 表示"稍微"之义。如:

(7)或一写而肖,或稍稍损益,卒无不似。(朱熹《送郭拱辰序》)

2.5 表示"才"、"仅"之义。如:

(8)李供奉,仪容质,身才稍稍六尺一。(顾况《李供奉弹箜篌歌》)

2.6 以上五项,"稍稍"都用在谓语前作状语,与"稍"的用法大致相同。还有一项用法是"稍"没有的,即用在主谓前。如:

(9)冬冬城鼓动,稍稍林鸦去。(韦应物《晓坐西斋》)

(10)喷喷雀引雏,稍稍笋成竹。(白居易《孟夏思渭村旧居》)

以上例中的"稍稍"实际上还是修饰谓语,表示动作行为的状态;由于在韵文中与上下句其他叠音词互应而位于句首。

从以上对"稍"和"稍稍"的分析可以看出,虽然它们在具体运用中含义很多,但都围绕一个核心,这个核心由对立的两种意义组成:含"少"义的"渐渐"、"稍微"和含"尽"义的"皆"、"都"、"颇"、"甚"等。其他含义大都由此引申或派生。"稍"之所以有这两种

对立的意义,可能是由于它的字义从"禾",既有微小、渐出之义
(《说文》:"稍,出物有渐也。"段注:"禾之言小也、少也。"),又有
尾末、尽头之义(《广雅·释诂一》:"稍,尽也。"王念孙《广雅疏
证》:"稍者,尾之尽也。")。在汉字数量不多的阶段,"稍"的这两
种含义在语言中都充分发挥其作用,后来随着词语的日趋丰富,
"稍"和"稍稍"的其他含义逐步由别的词语替代,今天就只剩下
"稍微"的含义了。"稍"和"稍稍"与"稍微"的意义和用法相同,
更表明语言随着社会的发展,表达也愈益准确;"稍"和"稍稍"在
语言运用中加上了"一点儿"、"一些"、"一会儿"等成分的配合,
"稍微"的含义就更加无误了。

(本文原载于《语文知识》1985 年第 1 期)

《左传》的"如"

《左传》的"如"共 679 例,其中有动词、助动词、连词,还有部分词组。

一　动词

动词"如"有以下几项用法:

1.1　表示"往"、"去到"一类意思。如:

(1)宋人使门尹般如晋师告急。(僖 28)1.455①

(2)叔孙婼、齐国弱、宋华定、卫北宫喜、郑罕虎、许人、曹人、莒人、邾人、滕人、薛人、杞人、小邾人如晋,葬平公也。(昭 10)4.1318

1.2　表示"像"、"似"义。如:

(1)星陨如雨,与雨偕也。(庄 7)1.171

(2)冬,晋文公卒。庚辰,将殡于曲沃。出绛,柩有声如牛。(僖 32)1.489

(3)国人望君如望慈父母焉。(哀 13)4.1703

---

① "(僖 28)1.455",表示《左传·僖公二十八年》,第一册,第 455 页。引例依据杨伯峻先生《春秋左传注》,全四册,中华书局 1981 年版。全文引例均同此。

(4)君子曰:从善如流,宜哉! (成8)2.838

1.3 表示比较之义。常与"不"、"莫"连用。如:

(1)且人之欲善,谁不如我? (僖9)1.329

(2)荀息将死之,人曰:"不如立卓子而辅之。"(僖9)1.329

(3)无德以及远方,莫如惠恤其民而善用之。(成2)2.807

二 助动词

"如"作助动词有"应当"义,常与"则"连用。如:

(1)明耻、教战,求杀敌也。伤未及死,如何勿重? 若爱重伤,则如勿伤;爱其二毛,则如服焉。(僖22)1.398

(2)二三子若能死亡,则如违之,以待所济;若求安定,则如与之,以济所欲。(昭13)4.1345

三 连词

"如"作连词表示"如果",在《左传》中仅见两例:

(1)城濮之役,晋师三日穀,文公犹有忧色。左右曰:"有喜而忧,如有忧而喜乎?"(宣12)2.748

意谓今有喜却忧,如果有忧才高兴吗?

(2)士文伯曰:"火见,郑其火乎! 火未出,而作火以铸刑器,藏争辟焉。火如象之,不火何为?"(昭6)4.1277

意谓大火星如果象征这个,不引起火灾还干什么?

另有两例转引自《诗经》：

(3)《诗》曰："君子如怒,乱庶遄沮。"(文2)2.521

(4)《诗》曰："君子如祉,乱庶遄已。"(宣17)2.774

四 "如"的词组

4.1 "何如"表示询问。如：

(1)公曰："君王何如?"对曰："非小人之所得知也。"(成9)2.845

(2)公朝国人,使贾问焉,曰："若卫叛晋,晋五伐我,病何如矣?"皆曰："五伐我,犹可以能战。"(定8)4.1567

4.2 "如之何"表示反问：

(1)将长蔡于卫。卫侯使祝佗私于苌弘曰："闻诸道路,不知信否。若闻蔡将先卫,信乎?"苌弘曰："信。……"子鱼曰："以先生观之,则尚德也。……吾子欲复文、武之略,而不正其德,将如之何?"苌弘说,告刘子,与范献子谋之,乃长卫侯于盟。(定4)4.1542

4.3 "如×何"表示询问：

(1)陈文子见崔武子曰："将如君何?"武子曰："吾言于君,君弗听也。"(襄23)3.1077

4.4 "如何"表示询问或反问。如：

(1)齐侯陈诸侯之师,与屈完乘而观之。齐侯曰："岂不穀是为? 先君之好是继。与不穀同好如何?"对曰"君惠徽福于敝邑之社稷,辱收寡君,寡君之愿也。"(僖4)1.292

(2)齐侯将为臧纥田。臧孙闻之,见齐侯。与之言伐晋,对曰:"多则多矣,抑君似鼠。夫鼠,昼伏夜动,不穴于寝庙,畏人故也。今君闻晋之乱而后作焉,宁将事之,非鼠如何?"乃弗与田。(襄24)3.1085

此例的"如"与"而"相通,非鼠如何→非鼠而何,意即不是老鼠又是什么?

4.5 "何×如之(是)"表示反问。意谓"什么事物(情况)能像这样"。如:

(1)社稷有主而外其心,其何贰如之?(庄14)1.198

(2)君贶之以大礼,何乐如之?(文3)2.531

(3)巫臣曰:"是不祥人也。是天子蛮,杀御叔,弒灵侯,戮夏南、出孔、仪,丧陈国,何不祥如是?"(成2)2.804

4.6 "譬如"表示比喻。如:

(1)譬如捕鹿,晋人角之,诸戎掎之,与晋踣之。(襄14)3.1006

(2)譬如田猎,射御贯,则能获禽。(襄31)3.1193

4.7 "譬之如"表示比喻:

(1)公膳日双鸡,饔人窃更之以鹜。御者知之,则去其肉,而以其洎馈。子雅、子尾怒。庆封告卢蒲嫳。卢蒲嫳曰:"譬之如禽兽,吾寝处之矣。"(襄28)3.1146

"譬如"表示一般的比喻;"譬之如"拿具体的对象打比喻,意谓"把他(们)比成……"。

4.8 "有如"常用在盟誓中,表示"就像……",引申为"有……为证"的意思。如:

(1)公子曰:"所不与舅氏同心者,有如白水!"(僖24)1.413

（2）秦伯曰："若背其言，所不归尔帑者，有如河！"（文13）2.596

（3）晋州绰及之，射殖绰，中肩，两矢夹脰，曰："止，将为三军获；不止，将取其衷。"顾曰："为私誓。"州绰曰："有如日！"（襄18）3.1039

（4）晏子仰天叹曰："婴所不唯忠于君、利社稷者是与，有如上帝！"（襄25）3.1099

（5）所不杀死者，有如陈宗！（哀14）4.1685

"有"、"如"似是两个动词并列，有时可只用"有"：

（6）公曰："所难子者，上有天，下有先君！"（哀14）4.1687

有时可只用"如"：

（7）晋士庄子为载书曰："自今日既盟之后，郑国而不唯晋命是听，而或有异志者，有如此盟！"公子騑趋进曰："……自今日既盟之后，郑国而不唯有礼与强可以庇民者是从，而敢有异志者，亦如之！"（襄9）3.969

（8）将盟，齐人加于载书曰："齐师出竟而不以甲车三百乘从我者，有如此盟！"孔丘使兹无还揖对，曰："而不反我汶阳之田，吾以共命者，亦如之！"（定10）4.1578

两例的"亦如之"承上文都是"亦如此盟"之意。

"有如"有时作"有若"：

（9）蔡侯归，及汉，执玉而沈，曰："余所有济汉而南者，有若大川！"（定4）4.1532

有一例的"有如"用法与上面有些不同：

（10）将歃，涉佗捘卫侯之手，及捥。卫侯怒，王孙贾趋

进,曰:"盟以信礼也,有如卫君;其敢不唯礼是事而受此盟也?"(定8)4.1655

意谓盟约是用来伸张礼仪的,正如卫君就是这样做的;难道敢不奉行礼仪而接受这个盟约?

"有如"还可用作假设连词(这种用法在《左传》中未见),如:

(11)会痤病,魏惠王亲往问病,曰:"公叔病,有如不可讳,将奈社稷何?"(《史记·商君列传》)

"有如不可讳"意谓要是不幸去世。

五　小结

"如"在《左传》中主要用作动词,共619例,占总数679例的91%,助动词8例,连词4例。"如"的词组共48例,占总数的7%。现将各项用法列表于下:

词类	动　词	619		91%
	助动词	8		1%
	连　词	4		0.5%
词组	何　如	23	48	7.5%
	如之何	1		
	如×何	1		
	如　何	3		
	何×如之	7	679	
	譬　如	4		
	譬之如	1		
	有　如	8		

(本文原载于《语文月刊》1988年第11、12期)

《左传》的"若"

《左传》的"若"共出现 409 次,其中有连词、副词、动词、形容词,还有部分词组。

一 连词

连词"若"在《左传》中有以下几种用法:

1.1 假设连词

"若"作假设连词表示"如果"之义,常出现在偏正复句的偏句之中。具体位置有以下几种:

1.1.1 在偏句的主谓之间。如:

（1）宋殇公之即位也,公子冯出奔郑。郑人欲纳之。及卫州吁立,将修先君之怨于郑,而求宠于诸侯,以和其民。使告于宋曰:"君若伐郑,以除君害,君为主,敝邑以赋与陈、蔡从,则卫国之愿也。"宋人许之。(隐 4)1.36①

从上下文可以看出,"若"在主、谓之间,主要是对施事主语的动作行为的假设:例中假设的重点是"伐郑",而不是"君",因为卫州吁

---

① "(隐 4)1.36",表示《左传·隐公四年》,第一册,第 36 页。引例依据杨伯峻先生《春秋左传注》,全四册,中华书局 1981 年版。全文引例均同此。

之所以派使臣到宋国去游说,就是为了利用宋与郑的矛盾,以宋的兵力去攻打郑国,因此对主语"君"(指宋君)不可能再作假设,把"若"放在"伐郑"之前不仅语义的表达更为准确,而且使假设的内容更为突出。又如:

(2)及楚,楚子飨之,曰:"公子若反晋国,则何以报不谷?"(僖23)1.408

(3)秋,齐侯伐卫。……陈文子见崔武子,曰:"将如君何?"武子曰:"吾言于君,君弗听也。以为盟主而利其难。群臣若急,君于何有? 子姑止之。"(襄23)3.1077

从以上诸例可以看出,主语常为施事者,假设的是主语可能发出的动作行为。主语大多确有所指,而且大多是不可少的。如例(3)的"群臣"和"君"两个主语就是互相对待的。又如:

(4)秦师又败吴师,吴师居麇,子期将焚之,子西曰:"父兄亲暴骨焉,不能收,又焚之,不可。"子期曰:"国亡矣! 死者若有知也,可以歆旧祀? 岂惮焚之?"(定5)4.1552

此例的假设"若有知",是针对具体主语而发的。〔主·若·谓〕中的"主"一般都不是可有可无,而是上下文义所不可缺少的。在一定条件下,主语可承上省略。如:

(5)君若以德绥诸侯,谁敢不服? 君若以力,楚国方城以为城,汉水以为池,虽众,无所用之。(僖4)1.191

(6)大君若不弃书之力,亡臣犹有所逃;若弃书之力,而思厣之罪,臣,戮余也,将归死于尉氏,不敢还矣。(襄11)3.1062

(7)(郑公孙黑)请以印为褚师。子产曰:"印也若才,君将任之;不才,将朝夕从女。女罪之不恤,而又何请焉? 不速

死,司寇将至。"七月戊寅,缢。(昭2)4.1230

例(5)两个表假设的偏句都是〔主·若·谓〕,例(6)承上省略了主语"大君",例(7)承上省略了主语"印(也)"和假设连词"若"。

由此可见,在〔主·若·谓〕中,假设的中心内容是谓语,必要时主语和"若"都可承上省略,只留下假设的内容。

少数主语不是谓语所代表的动作行为的施事者,而是谓语描述的对象。如例(7)的"印也若才"中的主语"印(也)",受形容词谓语"才"的描绘。又如:

(8)后世若少惰,陈氏而不亡,则国其国也已。(昭26)4.1380

有时主语为受事,如:

(9)事若克,季子虽至,不吾废也。(昭27)4.1483

(10)臣与闻命矣,言若泄,臣不获死。(昭25)4.1463

1.1.2　"若"在动词谓语之前,句子无主语。有以下几种情况:

1.1.2.1　谓语是说话人对自身某(两)种情况或行为的假设。如:

(1)宋穆公疾,召大司马孔父而属殇公焉,曰:"先君舍与夷而立寡人,寡人弗敢忘。若以大夫之灵,得保首领以没;先君若问与夷,其将何辞以对?"(隐3)1.20

例中的"若"前暗含主语"寡人"。又如:

(2)子庚叹曰:"君王其谓午怀安乎! 吾以利社稷也。"见使者,稽首而对曰:"诸侯方睦于晋,臣请尝之。若可,君而继之。不可,收师而退,可以无害,君亦无辱。"(襄18)3.1041

"若可"、"不可"是对出兵后情况顺利与否的设想,无主语。

1.1.2.2 有时是跟对方说话时,对对方情况的假设。如:

(1)公曰:"尔有母遗,繄我独无!"颍考叔曰:"敢问何谓也?"公语之故,且告之悔。对曰:"君何患焉? 若阙地及泉,隧而相见,其谁曰不然?"公从之。(隐4)1.15

(2)楚文王伐申。过邓。邓祁侯曰:"吾甥也。"止而享之。骓甥、聃甥、养甥请杀楚子。邓侯弗许。三甥曰:"亡邓国者,必此人也。若不早图,后君噬齐。其及图之乎!"(庄7)1.170

以上例中的"若"前都暗含着第二人称的主语。例(1)"若"句上文有谈话的对方"君","若"句主语承上而省,不需出现,文义自明。例(2)的下文有"后君噬齐","若"句主语蒙下而省。

1.1.2.3 有时"若"句暗含的主语是第三人称的对象。从上下文可以辨别。如:

(1)僖负羁之妻曰:"吾观晋公子之从者,皆足以相国。若以相,夫子必反其国。反其国,必得志于诸侯。"(僖23)1.407

"若"句暗含的主语为"晋公子",或为泛指的第三人称主语。

(2)卫侯谓浑良夫曰:"吾继先君而不得其器,若之何?"良夫代执火者而言,曰:"疾与亡君,皆君之子也。召之而择材焉可也。若不材,器可得也。"(哀17)4.1705

"若不材",承上文,知暗含的主语应为"亡君",即辄。杜预注:"辄若不材,可废其身,因得其器。"

1.1.2.4 有时"若"在名词谓语前:

(1)王叔陈生与伯舆争政,……王叔之宰与伯舆之大夫瑕禽坐狱于王庭,士匄听之。王叔之宰曰:"筚门闺窦之人而皆陵其上,其难为上矣。"瑕禽曰:"昔平王东迁,吾七姓从王,牲用备具,王赖之,而赐之骍旄之盟,曰:'世世无失职'。若筚门闺窦,其能来东厎乎?"(襄10)3.983

"若筚门闺窦",意谓我若为筚门闺窦之人。

1.1.3 "若"在偏句主语之前。"若"在主语的前或后,一般来说,句子没有什么意义上的差别,但有时是"若"非在主语前不可。如:

(1)穆姬闻晋侯将至,以太子罃、弘与女简璧登台而履薪焉。使以免服衰绖逆,且告曰:"上天降灾,使我两君匪以玉帛相见,而以兴戎。若晋君朝以入,则婢子夕以死;夕以入,则朝以死。唯君裁之!"(僖15)1.358

"若晋君朝以入"与"晋君若朝以入"有区别;前者强调晋君不能入,如果晋君进入国内,我就怎么办。后者可能产生误解,使人感到强调的是"入"的时间,晋君如果早上进来,我就如何如何。又如:

(2)悼公稽首曰:"吾子,奉义而行者也。若我可,不必亡一大夫;若我不可,不必亡一公子。"(哀6)4.1638

"若我可"、"若我不可",是指别人认为我可(为君)与否;"我若可"、"我若不可"则可以表示我认为别的人或事可与不可。如:

(3)楚人伐郑,郑伯欲成。孔叔不可,曰:"齐方勤我,弃德不详。"(僖3)1.286

1.2 选择连词

"若"作选择连词表示"或者",可连接词或短语。如:

(1)若火作,其四国当之,在宋、卫、陈、郑乎! ……其以丙子若壬午作乎! (昭17)4.1391

(2)晋赵鞅使告于卫曰:"君之在晋也,志父为主。请君若大子来,以免志父。不然,寡君其曰志父之为也。"(哀17)4.1797

有时两个"若"并列,如:

(3)正月,作三军,三分公室而各有其一。三子各毁其乘。季氏使其乘之人以其役邑入者无征,不入者倍征。孟氏使半为臣,若子若弟。叔孙氏使尽为臣,不然不舍。(襄11)3.987

"若子若弟",即或子或弟。

1.3 他转连词

"若"作他转连词常用于复句之中,表示对象或问题的转移。可理解为"至于"。如:

(1)向巢来奔,宋公使止之,曰:"寡人与子有言矣,不可以绝向氏之祀。"辞曰:"臣之罪大,尽灭桓氏可也。若以先臣之故,而使有后,君之惠也。若臣,则不可以入矣。"(襄14)4.1688

1.4 让步连词

"若"作让步连词仅见1例,表示"即使"(或"虽")义:

(1)见舞《韶箾》者,曰:"德至矣哉,大矣!如天之无不帱也,如地之无不载也。虽甚盛德,其蔑以加于此矣,观止矣。若有他乐,吾不敢请已。"(襄29)3.1156

1.5 承接连词

仅见1例,表示"而"义:

(1)齐侯使敬仲为卿。辞曰:"羁旅之臣幸若获宥,及于宽政,赦其不闲于教训,而免于罪戾,弛于负担,君之惠也。"

（庄 22）1.220

二 副词

"若"作副词虽然在位置上与许多连词"若"的例句相同——
都在谓语之前，但仍然可以辨别：第一，副词"若"不表假设，不连
接分句，主要作用是修饰动词。第二，连词"若"主要用在偏正复
句的偏句中，正句表示结果；副词"若"所在句没有连词"若"的上
下文配合关系。

副词"若"按意义区分有以下几种关系：

2.1 "若"表示"或（者）"。如：

（1）右尹子革曰："请待于郊，以听国人。"王曰："众怒不
可犯也。"曰："若入于大都，而乞师于诸侯。"王曰："皆叛矣。"
曰："若亡于诸侯，以听大国之图君也。"（昭 13）4.1347
前"若"句是一个连动句，中间用"而"连接，后"若"句是一个偏正
的动词谓语句，中间用"以"连接。都不是连词"若"所在的偏正复
句结构。

（2）薛宰曰："宋为无道，绝我小国于周，以我适楚，故我
常从宋。晋文公为践土之盟，曰：'凡我同盟，各复旧职。'若
从践土，若从宋，亦唯命。"（定 1）4.1523
"若从践土，若从宋"，并列的动词谓语作偏句，"亦唯命"作正句。
意谓"或从践土，或从宋"。

（3）九月，诸侯悉师以复伐郑，郑人使良霄、大宰石㚟如
楚，告将服于晋，曰："孤以社稷之故，不能怀君。君若能以玉
帛绥晋；不然，则武震以摄威之，孤之愿也。"（襄 11）3.990

"君若能以玉帛绥晋"与"不然,则武震以摄威之"组成一个互相转折的并列复句。

（4）君若待于曲棘,使群臣从鲁君以卜焉。（昭26）4.1471

这是由两个动词谓语结构组成的单句。

2.2　"若"表示"好像"、"似乎"一类意思。如:

（1）卫侯使祝佗私于苌弘曰:"闻诸道路,不知信否。若闻蔡将先卫,信乎?"苌弘曰:"信。"（定4）4.1535

2.3　"若"表示"应当"一类意思。如:

（1）晋人执晏弱于野王,执蔡朝于原,执南郭偃于温。苗贲皇使,见晏桓子。归,言于晋侯曰:"……夫三子者曰:'若绝君好,宁归死焉。'为是犯难而来。吾若善逆彼以怀来者。吾又执之,以信齐沮,吾不既过矣乎?"（宣17）2.773

三　动词

3.1　"若"作动词表示"像"义,都带宾语。如:

（1）古人有言曰:"知臣莫若君。"（僖7）1.371

（2）为之歌《唐》,曰:"思深哉! 其有陶唐氏之遗民乎! 不然,何其忧之远也! 非令德之后,谁能若是?"（襄29）3.1163

3.2　有时表示"如",用于比较,"不若"即"不如"之义:

（1）宋人或得玉,献诸子罕。子罕弗受。献玉者曰:"以示玉人,玉人以为宝也,故敢献之。"子罕曰:"我以不贪为宝,尔以玉为宝。若以与我,皆丧宝也,不若人有其宝。"（襄

16)3.1024

四　形容词

(1)昔夏之方有德也,远方图物,贡金九牧,铸鼎象物,百物而为之备,使民知神、姦。故民入川泽、山林,不逢不若。(宣3)2.670

若,顺也。不若,不顺,意指不利于己之物。形容词"若"在这里用作名词。

五　"若"的词组

5.1　若何

5.1.1　"若何·谓语"表示反问。如:

(1)邻国之难,不可虞也。或多难以固其国,启其疆土;或无难以丧其国,失其守宇,若何虞难? (昭4)4.1247

5.1.2　"若何·而·谓语"表示询问:

(2)秦人欲战。秦伯谓士会曰:"若何而战?"对曰:"……若使轻者肆焉,其可。"(文12)2.590

5.1.3　"若何"单独成句或作谓语。如:

(3)子以疾辞,若何? (文7)2.561

(4)从其有皮,丹漆若何? (宣2)2.654

5.1.4　可若何

(5)晋侯谓庆郑曰:"寇深矣,若之何?"对曰:"君实深之,可若何!"(僖15)1.354

5.2 若之何

5.2.1 "若之何·谓语"表示反问。如:

(1)林父之事君也,进思尽忠,退思补过,社稷之卫也,若之何杀之? (宣12)2.748

表示询问,如:

(2)仲孙归,曰:"不去庆父,鲁难未已。"公曰:"若之何而去之?"对曰:"难不已,将自毙,君其待之!"(闵1)1.257

5.2.2 "若之何"作谓语,表示询问或反问。如:

(3)及吴师至,……国人惧。懿子谓景伯:"若之何?"对曰:"吴师来,斯与之战,何患焉?"(哀8)4.1648

(4)吾子,楚国之望也。今与王言如响,国其若之何? (昭12)4.1340

5.3 "若×何"表示反问或询问。如:

(1)信谗慝而弃忠良,若诸侯何? (成16)2.894

(2)郑伯如晋,子大叔相,见范献子。献子曰:"若王室何?"对曰:"老夫其国家不能恤,敢及王室?"(昭24.6)4.1451

5.4 "无若×何"表示反问。如:

(1)郑简公卒。将为葬除,……司墓之室有当道者,毁之,则朝而崩;弗毁,则日中而崩。子大叔请毁之,曰:"无若诸侯之宾何!"(昭12)4.1332

5.5 "若其"表示假设。如:

(1)我退而楚还,我将何求?若其不还,君退、臣犯,曲在彼矣。(僖28)1.428

5.6 "若苟"表示假设。如:

（1）群臣帅赋舆以为鲁、卫请。若苟有以藉口,而复于寡君,君之惠也。（成2）2.799

5.7 "若犹"表示假设。若、犹,同义词连用。

（1）寡君以为苟有盟焉,弗可改也已。若犹可改,日盟何益?（哀12）4.1671

5.8 "若夫"表示"至于"、"至若"。常用于句首,承接上文,表示一层意思已经说完,再转说另一层意思。

（1）鸟兽之肉不登于俎,皮革、齿牙、骨角、毛羽不登于器,则公不射,古之制也。若夫山林、川泽之实,器用之资,皂隶之事,官司之守,非君所及也。（隐5）1.44

5.9 "若而"

（1）天子求后于诸侯,诸侯对曰:"夫妇所生若而人,妾妇之子若而人。"无女而有姊妹及姑姊妹,则曰:"先守某公之遗女若而人。"（襄12）3.997

六　小结

6.1 "若"在《左传》中共409例,用作连词的共280例（包括用作连词的词组18例）,占总数的68.5%。这是它的主要用法。"若"与"如"的用法在《左传》中似是互相补充的,"若"主要用作连词,"如"主要用作动词。"若"作动词表示"像"义的仅5例,表示比较的仅1例,这些用法主要由"如"承担了。而"如"用作假设连词仅有2次。

6.2 "若"的连词用法以假设连词的用法为最多,共253例,占连词总数的91%;其他表示选择、他转、让步、承接的连词,总共才 9 例,仅占 3%。"若"是《左传》中最重要的一个假设连词。

6.3 副词"若"与多数连词"若"的位置相同,在阅读古文时要注意辨别。副词"若"修饰动词,主要是在单句的范围内起作用;与连词"若"连接分句,在偏正复句中起作用不同。二者是不难辨别的。

6.4 "若"与其他虚词结合的能力很强,共有各种词组或固定格式 131 例,占"若"总数 409 的 32%。其中又以动词"若"与"何"组成的各种词组和固定格式占大多数,共 109 例,占 131 例的 83%。表示连词用法的词组共 18 例,占 14%。"若"单独作动词只出现 6 例,而在词组和固定格式中作动词却出现百余次,这是一个值得注意的现象。

6.5 将"若"的各项词类和各个词组出现次数列表于下:

表 一

分类	连 词						副词	动词	形容词	共计
	假设	选择	他转	让步	承接	小计				
数量	253	5	2	1	1	262	9	6	1	278
百分比	91	1.8	0.7	0.35	0.35	94.2	3.15	2.3	0.35	

表 二

词组	若何	若之何	若×何	无若×何	若其	若夫	若犹	若苟	若而	共计
数量	27	57	22	3	9	3	3	3	4	131

(本文原载于《语文月刊》1989 年第 2、3 期)

汉语被动句的历史演变(提纲)

汉语被动句可分四个发展阶段。

一 第一个阶段被动句的主要特点

1.1 标志被动的字主要是"见"、"于"、"於"。

1.2 被动句的主要句式:[见·动],[见·动·于(於)·宾]。

1.3 动作行为的主动者(施事者)在动词之后,由介词"于"或"於"引进。

1.4 这一阶段的历史时期:甲骨文时期—西周—春秋战国(—汉—魏……)

[动词]

(1)今日王其步,见雨,亡灾。(《续六·一〇·一〇四》)(今日商王出行,被雨淋,无灾。)

(2)随之见伐,不量力也。(《左传·僖公二十年》)

(3)爱人者必见爱也,而恶人者必见恶也。(《墨子·兼爱下》)

[见·动·于·宾][见·动·於·宾]

(4)公大史咸见服于辟王。(乍册□卣)(公大史都被君王使用。)

（5）吾尝三仕,三见逐於君。(《史记·管晏列传》)
[动·于·宾][动·於·宾]

（6）予小子新命于三王。(《尚书·金滕》)

（7）忧心悄悄,愠于群小。(《诗经·邶风·柏舟》)

（8）王姚嬖于庄王。(《左传·庄公十九年》)

（9）辰嬴嬖於二君。(《左传·文公六年》)

（10）劳心者治人,劳力者治於人。(《孟子·滕文公上》)

（11）怀王以不知忠臣之分,故内惑於郑袖,外欺於张仪。(《史记·屈原贾生列传》)

（12）君性亮直,必不容於寇雠。(《世说新语·方正》)

1.5　为什么向第二阶段发展?(一)[动·于(於)·宾]不是被动句专有的句式。以《左传》为例,[动·于(於)·宾]约有三千余例,表示被动的仅有五十余例。(二)"于(於)"身兼多职,难以辨认。(三)是汉语发展总趋势的体现:新的介词出现;不少介词前移。

二　第二阶段被动句的主要特点

2.1　标志被动句的字增加了"为"。

2.2　被动句的主要句式增加了[为·动][为·宾·动][为·宾·所·动]等。

2.3　在[为·宾·动]中,第一次出现了被动句内施事者的前移,由动词后移至动词前。这是被动句式发展演变中的一件大事。这种句式产生以后就以较快速度发展,并进一步完善,形成[为·宾·所·动]式,既有"为"引进施事者,又有"所"标志被动。虽然在此期间先后还出现了［为·宾·之·动］［为·宾·之·所·动］［为·宾·见·动］［为·宾·所见·动］［为·宾·之·所见·动］等被动句式，却都有共同特点："为"引进施事者；动词前有标志被动的助词。

2.4　"为"字句延续的时间长，出现的句式多，它们与第一阶段的被动句式互相竞争，优胜劣败。不仅以"见"、"于"、"於"等为标志的被动句逐渐被淘汰，就是除了［为·宾·所·动］以外的其他"为"字被动句也逐渐消失了。［为·宾·所·动］句式自战国末期出现，到汉时发展很快，在《史记》中就已超过"于（於）"字式被动句，自汉到魏晋南北朝时期，这种句式在各种有形式标志的被动句中一直属于首位。

［为·动］

（1）失礼违命，宜其为禽也。（《左传·宣公二年》）

（2）臣已为辱矣。（《吕氏春秋·忠廉》）

（3）父母宗族皆为戮没。（《史记·刺客列传》）

［为·宾·动］

它在春秋战国之交出现，到战国晚期的文献中已占"为"字式的大多数。

（4）战而不克，为诸侯笑。（《左传·襄公十年》）

（5）不为酒困。（《论语·子罕》）

（6）吾恐其为天下笑。（《庄子·徐无鬼》）

（7）齐弱则必为王役矣。（《战国策·秦策二》）

（8）夺天下者，必沛公也，吾属今为之虏矣。（《史记·项羽本纪》）

［为·宾·所·动］

(9)方术不用,为人所疑。(《荀子·尧问》)

(10)负石自投于河,为鱼鳖所食。(《庄子·盗跖》)

(11)吾闻先即制人,后则为人所制。(《史记·项羽本纪》)

(12)庾太尉少为王眉子所知。(《世说新语·赏誉》)

(13)有妇为魅所疾。(《列异传》)

(14)我王为刘寄奴所射。(《述异记》)

［为·宾·所·动］［为·宾·之所·动］

(15)为老所逼,是身无定,为要当死。(《维摩诘所说经·方便品》)

常为朽老之所逼迫,是身无定,为要当死。(《说无垢称经·显不思议方便善巧品》)

(16)入此室,已不为一切烦恼所害。(《说无垢称经·观有情品》)

此室入者,不为诸垢之所恼也。(《维摩诘所说经·观众生品》)

2.5　为什么向第三阶段发展?"为宾所动"虽已是被动句专有句式,但"为"的用法广泛而复杂;虽已较"于、於"缩小范围,却还不是表示被动的专用标志词。"所"的位置限制动词前后修饰成分的发展。

三　第三阶段被动句的主要特点

3.1　"被"字逐渐成为被动句的主要标志,其他句式也存在。

3.2　"被"主要句式:［被·动］［被·宾·动］［被·宾·

所·动][被·宾·动·宾]等。

3.3 "被"是汉语被动句专用的第一个标志词,在[被·宾·动]句中,"被"引进施事,动词前没有标志。它简明扼要,具备标志被动所必要的东西,没有不必要的成分。因而虽然同一时期中也有其他一些类似句式,如:[被·宾·所·动][被·宾·之所·动][被·宾·见动][被·宾·所见·动](例见《古汉语语法及其发展》)等等,却都败在[被·宾·动]手下,逐渐被淘汰出局。即使是风靡一时的[为·宾·所·动]式也不是对手,因为"为"的用法多样,为了避免歧义,在标志被动时需要"所"在动词前配合呼应,这样就比[被·宾·动]结构复杂,削弱了竞争能力,大大缩小了使用范围,减少了出现频率。

3.4 [被·动]句式萌芽于战国末期,到汉代而普遍运用。[被·宾·动]起源于西晋,盛行于唐,自唐以后逐渐成为被动句的主要句式。

[被·动]

(1)今兄弟被侵,……知友被辱……(《韩非子·五蠹》)

(2)国一日被攻,虽欲事秦,不可得也。(《战国策·齐策一》)

(3)信而见疑,忠而被谤,能无怨乎?(《史记·屈原贾生列传》)

(4)曾子见疑而吟,伯奇被逐而歌。(《论衡·感虚》)

(5)孔融被收,中外惶怖。(《世说新语》)

[被·宾·动]

它的出现为现代汉语被动式奠定了基础。

(6)被火焚烧。(晋·竺法护译《生经》)

（7）衡被魏武谪为鼓吏。（《世说新语·言语》）

（8）亮子被苏峻害。（又，《方正》）

（9）每被公私使令。（《颜氏家训·杂艺》）

（10）雅被子良赏狎。（《南史·柳恽传》）

［被·宾·所·动］

（11）我被烦恼箭所射。（那崛多译《佛本行集经·卷二四》）

（12）其弟今被贼所杀。（《敦煌变文集·搜神记行孝》）

［被（宾）·动·宾］

（13）未尝被呼名。（《南史·张稷传》）

（14）每被老元偷格律。（白居易《戏赠元九李二十诗》）

（15）被贼击伤额。（《太平广记·卷四三·蒋虫》）

（16）被一大蛇围绕周身。（又，《卷四三七·华隆》）

3.5　为什么向第四阶段发展？汉语被动句式向高级阶段发展。汉语经过不断自我完善，终于有了表被动的最佳句式。"被"是专表被动的介词；且动词前无其他成分，可自由发展。

四　第四阶段被动句的主要特点

4.1　"被"字句和处置式、动补式的结合。动补式和处置式的结合是汉语句式的一个重要发展。大约从宋代开始，又出现了"被"字句、动补和处置式相结合的新类型。这是汉语句式的又一个重要演变。

4.2　"被"字句中动词前后成分（状语和补语）的复杂化。

4.3　以"吃（喫）"、"叫"等为标志的被动句出现。（还有

"给"、"让"等)

4.4　第四阶段大约从宋代开始,至元明清而普遍开来。

[被……将……]

(1)被那两个贼汉将我那女孩儿抢去了。(《元人杂剧选·李逵负荆》)

(2)被一人向前将朱温扯住。(《新编五代史平话·梁史平话》)

(3)突被一个官员带领捕役进来将他锁了出去。(《儒林外史》,第五十回)

[被……把……]

(4)忽一日学士被宰相王荆公寻件风流罪过把学士奏贬黄州安置去了。(《清平山堂话本·五戒禅师私红莲记》)

[状语的复杂化]

(5)那大……被鲁智深就势劈头巾带角儿揪住。(《水浒传》,第五回)

(6)却被韩文子一路千老驴万老驴的骂。(《初刻拍案惊奇》,卷一〇)

[补语的复杂化]

(7)那大船小船约有四五十只,正被这大风刮得你撞我磕。(《水浒传》,第十五回)

(8)这个所在被我闹得血溅长空、尸横遍地。(《儿女英雄传》,第九回)

[以"吃"为标志的被动句]

常见于元代戏曲和元明小说中。

(9)我回去时,须吃他耻笑。(《水浒传》,第二十三回)

（10）武松右手却吃钉住在行枷上。（又，第三十回）

（11）我倒吃他抢白了这一场！（《秋胡戏妻》，第二折）

（12）那女儿吃郡王捉进后花园里去。（《京本通俗小说·碾玉观音》）

［以"叫"为标志的被动句］

大约在明清时代的口语中形成。

（13）谁知那日一下子失了脚掉下去，……到底叫那木钉把头硼破了。（《红楼梦》，第三十八回）

（14）刚才一个鱼上来，……叫你唬跑了。（又，第八十一回）

五　小结

5.1　被动句式与动补式、处置式的结合以及被动句本身的复杂化，不仅标志着被动式向新的、更高级的阶段发展，而且从被动句这一个侧面也能窥见汉语整个的发展趋势：一方面，淘汰一切在表达思想中多余的东西；另一方面，不断孕育、发展着更完美更丰富的表达方式。能简则简，该繁则繁。语言的发展永无止境。

5.2　被动式中主动者（施事者）的前移（最值得注意）。"被"字句是被动句专有的发展完善的句式。

5.3　每个阶段的变化规律基本一致：简$_1$—繁—简$_2$。

讨论中提出的主要问题：古汉语中无标志的被动句是外国人学习古汉语的一个难点。希望能专门讲一讲"古汉语无标志被动句的特点及其历史演变"。

（本文为 1997 年 10 月 7 日在澳大利亚墨尔本大学的讲学提纲）

《世说新语》的语言特色
——《世说新语》与《史记》名词作状语比较

　　我国伟大的历史学家司马迁所撰写的名著《史记》，在文化史上有崇高的地位。它不仅是一部杰出的历史长卷，而且是一部反映汉代语言风貌的不朽的文学巨著。其中大部分内容是以人物为中心的传记体，所记人物包括帝王将相以及社会各个方面的代表人物。南朝宋刘义庆所撰《世说新语》，专事记载东汉至刘宋初期名人雅士的传闻轶事、言谈举止，是反映汉魏时期语言特色的一部极为珍贵的笔记小说。两书记载的人与事一般说来都有相当真实性，而在叙述之中又都富于文学色彩和口语性，因而两者不仅具有一定的可比性，而且对于观察汉语由汉初到魏晋时期数百年间的发展变化，也有着重要的参考价值。

　　本文是想通过对两书名词作状语的比较，探讨《世说新语》的某些语言特色。在调查分析《史记》名词作状语情况的同时，着重考察这些情况在《世说新语》中的变化。对两书都是运用全部资料作穷尽的调查、统计。（以下对两书简称《史》、《世》。）

　　本文所指的名词状语是位于主语之后，动词（或极少数形容词）前面，对谓语动词或形容词起修饰作用的普通名词或短语，如"人立"、"狐疑"、"鱼鳞杂沓"中的"人"、"狐"和"鱼鳞"。（本文不讨论单独用作状语的方位词和时间词,也不讨论介乎副词与名词或代词之间有争议的词如"身"、"自"等。)在行文中将名词状语用 N 表示,将它所修饰的动词(或形容词)用 V 表示,[名状、动词(或形容词)谓语]用[NV]表示。下面分三个问题来谈。

一　《世》的部分[NV]基本继承《史》的特点,
反映了汉代语言特色

1.1　《史》、《世》[NV]中的名状数量比较。

我在拙文《〈左传〉、〈史记〉名词作状语的比较》[①]中曾指出,名词作状语构成的[NV]结构由《左传》到《史记》大量增加:名状个数由《左》的 24 个上升到《史》的 160 个;例句数由《左》的 31 例上升到《史》的 641 例。若以名状出现次数(例句数)与两书总字数相比,则《左》全书共 175979 字,名状约占五千分之一;《史》全书共 526500 字,名状约占千分之一。《史》的增长不容置疑。

从目前调查的情况看,《世》的部分[NV]基本继承了《史》的特点;另一方面,《世》也有一些明显的变化,形成自身的发展特点,我们在下面要专门讨论。这里我们先介绍第一方面。首先让我们看下表:

《史》、《世》名状统计表(按不重复的个数计算)

名状分类	表示比喻、对待等状态	表示工具方式、依据等	表示处所	共计
史　记	79	59	22	160
世　说	23	14	11	48

①　见郭锡良主编《古汉语语法论集》,语文出版社,1998 年版。

我们从表中看到,《史》的名状所分三大类,《世》都保有一定数量。若以例句次数与全书字数相比,《世》的这类例句共 60 例,《世》全书共 60100 字,则《史》与《世》的名状出现次数大约都占其总字数的千分之一左右;也就是说,《世》的名状基本上保持了持续不衰的势头。

1.2　《世》的[NV]大致有以下几种情况:

1.2.1　有的[NV]和《史》完全相同,如:火攻、宾从、道闻、道逢、箕踞、目送等。(例略)

1.2.2　有的 V 同,N 不同。如《史》有"狐鸣",《世》有"驴鸣"、"凤鸣"。例:

　　　　(1)又间令吴广之次所旁丛祠中,夜篝火,狐鸣呼曰:"大楚兴,陈胜王。"(史 6.1950)①

此例的[NV]"狐鸣"又作"呼"的状语,意谓像狐鸣似的呼叫。

　　　　(2)王仲宣好驴鸣。(世 17.1)②

　　　　(3)顾彦先凤鸣朝阳。(世 8.19)

1.2.3　有的 N 同,V 不同(以下各组的上行为《史》例,下行为《世》例),如:

$$\text{手}\begin{cases}\text{搏、格}\\\text{批、答}\end{cases}\quad\text{壁}\begin{cases}\text{藏}\\\text{立}\end{cases}\quad\text{蝉}\begin{cases}\text{蜕}\\\text{连}\end{cases}\quad\text{龙}\begin{cases}\text{变}\\\text{飞、跃、摅}\end{cases}\quad\text{神}\begin{cases}\text{速}\\\text{伏、解}\end{cases}$$

例:蝉蜕,蝉连:

　　　　(1)(屈平)蝉蜕於浊秽。(史 8.2482)

----

①　"史 6.1950",表示《史记》第六册,第 1950 页。只列册数、页数,省去篇名。下同此体例。《史记》用中华书局 1959 年版。

②　"世 17.1",表示《世说新语》第十七篇第一段。下同。版本用徐震堮《世说新语校笺》,中华书局 1984 年版。

（2）父问恭："何故多日?"对曰："与阿大语,蝉连不得归。"（世7.26）

神速,神伏,神解:

（1）河内皆怪其奏,以为神速。（史10.3148）

（2）何平叔注《老子》始成,诣王辅嗣,见王注精奇,乃神伏。（世4.7）

（3）荀勖善解音声,时论谓之"暗解",……阮咸妙赏,时谓"神解"。（世20.1）

1.2.4　有的 N 在《史》中未见,而在《世》中出现。如骨（立）,色（养）,理（无）,蚁（合）,花（烂）,玉（亮、曜、映、举）,笼（罩）。例:

（1）和峤虽备礼,神气不损;王戎虽不备礼,而哀毁骨立。（世1.17）

（2）王长豫为人谨顺,事亲尽色养之孝。（世1.29）

（3）桑榆之光理无远照。（世10.24）

（4）支作数千言,才藻新奇,花烂映发。（世4.36）

（5）正值李梳头,发委籍地,肤色玉曜,不为动容。（世19.21）

在以上分析的基础上,我们作了一个统计,在《世》的［NV］中,与《史》完全相同的仅占16%;V 同而 N 不同、N 同而 V 不同的约占27%;《史》中未出现过的 N 占57%,高达半数以上。可见名词作状语构成的［NV］结构在《世》中不仅没有消失,还包含着勃勃生机,发挥着它特有的作用。

1.2.5　《世》［NV］中的复音结构 N 增长迅速。我们注意到,在《世》的［NV］中,除了上述单音词 N 之外,还有部分 N 是复音结构,约占《世》[NV]总数的 39% ,这是不容忽视的。因为《史》的复音结构 N 仅占其[NV]总数的 12% ,而在《世》中上升到 39% ,发展得不可谓不迅速! 这显然是双音词大量发展的结果。有些 N 本身就是复音词,有的 N 则是由于类化作用的影响而形成的词组。如:

(1)卞公礼法自居。(世 23.27)

(2)谢公兄弟与诸人私庭讲习。(世 2.90)

(3)常於众中厉色曰……(世 7.23)

(4)我何颜谢桓公?(世 1.43)

(5)仲智狼狈来。(世 5.27)

以复音结合为状语的[NV],大都带有临时组合的性质,N 与 V 的结合一般都比较自由松散,不易形成固定结构,因而大多缺乏长久流传的生命力。

二 《世》表比喻的句式有重要发展

2.1 《史》、《世》[NV]句中表比喻的名状比较。

《史》[NV]句中,名状 N 的一项重要用法是以 N 所代表的对象或事物来比喻动作行为的状态。《史》这类 N 有 47 个(按不重复的个数计算),如:儿(啼),蚕(食),狼(顾),虎(争),土(崩),瓦(解),囊(括),席(卷)等,例句有 140 个。如:

(1)丁状号哭,老人儿啼。(史 10.3101)

(2)寡人狐疑。(史 6.2006)

(3)臣闻天下之患在于土崩,不在瓦解。(史 9.2956)

《世》这类 N 有 13 个,如:花(烂),玉(亮、举、曜、映),龙(飞、

跃、撼),虎(争、视)等,例句24个。如:

(1)支作数千言,才藻新奇,花烂映发。(世4.36)

(2)正值李梳头,发委籍地,肤色玉曜。(世19.21)

(3)既已狼噬梁、岐,又虎视淮阴矣。(世7.22)

(4)君兄弟龙跃云津,颜彦先凤鸣朝阳。(世8.19)

(5)方响则金声,比德则玉亮。(世4.77)

它们大多出现在四字格式的谓语或字数要求整齐对称的对偶句中,只用一个单音名词作状语,就生动形象地比喻了动作行为或事物的状态,这种简明紧缩的[NV]结构实有其不可替代的作用。

2.2　《世》中"如"、"若"比喻句的增长。

随着复音词的大量产生和汉语句子的扩展,[NV]这种紧缩的结构形式逐渐从表示比喻的句式主流中退出。在《世》中出现更多用"如"、"若"表示比喻的例子,共约58例,是表比喻[N(单) V]式(24例)的两倍多;而在《史》里,"如"、"若"比喻句仅为[NV]比喻句的三分之一左右。

"如"、"若"比喻句能够较快地发展起来绝不是偶然的。① 它的优越性在《史》中已很明显。首先,它把比喻的对象置于"如"、"若"之后,把被比喻的动作行为或状态置于其前,在意义的表达上一目了然。如:

(1)猛如虎,很如羊,贪如狼。(史1.305)

再就是用作比喻的成分不仅有单个名词,还可由名词短语来

---

① "如"比喻句在《诗经》中已有不少,只不过主要用来表示对名词所代表的对象作比喻,如"有女如玉"(《召南·野有死麕》),"周道如砥"(《小雅·大东》),"肤如凝脂"(《卫风·硕人》)等。其中只有少数是对前面动作行为的比喻,如"一日不见,如三秋兮"(《王风·采葛》)、"泣涕如雨"(《邶风·燕燕》)等。

承担。如：

  （2）累累若丧家之狗。（史6.1921）

  更值得注意的是用作比喻的成分跨出了名词的范围，还有动词短语或［主之谓］结构。如：

  （3）陛下用群臣如积薪耳。（史10.3109）

  （4）趋时若猛兽鸷鸟之发。（史10.3259）

  “如”、“若”句式这种运用灵活、明白如话的特点对它的发展自然很有利，在《史》中它比起［NV］句还明显居于弱势，到了《世》中，它不仅在数量上大大超过［NV］式，而且在用法上较之《史》也有重要发展。最惹人注意的用法之一是“如（若）宾”与其前面的形容词短语共同组成谓语。在《史》中这类用法仅有个别例句，如上面的“累累若丧家之狗”，在《世》中却常可见到。如：

  （1）嵇叔夜之为人也，岩岩若孤松之独立；其醉也，傀俄若玉山之将崩。（世14.5）

  （2）嵇延祖卓卓如野鹤之在鸡群。（世14.11）

  （3）有人哭和长舆曰：“峨峨若千丈松崩。”（世17.5）

  这类谓语先用形容词语如“岩岩”、“傀俄”、“卓卓”、“峨峨”等描绘主语的状态，接着用“如宾”或“若宾”通过比喻把这种状态形象化，如上面例中的“若孤松之独立”、“若玉山之将崩”等。可以看出，这是语言中一种非常有表现力的句式，既有对状态的描绘，又有对状态的比喻，表达得完美、形象、生动。两种短语相互配合使人感到前后呼应、音节铿锵、力量加重。

  与此同时，值得注意的是“如”、“若”宾语的进一步多样化。

  有偏正结构，如：

  （4）飘如游云，矫若惊龙。（世14.30）

有"主之谓"结构,如上面例中的"玉山之将崩"等。

有主谓俱全的单句,如例(3)的"千丈松崩"。

还有由偏正分句构成的复句,如:

(5)裴令公目夏侯太初:"肃肃如入廊庙中,不修敬而人自敬。"一曰:"如入宗庙,琅琅但见礼乐器。见钟士季,如观武库,但睹矛戟。……见山巨源,如登山临下,幽然深远。"(世8.8)

复句充任宾语时,字数和句式往往都没有严格限制,可根据上下文义的需要而延伸,待意尽而后止;更显得自由流畅,具有口语特色。

正因为"如"、"若"比喻句具有[NV]比喻式不可能具备的有利条件,随着复音词的大量增加和口语化趋势的日益发展,它就迅速增长起来,成为《世》比喻句的主流。

三 《世》表处所的名状有重大变化

3.1 《史》、《世》表处所的名状构成的[NV]比较。

在《史》中表处所的名状构成的[NV]共175例([NV]格式涉及名词作主语和作状语的划界问题。本文重点不在于探讨这一理论问题,而采取从严的标准,把易于理解为主谓结构的用例全部剔除出去。如果采取从宽的标准,则名状构成的[NV]用例大为增加),占其[NV]总例数641例的27%,几近三分之一。其中不重复出现的N有22个,如:道、郊、廷、家、楼、巷、山、水、川、穴、谷、岩穴等。例如:

(1)景公与诸大夫郊迎。(史7.2156)

(2) 今儿廷毁我。(史 8.2737)

(3) 徒多道亡。(史 1.347)

《世》的处所 N 可分两部分:N1 和 N2。N1 与《史》基本一致,已计算在《世》的[NV]中,所不同的只是《世》的这部分 N 以复音成分居多:11 个 N1 中,单音词 4 个:道、廷、云、巷;复音成分 7 个:千里、二千里、私庭、何处、纵横、林谷、殿庭。例如:

(1) 道逢刘尹。(世 23.40)

(2) 谢公兄弟与诸人私庭讲习。(世 2.90)

(3) 嵇康与吕善,每一相思,千里命驾。(世 24.4)

值得注意的是,《世》中还有大量的 N2 用作处所状语,共约 52 例,是 N1 的 3 倍还多。详细介绍于下。

3.2 《世》表处所名状(N2)的特点。

《世》表处所的名状(N2)的特点是,在名词(或其短语)前或后加方位词构成方位词短语,使其所代表的处所更加具体明确。由于 N2 的构成是[名词+方位词],与我们所讨论的由普通名词构成的名状 N 有重要差异,我们未把它列入《世》的[NV]中,而是把《世》表处所名状的 N 分为 N1 和 N2 两部分,N1 归入《世》的[NV]中,N2 分出来专门讨论。下面按 N2 中的方位词在名词前后的位置分成两类介绍。

3.2.1 [名词+方位词]方位词在名词(或其短语)之后。共49 例,约占 N2 的 95%。方位词有:上、下、中、前、外、内、间、头。列举于下(方位词后为例句数):

上 5:道上、路上、井上、玉山上、碑背上。例如:

(1) 令婢路上担粪。(世 10.10)

(2) 见裴叔则,如玉山上行,光映照人。(世 14.12)

下8：月下、屋下、烛下、帐下、长松下、牛屋下、大树下、大夏门下。例如：

　　（1）徐孺子年九岁，尝月下戏。（世2.2）

　　（2）每与夫人烛下散筹算计。（世29.3）

　　（3）康方大树下锻。（世24.3）

中24：其中不重复的 N 共18 个：月中、斋中、胸中、此中、车中、管中、体中、水中、山中、帷中、厨中、庭中、口中、吾门中、幽冥中、华林园中、天壤之中、古诗中。例如：

　　（1）此郎亦管中窥豹，时见一斑。（世5.59）

　　（2）使母帷中察之。（世19.12）

　　（3）君口中何为开狗窦？（世25.30）

　　（4）幽冥中负此人。（世33.6）

前2：斋前、听前。例如：

　　（1）斋前种一株松。（世2.84）

　　（2）大司马府听前有一老槐。（世28.8）

内3：东海家内、京陵家内、门内。例如：

　　东海家内则郝夫人之法，京陵家内范钟夫人之礼。（世19.16）

头3：床头、矛头、剑头。例：

　　（1）昼日父眠，小者床头盗酒饮之。（世2.4）

　　（2）矛头淅米，剑头炊。（世25.61）

外2：门外。例：

　　（1）元方时年七岁，门外戏。（世5.1）

　　（2）诸人门外迎之。（世23.33）

间1：朝廷间。例：

朝廷间故有此贤。（世6.25）

边1：路边。例：

路边窥之。（世16.1）

3.2.2　[方位词＋名词]方位词在名词之前,共3例,占N2的5％。

后1：后园。例：

范宣八岁,后园挑菜,误伤指,大啼。（世1.38）

前1：前庭。例：

韩康伯病,拄杖前庭消摇。（世5.57）

中1：中心。例：

中心蕴结,余其亡矣！（世17.11）

3.3　《世》的处所名状所代表的处所比《史》宽泛而具体得多。

从以上分析我们可以明显看出,《世》的处所名状所代表的处所不仅有道、廷、私庭、林谷等与《史》类似的处所,而且还有井上、船上、车中、帷中、厨中、园中、大树下、长松下、斋前、门外、门内、路边、床头等多种多样的具体处所。更有趣的是,还有一些非常灵活的用法,如管中、体中、幽冥中、古诗中、烛下、矛头、剑头等等,不仅不使人感到古怪,在具体的上下文中,反而由于其口语性而使人感到异常生动亲切。从以上所举诸例以及文章后的附表中,可以看到,N2所修饰的动词涉及日常生活大大小小各个方面,足可证明《世》代表的是十分接近实际生活的语言。

3.4　要特别注意《世》的处所名状N2中方位词的重要作用。

通过以上分析,我们特别注意到《世》的N2——处所名状中方位词的重要作用。在N2中不同的方位词有十个之多:上、下、

中、前、后、内、外、间、头、边。可以说,现代汉语中常用的方位词在
《世》的处所名状 N2 中都已出现了。它们在其中扮演着奇妙的角
色:表处所的名词或名词短语加上方位词之后好像经过魔术师的
点拨,一下子变了面貌,脱下古时服,穿上今时装。真好似由遥远
的古代向我们走来,进入到距离我们更近的一个历史阶段。你看:
路边、路上;门内、门外;月中、月下;前庭、后园;胸中、口中……,多
么接近我们今天的用语啊! 比起《史》的处所 N 如宫、廷、郊、道、
巷、馆、壁、川……,岂不是旧貌换新颜! 当然,不可否认其中也有
名词变化的因素,但方位词的作用的确不容忽视。

四 小结

以上我们从名词作状语这个角度对《史》、《世》进行了比较,
我们看到,《世》的情况有明显变化。

4.1 从单音词的 N 看,《世》比《史》减少。

一方面,从[NV]结构来看,《史》和《世》的例句与全书总字数
的百分比,大致都是千分之一。但从 N 的本身看,《史》的复音成
分占 N 总数的 12%;《世》的复音成分占其 N 总数的 39%。《世》
的单音词 N 占 61%,而《史》占 88%。因此,若仅从单音词 N 来
看,《世》比《史》是减少了。

4.2 从名词状语的总数量看,《世》比《史》有明显增加。

这是因为《世》表处所的 N 有 N1 和 N2 两部分,N1 与《史》基
本一致,在上面的讨论中,已计算在《世》的[NV]之内。除此之
外,《世》还有 N2,N2 都是方位词短语,其例句数量接近《世》的 N
总数:N2(52),N(60)。

4.3 《世》表比喻的句式有重要变化。

《史》的［NV］比喻句和"如"、"若"比喻句的比例是3∶1,而《世》为1∶3。我们首先要注意到《世》表比喻的句式有重要变化,同时也应看到两种比喻句各有千秋,各有其用。看来这两种句式谁也不能取而代谁,只能以一种为主,互相补充,长期共存。因单音词N与动词构成的［NV］有它独特的优势,它言简意赅,具体生动,适合汉语讲究对称美和节奏美的需要。作为汉语的一种比喻方式,这种特定的［状＋动］结构将会永远存在,但随着语言的发展变化,它不可能再居于比喻句的主流地位。

4.4 在语言发展变化的过程中,方位短语作状语直接用于谓语动词(或形容词)前面,是语言发生本质性变化的重要标志之一。

需要说明的是,《史》已有一些方位词短语,但绝大多数用作处所介词的宾语或直接位于动词之后。当方位词短语大量出现而且直接用作状语时,语言的面貌就有了实质性的变化。因为它是语言进一步口语化的标志。人们在交流思想中要求更准确地表达事情发生的处所和时间。正如古时只说日出而作,日入而息;以后分出晨、朝、旦、夕、暮、夜等;而今要说早上几点(几分)起床,上午几点(几分)上班,晚上几点(几分)就寝;古时只说"道遇"、"郊迎",而后要说在哪条道、在道左、道右或道中,甚至在什么位置。社会的进步,科学的发展,从总的趋势来说,必然要求并促使语言表意更趋精确,尤其是与事态关系密切的处所和时间。因此方位词短语和时间短语对语言发展的标志作用是不言而喻的。(《世》的时间短语也很丰富多样,需另作专文讨论。)

4.5 汉语的面貌,在历史发展的长河中,由《左传》到《史记》

和由《史记》到《世说新语》,这两个历史阶段,究竟哪一段变化更大? 从汉语句子的格局,主要指介词在谓语前后的消长来看,由《左》到《史》变化相当明显①;而从句子内部的结构变化(句子由长到短,长句少,语读多;短句内情况复杂多样化)②,从名词状语的变化特别是方位词短语作状语大量出现的情况来看,《世》确实更体现出近代汉语口语化的特色。

附:《史记》、《世说新语》名词状语大全

(一)《史记》名词状语(共 160 个,其中 8 个因跨类而重出,实有 152 个。重出的 8 个在最后一行说明。)

1. 表示比喻

儿(啼),人(立),蚕(食),狼(顾),狐(疑、鸣),鹰(击),犬(吠),蝉(蜕),龙(变),虎(争),雕(悍),兽(聚),狙(击),土(崩),席(卷),翼(蔽),膺(击),鳞(集),风(起),熛(至),毛(挚),星(流),霆(击),棋(置),辐(凑),箕(踞),囊(括),磬(折),响(应),景(从),电(过),神(速),株(送),颖(脱),轮(囷),魋(结),雷(起、动),瓦(解、合),鸟(举、散),蜂(起、出、午),雾(除、散、集),环(置、居、封),云(消、合、会、集、专、布、蒸、散),犬牙(相制、相临),鱼鳞(杂沓),爪牙(用),鼎足(句)。

2. 表示对待

父(事),兄(事),长(事),弟(畜),瓜(分),马(食),宾(服、

---

①　参看拙文《〈史记〉语法特点研究——从〈左传〉与〈史记〉的比较看〈史记〉语法的若干特点》,载《两汉汉语研究》,程湘清主编,山东教育出版社 1985 年版。
②　参看拙文《〈史记〉与〈世说新语〉语法特点的比较》,载《魏晋南北朝汉语研究》,程湘清主编,山东教育出版社 1988 年版。

从),奴(事、畜、从),师(事、受、尊),臣(事、畜、从),奴虏(使),禽兽(畜),夷翟(遇),六畜(葬),儿子(畜),众人(待、遇),国士(待、遇)。

3. 表示身心状态

肉(袒),膝(行),腰(绖),肩(蔽),耳(语),腹(诽),喙(息),皮(相),目(笑、视、留、摄、睹、挑、送),面(缚、谀、折、相见、欺、对、结、质),口(辩、议、对、受、相结),心(非、谤、意、恐、惭、知、战、结、招),手(搏、格),何面目(见)。

4. 表示工具方式

函(封),钬(杀),药(杀),车(裂),武(伤),械(系),城(守),头(会),箕(敛),襁(负),版(筑),脬(割),轮(淬),钱(通),簿(责),户(说),利(导),皮(服),卉(服),血(食),鸡(卜),客(死),陆(攻),鼎(食),策(詈、告),笞(击、辱、掠),囊(盛、载),椎(辟、杀、剽),厚币(赂遗、迎、用、事、说、平、赂、请),五鼎(食),虎符(发兵),强弩(射),单车(来代),火(耕、攻),履(行、战),腰(斩),枝(解),节(折),副车(载)。

5. 表示身份特征、依据或原因等

朝(服),胡(服),儒(服),绥(服),要(服),荒(服),甸(服),夷(服),宾(服),齐(言),族(灭),功(宜为),师(悖),色(爱),家(怒),疾(免),病(免),国(除、伐),重法(绳),蛮夷(服)。

6. 表示处所

巷(议),馆(舍),穴(处),岩(处、居),壁(藏),川(观),地(接),泥(行),张(饮),雨(立),谷(居),楼(居),宫(宿、居),陆(行、沉),水(行、居),山(居、出、行),野(战、迎、立),家(居、给、教、听、怒、累),廷(辩、诘、决、辱、争、叱、毁、见、论、治),郊(见、祭、祠、祀、迎、射、劳、迎谒），道（亡、游、来、宿、病、死、绝、逢、乞、遇、见、闻、涉、有），岩穴（隐）。

以上 160 个名词状语中有 8 个因跨类而重出：腰、箕、师、水、陆、宾、囊、家，《史》实有名词状语 152 个。

（二）《世说新语》名状之一（N1,48 个。不重复计算。）

1. 表比喻（N1,14 个）

绵（憀），天（悬），花（烂），玉（亮、举、曜、映），龙（飞、跃、摅），虎（争、视），蚁（合），狼（噬），蝉（连），凤（鸣），笼（罩），壁（立），箕（踞），狼狈（来、至）。

2. 表示依据、对待及原因、工具、方式等（N1,14 个）

宾（从），敌道（戏），角巾（还），火（攻），国（举），锦被（蒙），例（给），理（无），驴（鸣），礼法（自居），单身（奔亡），簠簋（覆之），门户（计），手（壅、批、取、挥、答）。

3. 表示身心状态（N1,9 个）

骨（立），肤（立），心（丧），色（养），目（送），神（伏、解），何颜（谢），厉色（曰），厉声（曰）。

4. 表示处所（名词加方位词的名状未计算在此，见下面"名状之二"。）（N1,11 个）

二千里（候之），私庭（讲习），何处（来、觅），纵横（流漫），林谷（传响），殿庭（作乐），千里（命驾），道（闻、逢），云（构），廷（争），巷（议）。

（三）《世说新语》名状之二（N2,46 个。名词加方位词的名词短语作状语，不重复计算。）

1. 方位词在名词之后（N2,43 个。不重复计算。）

上 5：道上、路上、碑背上、玉山上、井上。

下8：月下、屋下、大夏门下、北窗下、烛下、帐下、大树下、日下。

中18：月中、斋中、此中、车中、管中、华林园中、吾门中、五六十里中、体中、义兴水中、山中、帷中、天壤之中、厨中、庭中、口中、幽冥中、古诗中。

前2：斋前、听前。

外2：门外。

内3：东海家内、京陵家内、门内。

间1：朝廷间。

边1：路边。

头3：床头、矛头、剑头。

2. 方位词在名词之前（N2，3个）

后园（挑菜），前廷（消摇），中心（蕴结）。

（本文原载于《湖北大学学报》（哲学社会科学版）2000年第6期）

从《左传》"非"、"不"几种句式的比较看"非"、"不"用法上的差异

本文从以下三方面来讨论:一,"非"、"不"与语气词"也"搭配的比较;二,对"非"、"不"连用的复句加以比较;三,"非"、"不"倒装句的比较。

一 对"非……也"、"不……也"两种句式的比较

1.1 首先让我们看看"非"、"不"所在句都有哪些语气词。请看下表:

	也	乎	矣	哉
不	220	145	83	4
非	193	7	0	0

可见"非"与语气词搭配受到较严格限制,主要与语气词"也"搭配;"不"除主要与"也"搭配外,还可以在较宽的范围内选择。《左传》的"也"共出现3564次,占《左传》语气词总次数(5191次)的68.7%,是语气词中出现次数最多的一个。位于单句和复句之末的"也"约占"也"总数的82%,它们的基本功能就是伴随文义

表示判断。可以说,"也"是表示判断语气的最重要标志。① 而在表判断的"也"句中,"不……也"226 例,"非……也"193 例,它们之间有什么不同? 这是我们无法回避的问题。下面我们着重比较"非……也"和"不……也"两种表判断的句式,关键是对这两种句式中的谓语进行比较。

1.2　"非……也"、"不……也"句中谓语的比较。

1.2.1　先请看"非……也"与"不……也"句中的三类谓语统计:

	[名谓。也]	[动谓。也]	[形谓。也]	共计
非	124 73%	28 16.5%	17 10.5%	169
不	0	222 98%	4 2%	226

1.2.2　关于"非……也"句。从上表看出,"非"所否定的73%是名词谓语(124 例),16.5%是动谓(28 例),10.5%是形谓(17 例)。例如:

(1)尤人而效之,非礼也。(定 6.2)1556②

(2)庶其非卿也。(襄 21.2)1058

(3)若兴诸侯以取大罚,非慎之也。(成 2.6)803

(4)介人之宠,非勇也。(文 6.8)553

---

① 当然,也不是说,每个表判断的句子都必须有"也",如"不"句末还有语气词"者"、"乎"、"矣"、"哉"等;"非"句末还有"乎"。它们在一定情况下也可表判断,要根据上下文作具体分析。同时还有些"非"、"不"句没有语气词,也可表判断,如本文谈到的倒装句。

② "(定 6.2)1556",表示《左传·定公六年》,第二节,第 1556 页。引例依据杨伯峻先生《春秋左传注》(修订本),全四册,中华书局 1990 年版。引文的分节也以该书为准。全文引例均同此。

"非"后的名谓,最多的是"礼也",有 50 例;其他有:卿、制、刑、利、吾利、国家之利、命、王命、公命、罪、夫、人、鲁人、敌、谋、吾节、吾族、吾耦、事、吾事、太子之事、吾党之士、其任等。

动谓的主要词语有:义之、慎之、辟强、爱死、恶富、相违、展义、由丧、侵小、自爱、耀武、事君、有功、私请、贤、忧、患、难、亲、卜、害、祭、勤、求、谓等。

形谓的主要词语有:义、信、勇、知、忠、仁、孝、朽等。

而"非……也"前面的成分,除 15 例为名词或代词作主语(如上面例中的"庶其"为专有名词)外,其他都是动词谓语或主谓结构组成的分句(如上面例中的"尤人而效之"、"若兴诸侯以取大罚"),其内容大都表示一些比较重大的事情,如君臣来往、国与国交往、祭祀、战争、论辩等。从前后的内容可以看出,"非"句的判断作用主要是对主语的动作行为或对某些事件的性质进行判断,或对春秋经的某些写法进行解释说明。这种判断主要是说话人对违背社会礼仪制度或社会道德观念行为的性质提出自己的看法。

1.2.3　关于"不……也"句。从统计看出,"不"后有 98% 是动词谓语,2% 是形容词谓语,未见名谓。从"不"的全部用例来看,"不"可广泛与各种谓语结合,大约 85% 的"不"用在动词谓语前(约 3201 例);13% 用于形容词谓语前(约 452 例);2% 用于名词谓语前(72 例)。① 但"不……也"句中绝大多数是动词谓语,这类句子大致有以下几种用法。

---

① 　见拙文《〈左传〉否定副词"不"、"弗"的比较》,载《第一届国际先秦汉语语法研讨会论文集》,岳麓书社 1994 年版。

（一）说话人对施事者主观态度加以判断，用"不动"表示施事者主观上不愿或不肯做某事。如：

　　（1）文子曰："楚囚，君子也。言称先职，不背本也。乐操土风，不忘旧也……"（成9.9）845

此例的"不背本"、"不忘旧"都表示施事者的主观态度。又如：

　　（2）（子产）乃执子南而数之，曰："国之大节有五，女皆奸之……今君在国，女用兵焉，不畏威也。奸国之纪，不听政也。子皙，上大夫；女，嬖大夫，而弗下之，不尊贵也。幼而不忌，不事长也。兵其从兄，不养亲也……"（昭1.7）1212

"不畏威"、"不听政"、"不尊贵"、"不事长"、"不养亲"，都是对施事者主观态度的判断。

（二）对事态的原因进行判断。如：

　　（1）对曰："禹合诸侯于涂山，执玉帛者万国，今其存者，无数十焉，唯大不字小，小不事大也。"（哀7.4）1642

"唯大不字小，小不事大也"是"今其存者，无数十焉"的原因。

　　（2）三月，郑伯使宛来归祊，不祀泰山也。（隐8.2）58

"不祀泰山也"是"郑伯使宛来归祊"的原因。

（三）对春秋经写法的解释或说明。如：

　　（1）书曰"蔡杀其大夫公子燮"，言不与民同欲也。（襄20.5）1054

　　（2）六年春，自曹来朝书曰"实来"，不复其国也。（桓6.1）109

（四）说话人对某种后果的判断。如：

　　（1）子产曰："……大决所犯，伤人必多，吾不克救也……"（襄31.11）1192

（2）子西怒曰："……赂吾以天下,吾滋不从也。"（昭26.8）1474

（五）用判断语气表示劝诫。这类句中出现最多的是"不可……也"。如：

（1）子大叔戒之曰："大国之人,不可与也。"（襄24.8）1091

（2）子车曰："众可惧也,而不可怒也。"（昭26.3）1472

还有部分例子用判断语气表示不该发生某种行为。如：

（3）子西怒曰："……国有外援,不可渎也。王有适嗣,不可乱也。"（昭26.8）1474

至于"不"后的形容词谓语则是对主语的状态通过描绘加以判断。如：

（1）公卑杞,杞不共也。（僖27.1）443

（2）强以克弱而安之,强不义也。（昭1.3）1208

由以上分析可知,"不……也"主要表示对人（施事者）主观意愿的判断,或对动作行为原因或后果的判断,对春秋经写法的说明；"不可（动谓）也"则常表劝诫。在这些用法中,最大量、最重要的是对施动者主观意愿的判断。因为在各类用法中都包含有不少表主观意愿的例子。如上例中表原因的"唯大不字小、小不事大也",表示造成上述后果的原因就是大国不愿爱护小国,小国不肯事奉大国。"不"明显地表露出主语主观上的态度。又如表示后果的"（赂吾以天下,）吾滋不从也"。也表现出说话人强烈的主观意愿。这类例子所在多有。因而我们可以说,"不……也"主要表示对施动者主观意愿的判断。

二 对"非"、"不"连用的复句加以比较

2.1 我们注意以下几种句式:

2.1.1 "不"句表示事态或动作行为(同时也兼表施动者的主观态度),后面的"非"句表示对原因的判断。如:

(1)不受邶殿,非恶富也,恐失富也。(襄 28.11)1150

(2)(子犹)言于齐侯曰:"群臣不尽力于鲁君者,非不能事君也。"(昭 26.4)1471

在以上例中,"不"句在表事态或行为的同时都表示了施动者的主观态度,"非"句则承接上文表示对原因的判断。

2.1.2 "非"句与"不"句并列,共同表示对原因的判断时,常常是"非"句表示判断中的排除因素,"不"句表示肯定因素。意思是:"不是由于……,而是由于……。"如:

(1)齐师自稷曲,师不逾沟。樊迟曰:"非不能也,不信子也……"(哀 11.1)1659

(2)臧孙如防,使来告曰:"纥非能害也,知不足也。"(襄 23.5)1083

(3)郏非敢自爱也,惧君威之不立。(哀 7.4)1644

有时"非"句后面的分句没有否定词"不",是一个肯定句,如上面例中的"(非恶富也,)恐失富也"。又如:

(4)子玉使伯棼请战,曰:"非敢必有功也,愿以间执谗慝人之口。"(僖 28.3)456

"愿以间执谗慝人之口"表肯定判断,与"非敢……"相对应。

(5)将战,……知伯曰:"……非敢耀武也,治英丘也。"

（哀 23.2）1721

"治英丘也"表示肯定判断。

可以看出，两例中的"非敢……（也）"都是判断中的排除因素，意谓"不是敢于……"；后面分句为肯定因素。

2.1.3 "非……"与"不……"作为两个分句构成一个条件复句，表示若不是前面的条件，就不会发生后面的结果。"非……"是对条件的判断，"不……"是对结果的判断（常兼含对施事者主观态度的陈述）。如：

（1）天子非展义不巡守，诸侯非民事不举，卿非君命不越竟。（庄 27.1）235

此例中的"非……"和"不……"分别构成三个紧缩的条件复句，"非"句表条件，"不"句表结果。

（2）（子产）对曰："……非荐陈之，不敢输也……"（襄 31.6）1187

此例的"非"句表条件，"不敢"句表结果，从"不敢……"更看出施动者的主观态度。注意在这类条件复句中，"非"句不是排除因素，而是表示必不可少的条件。

2.1.4 总之，"非……（也）"在表示原因时，一般都与另一分句相配合，"非"句表示排除因素，"不"句（或另一肯定句）表示肯定因素。"非敢……"、"非能……"都是表示排除因素，"非敢"强调主语"不是敢于……"，"非能……"强调主语"不是能够……"，其下文一般都还有分句表示判断中的肯定因素。只有个别例子没有出现这样的分句，如上面例中的"群臣不尽力于鲁君者，非不能事君也……"，而其下文也用了一个表转折的分句"然据有异焉"把问题引向深入。

三　对"非"、"不"倒装句的比较

3.1　含有否定词的倒装句,有不借助于助词而倒装的,大多是代词作宾语的句子。这类句子常单独表示一种判断或决心,不借助与其他句子并列来表达这种意思。如:

(1)无适小国,将不女容焉。(僖7.2)316

(2)愿,吾爱之,不吾叛也。(襄31.12)1192

(3)是区区者而不余畀,余必自取之。(昭13.2)1350

(4)几日而不我从!(襄6.2)947

(5)祸福之至,不是过也。(哀6.4)1636

3.2　另一种倒装句中有助词"之"、"是"或"实",宾语借助于助词而前置。这类倒装句的宾语都不是代词而是名词或其短语。这类倒装句中若有否定词"不"或"非"时,常与另一分句搭配,形式上并列、意义上互补,表达一个完整的意思。把它们进行比较就会发现,"非"例中并列的两句,"非"句表示排除因素,后句表示确定因素;"不"例中并列的两句则都表示确定因素。

3.2.1　"不"的前后两句都表示确定因素。如:

(1)君亡之不恤,而群臣是忧,惠之至也。(僖15.4)362

大意是:国君不担忧自己逃亡在外,而忧虑牵挂着群臣,这是最大的恩惠了。

(2)郑将覆亡之不暇,岂敢不惧?(僖7.3)318

大意是:郑国将来不及挽救(自己的)危亡,岂敢不害怕?

(3)吾兄弟之不协,焉能怨诸侯之不睦。(僖22.6)395

大意是:我们连自己的兄弟都不能和睦共处,哪能埋怨诸侯不顺服我们?

3.2.2 "非……(也)"句与后句在意义上正反相对照,两句的动词往往相同或相近。"非"句表排除因素,后句表确定因素。如:

(1)邓曼曰:"大夫其非众之谓,其谓君抚小民以信,训诸司以德,而威莫敖以刑也。"(桓13.1)137

大意是:邓曼说:"(伯比)大夫不是说人数一定要有很多,他的意思是说君王要以信用来镇抚百姓,以美德来训诫官员,而用刑法来使莫敖有所畏惧。"

(2)谚曰:"非宅是卜,唯邻是卜。"(昭3.3)1238

大意是:俗话说:"不是要占卜住宅,而只要占卜邻居。"

(3)郑伯如晋,子产寓书于子西,以告宣子曰:"……侨闻君子长国家者,非无贿之患,而无令名之难……"(襄24.2)1089

大意是:郑伯到晋国去,(子西随行,)子产托子西带信给范宣子说:"……我听说领导国家和家族的君子,不是担心没有财礼,而是害怕没有好名声……"

(4)厨子怒曰:"非子之求,而蒲之爱;董泽之蒲,可胜既乎?"(宣12.2)742

大意是:厨子发怒说:"不是去寻找儿子,反而爱惜蒲柳。董泽的蒲柳,难道可以用得完吗?"

四 小结

4.1 "非"的语法功能:表示否定判断兼有系词功能。在"非

……也"中,"非"大部分位于名词谓语前,被判断的对象只有少量是名词或代词,绝大部分是动词谓语。"非"所在判断句有三类:

(一)[名(代)+非+名谓+也]"非"前后成分大多有等同或种属关系。

(二)[动+非+名谓(动谓、形谓)+也]一般判断句。对动作性质、原因等表示判断。

(三)[名+动+非+名谓+也]对施动者动作行为的性质作出判断。

这几类大都从社会礼仪制度、道德观念方面加以判断。

而"不……也",只有[动+不+动谓(形谓)+也]句式,大多对施动者的主观意愿或动作行为的原因等表示判断。

4.2 "非"主要表"不是……";"不"大多表"不(愿)……"。"非"强调对人或事物性质的判断;"不"大多表示对施动者主观意愿的判断。

4.3 "非"句表示对原因的判断时,常与下文(或上文)的肯定判断相对成文;"非"句是排除因素,"不"句(或另一无否定词的分句)是肯定因素。特别在"非"、"不"句互相并列,表示原因的情况下,应注意区别两者的不同作用;同时还应把这种句式与"非"、"不"两个分句构成的条件复句加以区别。

还要注意在"非"、"不"的倒装句中,"非"句总是表示排除因素,"不"句则表示肯定因素。

(本文原载于《语苑集锦——许威汉先生从教
五十周年纪念文集》,上海教育出版社,2001 年)

专书语法研究的回顾与展望*

一　回顾,问题与讨论

1.1　专书语法研究的迅速发展及其原因

为纪念《马氏文通》100 周年(1898—1998),南昌大学中文系孙力平等先生(2000)特意编纂了一份《中国古汉语语法研究论文索引》。根据他们比较全面详尽的调查统计,100 年来中国古汉语语法研究方面的论文共约 2700 余篇。他们把这些文章分为 18 个大类,其中专书研究的论文数量最多,共约 502 篇,约占 19%;而在专题研究和断代研究中,还有不少文章是以专书研究为基础的,如果把这些文章都计算在内,专书语法研究的数量就更多了。同时从发展速度来看,若以 20 年为一个小的发展阶段,则专书语法研究中的绝大多数都是 20 世纪八九十年代的作品。这是非常值得注意的动向。

专书语法研究为什么发展迅速? 初步考虑有以下几个原因。

1.1.1　专书语法研究为前辈一直倡导并身体力行

多年来我们的师辈一直倡导专书研究。仅就我个人的亲身感

*　本文初稿曾先后得到郭锡良老师、董琨、宋绍年、李佐丰、殷国光、姚振武、刘利、邵永海、张猛、赵大明等先生指正多处;在 2000 年 8 月第五届全国古汉语学术研讨会上宣读后,又得到与会学者不少宝贵意见,特在此一并表示衷心感谢。

受来说,20 世纪 60 年代初,陆志韦先生任中国社会科学院语言所古汉语室主任时,就亲自带领我们投身这项工作。70 年代,吕叔湘先生担任语言所所长期间,在给古汉语室的一封建议书中写道:"要对古代汉语进行科学的研究,就要注意时代和地区的差别。对于这些差别,现在还只有一些零星的认识,还缺少系统地探索的成果。要进行研究,现在还只能先拿一部一部的书做单位。一方面在同一作品中找规律;一方面在作品与作品之间就一个个问题进行比较。"80 年代,郭锡良先生(1997)强调:"当前最需要提倡专书的语法研究和断代的语法研究。三千多年来的汉语语法史必须建立在断代研究的基础上,而断代研究又需从专书语法研究开始。"杨伯峻先生在为拙著《〈左传〉虚词研究》(何乐士,1989)写的序言中,一开始就提出这个问题:"我始终认为写一部汉语法史虽然是必要的,却不是一人一时所能写好的。它不仅需要作汉语语法的断代研究,还要在某些地区方言中作特异的语法研究。"杨先生认为这些专书、专题研究会给汉语史的撰写奠下基石,"有无数块这类基石,便铺砌成建筑汉语语法史的坚实地基。不这样,汉语语法史的高楼大厦便是建筑在泥沙之上"。

1.1.2 专书研究的重要性深入人心

通过师辈的教导和个人的实践,越来越多的学者逐渐取得趋于一致的看法:在语言研究过程中,选例式的研究固然占有它一定的位置,但要深入全面了解不同时代汉语的特点,总结汉语发展的内部规律,增强结论的科学性,关键是专书语言的穷尽性研究。专书语言研究是纵向或横向的专题研究、汉语断代史、汉语发展史、汉语历史大词典等系统工程的可靠基石,是建立古汉语语法体系的必要准备,是检验自己或前人研究成果的锐利武器,也是汉语言学和普通语言学向前发展的重要动力。正是由于大多数学者达成这样的共识,所以断代专书的研究已成为当前语言研究中的一个重要的发展趋势。

1.1.3 专书语法研究对个人是极好的锻炼

研究人员通过专书研究这种解剖麻雀的方法可以受到极好的锻炼:第一步,由确定专书,选择版本,进行校勘和标点,到整理好该书的电子版本和专书索引等;第二步,对专书的词类和句法分别进行穷尽、量化的研究。至于编撰专书词典,有的学者在第二步工作开始之前完成,有的则在第二步工作完成后进行,这要根据各人具体的条件而定。以上这些工作对于研究者无疑是一个全面锻炼的过程。同时在长期的研究过程中,研究者不仅在语法研究专业方面将受到严格训练,还可能成为研究该部著作的专门人才。因此这项工作无论对语言学事业或者对研究者个人,都是十分有意义的。

1.2 专书语法研究工作表现出的特点和问题,对问题的讨论

根据孙力平等先生的调查统计,专书语法研究的范围几乎涉及由上古至近代各个历史阶段的许多古籍,说明这一工作已受到广泛的重视,这是十分可喜的;但另一方面,也存在一些值得注意的问题。

1.2.1 专书研究发展不平衡,处于较严重的无序状态

(1)从研究的对象来看,对传世文献的研究虽然铺的面相当广,但还有不少有代表性的古籍(如《管子》、《汉书》等)至今研究不够或者尚无人问津。对同一专书的研究成果缺乏总结、综合,没有系统化。同时对出土文献的语法特点研究得很不够,发表的文章尚只有少数几篇。而国外有的学者对出土文献的语言特点相当

重视,有关的文章不断问世①,这方面的研究工作做得比较好。

(2)从研究的内容上看,一方面,涉及的范围已大大拓宽;另一方面,仍存在着比例失调的问题。请看以下统计数字:虚词,287篇,占专书语法研究文章总数的57%;实词,65篇,占13%;语法结构,28篇,占5.6%;句式,91篇,占18.2%;复句,11篇,占2.2%;句群,3篇,占0.6%;其他,15篇,占3%。值得注意的是:

①实词虚词的研究比例失调,实词研究的文章太少。先说虚词研究的文章:它的数量占专书语法研究文章总数的半数以上,其中大部分是先秦古籍中的虚词。由于上古时期虚词在汉语中有着特别重要的作用,因而学者在较长时期里把注意力集中在先秦古籍虚词的研究上,是有必要的。这类文章所讨论的大都是古籍中用法复杂的虚词,若能把它们的语法特点研究清楚,对于大家进一步作历时或共时的专题研究,都十分有益。然而值得指出的是,即使对这些用法复杂的虚词,都还有很多工作要做。对先秦古籍语法和虚词的研究绝不是已经多余,而是还颇需继续努力。我们所说的比例失调,不是指虚词研究太多,而是说研究实词的文章太少。应该指出,这些年来研究实词的文章呈上升趋势,但与虚词比较,分量却嫌太少。特别是动词,它在语言中起着十分重要的作用。几乎大多数虚词都和它发生这样那样的关系,动词与名词和形容词的关系也很密切。研究虚词应该与实词特别是动词的研究结合起来。虽然这些年实词研究成果大多是动词方面的文章,但

---

①　如日本大西克也先生近些年就发表了数篇关于出土文献的研究论文:《秦汉以前古汉语语法中的"主之谓"结构及其历史演变》(1994),《试释"是"》(1996),《并列连词"及""与"在出土文献中的分布及上古汉语方言语法》(1998),《秦简语法札记二则》(1998)等。

与动词的全局相比,无论深度或广度,都还不够。形容词研究就更为薄弱。体词研究方面,量词较受重视,名词研究也做了一些,但都还有许多工作在等待着我们去做。

②句法方面需要做的工作更多。如果把上面统计中虚词和实词的文章算在一起,共占70%左右,而语法结构、句式、复句、语段等总共才占30%。尽管对句法等问题的研究也是呈上升趋势,但比起词类就明显失去了平衡。其中语段的研究尤显欠缺。同时从选题看,大多限于一些"保留节目",如"系词"、"判断句"、"被动句"、"动补句"、"比较句"等。当然,对这些重大问题的研究毫无疑问是十分必要的,这些问题具有永久性的研究价值,要想比较彻底地理清这些问题的历史演变确实必须从断代专书入手。但另一方面,我们也急需开拓新的领域,应从研究对象的实际情况出发有针对性地提出新的研究课题。

1.2.2 研究者各自为战、缺乏交流

这种情况发展下去很可能造成视野狭窄,思路闭塞,研究水平提高缓慢。当前有以下问题应及时予以注意:

(1)关于专书语法研究的基本要求

第一,专书语法研究。专书语法研究自身也是一个系统工程,大致可包括以下几项内容(以下各项内容并非每书必备,需要根据各书具体情况而定):

①句法部分。对专书的各种语法成分和语法结构都应认真调查研究,分门别类地进行讨论。在分析句法结构的基础上概括出全书句型(包括单句和复句),在句型基础上概括出句群(或语段)特点。然后总结出全书规律性的语法特点和语言特色等。

②词类部分。应明确提出词类划分的原则和具体操作方法。

在划分词类的基础上对各类词的特点和功能进行比较和描述；对各类词作出再分类并对各类词内部差异和重点词进行讨论；总结出全书各类词的变化规律和特色等。

③对疑难问题的讨论。在研究句法和词类的过程中，必然会遇到或多或少疑难。面对问题须迎难而上，展开讨论。若一时解决不了，也应把问题公之于众。若疑难问题较多，可把它们集中起来，写成专文或编纂成书。

第二，专书词典（或可根据其特点称为专书语法词典）。

基本要求：全书的词应无一遗漏地收入；标明词性；分析词的语法作用；分列词的义项；每词的出现频率应有精确的统计数字；尽可能指出只在本书出现的词；对疑难点或有分歧之处应扼要列出前人解释，并提出个人看法，等等。

第三，必要时作出面向国内外的对该书的新注新译以及质量上乘的普及本、精选本等。

第四，必要时还应对该书的作者、时代、社会背景、方言地区等问题进行深入探讨。

（2）关于专书语法研究的基本方法

第一，穷尽式的调查分析和描写。专书研究的最重要特点就是不遗漏一个实例，不回避任何难点。必要时对一些用法复杂的虚词或实词都应逐个调查研究，写出专篇。有些问题由于资料限制等原因，一部专书解决不了，那就还需要参照同时代的其他著作，必要时还应在更大的历史范围内作上下左右的观察探索。

第二，运用计量语言学的方法，在定量分析的基础上作出定性分析和确切统计。数量统计是计量语言学在语言描写中的具体运用，是区别统一与个别、质变与量变、主流与支流的重要依据，是有巨大说服力的论证工具。

第三,对于自己所使用的各种语法概念应有明确的定义。在研究工作中应有自己所遵循的严格语法体系而不自相矛盾。

第四,对专书的版本(包括对该版本的选择、鉴别、校勘等)、作者、时代背景等应明确交代个人的认识。

第五,应认真了解并参考国外学者的研究方法和成果。这个问题我们绝不可忽视。国外学者常会提出一些我们意想不到的新鲜问题和看法,即使我们可能不尽同意,但他们观察问题的角度、研究问题的方法、考虑问题的思路等,却常会给我们以启发。

第六,至于研究者个人运用的具体方法,可说是八仙过海,各显神通。这当然是正常的,重要的是应及时交流。目前大家都已积累或多或少的经验,也都会遇到这样那样的问题,我们应不失时机地通过各种方式交流研究方法和体会,促使专书研究的提高和发展。

1.2.3　从事专书语言研究应有的思想准备

从事专书语言研究,意味着要投身于艰难的持久战而不是一场速决战,对此要有充分的思想准备。我们要努力做一名有识者、有志者、有为者。做一名有识者,就是不仅能充分认识专书研究的意义,而且具有战略眼光,能从局部看到整体,从现在看到未来。做一名有志者,就是不仅有认识,而且决心付诸行动;耐得住寂寞,坐得住冷板凳;意志顽强,坚持不懈。做一名有为者,就是不仅有行动、有成果,而且永不满足,精益求精;力求对事业多作贡献,对同行对后人多提供信得过的"产品"。

1.2.4　专书语言研究的理论性问题

(1)专书语言研究与语言理论研究两者的关系。专书语言研究一定需要理论上的指导,同时它又是语言理论研究的基础和保证。吕叔湘先生(1983)说:"语法书也好,研究论文也好,大体可分两类。一类是研究理论的,研究体系的;一类是观察现象、发掘事实的。要问哪种工作重要? 很难讲。但是可以说需要更多的力量花到第二种工作上去,这也是科学研究的通例。搞理论的人总是少些,多数人是做实验,刚好可配合。……如果一百个人中八十人搞理论,二十人搞事实,我看配合不好,应该把这个比例倒过来。……多数人要自己动手搜集事实。而搜集事实的人也不是对事实一点看法也没有。总之,每个人的工作都有一个重点。"可见对语言事实的发掘和描写与语言理论的研究工作,两者绝不是互相对立而是互相配合;不是互相分离而是互不可少、各有侧重。从事专书研究工作绝不意味着对理论研究不重视,而是积极地为自己和他人的理论研究打下基础、创造条件。

(2)专书语言研究需要理论上的指导。专书研究是一种实践活动,它离不开理论的指导,需进行理论的思维。从事专书语言研究,除运用辩证唯物主义的认识论和普通语言学的理论作为总的指导原则之外,还需学习国内外现代语言学理论以及新的语法理论和方法,努力从中吸取有益的东西。除此之外,系统论、符号学、逻辑学、心理学、社会学等对我们也很重要。至于在研究过程中具体采用什么理论和方法,则是每个人的自由。但有一条:无论选择什么理论或方法,都不宜奉若一字不能变易的经典,必须接受语言事实的检验。轻易地一概否定或全盘照搬都是有害无益的。

(3)努力根据汉语研究的实际作出方法上的创新和理论上的建树。理论是从实践中来,专书研究重要目的之一就是为理论的建树准备条件。正如吕先生上面所说,"搜集事实的人也不是对事实一点看法也没有",我体会这"看法"就包含着理论的建树。我们作为对第一手资料进行深入发掘的人,不可能没有自己的"看法"。我们完全有条件从大量语言事实中概括出规律,并给以理论性的解释,这也就是我们对语言事实的认识由感性上升到理性的阶段。我们要自觉地强化理论意识,将专书语言研究和理论建树紧密结合起来,善于思考,敢于提出新的见解。同时在头脑中也经常要有"方法论"的意识,面对各种方法,不仅善于选择和运用,更能努力根据汉语研究的实践作出方法上的创新。我们既要十分重视理论的指导,又要十分重视用我们的研究实践不断对理论进行检验、修正、丰富和更新。即使对于当今的普通语言学理论也应本着这种态度。徐通锵先生(1996:2)说得好:"如果在具体语言的研究中难以用现行的一般理论、方法、原则来解释,那就说明这种一般的理论、方法、原则还有待于改进,需要用具体语言的历史发展的研究成果去修正、丰富、发展这种一般的理论、方法和原则。"我们相信通过大家的不懈努力,必能建立起真正符合汉语实际的科学方法论和语言理论体系,进而大大充实普通语言学理论。

二　展望与建议

展望 21 世纪,专书语法研究的发展可能经历以下几个阶段:

第一阶段。专书语法研究将有更大发展,并推动其他研究项目。目前的情况是,专书研究虽已初步全面展开,但还远未完成,已做完专书研究全过程的只是极少数。还有许多重要的古籍应该研究而刚刚起步甚至尚未涉及,特别是大批出土文献研究得更少。

至于汉魏以后直到明清,还有许多作品的语言特点等待发掘。所有这些工作都具有巨大的吸引力。同时专书研究的重要性正日益受到重视,就我们所知,中国社会科学院语言所的古代、近代汉语室都在有组织地进行专书研究;北京大学中文系的古代、近代汉语的博士生导师都要求自己的研究生尽可能选择专书研究作为论文题目。看来这种情况在全国不会太少。因而可以预料,专书研究的队伍在一定的历史时期内势必会像滚雪球一样越滚越大。

与此同时,以专书研究为基础的纵向或横向的专题研究、断代语言研究、汉语发展史研究、语法体系研究、历史语言大词典编纂等项目将与专书研究交叉进行。这些总体工程在初期当然不可能很成熟,也不可能一步到位;但它们在实践中定会逐步提高并不断向专书研究提出新的要求,从而推动专书研究更好、更深入地发展;两者是互相促进,相得益彰。

第二阶段。随着专书研究的大量完成,上述各项总体工程将逐步进入高潮。高水平的汉语语法史、汉语发展史、汉语语法体系等重大成果将会问世;足以反映汉词词汇的产生、发展与演变的历史大词典将会出台;汉语言学将建立起科学而完备的理论体系和方法论体系;普通语言学将由于汉语言学的贡献而大放光彩。

对两种以上专书的比较研究以及多学科对同一专书的综合研究将会逐步展开。随着专书研究水平的不断提高,以及各国汉学家的不断成长和增多,将会出现相当数量的中外学者合作研究组织。中外学者合作的专书语言研究专著、中外文精良注本和译本、精选本和普及本等将在国内外广泛传播。国际范围内将对中国文化遗产进行新的符合实际的高度评价。

第三阶段。对两种以上专书的比较研究以及国内外合作的对中国古代专书进行多学科综合研究的活动将会进一步开展并形成高潮。中外古代语言的比较研究也将日益发展。在已有成绩的基础上,古汉语语法研究领域将会涌现我个人现在无法预料的新的研究课题,学术界乃至全社会也将向它提出新的要求。

根据专书语法研究的发展动向,为促使其更好地向前发展,我们建议:

(1)希望各有关单位领导进一步重视这项工作。现在已有一些单位的领导非常关注这方面的工作,这是十分可喜的。尤其是中国社会科学院语言所和北京大学中文系的重视,无疑会起到示范和带头作用。

(2)各级语言学会特别是各级古汉语研究会、古汉语语法研究会可望发挥很好的作用,如协助研究者互通信息、交流经验;对专书研究加以提倡和引导;定期或不定期地发布专书研究的动态等,都将对学者大有益处。今后的专书研究除一人单干的方式外,势必会产生更多完全是自愿结合的研究小组,因为专书研究本身是一个系统工程,任何个人想要把它全部完成,几乎都是十分困难甚至是不可能的。在这种情况下,适时的学术交流还可为大家提供以文会友、互相学习、彼此结识的机会,起到积极的推动作用。

(3)目前有些学者自愿为大家编纂专书语言研究的论著目录索引,还有的自愿为大家编纂一些重要古籍的逐字引得或电子版本,实在是功德无量。前者像南昌大学中文系孙力平等先生所作的目录,虽然还有待进一步补充完善,却已受到广泛的重视和欢迎。如果他们能坚持下去,每隔一段时间就接着编一本,将对及时交流信息起到重要作用。更期盼有出版社愿意出版它,那就为语言事业的发展做了大好事。后者像哈尔滨师范大学李波等先生编纂的《十三经新索引》以及一些单位或学者个人编纂的诸多古籍的电子版本等。当前这类工作也需及时交流信息以尽可能避免不必要的重复劳动并进一步提高工作规格和质量。

(4)希望出版社与有关单位或负责人取得联系,通过制定出版计划起到实际上的组织和促进作用。出版计划最好也能围绕专书形成一个系统,如:关于专书研究论著的目录索引,专书的逐字引得,专书语法研究著作(单本专著或成套的丛书),定期或不定期的专书语法研究论文集,专书词典等。现在已有一些具有战略眼光的出版社和负责人高瞻远瞩、积极主动、千方百计地为这类赢利性不强但有学术价值的著作亮起绿灯,他们在学者心目中树起了良好的形象。我们相信一定会有更多的出版社和负责人加入到这个光荣的行列中来。

(5)研究者要努力提高驾驭电脑的本领,充分利用高科技为古汉语研究服务。新的科学技术的广泛应用,正在社会各领域引发一场伟大的革命。我们作为科研工作者,更应努力掌握新的科学工具,分享科技进步带来的巨大利益。事情很清楚:利用新的科学技术,不仅会加快我们前进的步伐,而且将延长我们的科研寿命。

为了迎接语言学事业将迅猛发展的21世纪,我不揣冒昧地提出一些很不成熟的想法,目的是想引起同道们的注意,各抒己见,相互交流,使专书研究工作开展得更好。

参考文献

郭锡良 1997 《古汉语语法研究刍议》,载《汉语史论集》,商务印书馆。

何乐士 1989 《左传虚词研究》,商务印书馆。

吕叔湘 1983 《扎扎实实作好语法研究》,载《语法研究与探索》(1),北京大学出版社。

孙力平等 2000 《中国古汉语语法研究论文索引》,载《语言研究集刊》(第七集),江苏教育出版社。

徐通锵 1996 《历史语言学》,商务印书馆。

(本文原载于《湖北大学学报》(哲学社会科学版)2001 年第 6 期)

从《左传》看《说文解字》[*]

正如许慎在《说文解字》叙中所说:"文字者,经艺之本,王政之始,前人所以垂后,后人所以识古。"他以 20 年的心血编著《说文解字》,重要目的之一就是为了宣扬古文经典,帮助后人理解前人著作的真意。因此他在讲解字义时大量引证古文经典。据统计,《说文》引古书共 1085 例,《左传》就有 213 例,约占 1/5 之多,如果再加上段注引证的《左传》341 例,那就更多了。本文就打算从《左传》的角度谈谈《说文解字》的特点。

一　从分析文字结构与上下文义
两方面对字义作出精当的解释

通过《说文》对《左传》的引证可以看出,《说文》对字义的确定有两个重要依据,一是运用字的形体、字义、声音三者互相沟通的方法来分析文字;一是结合该字所在的上下文,仔细体会该字的含义,使解说有利于对文义的理解和疏通。如:

豔　好而长也。从丰,丰大也。盍声。《春秋传》曰:"美而豔。"(《说文解字注》五篇上,丰部。上海古籍出版社 1981 年版,

* 本文初稿经向光忠先生指正多处,谨表感谢。

208 页,下)杜预注:"色美曰艳。"以后的各种注本都继承了杜的注释。但比较起来仍以《说文》的解释为长,因为《说文》指出"艳"字从丰,丰有大义,大与长义通。正如段玉裁注指出的:"《诗》言庄姜之美,必先言硕人颀颀;言鲁庄之美,必先言猗嗟昌兮,颀若长兮。所谓好而长也。"从《左传》两处原文看,(桓 1)1.83:"宋华父督见孔父之妻于路,目逆而送之,曰:'美而艳。'"("桓 1"代"左传桓公一年","1.83"代《春秋左传注》,杨柏峻先生编著,中华书局1981 年版,第 1 册,83 页。下仿此。)(文 16)2.620:"公子鲍美而艳,襄夫人欲通之。""艳"若解为"美","美而艳"就是"美而美"之义。从《诗经》所反映出的当时对美的看法以及《左传》的上下文看,似不如《说文》解为"美而长"更切合文义。

兹 黑也,从二玄。《春秋传》曰:"何故使吾水兹?"(四篇下,玄部,159 页,下)

所引例见《哀公八年》(4.1648)。现今所印各《左传》版本都依《十三经注疏本》以"兹"为"滋",其实这是错误的。"兹"与"茲"本为二字,"兹"在《说文·玄部》,已见上引文。"茲"在《说文·艸部》:"茲,草木多益。从艸,兹省声。"二字的小篆区别明显:兹—𤣥𤣥,茲—𦯕𦯕;隶书形近相似:兹—𦰫(汉印)茲(淮源庙碑),茲—𦰫(熹平石经);楷书:兹,茲。今本均作"滋"。杜预注:"滋,浊也。"这就是误以"兹"为"茲",又以"茲"、"滋"为古今字,则写作"滋",而以讹传讹的。古代学者对此早有察觉。陆德明《经典释文》对这个"滋"解释:"本又作兹。《字林》云:'黑也。'"其实不是"又作兹",应当是"本作兹"。朱骏声《说文通训定声》:"滋,叚借为兹……实为兹之误字。"吴玉搢《说文引经考》:"今经典'兹黑'、'兹生'字皆用兹,兹、茲混用莫辨。"其实《说文》早已将

"兹"、"兹"二字分清,属于不同的部首偏旁,且在"兹"字下特意引了《左传》"何故使吾水兹?"来帮助读者读懂《左传》,用心可谓良苦。正如吴玉搢《说文引经考》自叙所指出的"今本显示,不考《说文》,不足以证其误,……其为经助,实非一端"。

鹬　知天将雨鸟也。从鸟,矞声。《礼记》曰:"知天文者冠鹬。"(四篇上,鸟部,153 页,上)

段注:"《左传》郑子臧出奔宋,好聚鹬冠,郑伯闻而恶之,使盗杀之。君子曰:'服之不衷,身之灾也。……子臧之服不称也夫。'云不称者,正谓子臧不知天文而冠聚鹬也。"

杨伯峻先生在《春秋左传注》中吸收了《说文》及段注的成果,对《左传·僖公二十四年》的"好聚鹬冠"、"子臧之服,不称也夫"解说甚为明白。而杜预注为"鹬,鸟名。聚鹬羽以为冠,非法之服",使人看后仍觉糊涂:为什么聚鹬羽以为冠就是非法之服呢?

嗾　使犬声,从口,族声。《春秋传》曰:"公嗾夫獒。"(二篇上,口部,67 页,下)

此例在《宣公二年》(2.660),杜预未注。杨伯峻吸收《说文》的解释,作以下注:"嗾音漱,使犬也。……今言嗾使即由此义派生。"

襚　衣死人也。从衣,遂声。《春秋传》曰:"楚使公亲襚。"(八篇上,衣部,348 页,下)

此例在《襄公二十九年》(3.1154),杜预注:"诸侯有遣使赗襚之礼,今楚欲依遣使之比。"看了杜预的注,对照《左传》原文,仍不得其解。而《说文》的解释却有很大的针对性,因为"襚"在古籍中有时用作名词,如《公羊传·隐公元年》:"衣被曰襚",又《穀梁传·隐公元年》:"衣衾曰襚",而许慎却偏偏把"襚"解作动词——

"衣死人"（给死者穿衣），并举了《襄公二十九年》的例句，可见他作《说文》的一个重要目的是帮人读通《左传》。

谂 深谏也。从言，念声。《春秋传》曰："辛伯谂周桓公。"（三篇上，言部，104 页，上）

此例在《闵公二年》（1. 272）。对这个"谂"，杜注为："告也。"显然欠妥，因为《桓公十八年》记载此事时尚用"辛伯谏曰"；在《闵公二年》的上下文是："大子将战，狐突谏曰：'不可。昔辛伯谂周桓公云……'"一方面是因为上句说狐突时已用了"谏"字，下文避免重复；一方面是狐突举出辛伯谏周桓公的故事以加强自己劝诫的说服力，用"谂"更能表示劝谏心意之切。因此把"谂"解作"深谏"是恰当的。许慎这样解释之后又专门举出《左传》的例句，足见他对《左传》用心之细，理解之深。

黏 黏也。从黍，日声。《春秋传》曰："不义不黏。"（七篇上，黍部，292 页，上）

此例在《隐公元年》："不义，不暱，厚将崩。"（1. 13）杜注："不义于君，不亲于兄……"把"不义"与"不暱"并列，"暱"解为亲近之义。据《说文》，暱当作黏，黏从黍，黍是禾属而黏的，所以黏有胶合之义，也就是团结在一块儿。句意是说没有义就不会团结，所以厚将崩。[①]《说文》的解说与《左传》义正相吻合。杨伯峻先生在《春秋左传注》中就吸收了《说文》的成果："暱依《说文》当作黏，黏连之义。犹今言不义则不能团结其众。"

暱 日近也。从日，匿声。《春秋传》曰："私降暱燕。"（七篇上，日部，281 页，上）

---

① 陆宗达《介绍许慎的说文解字》，《北京师范大学学报》1961 年第 3 期。

此例在《昭公二十五年》:"君若以社稷之故,私降昵宴,群臣弗敢知。"(4.1467)"暱"与"昵"通,陆宗达先生解释《说文》之意:暱是日近,引申当近讲,"昵宴"(暱燕)是和亲近人的享乐。所以说国君为了国家,自己减少和亲近人宴乐的事。①

从上面略举的实例可以看出许慎把对文字结构的分析和语言运用的实际特别是对《左传》等古籍的理解紧紧地结合起来,他的文字研究有着明确的为实用服务的目的。如果拘泥于文字的结构而对解说古籍有碍时,则以解决古籍中的实际问题为主要原则。如:

飧 餔也。从夕食。(五篇下,食部,220 页,上)

"餔"有泛指一切饭食之义,段玉裁注:"引申之义凡食皆曰餔。"按《说文》对"飧"的分析,从夕食,其意应为晚饭,但《说文》并未强调这层意思,这是为什么? 正如段玉裁在注中所说:"《公羊传》赵盾食鱼飧,《左传》僖负羁馈盘飧、赵衰以壶飧从,皆不必夕时,浑言之也。"

到 刑也。从刀,至声。(四篇下,刀部,182 页,下)

《定公十四年》:使罪人三行,属剑于颈,而辞曰:"……不敢逃刑,敢归死。遂自到也。"(4.1596)例中的"到",《经典释文》宋刻本作"颈",段玉裁在注中指出这是不对的,他说:"到谓断头也。……《经典释文》宋刻作'颈',非也。按许意谓断颈,刑之至重者也。"许慎并没有因为"到"、"颈"同音就认为可以通用,却明确指出"到"是一种刑罚,把这两个字区别开来。

旰 晚也。从日,干声。《春秋传》曰:"日旰君劳。"(七篇上,日部,304 页,下)

---

① 陆宗达《介绍许慎的说文解字》,《北京师范大学学报》1961 年第 3 期。

此例在《昭公十二年》:"日旰君勤,可以出矣!"(4.1333)从字形看,从日并不等于就有"晚"义。如"晓"、"昕"都有"晨"义。但许慎仔细分析"旰"在语言中实际运用的情况,确定它是"晚"的意思,并特意举了《左传》的例子。

可见许慎在分析字形的同时,已经感受到文字的结构、发音与字义不完全对应的问题,在这种情况下他的处理方针大都是从语言运用的实际出发而不一味拘泥于文字本身。他对文字的精当分析解决了古籍中的许多疑难,而他对古籍的深刻理解又制约着、规范着他对文字的剖析和认识。可以说,自从有了《说文解字》,就把人们对古书的理解推进到一个新的阶段;而对古书的注释工作,也因为有了《说文解字》而上升到一个新的水平。

二 注意从古籍中吸取原料去加强自己对文字特点的理解与认识

上面大致介绍了许慎对《左传》字义的解释是如何精当确切,这里要介绍的是他如何从《左传》中吸取原料去解释字形字义。

盥 澡手也。从臼水临皿也。《春秋传》曰:"奉匜沃盥。"(五篇上,皿部,213 页,上)

此例在《僖公二十三年》:"秦伯纳女五人,怀嬴与焉。奉匜沃盥,既而挥之。"(1.410)许慎利用《左传》来解说"盥"意,段注讲得很清楚:"匜者,柄中有道可以注水。《内则》亦云:'请沃盥。'沃者,自上浇之。盥者,手受之而下流于槃,故曰臼水临皿。此引传说字形之意。"

乏 《春秋传》曰:"反正为乏。"(二篇下,正部,69 页,下)

此例在《宣公十五年》:"故文,反正为乏。"(2.763)

蠱 腹中虫也。《春秋传》曰:"皿虫为蠱,晦淫之所生也。"(十三篇下,蠱部,676 页,下)

此例在《昭公元年》:"赵孟曰:'何谓蠱?'对曰:'淫溺惑乱之所生也。於文,皿虫为蠱。'"(4.1223)

宄 姦也。外为盗,内为宄。从宀,九声。读若轨。(七篇下,宀部,342 页,上)

《成公十七年》:"臣闻乱,在外为姦,在内为轨。"(2.903)(杨伯峻先生注:轨借为宄,《晋语六》述此语即作"宄"。)许慎取《左传》原文未解释字义。下"雇"同。

雇 九雇,农桑候鸟,扈民不淫者也。从隹,户声。(四篇上,隹部,143 页,上)

《昭公十七年》:"我高祖少皞挚之立也,凤鸟适至,故纪于鸟,为鸟师而鸟名:……九扈为九农正,扈民无淫者也。"(4.1388)(沈钦韩《春秋左传补注》:扈,《说文》作雇。)

笵 法也。从竹,氾声。竹,简书也。古法有竹刑。(五篇上,竹部,191 页,上)

《定公九年》:"郑驷歂杀邓析,而用其《竹刑》。"(4.1571)许慎从《左传》记载中的"竹刑"解释为什么"笵"字从竹而有"法"义。

从以上简要的分析可以看出,许慎研究文字,重视文字的结构和语音特点,重视文字在经典中的实际运用,重视从古籍中吸收原料去加深对文字的认识,因此他的基本方法可以说是从实际出发的。对于自己没有把握或不知道的东西是抱着严肃负责的态度,正如他自己所说:"其于所不知,盖阙如也。"(十五卷上,叙,765

页,下)如他对"栽"的解释:

栽 筑墙长版也。从木,戈声。《春秋传》曰:"楚围蔡,里而栽。"(六篇上,木部,253 页,上)

此例见《哀公元年》:"楚子围蔡,报柏举也。里而栽"。(4.1604)栽,杜注:"树版幹。"杨伯峻先生注:"设版筑为保垒。"古代筑墙长版究竟有多长?古籍中有各种说法,段玉裁在注中提供了不少资料,但许慎却没有表态,在解说中只说是"筑墙长版"而不说丈尺。段玉裁认为,这是由于许慎"作《说文》之时于今说八尺、古说一丈皆疑之而不敢定矣"。这正反映了许慎严谨认真、知之为知之、不知为不知的治学态度。当然,《说文》中也难免有错误疏漏之处①,但终归是瑕不掩瑜。许慎能在一千八百多年以前就写出这样一部反映汉字结构特点和运用规律的高水平的著作,实在难能可贵。他的治学方法和治学态度至今仍值得借鉴。虽然这部巨著相去今天已很久远,但它距离《诗经》、《左传》、《论语》、《礼记》等古籍却是最近的,它永远是我们研究中华民族最重要的文化遗产的最具权威性的工具书。而且,它还不仅是我们研读古籍的必备之书,它更是我们研究汉语发展史、汉语文字学及文字发展史、汉语词汇学及词汇发展史的重要依据之一。随着年月的积累,只可能更加显示出它的价值,历史已经证明并将继续证明它是不朽的。

(本文原载于《说文学研究》第一辑,崇文书局,2004 年)

---

① 有时有些过于强调字形而未能指出其实际意义。如对"焉"的解说:"焉鸟,黄色,出于江淮。"(四篇上,鸟部,157 页,下)而对它在语句中大量出现的用法一字未提。又如对"也"的解说近乎荒谬等。

古汉语语法研究概况
（1979—1985）

　　我国古汉语语法研究工作随着全国安定繁荣形势的发展正在大步前进。1979 年至 1981 年，全国每年发表这方面的文章近百篇；1982 年以来，每年均在百篇以上，1984 年接近 150 篇；仅《中国语文》一种杂志，1978 年复刊以来共发表 93 篇，超过"文革"前十几年间全国各种杂志同类文章的总和，比解放前几十年间发表的同类文章多出将近一倍。

一　研究内容上的特点

　　1.1　对专书语法的分析描写方兴未艾。专书语法描写是研究汉语语法史的基石，"文革"前只有《甲骨刻辞的语法研究》、《殷墟卜辞综述》和若干篇专题论文；这几年出版了《西周金文的语法研究》、《〈左传〉单复句初探》、《〈史记〉语法特点研究》等论著，还有一大批围绕《诗经》、《楚辞》、《左传》、《论语》、《孟子》、《庄子》、《韩非子》、《孙子兵法》、《世说新语》等十余部专书的专题论文。在这方面，中国社会科学院语言研究所古汉语室编著的《古汉语研究论文集》（第三册）做了许多扎实的工作，其中语法方面的论文大都围绕先秦阶段的专书作专题研究，并在研究中采用定量分析的方法。山东社会科学院语言所程湘清主编的《汉语史断代专书专题研究论文集》出版了第一集《先秦汉语研究》和第二集《两汉汉语研究》。作者以开拓的精神进行探索，颇具特色。在专书研究中注意运用比较的方法，如用《史记》和《左传》比较，着重研究《史记》的语法特点；用《论衡》和秦汉其他古籍对比的方法着重挖掘《论衡》的特点。近两三年，对诗、词、赋等韵文语法特点的研究也日益兴起，发表了一些论文。

1.2 古汉语虚词的研究蓬勃发展。虚词在古汉语研究中有着特殊地位。近年来，随着全民文化水平的提高以及学生升学考试的需要，群众对古汉语学习的热情日益高涨，出版或再版了许多介绍常用虚词的书。如再版了杨树达的《词诠》、吕叔湘的《文言虚字》。杨伯峻在原著《文言虚词》的基础上修改出版了《古汉语虚词》。何乐士、敖镜浩、王克仲、麦梅翘合著的《文言虚词浅释》由于深入浅出，例句有译文，受到广大读者欢迎，发行数十万册。在介绍常用虚词的同时，学者们开展了对更多虚词的专题研究，取得了大量的成果。洪成玉《古汉语复音词和固定格式》是国内第一部研究复音词组和固定格式的专著。在这方面，何乐士、敖镜浩、王克仲、麦梅翘合作编著的《古代汉语虚词通释》，是当时国内收古汉语虚词最多的一部工具书。

对虚词的专题研究大多围绕虚词在固定结构或习惯句式中的用法进行研讨。这些问题大多是古汉语语法中的难点，研究者们在深入调查研究的基础上，突破了过去一些文章照抄几个例句、人云亦云的做法，取得了一些可喜的成绩。讨论的主要问题有：

[所·动词]结构中"所"的词性。自从《马氏文通》把"所"字

定为"接读代字"后,代词说的影响相当广泛。陈承泽《国文法草创》首次向代词说发难,认为"所"字是"助字之含有指示作用者",自此以后,"代词说"和"助词说"一直在争论之中。现在虽然还是旧的矛盾的继续,却有了新的内容——在深入古籍调查的基础上,论者以大量的用例论证自己的看法;同时注重分析"所"字结构的实际作用,不仅限于一个"所"字,更不局限于名称之争。如王克仲《关于先秦"所"字词性的调查报告》一文,对先秦的 21 部书中"所"字的用法作了分析和统计,认为"'所'字不是代词,而是结构助词"。马文熙则通过对"所"字结构各种特点的分析,认为它是"称代性结构助词"。看来对"所"字结构中"所"的词性的认识,正通过争论逐步趋于统一。

"者"字结构究竟能不能作后置定语? 一种意见认为"文言里确有'×者'一类后置定语",一种意见则认为"×者"不是后置定语,而是定中结构中的中心语。

[主语·之·谓语]结构中"之"的词性。传统的看法认为"之"是助词,其作用是取消"主谓"结构的独立性。这种说法怀疑者日多,如李运富认为"之"在主谓间的作用是舒缓语气,强调谓语,启示下文,和谐音节,而不能取消句子的独立性。

先秦[动·之·名]双宾式中的"之"是否等于"其"? 这是个长期有争议的问题,何乐士在《先秦[动·之·名]双宾式中的"之"是否等于"其"?》一文中通过大量的分析和专书统计,论证了"之"不能等于表领属关系的代词"其"。

1.3　关于"词类划分"和"词类活用"问题的讨论。关于词类的划分和归类,历来看法不一。随着语法研究的深入,近年来这个问题也进一步引起人们的关注。古建军《从副词的归属谈词类的划分问题》一文,在比较了各小类词的语义特点和语法特点后提出,汉语可划分为实性词、中性词和虚词三个基本类别。

对词类活用问题大家的认识很不一致,大致有两种意见:一种认为词类活用的范围较宽;一种则认为词类活用的范围应仅限于名词、形容词活用为动词。

1.4 句法研究日益受到重视。

1.4.1 对"特殊动宾关系"的讨论。古汉语的动宾结构包含着复杂的语法关系,这个问题近年来引起许多学者的注意。徐宏声《动宾关系初探》对此归纳了十种,李新魁《汉语文言语法》提出十二种,张亦堂《古汉语处动用法试探》分析出十五六种。这些"特殊的动宾关系",有的可以加介词"为"、"与",有的可以加"於"或其他介词来理解。

1.4.2 对被动句式的讨论。邓宗荣在《古汉语被动表示法中的几个问题》提出:(1)"见"不能引进主动者而又紧附于动词前,是助动词;"为"、"被"用法用"见"时,是助动词,而当它们引进主动者时是介词。(2)"所"在表被动的情况下失去原来的代词性,是外动词的词头,不作成分。唐钰明、周锡馥撰文讨论了先秦时期被动句式的发展变化。

1.4.3 对系词"是"的讨论。系词"是"到底产生于何时?梁光华《试论西汉以前汉语中的系词"是"》一文,举了37个例句,分为七种类型,论证在先秦初期已产生了系词的用法。

1.4.4 对句群的讨论。胡力文在《谈谈文言句群的辨识》一文中,提出了四个标准,即"句型标准"、"意念标准"、"管辖起讫标准"、"关联词语标准"。

1.5 古汉语教材大量出版和语法史专著的问世。"文革"前大学古汉语教材只有王力先生主编的《古代汉语》,近年来有郭锡良等编写的《古代汉语》,朱星、张之强等分别主编的《古代汉语》,蒋礼鸿、任铭善合著的《古汉语通论》,周秉钧著《古汉语纲要》等等。其中都有相当的篇幅介绍古汉语语法。李新魁《汉语文言语法》是近几年出版的专讲文言语法的普及性著作。潘允中《汉语语法史概要》是继王力《汉语史稿》之后关于语法史的第一部专著。林玉山的《汉语语法学史》是国内第一部从汉语语法学角度写的专著。

二　研究动向和方法

2.1　语法研究的动向代表语法研究的主流。从语法研究的对象看,有从"小"到"大"的趋势,即由语言的较小单位(词法)向语言的较大单位(句法)发展,并将进一步向句群(段法)、文篇(篇法)发展。这是语法研究的必然发展趋势。因为语法就是研究语言形式与意义相结合的规律,包括词的组合与运用、句的成分与结构、句与句的相互配合以及全篇的内在联系及其形式标志。另一方面,从研究的题目看,则有从"大"到"小"的趋势,即由过去一些论著的不分历史阶段、随意从古籍中抽取例句的杂糅做法向断代、专书、专题发展,使语法研究更加全面深入、细致。这在客观上为大型汉语发展史专著的诞生准备了条件。此外,从语法研究的应用上看,学者们日益注意去解决语文教学、阅读古籍、文字训诂等方面的实际问题。

2.2　从这些年的论著看,主要有以下几种研究方法。

(1)运用马克思主义的唯物辩证法。研究者重视第一手资料,在大量调查客观语言事实的基础上探求其内部规律。

（2）分门别类、静态描写。

（3）比较分析、鉴别异同。通过历时的或共时的比较,找出其发展变化。

（4）解剖麻雀,由点窥面。在断代研究中选择有代表性的专书进行解剖。

（5）定量分析,量中求质。把定量分析与统计的方法运用到古汉语语法研究中来。把抽样统计与专书统计相结合。

（6）综合运用语言、语法、词汇、方言、少数民族语言等多方面知识解决问题。

三　问题和不足

古汉语语法研究比现代汉语语法研究显得落后,它不太注意方法论的探索,还缺乏系统化、综合化、整体化的研究,也不大注意国外的研究方法,有些闭关自守、故步自封,开拓精神不够。研究成果的水平还有待进一步提高。

参考文献

陈迪明 1981 《文言里确有"×"者一类后置定语》,《中国语文通讯》第
　　4 期。

陈梦家 1956 《殷墟卜辞综述》,科学出版社。

陈振寰 1985 《漫谈古代诗词语法特点》,《广西师范大学学报》第 2 期。

程湘清 1985 《两汉汉语研究》,山东教育出版社。

程湘清主编 1982 《先秦汉语研究》,山东教育出版社。

邓宗荣 1983 《古汉语被动表示法中的几个问题》,《南开学报》第 2 期。

古建军 1983 《从副词类的归属谈词类的划分问题》,《陕西师范大学学报》第 2 期。

管燮初 1956 《甲骨刻辞的语法研究》,商务印书馆。

管燮初 1981 《西周金文语法研究》,商务印书馆。

郭锡良等 1982 《古代汉语》,北京出版社。

何乐士 1980 《先秦"动·之·名"双宾中的"之"是否等于"其"?》,《中国语文》第 4 期。

何乐士 1982 《〈左传〉单复句初探》,载《先秦汉语研究》,山东教育出版社。

何乐士 1985 《〈史记〉语法特点研究》,载《两汉汉语研究》,山东教育出版社。

何乐士、敖镜浩、王克仲、麦梅翘 1979 《文言虚词浅释》,北京出版社。

何乐士、敖镜浩、王克仲、麦梅翘、王海棻 1985 《古代汉语虚词通释》,北京出版社。

胡力文 1983 《谈谈文言句群的辨识》,《中学语文教学》第 7 期。

胡力文 1984 《试论文言句群》,《常德师专学报》第 1、2 期。

蒋礼鸿、任铭善 1984 《古汉语通论》,浙江教育出版社。

晋则复 1985 《古汉语中有关"于"字的两个问题》,载《中国语言学报》第二辑,商务印书馆。

李新魁 1983 《汉语文言语法》,广东人民出版社。

李运富 1982 《论主谓间的"之"》,《衡阳师专学报》第 2 期。

梁光华 1983 《试论西汉以前汉语中的系词"是"》,《贵阳师院学报》第 2 期。

马文熙 1985 《称代性结构助词"所"功能再探》,《西南师范学院学报》第 2 期。

南开大学中文系 1983 《古代汉语读本》,天井出版社。

潘允中 1982 《汉语语法史概要》,中州书画社。

唐启运 1985 《词类活用问题综述》，第三届全国语言学会论文。

唐钰明、周锡馥 1985 《论先秦汉语被动式的发展》，《中国语文》第 4 期。

王克仲 1980 《略说疑问句尾"为"字的词性》，《中国语文》1980 第 5 期。

王克仲 1982 《关于先秦"所"字词性的调查报告》，载《古汉语研究论文集》，北京出版社。

王 力 1958 《汉语史稿》，中华书局。

王力主编 1964 《古代汉语》，中华书局。

王松茂 1982 《汉语语法研究的倾向性》，《语文教学与研究》第 4 期。

闻 宥 1985 《于、於新论》，载《中国语言学报》第二辑，商务印书馆。

徐宏声 1983 《动宾关系初探》，《语文学习》第 6 期。

杨伯峻 1981 《古汉语虚词》，中华书局。

张亦堂 1983 《古汉语处动用法试探》，《齐鲁学刊》第 4 期。

张之强主编 1984 《古代汉语》，北京师范大学出版社。

中国社会科学院语言研究所 1982、1984、1985 《古汉语研究论文集》（共三册），北京出版社。

中国社会科学院语言研究所 1983 《中国语言学论文索引》乙编（修订本），商务印书馆。

周秉钧 1984 《古汉语纲要》，湖南人民出版社。

朱声琦 1984 《"者"字结构究竟能不能做后置定语?》，《内蒙古师大学报》第 1 期。

朱星主编 1980 《古代汉语》，天津人民出版社。

朱运申 1979 《关于疑问句尾"为"》，《中国语文》第 6 期。

邹晓丽 1983 《论古汉语中的词类活用问题》，《青海师院学报》第 1 期。

试谈古汉语虚词的特点

——兼谈实词虚词划分的必要性

通过对五百多个古汉语虚词的初步调查以及分析归纳，我们认为虚词具有以下几个特性。

一　组织性

虚词中的介词、连词、结构助词等，出现频率最高，介词把有关的名词引荐给动词；连词把互相关联的小句联成大句，或把有并列关系的词和短语连接起来；结构助词把各种词或短语组成偏正结构或改组词的顺序。这些反映出虚词有很强的组织能力。如果没有虚词，就只能有最简单的句子，如"庞涓死"、"公战"、"妻美"之类。如果想由这种简单的句子向前跨出一步，就很难离开虚词了，比如，要想表示庞涓死的处所，就得加上介词短语变成"庞涓死于此树之下"；要想表示"公"跟谁"战"，就得加进介词短语变成"公与宋战"；要想表明是谁的妻，而且表示她不仅俊美而且光彩照人，就得运用助词和连词，引进有关的名词和形容词、变成"孔父之妻美而艳"。至于把小句变成大句，就更需要借助于连词了。如"虽鞭之长，不及马腹"、"求也退，故进之；由也兼人，故退之"、

"东道之不通,则是康公绝我好也"之类。因此无论是句子成分的扩张还是句子的复杂化,一般都离不开虚词在其中所起的穿针引线、关联造句的组织作用。

二　可列举性与灵活性

古汉语常用虚词总数约五百多至六百。古汉语常用字以五千计算,虚词仅占其十分之一左右。虚词中除副词外,其余各类都很有限,大都可以列举。即使是副词,大多数最常用的部分也是数得出来的。虚词数量虽少,活动能量却很强。它十分灵活,表现在:一词可以多用,一用可以多义。

一词多用,如"焉":

兼词。相当于"于 + 之"。如:

(1)制,严邑也,虢叔死焉,佗邑唯命。(《左传·隐公元年》)

连词。常用于复句的后面分句之首,表示上下句的顺承关系,有"于是"之义。如:

(2)必知乱之所自起,焉能治之;不知乱之所自起,则弗能治。(《墨子·兼爱上》)

疑问副词。常用于助动词或动词前,表示"怎么"之义。如:

(3)吴人焉敢攻吾邑?(《吕氏春秋·察微》)

语气词。用于句末,与句义配合表达某种语气。如:

(4)王若隐其无罪而就死地,则牛羊何择焉?(《孟子·梁惠王上》)

助词。常用于词尾作词缀,对词义起烘托和加强作用。如:

（5）是事小敌脆,则偷可用也;事大敌坚,则涣焉离耳。（《荀子·议兵》）

一用多义,情况更为普遍。这里只需举一个例子。如"横"用作副词,有时表示动作行为的方向,其意义常与"直"、"竖"、"纵"、"侧"相对。如:

（1）若贼必以上流有军,令精兵赴援者,下流诸将即须择便横渡。（《隋书·崔仲方传》）

有时表示遍及各处,不拘一方。如:

（2）当尧之时,天下犹未平,洪水横流,氾滥於天下。（《孟子·滕文公上》）

有时表示动作行为气势磅礴。如:

（3）浩浩荡荡,横无际涯。（范仲淹《岳阳楼记》）

有时表示行动的暴烈凶猛。如:

（4）仁贵引兵横击,大破之。（《资治通鉴·唐纪·高宗乾封二年》）

有时表示主观上肆意任性而为。如:

（5）（郑）业缘私横求,恩已过厚。（《汉书·王嘉传》）

有时表示事情出乎意料、来得突然。如:

（6）审如中尉所纠,何忧也? 正恐更有大罪横至耳。（《资治通鉴·梁纪·五帝大监三年》）

从以上几例中的"横渡、横流、横无际涯、横击、横求、横至",副词"横"在修饰不同动词时有"多义"的灵活性。

由此可见,虚词的可列举性使它具有数量少、概括性高的特点;而它的灵活性又使它具有很强的结合能力,因而它在句中出现的频率很高,成为语言中最为活跃的因素。

三 抽象性与具体性

虚词的含义大多比较"虚",不像实词那样确切、具体。但另一方面,这种"虚"是与实词比较而言,并非真的虚到没有一点意思的地步。我们认为绝大多数虚词都含有其语法意义和词汇意义,只不过比较抽象、比较灵活,在虚词内部又有程度的不同。奇妙的是,这些比较抽象、比较虚泛的东西,却能使语言的表达变得更具体、准确,更具有"个性"特点,更显出不同的感情色彩。这是为什么? 我想可能因为这些虚词所引进的都是使语言具体化的条件。比如副词,大都表示动作行为的时间(过去、现在或将来)、状态(包括迟速、快慢、主动、被动等)、程度(包括强弱、大小等)、范围(包括多少、远近等)等等。介词短语大都引进与动作行为有关的对象、时间、处所、工具、方法等。助词通过各种辅助方式,使名词所代表的事物变得更具体,动词所代表的动作变得更形象,对数字的估计变得更接近准确,各类词的特点更加鲜明。连词把表示原因、目的、条件等的小句与主句联在一起。介、连、助使词与词之间的关系得以明确。语气词、感叹词使语句具有在一定语言环境中所独有的生动语气和感情色彩。……这一切语法手段都使语言表达更为周密、细致、准确、生动。汉语虚词的这种表现手法大大突显汉语自身的特色。试比较下面两段。

> 勍敌之人,隘而不列,天赞我也。阻而鼓之,不亦可乎?犹有惧焉。且今之勍者,皆吾敌也,虽及胡,获则取之,何有於二毛?(《左传·僖公二十二年》)

如果取消这段话中的虚词,就变成:

敌人,隘(不)列,天赞我。阻鼓(之),有惧。今,吾敌,及胡,获取,有二毛?

后者没有了虚词,也随之失去了语言的具体性、生动性和感情色彩,而且,表示语言相互关系以及肯定否定的虚词取消之后,剩下的东西几乎面目全非甚至读不成句了。由此也可看出,虚词在连词造句上的重要作用和它的生动活泼的表现力。

四 稳定性与多变性

如果说语言的三要素语音、语法、词汇中以语法的发展最为稳定缓慢,那么语法中又以虚词的发展更为稳定。这主要是指介词、连词、结构助词、助动词而言,特别是指这几种虚词的核心部分,最常用的几十个虚词,对语言的稳定性起了积极作用。

另一方面,也要看到它的多变性。这主要表现在副词和语助词、感叹词上。副词似乎是介于实词与虚词之间的词类,它的含义比较具体、实在,随着人类思维的不断发展,观察力日益精确、细密,体现客观事物细微差别的副词也日益扩大。几乎每当历史上思想大活跃、经济大发展的时代,都有大量的新的副词出现。这些新的副词有不少是动词、形容词变来,或由动、形、名活用而成,因而随着动、形、名的不断增殖,副词也相应增加。副词的扩大和更新,敏感、迅速、恰当地反映了客观事物的状态和变化。

至于出现在句首的语助词和感叹词,在历史的发展过程中,前后曾经出现过不少,但淘汰快,而且总的趋势是越来越少,到如今,语助词几乎没有了,感叹词也只是有限的几个。可能是由于它们和整个句子的关系不是那么亲密,同时既然有很多位于句末的语气词,语助词和感叹词就不是十分必要,或不需要那么多了。

五 系统性和规律性

语言内部各组成部分的系统性很强,虚词尤其如此。由于虚词和实词的关系有一个"以少对多"的问题,因此,它总是按照一定的规律去和众多的实词发生关系。各类虚词都是一批批、一组组的,各有分工,极少有一类只有一词的。这种现象反映了虚词内部严密、有机的系统性。

同时,虚词与实词的搭配也是有规律、有系统的。

绝大部分副词、介词、助动词、部分助词和少数连词,占虚词的绝大多数,都是围绕动词的,可以说,它们是属于动词系统的虚词。

部分副词、少数介词、连词和助词,是围绕形容词的,是属于形容词系统的虚词。

部分副词和连词,出现在名词首尾的助词,属于名词的系统。

语气助词、感叹词、部分结构助词、绝大部分连词,属于句或语段的系统。

从虚词总的发展趋势看,似乎经历着"少→逐渐增多、分类不严、词性不稳定→经过择优精选和淘汰→分类严格、词性稳定"的历史过程。但副词是例外,它似经历着"少——多——更新、淘汰、增多"的发展过程。

根据以上虚词作用和特点的介绍可以看出,虚词是词汇意义比较抽象,修饰、区别、组织实词,表示词与词、句与句之间的各种关系,完成句子结构并赋予句子感情色彩的词类。由此也可以看出划分实词虚词两大类的必要性,是自然特点的反映。

学点古汉语语法

导言：为什么要学点古汉语语法

我们在这里想尝试着用浅显易懂的方式讲点古汉语语法的基本知识。为什么要讲这个内容呢？因为学点古汉语语法有助于阅读古文和古诗词，是学习中国古代文化遗产的必要途径。

在介绍语法知识之前，我们想多说两句关于学习古汉语、继承祖国文化遗产的重要性，希望能引起大家进一步的重视，并希望有更多的人加入到学习的行列中来。这也是我们要讲点古汉语语法的真正目的。

重视学习古代文化遗产是中华民族的优良传统。中国的老祖先孔夫子在两千多年前就大力提倡人们学习前代流传下来的诗、文作品。他强调君子应当"博学於文，约之以礼"[①]，也就是说，应当广泛地学习历史文献，同时用礼节来约束自己。他还对学生们说："《诗》，可以兴，可以观，可以群，可以怨。迩之事父，远之事君；多识於鸟兽草木之名。"[②]大意是说，学习《诗》，可以培养联想

---

① 见《论语·雍也》。"文"指历代文献，文化遗产。
② 见《论语·阳货》。《诗》，指《诗经》，中国最早的诗歌总集，原本只称作《诗》，后来儒家把它列为经典之一，故称《诗经》。这些诗歌大抵是周初至春秋中叶的作品，流传较广。

力,可以提高观察力,可以锻炼合群性,可以学得讽刺、劝诫的方法。在家,可以用来侍奉父母;出去工作,可以用于辅佐君主治理国家;还可以增长知识,多多认识鸟兽草木的名称。他对自己的儿子伯鱼说:"不学《诗》,无以言。"①——不学习《诗》,就没有办法说话。孔夫子自己更是身体力行,读《诗》、读《书》②。

早在春秋战国时期,人们就非常重视用《诗经》、《尚书》作为语言交流的一种工具;尤其在朝廷中论事、进行国际谈判或盟会活动中,官员们常引用《诗经》、《尚书》来表达自己的意思。如果不熟悉这些文献,就很可能弄不懂对方的用意而无法应对交谈。《左传》曾记载这么一个生动的故事:晋国和楚国之间打过一次大仗,就是著名的城濮之战。战前晋国国君晋文公和大臣们商议选择谁作为晋军的最高司令——中军元帅。赵衰郑重推荐郤縠,理由就是郤縠"说(悦)礼、乐而敦《诗》、《书》。《诗》、《书》,义之府也;礼、乐,德之则也。德、义,利之本也"③。大意是说,郤縠喜爱礼、乐而重视《诗》、《书》。《诗》、《书》是道义的府库;礼、乐,是德行的法则;德行、礼义,是利益的根本。于是晋文公就任命郤縠作为中军元帅,晋、楚战于城濮,楚军大败。④ 中国著名的兵书《孙子兵法》在谈到将领的条件时说:"将者,智、信、仁、勇、严也。"这其中就包括高度的文化素养和渊博的学识、远大的见识。中军元帅、将领,是典型的武官,尚且应有很好的文化底蕴,更何况其他各行

---

① 见《论语·季氏》。

② 见《论语·述而》。《书》,指《尚书》。尚,上也。意指上古以来之书。其中保存商、周时代特别是西周初期的一些重要史料,是中国上古历史文件的汇编。

③ 见《左传·僖公二十七年》。

④ 同上书。

各业呢!

由以上简略的举例可以看出,中华民族是非常重视保存、珍藏和传播文化遗产的民族,更是十分重视学习、继承和发展文化遗产的民族。我们应该继承这个优良的传统,并把它发扬光大。

社会发展到今天,学习古代文化遗产的意义不仅没有削弱,反而更加明显了。因为经过几千年的积累,中国的文化遗产已成为极为丰富而取之不尽的宝藏。可以说,几乎各行各业都能从中汲取到有用的知识而受益无穷。同时,文化遗产是没有国界的,其中的精华必将超越时间空间,受到全人类的喜爱。比如《孙子兵法》现在就不胫而走,成为全世界的共同财富。不仅是军事上指挥作战,就是商海里运筹帷幄,也都要研究《孙子兵法》的谋略。我们可以预料,这种"中国热"还会继续升温,因为中国的文化遗产实在是太丰富了,太美妙了。每个重视文化的人,都应努力学习、汲取、继承这些珍贵的文化遗产,把它真正变成自己的财富,使其为我所用。

在中国博大精深的文化遗产中不仅包含着无穷无尽的知识,还蕴藏着自强不息、诚信爱国、实事求是、继承创新的民族精神,具有永恒的价值和不朽的魅力。我们学习一些文化遗产,不仅能领悟到精美绝伦的文学艺术创造、科学技术发明等人类智慧的光辉,更能体味到伟大的文化遗产对人潜移默化、润物无声的作用,在不知不觉之中受到其伟大精神的熏陶,使性情品行得到陶冶,文化素质得到提高。

学习古汉语对学习现代汉语也有很大好处。因为现代汉语不是无源之水,它是从古汉语发展演变而来的。它与古汉语有许多共同之处,也有不少差异。我们学了古汉语,通过古今对比,定会对现代汉语有更加深刻的理解。同时在现代汉语里还保留有不少古汉语的成分，如现在常见到的"之"、"其"、"所"、"者"、"于"、"与"、"及"、"为"、"弗"、"勿"、"焉"、"哉"等虚词，都有着千年以上的悠久历史，它们的用法都在不断变化之中。又如常见的成语"见贤思齐"、"殊途同归"、"唯命是听"、"唯利是图"、"我无尔诈，尔无我虞"、"皮之不存，毛将安傅（附）"、"过而能改，善莫大焉"等等，也都是语言中的老寿星，至今保留着浓浓的古语味道。如果我们学习了古汉语，就能从结构和意义上对它们有更加清楚的了解，不仅易于掌握更有利于运用。记住，你若能说流利的汉语，别人会夸奖你；你若能在流利的汉语中恰到好处地用出一两句成语，那可就会使人佩服了！

　　文化不仅是人类生存的方式，同时也是人类进化的重要标志，君不见，随着经济生活的提高，人们对精神生活的要求正日益强烈，而古代文化遗产就是人们精神生活中的一个重要组成部分。因此我们相信，学习中国文化遗产的重要意义，必将成为越来越多人的共识，学习中国文化遗产的心愿也必将日益强烈。但中国的文化遗产典籍大都是用古文写成的。学习古文虽然不是很困难，可也不像吃巧克力那么容易。您会遇到一些句法、词汇或文字上的麻烦，如果无法解决，就可能影响对文义的正确理解，甚至使学习热情受到挫折。如果我们学点语法、词汇、文字等相关知识，不少问题就可能迎刃而解。我们在这里就是打算系统而简明扼要地介绍一些古汉语语法方面的基本知识，希望有助于古汉语的初学者。您读后若有什么意见和要求，请与编辑部联系。

　　语法的基本内容就是研究用词造句的规律及形式与意义的各种结合关系。我们将大致分以下几部分来谈：一、句子的成分与省略;二、基本句式与特殊句式;三、基本词序与特殊词序;四、实词的分类与特点;五、虚词的分类与特点,部分常用虚词(重点介绍);六、短语的构成及作用;七、复句。

古诗词与古文有大体一致的语法体系,但又有它自身的一些特点。我们将在介绍古汉语语法知识之后,对古诗词的语法特点专作解说。

一　句子的成分

语言的基本单位是句子,而句子又由各种成分构成。构成句子的成分有六种:主语、谓语、宾语、定语、状语、补语。它们不全是在一个平面上。我们分析句子,首先是分清它的主语和谓语两部分,因为它们是构成句子的最基本成分。主语是谓语陈述、描写、评说的对象。谓语是对主语的陈述、描写和评说。如:

(＿＿＿:主语,＿＿:谓语)

(1)吾日三省吾身。(《论语·学而》)——我每天多次反省自己。

(2)人无远虑,必有近忧。(《论语·卫灵公》)——人没有长远的考虑,一定会有眼前的忧患。

(3)楚师轻窕。(《左传·成公十六年》)——楚军轻浮随便。

(4)千里之行始于足下。(《老子·六十四章》)——千里的行程从脚下开始。

以上四例,都有主语、谓语两部分,而在主语、谓语内部再作分析,就会发现其他几个成分(具体分析请看下文)。下面分述六种句子成分。

1. 主语

1.1　主语的构成

古汉语句子里的主语,以名词和名词短语充任的最多,约占主语总数的 90% 左右。如以上几例中的"吾"、"人"为名词,"楚师"、"千里之行"为名词短语。又如:

（1）往者不可谏,来者犹可追。(《论语·微子》)——过去的已不可劝止,未来的还可以赶上。

此例"者"字短语"往者"、"来者"作主语。

（2）我先王熊挚有疾,鬼、神弗赦,而自窜于夔。(《左传·僖公二十六年》)——我们先王熊挚有病,鬼、神不肯赦免,而自己流窜到夔地。

此例名词短语"我先王"与专有名词"熊挚"是同位语作主语;"鬼、神"是并列的名词作主语。

代词主语也较常见。如:

（1）彼,丈夫也;我,丈夫也。吾何畏彼哉?(《孟子·滕文公上》)——他是个男子汉,我也是个男子汉,我为什么怕他呢?

（2）是可忍也,孰不可忍也?(《论语·八佾》)——这都可以容忍,那什么事不可以容忍呢?

数词或数量(名)短语作主语。如:

（1）一之谓甚,岂可再乎?(《左传·僖公五年》)——一次就已算是过分了,难道可以再来一次吗?

（2）一尺布,尚可缝;一斗粟,尚可舂;兄弟二人不相容。(《汉书·淮南厉王长传》)——一尺布,尚且可以缝成东西;

一斗粟,尚且可以捣出米粒;兄弟两人,却彼此不能相容。

例(1)的数词"一"为主语;例(2)的"数·量·名"短语"一尺布"、"一斗粟"和"名·数·量"短语"兄弟二人"均为主语。

动词和动词短语也可充任主语。如:

(1)臣死且不避,卮酒安足辞!(《史记·项羽本纪》)——我死都不怕,一杯酒哪里值得推辞!

此例的"死且不避"是主谓短语作谓语,"死"是主谓短语中的主语。

(2)板印书籍,唐人尚未盛为之。(沈括《梦溪笔谈·技艺》)——刻板印书,在唐朝还没有盛行。

形容词作主语。如:

(1)大毋侵小。(《左传·襄公十九年》)——大国不要侵犯小国。

"主谓"结构作主语。如:

(2)师克在和,不在众。(《左传·桓公十一年》)——军队打胜仗关键在于团结,不在众寡。

从以上分析可以看到,在古汉语里,名词主语最多,而且结构多样,如专有名词、普通名词、偏正短语、"者"字结构、并列的名词构成短语、同位语等等。

除了名词及其短语,充任主语的还有代词、数词及"数·量·名"短语、动词及其短语、形容词及其短语、主谓结构等等,范围甚为宽泛,内容十分丰富。

1.2 主语和谓语的关系

主语和谓语之间有多种关系,主要介绍以下三种。

1.2.1 主语与谓语之间是动作者和动作的关系。主语是动作的施事者,谓语的中心语是具有动作性的动词。这类主语数量最多,一般都代表有能动性的人或物,以人名、国名、表具体对象的普通名词较为多见,还有一些是人称代词。如:

(1)乐伯左射马,右射人。(《左传·宣公十二年》)——乐伯左边射马而右边射人。

(2)乱石穿空,惊涛拍岸,卷起千堆雪。(苏轼《念奴娇·赤壁怀古》)——乱石刺穿长空,惊涛拍打江岸,卷起巨浪如同千堆雪。

(3)我无尔诈,尔无我虞。(《左传·宣公十五年》)——我不骗你,你不欺我。

1.2.2　主语与谓语之间是受事者与动作的关系。主语不是动作的发出者而是动作的接受者。这类主语的范围比较广,凡可以作为动作对象者,都可以作为主语。如:

(1)善不可失,恶不可长。(《左传·隐公六年》)——善不可丢失,恶不可滋长。

从逻辑上看,主语"善"和"恶"是动词"失"和"长"的受事者,在句中作受事主语。

(2)无功之赏,无力之礼,不可不察也。(《战国策·卫策》)——没有功劳的赏赐,没有出力而得到的礼遇,不可不(对它们)详加考察。

"无功之赏"、"无力之礼"是动词"察"的受事者,在句中作受事主语。

(3)怀王与诸将约曰:"先破秦入咸阳者王之。"(《史记·项羽本纪》)——怀王与诸位将领约言:"先攻破秦军入咸阳的,就立他为王。"

此例"王"（动词）后的宾语"之"复指前面的受事主语"先破秦入咸阳者"。

1.2.3　主语既非动作者（施事者），也不是动作的接受者（受事者），只是谓语单纯的陈述、描写或评说的对象。如：

（1）事有利害，物有生死。（《韩非子·观行》）——凡事有利害，万物有生死。

（2）冬日短，夏日长。（《论衡·说日》）——冬天短，夏天长。

（3）其法，用胶泥刻字，薄如钱唇。（宋·沈括《梦溪笔谈·技艺》）——那办法，用胶泥刻字，薄得如钱币的边一般。

1.3　主语的位置

主语的位置一般都在谓语之前，形成"主语—谓语"的顺序。但在感叹句和疑问句中，有时为了表示对谓语的强调，把谓语提到主语前边，形成"谓语—主语"的顺序。

感叹句如：

（1）美哉，禹功！（《左传·昭公元年》）——美妙啊，大禹的功绩！

（2）美哉乎，山河之固！（《史记·孙武吴起列传》）——多么美好啊，山河的坚固！

（3）快哉，此风！（宋玉《风赋》）——痛快呀，这风！

疑问句如：

（1）谁欤，哭者？（《礼记·檀弓上》）——是谁呀，哭的人？

（2）子邪，言伐莒者？（《吕氏春秋·重言》）——是你吗？主张攻打莒国的人？

1.4　无主语句

我们上面已说过,主语和谓语是句子的基本组成部分,但并不是说所有的句子都具备主语。有的主语是被省略了,我们将在后面专门谈"省略"。有的则是因为句子本来就没有主语,不能说是省略,我们把这类句子叫做无主句。大致有以下几种情况。

1.4.1　一些成语、谚语或总结经验、表述客观规律的句子,主语往往是泛指的,无从说出或不用说出,句义一看就明。这类句子有不少是无主句。如:

(1)多行不义必自毙。(《左传·隐公元年》)——做很多不义的事,必定自取灭亡。

(2)见贤思齐焉,见不贤而内自省也。(《论语·里仁》)——看见贤能的人,就想着向他看齐;看见不贤能的人,就内心反省自己(有没有同他一样的毛病)。

(3)生於忧患而死於安乐。(《孟子·告子下》)——在忧患之中生存成长,在安乐之中沉溺死亡。

1.4.2　表示天气的句子,一般无主语。如:

(1)雨我公田,遂及我私。(《诗经·小雅·大田》)——下雨在我们的公田,也落到我们的私地。

(2)三年春,不雨。夏六月,雨。(《左传·僖公三年》)——僖公三年春天,没下雨。夏六月,下雨。

1.4.3　以"有"字开头的句子,往往是无主句。如:

(1)王坐於堂上,有牵牛而过堂下者。(《孟子·梁惠王上》)——王坐在厅堂上,有人牵牛从堂下经过。

(2)孔子过泰山侧,有妇人哭于墓者而哀。(《礼记·檀弓下》)——孔子从泰山旁经过,有位妇女在墓前哭得悲哀。

1.4.4　有些表假设的分句常无主语。如：

（1）不有居者，谁守社稷？不有行者，谁捍牧围？（《左传·僖公二十八年》）——如果没有留守国内的人，谁来守卫国家？如果没有跟随（国君）出行的人，谁去护卫君王的车驾？

（2）苟利国家生死以，岂因祸福趋避之？（清·林则徐《赴戍登程口占示家人》）——只要有利于国家就不顾自己的生死，难道能因为个人的利害而决定去就？

1.4.5　祈使句表示对对方的请求、命令、劝说或禁止，常用于对话中，有时无主语。如：

（1）王以巩伯宴，而私贿之，使相告之曰："非礼也，勿籍！"（《左传·成公二年》）——周天子和巩伯饮宴，并私下送给他礼财，让相礼的人告诉他说："这是不合于礼的，不要记载在史册上！"

（2）多谢后世人，戒之慎勿忘。（《孔雀东南飞》）——再三告诉后世人，小心啊，千万不要忘记。

（3）把笔来！吾与汝就之！（韩愈《石鼎联句诗序》）——拿笔来！我给你完成它！

2. 谓语

如上所说，汉语句子的基本组成是主语和谓语两部分，这里需要强调的是，在主语和谓语两部分之中，谓语部分尤其不可缺少。因为古汉语的无主句或者省略了主语的句子几乎随处可遇，而无谓语句却极少见，省略谓语的句子在一定的上下文语言环境中虽可见到，数量也不算多。我们对汉语这一特点应充分注意。

谓语可以由单词充任，也可以由动词、名词或形容词的短语承担。当它由各种短语承担时,谓语的性质是由短语中的中心语决定的。所谓中心语就是接受它前后修饰语修饰的那个词语。我们按谓语的词性和结构给谓语分出以下几大类:动词谓语、形容词谓语、名词谓语。

2.1　动词谓语

在各种谓语中,动词谓语约占90%,居于绝对优势。它的结构形式多样,能表达丰富的语义关系。熟悉它们,不仅使您在阅读古文时减少障碍,而且会让您感到古汉语的生动有趣、绚丽多彩。现在我们就简要介绍如下。

2.1.1　〔(主语)·(状语)动词谓语〕

这是最简单的一种动词谓语。动词后不带宾语也不带补语,动词前只有状语甚至连状语也没有。如:

(1)晋师归。(《左传·成公二年》)——晋师胜利回国。

有时只有动词没有主语,见上文"无主语句"的部分动词谓语例句。

有时动词前有状语。如:

(2)齐师夜遁。(《左传·襄公八年》)——齐师夜里逃走。

(3)邾吏民大惊恐。(《史记·滑稽列传补》)——邾地的官吏和民众十分惧慌害怕。

2.1.2　〔(主语)·(状语)动词·宾语〕

这类谓语的特点是动词带宾语构成动宾结构。什么是宾语?宾语是不借助于其他成分而直接位于动词后边(在一定条件下可位于动词前边),与动词有多种语义关系的句子成分。在它与动词的多种语义关系中,最常见的是宾语为动词的直接受事者。如:

（1）吴侵楚。（《左传·襄公十三年》）——吴国侵袭楚国。

（2）听其言而观其行。（《论语·公冶长》）——听到他的言论还要观察他的行动。

但还有不少宾语虽然在形式上也在动词后边，而在语义上却不是动词的直接受事者而是动词的间接受事者，它们表示动作的处所、范围、时间、趋向等等，如果对此不明了，就可能错解文义。因此我们学习古汉语语法，应对其动宾之间的多种语义关系给以足够的注意。我们将在"宾语"部分对各种单宾语还有双宾语详加讨论，这里从略。

2.1.3　连动结构

连动结构的主要特点是前后两个动词或其短语所代表的动作都由同一个主语发出，但两个动作有时间先后关系或有主次之分，如果颠倒顺序，意义就与原文有较大出入。如"三踊（跳跃）而出"与"出而三踊"就大不一样。连动结构不仅限于两个动词，还有的由三个甚至更多动词或其短语构成。但最大量、最常见的是包含两个动词或其短语的连动结构。为了叙述的方便，把前边的动词或动词短语（包括"动宾"、"介宾·动"、"动·介宾"等）叫动1，后边的叫动2。现将连动式中动1与动2之间的语义关系扼要介绍于下。

2.1.3.1　动1与动2主要表示在时间上的先后关系，动1发生在前，动2在后。

动1与动2之间常有"而"、"以"、"而后"、"然后"等连词连接。如：

（1）见兔而顾犬，未为晚也；亡羊而补牢，未为迟也。

（《战国策·楚策四》）——看见兔而回头招呼狗，还不算晚；丢失了羊而修补羊圈，还不算迟。

（2）公载宝以出。（《左传·昭公二十年》）——卫侯（乘车）装载了宝物出来。

（3）乐然后笑，人不厌其笑。（《论语·宪问》）——（孔夫子）高兴然后笑，别人不厌烦他的笑。

有些动1与动2之间不用连词连接，从文义可看出时间先后。如：

（4）项庄拔剑起舞。（《史记·项羽本纪》）——项庄拔出剑来起舞。

（5）出门看伙伴，伙伴皆惊惶。（《乐府诗集·木兰辞》）——出门见了伙伴，伙伴都很惊讶惶惑。

2.1.3.2　动1和动2在表时间先后的同时，还表示原因（或条件）与结果的关系。动1表原因或条件，动2表结果。

这类连动式中连词用得最多，有"而"、"以"、"而后"、"然后"等。如：

（1）禹母吞薏苡而生禹。（《论衡·奇怪》）——禹的母亲吞吃薏苡而生了禹。（薏苡，一种植物，子粒可食。）

（2）发奋忘食，乐以忘忧。（《论语·述而》）——勤奋用功而忘了吃饭，快乐高兴就忘了忧愁。

（3）臣鞠躬尽瘁，死而后已。（诸葛亮《后出师表》）——我勤恳谨慎竭尽全力，直到死才罢休。

（4）是故学然后知不足，教然后知困。（《礼记·学记》）——因此学了才知道（知识的）不足，教了才知道（能力的）有限。

2.1.3.3 动 1 与动 2 之间表示手段与目的的关系。动 1 表手段,动 2 表目的。动 1 与动 2 之间常有"而"、"以"连接,有时没有。如:

(1)(楚人)为小门于大门之侧而延晏子。(《晏子春秋·内杂篇下》)——(楚人)在大门的旁边开个小门来迎接晏子。

(2)(精卫)常衔西山之木石以堙于东海。(《山海经·北山经》)——(精卫)常常口衔西山的木石去填充东海。

(3)单于尝为书嫚吕后。(《史记·季布栾布列传》)——(匈奴君主)单于曾经写信侮辱吕后。

2.1.3.4 动 1 表示动 2 进行时的方式或状态。动 1 表示方式或状态,动 2 表示动作行为。如:

(1)子路拱而立。(《论语·微子》)——子路拱着手站立。

(2)是岁也,有云如众赤鸟,夹日以飞三日。(《左传·哀公六年》)——这一年,有彩云如同众多的红色鸟,夹着太阳飞了三天。

(3)(阮籍)箕踞啸歌。(《世说新语·简傲》)——(阮籍)伸展两足坐着而放声长啸。

2.1.4 并列结构

并列结构是指同一主语发出的两个(或两个以上)动作之间在语义上不是先后或主次关系,而是同等的并列关系。有时前后两项可以互相逆转而不影响文义。

2.1.4.1 动 1 与动 2 在语义上互相配合、互相补充。其间常有连词"而"、"且"或其他虚词配合。如:

（1）说礼乐而敦《诗》、《书》。（《左传·僖公二十七年》）——（郤縠）喜好礼乐又重视《诗》、《书》。

（2）上且怒且喜。（《史记·淮阴侯列传》）——汉王（刘邦）又生气又高兴。

（3）三军既惑且疑，则诸侯之难至矣。（《孙子兵法·谋攻》）——军队既惶惑迷乱又狐疑不定，那么各国诸侯乘机入侵的灾难就要来临了。

2.1.4.2　动1与动2在语义上互相转折，从正反方面来进行陈述。两动词之间常有连词"而"连接，或无连词。如：

（1）吾怨其君而矜其民。（《左传·僖公十五年》）——我怨恨晋国的国君但怜悯晋国的人民。

（2）（吕布）无谋而多猜忌。（《三国志·魏书·吕布传》）——（吕布）没有什么计谋却多怀猜忌。

（3）望君忧国忘家。（《三国志·魏书·吕布传》）——希望您忧虑国家而忘记自家。

2.1.5　兼语结构

兼语结构是指一个动宾结构套上一个主谓结构，其中动词的宾语兼做主谓结构的主语，因此把它叫做兼语。如：

晋侯使吕相绝秦。（《左传·成公十三年》）——晋侯派吕相去和秦国断交。

例中的"吕相"既是"使"的宾语又是"绝秦"的主语，是兼语，这个句子是兼语结构。我们把句首施事主语发出的动作叫动1，如例中的"使"，兼语发出的动作叫动2，如例中的"绝秦"。

兼语式的语义关系主要有以下几种。

2.1.5.1　使令类。动1大多表使令、派遣、致使等义，常见的

动词有"使"、"令"、"教"、"命"等。这类兼语句主要表示由主语所代表的施事者指派兼语代表的受事者发出某种动作。如:

(1)某年月日,秦王与赵王会饮,令赵王鼓瑟。(《史记·廉颇蔺相如列传》)——某年某月某日,秦王与赵王聚会饮宴,(秦王)命令赵王弹瑟。

(2)命夸娥氏二子负二山。(《列子·汤问》)——(天帝)命令夸娥氏的两个儿子背起两座山。

(3)曲罢曾教善才服。(白居易《琵琶行》)——(我)一曲弹完,曾使擅长弹琵琶的高手佩服。

兼语大多由名词或名词短语充任,但也可以是代词。如:

(4)余知其死所,而长者使余勿言。(《左传·哀公十六年》)——我知道他死的处所,但长者要我别说。

2.1.5.2　劝诫类。动1大都是表示劝诫或告教义的动词,如"劝"、"诫"、"告"、"教"、"请"等。这类兼语主要表示施事主语劝诫兼语所代表的对象采取某种动作。如:

(1)亚父劝项羽击沛公。(《史记·高祖本纪》)——亚父(范增)劝项羽进攻沛公(刘邦)。

(2)梁乃出,诫籍持剑居外待。(《史记·项羽本纪》)——项梁就出去,告诫项籍拿剑站在外面等待。

此例兼语"籍"后的谓语是连动结构,含有三个动词"持"、"居"、"待"。

2.1.5.3　封职任免类。动1大都是表示封职任免义的动词,如"封"、"拜"、"立"、"废"等,动2大多是"为"。这类兼语大多表示施事主语对兼语所代表的对象任免某职。如:

(1)封婴为魏其侯。(《史记·魏其武安侯列传》)——

（君主）封窦婴为魏其侯。

（2）使不辱于诸侯,拜相如为上大夫。(《史记·廉颇蔺相如列传》)——(蔺相如)出使不受辱于诸侯,(赵王)封相如为上大夫。

（3）故立沛公为汉王。(《史记·项羽本纪》)——(项羽)因而立沛公(刘邦)为汉王。

以上我们介绍了动词谓语的几种主要结构形式,后面还要继续介绍。这里有必要指出的是,古汉语句子的谓语并不都是那样单一的,并不是所有的句子都只有一种谓语结构。在实际语言里,有不少是由两种或两种以上谓语结构组成的复杂谓语(我们将在下文介绍)。这种情况由汉经唐至于近代,日益增多。但只要我们掌握了各种基本的谓语结构,就不难把复杂谓语分析清楚。

2.2　形容词谓语

形容词谓语是指句子中的谓语是由形容词或其短语所充当。形容词谓语在句中的作用大致可分为三项:表示人、事、物的情态或性质;对不同对象的情态或性状表示比较;对情态或性状表示判断。下面分别介绍。

2.2.1　表示人、事、物的情态或性质

这类句子里,形容词谓语对主语的情态或性质进行描绘。如:

（1）楚师方壮,若萃于我,吾师必尽。(《左传·宣公十二年》)——楚军的士气正旺,如果集中兵力对付我们,我军必定被消灭。

（2）上老矣! 厌兵,必不能来。(《史记·黥布列传》)——皇上老了! (他)讨厌战争,一定不会前来。

（3）东海一片白,列岳数点青。(白居易《梦仙》)——东

海一片白茫茫,群山数点青苍苍。

形容词常并列作谓语。如:

(4)上下和合,世俗盛美。(《史记·循吏列传》)——上下和睦团结,风气兴旺美好。

(5)僭者奢丽,故蝮蛇多文。(《论衡·言毒》)——虚假的小人奢浮华丽,所以蝮蛇身上有花纹。(蝮蛇,一种毒蛇。)

形容词并列作谓语时,其间常用连词"而"连接。如:

(6)宋华父督见孔父之妻于路,目逆而送之,曰:"美而艳。"(《左传·桓公元年》)——宋国的华父督在路上遇见孔父的妻子,盯着她走过来又盯着她走过去,说:"漂亮,又艳丽。"

(7)叔孙绞而婉,宋左师简而礼,乐王鲋字而敬。(《左传·昭公元年》)——叔孙(言辞)恰切而委婉,宋国左师简明而礼貌,乐王鲋友爱而恭敬。

形容词与动词并列作谓语时,其间也常用"而"连接,形容词谓语大都在"而"之前。如:

(8)秦师轻而无礼,必败。(《左传·僖公三十三年》)——秦国军队轻佻而没有礼貌,必将失败。

(9)晋公子敏而有文,约而不谄。(《国语·晋语四》)——晋公子机敏而有好辞令,行为谨慎而不阿谀奉承。

有时几个表示状态的主谓结构并列,用作谓语,在它们前面都有"而"连接。

(10)吾年未四十,而视茫茫,而发苍苍,而齿牙动摇。(韩愈《祭十二郎文》)——我年龄还不满四十,而视力渺茫,而头发斑白,而牙齿动摇。

在这个例子里,"视茫茫"、"发苍苍"和"齿牙动摇"都是主谓结构作谓语,都有连词"而"连接,共同去描绘主语"吾"的状态。

应该注意的是,有时并列的形容词谓语之间使用连词"以"连接。如:

（11）夫材之用,国之栋梁也,得之则安以荣。（王安石《临川集·材论》）——人才使用得当,国家有了栋梁之才,得到这样的人,国家就会安定而繁荣。

若形容词谓语与动词谓语之间有连词"以"连接,形容词大多表示后面动作时的状态,一般不是谓语的主要部分。如:

（12）敏以事君,必能养民。（《左传·襄公二十七年》）——敏捷地侍奉国君,必然能抚养百姓。

（13）午之少也,婉以从令。（《国语·晋语七》）——午年幼时,和顺地听从命令。

但"以"前后的形容词和动词谓语也有互相并列的,这时它们大多可以前后互换位置而不影响对文义的理解。如:

（14）狐偃,其舅也,而惠以有谋。赵衰,……赵夙之弟也,而文以忠贞。贾佗,公族也,而多识以恭敬。（《国语·晋语四》）——狐偃,是晋公子重耳的舅舅,为人慈惠而多谋。赵衰,……是赵夙的弟弟,善于文辞而且忠诚贤良。贾佗,是晋公族,博闻多识而且恭敬谨慎。

例中"惠以有谋"是形容词谓语在动词谓语之前;"多识以恭敬"是动词谓语在形容词谓语之前,如果前后位置互换,语义不会改变。而"文以忠贞"则是两个形容词谓语并列。

2.2.2　对不同对象的情态或性状表示比较

在这类句子里,形容词谓语表示对不同对象的情态或性状的比较。这种比较按程度大致可分三类:等比、差比、极比。

2.2.2.1 表示等比

这类比较句表示甲与乙的性状是等同的,或是不相同的。常用作谓语的形容词有:异、夷、侔、同,等等。常见句式有以下几种:

第一种,〔(A)形·於(于)·B〕。主要特点是,在形容词谓语之后,由介词"於"(或"于")引进比较的对象。这是在上古汉语里最常用的比较句式。如:

(1)郢异於他子。(《左传·哀公二年》)——郢和别的儿子不一样。

(2)使改事君,夷於九县。(《左传·宣公十二年》)——使(郑国)改事楚君,等同于楚国的县。

(3)赵名晋卿,实专晋权,奉邑侔於诸侯。(《史记·赵世家》)——赵简子名义上为晋的卿相,实际上专擅晋国大权,他的封地等同于诸侯。

(4)叔孙氏惧祸之滥而自同於季氏。(《左传·昭公二十七年》)——叔孙氏害怕祸患泛滥延及自己,因而自愿和季氏一致。

第二种,〔(A)形·若(如、似)·B〕。主要特点是,在形容词谓语之后,用动词"若"(或"如"、"似"等)引进比较的对象。如:

(1)勇若孟贲,捷若庆忌,廉若鲍叔,信若尾生。(《汉书·东方朔传》)——(东方朔)勇敢像孟贲(一样),廉洁像鲍叔(一样),诚信像尾生(一样)。

此例的主语"东方朔"承上文而省略。

(2)卒如雷霆,疾如风雨。(《淮南子·兵略》)——急遽像雷霆,快速像风雨。

(3)绿苔狂似人,入我白玉堂。(贯休《寄令狐郎中》)——绿苔疯狂像人,进入我的白玉堂。

第三种,[(A)(不)与B·形]。主要特点是,比较的对象 B 的位置不在形容词谓语之后,而是由介词"与"引进,位于形谓之前。如果是否定式,就在介词"与"前加否定词"不"。如:

(1)我诸戎饮食衣服不与华同。(《左传·襄公十四年》)——我们各部戎人的饮食衣服不与中原相同。

(2)西北有高楼,上与浮云齐。(《古诗十九首》)——西北有高楼,顶上与浮云一般齐。

2.2.2.2　表示差比

这类比较句是表示甲甚于 B 或不如 B。在语言中运用很多,常见句式如下:

第一种,[A·形·於(于、乎)·B]。这种表差比的句式在上古汉语里最为多见。它与表等比的第一式从形式上看是一样的,关键是形容词的具体内容不同。表等比的形容词,如"同"、"夷"、"侔"、"异"等,一望而知它表示的是前后相比两项的等同或不同,因而灵活的介词"於"也随之有"跟……"义。表差比的形容词如"少"、"长"、"大"、"小"、"富"、"弱"、"贤"、"甚"、"轻"、"重"、"寒"、"暖"、"疾"、"猛"等,大多表示相比的两项有一定的差距,而介词"於"也随之有"比……"义。例如:

(1)君富於季氏而大於鲁国。(《左传·定公九年》)——君王比季氏富有,而比鲁国强大。

(2)饱食终日、无所用心,难矣哉!不有博弈者乎!为之,犹贤乎已。(《论语·阳货》)——整天吃饱了饭,什么事也不做,不行的呀!不是有掷采下棋的游戏吗?干干也比闲着好。

（3）青，取之於蓝而青於蓝；冰，水为之而寒於水。（《荀子·劝学》）——靛青，是从蓼蓝中提取的，但是比蓼蓝的颜色更青；冰，是由水凝固成的，但却比水更凉。

（4）人固有一死。死，或重於泰山，或轻於鸿毛。（司马迁《报任安书》）——人原本都有一死。死，有的人（的死）比泰山还要重，有的人（的死）比鸿毛还要轻。

有时形容词谓语后为"焉"，"焉"在这种比较句中用作兼词，即相当于"於＋之"，"之"代比较的对象 B。如：

（5）吴师在陈，楚大夫皆惧，曰："阖庐唯能用其民以败我於柏举，今闻其嗣又甚焉。"（《左传·哀公元年》）——吴军驻在陈国，楚国的大夫都害怕，说："吴王阖庐就因为能使用他的百姓，把我们在柏举打败了。现在听说他的继承人比他更厉害。"

第二种，[A 形 B]。这种句式的 B 不由介词"於"（于）引进，直接位于形容词谓语之后。在理解文义时可在 B 前加进介词"於"。如：

（1）专趋人之急，甚己之私。（《史记·游侠列传》）——专门为他人的急难奔走，甚於个人的私事。

"甚己之私"，意义相当于"甚于己之私"。

（2）子贱为单父宰，反命於孔子曰："此国有贤不齐者五人，教不齐所以治者。"（《史记·仲尼弟子列传》）——宓子贱做单父的地方长官，回去报告孔子说："这个地方有五个人比我贤明，他们教给我治理的办法。"

"子贱"是孔子的弟子。他姓宓，名叫"不齐"，字是"子贱"。

"贤不齐者"意义相当于"贤于不齐的人"。

第三种,[(A)形·过(似、倍)·B]。这类比较句的特点是在形容词谓语之后,有动词"过"或"似"、"倍"等将比较的对象B引进句中。如:

(1)弟子名飞卫,学射于甘蝇,而巧过其师。(《列子·汤问》)——弟子名叫飞卫,学射于甘蝇,而(技艺)高明胜过他的老师。

(2)莫说相公痴,更有痴似相公者。(张岱《湖心亭看雪》)——别说相公痴,更有比相公还要痴的。

第四种,[(A)·比(较、视)B·形]。这类句式的主要特点是用介词"比"(或"较"、"视"等)引进比较的对象,位于形容词谓语之前。这种句式出现较晚。如:

(1)今虽死乎此,比吾乡邻之死则已后矣。又安敢毒耶?(柳宗元《捕蛇者说》)——现在我就是死在捉蛇这件事上,比起我乡亲们的死亡已经是迟得多了,又哪敢怨恨呢?

(2)冰雪莺难至,春寒花较迟。(杜甫《人日诗》)——冰雪天莺儿难以飞到,春寒花儿较(往年)(开得)迟。"花较迟","较"的宾语应为"往年"一类词语,可能因韵文对字数的要求有限制而未出现。

(3)盖当时视他驿为壮。(孙樵《书褒城驿壁》)——大盖在那时,(此地)比其他驿站要大些。此例在形容词谓语"壮"前还有系词"为",起到加强形容词谓语的作用。

2.2.2.3　表示极比

这类比较句表示的是最高级的比较。常见句式如下:

第一种,〔A·莫·形·於(于、乎)·B〕。在这种句式中,A是全句主语;"莫形於 B"是主谓结构作谓语,其中的"莫"是无指代词作主语,意谓"没有什么(人或物)","形於 B"是"莫"的谓语。全句表达的意思是:没有什么比 A 更……。如:

(1)虫莫知於龙。(《左传·昭公二十九年》)——虫类中没有什么比龙更聪明。

(2)间于天地之间,莫贵于人。(《孙膑兵法·月战》)——介于天地之间的,没有什么比人更珍贵。

(3)祸莫大於不知足。(《韩非子·解老》)——灾祸没有什么比不知足更大的了。

第二种,〔A·莫·形·焉〕。此式的主要特点是,在形容词谓语后用兼词"焉",相当于"於 + 之"。代词"之"所代的即比较的对象 B,它因已在上文出现过,所以用"之"复指。如:

(1)人谁无过,过而能改,善莫大焉。(《左传·宣公二年》)——人谁能没有过错,有了过错而能改正,没有什么比这更大的好事了。

"焉"相当于"於 + 之","之"代上文的"过而能改"这件事。

(2)晋国,天下莫强焉。(《孟子·梁惠王上》)——晋国,天下没有谁比它更强大的了。

"焉"相当于"於 + 之","之"代上文的"晋国"。

(3)今宋人弑其君,罪莫大焉。(《国语·晋语五》)——现在宋国人杀了他们的国君,罪过没有什么比这更大的了。

"焉"相当于"於 + 之","之"代"今宋人弑其君"这件事。

第三种,〔A·最(绝、至、极、极其……)·形〕。这类句式的特点是,用表示最高程度的"最"、"绝"、"偏"等副词修饰形容词,再用这样的形容词谓语来描写 A。如：

（1）客有为齐王画者，齐王问曰："画孰最难者？"曰："犬马难。""孰易者？"曰："鬼魅最易。夫犬马，人所知也，旦暮罄於前，不可类之，故难。鬼魅，无形者，不罄於前，故易之也。"（《韩非子·外储说左上》）——宾客中有为齐王绘画的，齐王问道："画什么最难？"答道"画犬马难。""画什么容易？"回答："鬼魅最容易。犬马，人们都熟知，早晚都看见，很难画得像，所以难。鬼魅，没有形状，眼前看不见，所以容易画它。"

（2）水至清则无鱼，人至察则无徒。（《文选》东方朔《答客难》）——水极度清澈就不会有鱼，人极度苛察就不会有朋党。

（3）行极贤而不用于君，此非明主之所臣也。（《韩非子·外储说右下》）——行为非常贤能而不被君王任用，这不是英明君主对待属臣的办法。

（4）使者晏子极其丑陋。（《敦煌变文集·晏子赋》）——使者晏子非常丑陋难看。

有时在形容词后用介词"於"（或"于"）引进比较的对象，如：

（5）后长七尺二寸，姿颜姝丽，绝异于众。（《后汉书·和熹邓皇后纪》）——和熹邓皇后身高七尺二寸，风姿容貌美丽姣好，绝对不同于一般人。

2.2.3　表示判断

这类句子中的形容词谓语大都是对人、事、物的性质或状态表示判断。

2.2.3.1　句中无系词，主语后面就是形容词谓语，这类句子的末尾大都有语气词"也"。如：

（1）颍考叔，纯孝也。（《左传·隐公元年》）——颍考叔是淳厚孝顺的。

（2）不背本，仁也；不忘旧，信也；无私，忠也；尊君，敏也。（《左传·成公九年》）——不背弃根本，是仁；不忘记故旧，是信；没有私心，是忠；尊崇君王，是敏。

2.2.3.2　句中有系词，在主语和形容词谓语之间有系词"为"，使判断句的性质更为明确。如：

（1）民为贵，社稷次之，君为轻。（《孟子·尽心下》）——百姓是最重要的，国家次之，君主不是那么重要的。

（2）蝉翼为重，千钧为轻。（《楚辞·卜居》）——知了的翅膀是重的，而千钧的重量是轻的。

表示否定判断时，在系词前加否定词。如：

（3）一儿曰："日初出，大如车盖；及日中，则如盘盂。此不为远者小而近者大乎？"一儿曰："日初出，沧沧凉凉；及日中如探汤：此不为近者热而远者凉乎？"（《列子·汤问》）——一小儿说："太阳刚出时，大得像车盖；到了中午，就像盘盂了。这不是离得远时小而离得近时大吗？"另一个小儿说："太阳刚出，感觉寒凉，到了中午，热得如同把手伸进沸水一样：这不是离得近时热而离得远时凉吗？"

为了加强对判断的肯定，可以用双重否定：在形容词谓语前加"非不"（不是不）或"不为不"。如：

（4）城非不高也，池非不深也，兵革非不坚利也，米粟非不多也。（《孟子·公孙丑下》）——城墙不是不高，护城河不是不深，兵器甲胄不是不坚固锐利，粮食不是不充足。

（5）万取千焉，千取百焉，不为不多矣。（《孟子·梁惠王上》）——在一万辆兵车中大夫拥有一千辆;在一千辆兵车中大夫拥有一百辆;(这些大夫的产业)不是不多了。

形容词谓语前用"是"作系词,出现得较晚。如:

(6)号啕大哭是寻常。(《敦煌变文集·董永变文》)——号啕大哭是很平常的事。

2.3　名词谓语

句子的谓语若是由名词或名词短语充当,这样的谓语就叫名词谓语,这样的句子就叫名词谓语句。名词谓语按其作用可分四类:表示判断、表示描绘、表示说明、表示对答。下面分别介绍。

2.3.1　表示判断

名词谓语常用来表示对主语身份、性质、情态等的判断。需要注意的是,现代汉语的判断句绝大多数在主语和名词谓语之间有系词"是",如"我是中国人","北京是中国的首都"。而在古代汉语里,大约在秦汉以前,"是"常用作代词,不作系词,判断句是以没有系词的名词谓语为主要形式。这类判断句,主要有以下几种情况。

2.3.1.1　［(夫)主语(者)·名词谓语·也］

这种句式的特点是,主语与名词谓语之间没有系词,句末有语气词"也"。这是古汉语判断句的基本句式。如:

(1)董狐,古之良史也。(《左传·宣公二年》)——董狐,是古代的一位好史官。

(2)彼,丈夫也;我,丈夫也。吾何畏彼哉?(《孟子·滕文公上》)——他是男子汉,我也是男子汉。我为什么怕他呢?

(3)南阳刘子骥,高尚士也。(陶渊明《桃花源记》)——

南阳的刘子骥,是一位高尚的读书人。

有时在主语后有语气词"者"表示语气上的提顿,与句末的语气词"也"互相配合呼应。如:

(4)陈胜者,阳城人也。(《史记·陈涉世家》)——陈胜,是阳城人。

(5)师者,所以传道、授业、解惑也。(韩愈《师说》)——老师,是通过他来传授道理、讲授学业、解除疑难的人。

有时在主语前还有语助词"夫",表示对主语的强调,并常与句末语气词"也"互相呼应。如:

(6)夫管子,天下之才也。(《国语·齐语》)——管仲,是天下的奇才。

(7)夫仁义者,上所以劝下也。(《韩非子·外储说左下》)——仁义,是上对下进行劝导的依据。

有时表判断的名词谓语不止一个,表示从不同的方面对主语进行判断。如:

(8)夫礼,天之经也,地之义也,民之行也。(《左传·昭公二十五年》)——礼,是上天的规范,大地的原则,百姓的行为准绳。

2.3.1.2 〔(夫)主语(者)·名词谓语〕

这类判断句的特点是句末没有语气词"也"。如:

(1)荀卿,赵人。(《史记·孟轲荀卿列传》)——荀卿,是赵国人。

(2)农,天下之本。(《史记·孝文本纪》)——农业,是天下的根本。

2.3.1.3 〔(夫)主语(者)·非·名词谓语·也〕

这是判断句的否定式。常在名词谓语前加否定词"非",表"不是"之义,如:

(1)我心匪石,不可转也。我心匪席,不可卷也。(《诗经·邶风·柏舟》)——我心不是石头,不能随意拨转。我心不是席子,不能任意收卷。

(2)是,非君子之言也。(《礼记·檀弓上》)——这,不是君子的言语。

为了加强肯定判断的语气,常用否定判断和肯定判断互相对照。如:

(3)呜呼! 灭六国者,六国也,非秦也。族秦者,秦也,非天下也。(杜牧《阿房宫赋》)——唉! 消灭六国的,是六国自己,不是秦国。消灭秦国的是秦自己,不是天下百姓。

2.3.1.4 [主语·系词·名词谓语(也)]

这类判断句的特点是,在主语和名词谓语之间有系词。

系词是在主语与谓语之间起联系作用,表示主、谓之间的判断关系的词。有的学者把它叫做动词。秦汉以前,在古汉语里有少部分判断句在主语和谓语之间有"惟(维)"、"为"作为系词。如:

(1)髧彼两髦,实维我仪。(《诗经·鄘风·柏舟》)——垂发齐眉的少年啊,就是我的心上人。

(2)吾为汝父也。(《吕氏春秋·疑似》)——我是你的父亲。

(3)是时汉边郡李广、程不识皆为名将。(《史记·李将军列传》)——当时,汉朝的边郡太守李广、程不识都是名将。

系词"是"在战国后期已经形成,汉魏以后逐渐增多,到隋唐以后就普遍运用了。如:

(1)此必是豫让也。(《史记·刺客列传》)——这人一定是豫让。

(2)汝姓何,是荷叶之荷,为河水之河?(《北史·何妥传》)——你姓何,是荷叶的荷,还是河水的河?

(3)"此是甚山?"乡人对曰:"此是庐山。"(《敦煌变文集·庐山远公话》)——"这是什么山?"乡人答道:"这是庐山。"

2.3.1.5 在先秦至汉时期,无系词的判断句远比有系词的判断句多。系词的运用不是盲目、任意的,主要有以下几种情况:

第一种,主语和宾语完全等同,不用系词,难以区分。如:

尔为尔,我为我。(《孟子·公孙丑上》)——你是你,我是我。

第二种,用系词表示强调之意,如:

巫妪弟子是女子也,不能白事。烦三老为入白之。(《史记·滑稽列传》)——巫婆、徒弟都是女人,不会报告事情。相烦三老替我进去报告一下。

第三种,疑问代词"谁"作谓语时,若句末不用语气词,往往就会用系词"为";"谁"必位于系词"为"之后,不前置。如:

(1)子为谁?(《论语·微子》)——你是谁?

(2)彼来者为谁?(《史记·范雎列传》)——那位来的人是谁?

(3)白衣者为谁?(《南史·梁宗室下》)——穿白衣者是谁?

注意,如果"为"不是系词而是一般动词,那么疑问代词"谁"就是它的宾语,"谁"必定位于动词"为"前面。这是古汉语疑问句的一条规律。如：

（4）子韦曰："可移于民。"公曰："民死，寡人将谁为君乎？宁独死。"（《吕氏春秋·制乐》）——子韦说："可以（把灾祸）转移给百姓。"景公说："百姓死了，我将给谁当国君呢？我宁肯独自去死。"

（5）曰："可移于岁。"景公曰："岁饥民困，吾谁为君？"（《史记·宋微子世家》）——（子韦）说："可以（把灾祸）转移到年成身上。"景公说："年成不好闹饥荒，人民困苦，我为谁当国君？"

在上两例中，"谁"都是动词"为"的宾语而前置。

第四种，在问答句中，如果主语承前省去，或者谓语是单词或专有名词，而句末又无语气词，常用系词，以使意义明确。如：

（1）彼尔维何？维常之华。（《诗经·小雅·采薇》）——那华丽的是什么？是棠棣花。

（2）长沮曰："夫执舆者为谁？"子路曰："为孔丘。"……桀溺曰："子为谁？"曰："为仲由。"（《论语·微子》）——长沮说："那位驾车的是谁？"（子路）说："是孔丘。"……桀溺说："您是谁？"（子路）说："是仲由。"

以上例中的"子为谁"可以说成"子谁也（耶）"，但很少说成"子谁"。"为孔丘"也可说成"孔丘也"，但很少单说"孔丘"。

第五种，若"是"后的谓语承前省略，则"是"字更不可少。如：

（1）"汝非豫让邪？"曰："我是也。"（《史记·刺客列传》）——"你不是豫让吗？"回答道："我是。"

（2）庾公问："闻卿有四友，何者是？"（《世说新语·品藻》）——庾公问："听说您有四位友人，谁是？"

例(1)承前省略了"是"后的"豫让",例(2)省略了"四友"。

2.3.1.6 在古汉语里,尤其在先秦时期,大量的"是"用作代词,要注意这一特点,不要把代词"是"误认为系词。如何去区别它们呢?

第一,系词"是"常位于主、谓语之间,主语与谓语两部分之间有等同关系。如果主语省略,也可承上文补出主语。如:

(1)谢中郎是王蓝田女婿。(《世说新语·简傲》)——谢中郎是王蓝田的女婿。

而代词"是"常复指上文已出现的事、物或人,它本身就是主语,因而这类句子不能再补出主语;同时这类句子大多是复句中位于后面的一个分句,"是"所指代的对象在上文。如:

(2)知之为知之,不知为不知,是知也。(《论语·为政》)——知道就是知道,不知道就是不知道,这就是聪明智慧。

代词"是"指代上文的"知之为知之,不知为不知"。

(3)我腾跃而上,不过数仞而下,翱翔蓬蒿之间,此亦飞之至也。(《庄子·逍遥游》)——我腾跃而上,不过几丈就落下来,在蓬蒿丛中飞来飞去,这也就是飞的极限了。

"此"指代上文所说的情况:由"我腾跃而上"到"蓬蒿之间"。

第二,"是"前已有代词作主语,这样就不能把"是"当作复指的代词,只能是系词。如:

(1)余是所嫁妇人之父也。(《论衡·死伪》)——我是你嫁出去那个女人的父亲。

(2)此是家人言耳。(《史记·儒林列传》)——这只不过是普通人的言论罢了。

（3）吾以尔是元子，早有立意。（《汉高祖·手敕太子文》）——我以你是长子，早有立你的意思。

此例系词"是"前有第二人称代词"尔"作主语。

第三，系词"是"前可以有副词修饰，而代词"是"和其他代词一样，不接受副词修饰，如前面例中的"此必是豫让也"（《史记·刺客列传》）。又如：

（1）其谓陨之者皆是星也。（《论衡·说日》）——那些被认为从天上陨落的东西都是星。

（2）更不是别人。（《敦煌变文集·庐山远公话》）

第四，代词"是"可以用"此"替换。如：

至攘人犬豕鸡豚者，其不义又甚入人园圃、窃桃李。是何故也？……至入人栏厩，取人马牛者，其不仁义又甚攘人豕鸡豚。此何故也？（《墨子·非攻上》）——至于偷盗别人的狗猪鸡等家禽的，他的不义更超过了进入别人园圃去偷桃李的。这是什么缘故呢？……至于进入别人的牛马圈，偷别人的牛马的，他的不仁不义又更超过那些偷鸡摸狗的。这是什么缘故呢？

例中的"是何故也？"在下文变成了"此何故也"，生动地表明了"是"的代词性质。而系词"是"则不能用"此"替换，如以上各系词例中的"是"若替换为"此"，不仅意义不明，而且成为罕见的怪句。我们在阅读古文中应予注意。

2.3.2　表示描绘

名词谓语常用来对主语的某些特点进行描绘。这类谓语在用法上的一个显著特点是常用几个名词或名词短语并列作谓语，从不同角度对主语进行描绘。如：

（1）卫文公大布之衣，大帛之冠。（《左传·闵公二年》）——卫文公（穿着）粗布衣服，（戴着）粗帛帽子。

（2）秦王为人，蜂准，长目，挚鸟膺，豺声，少恩而虎狼心。（《史记·秦始皇本纪》）——秦王为人，蜂鼻头，长眼睛，鸷雕胸脯，豺狼声音，缺乏仁爱而有虎狼之心。

此例共有五个名词短语，还有一个动宾短语"少恩"夹在其中，六个短语并列作谓语共同描绘主语。

在并列的两个名词谓语之间常有连词"而"连接。如：

（3）是子也，熊虎之状而豺狼之声。（《左传·宣公四年》）——这个孩子，熊虎的形状，豺狼的声音。

（4）永州之野产异蛇，黑质而白章。（柳宗元《捕蛇者说》）——永州的野外出产一种奇怪的蛇，黑色的底子而白色的花纹。

名词谓语在用法上的另一个特点是在诗、词、赋等韵文中用得较多。如：

（5）秦时明月汉时关，万里长征人未还。（王昌龄《出塞诗》）

"秦时明月"和"汉时关"两个名词短语并列作谓语。

（6）浮云游子意，落日故人情。（李白《友人》）

此诗上下两句都由名词谓语组成。

（7）试问闲愁都几许？一川烟草，满城风絮，梅子黄时雨。（贺铸《青玉案》）

此例三个名词谓语并列。

（8）枯藤，老树，昏鸦；小桥，流水，人家；古道，西风，瘦马。夕阳西下，断肠人在天涯。（马致远《天净沙·秋思》）

这首词用三组极为生动、精练的名词谓语"枯藤,老树,昏鸦"、"小桥,流水,人家"、"古道,西风,瘦马",把几组画面组合在一起,构成了一幅萧瑟凄凉的深秋晚景,渗透着孤寂忧郁的抒情色调,把天涯游子的羁旅愁绪充分显示出来。

2.3.3　表示说明或解释

名词谓语句还有一种常见的用法就是表示对主语有关情况的说明或解释。

名词谓语表示对主语所含范围或内容的说明。如:

(1)德行:颜渊、闵子骞、冉伯牛、仲弓。言语:宰我、子贡。政事:冉有、季路。文学:子游、子夏。(《论语·先进》)——德行好的:颜渊、闵子骞、冉伯牛、仲弓。会说话的:宰我、子贡。能办理政事的:冉有、季路。熟悉古代文献的:子游、子夏。

名词谓语表示对主语的归属或身份的说明。如:

(2)牛羊,父母;仓廪,父母;干戈,朕;琴,朕;弤,朕。(《孟子·万章上》)——牛羊,父母的;仓廪,父母的;干戈,我的;琴,我的;弤弓,我的。

(3)朱绂皆大夫,紫绶悉将军。(白居易《轻肥》)——系红色丝带的都是大夫,系紫色玉石丝带的都是将军。

名词谓语表示对原因的解释。如:

(4)桓公九合诸侯,不以兵车,管仲之力也。(《论语·宪问》)——齐桓公多次主持诸侯间的盟会,停止了战争,都是由于管仲的力量。

(5)良庖岁更刀,割也;族庖月更刀,折也。(《庄子·养生主》)——好厨师每年换一把刀,这是因为他切割的缘故;

差的厨师每月换一把刀,这是因为他乱砍的缘故。

2.3.4　表示对答

在对答句中,大都是上文先有问话;下文的答句只有名词谓语,针对所问而答。句末常有语气词"也"。如:

（1）"追我者谁也?"对曰:"庾公之斯也。"（《孟子·离娄下》）——"追我的是谁?"答道:"庾公之斯。"

（2）"若所追者谁?"何曰:"韩信也。"（《史记·淮阴侯列传》）——"你所追的是谁?"萧何说:"韩信。"

（3）文侯曰:"子之师谁邪?"子方曰:"东郭顺子。"（《庄子·田子方》）——文侯说:"您的老师是谁?"子方说:"东郭顺子。"

3. 宾语

宾语是句子成分的一种,它总是位于及物动词后面,动宾之间结合紧密,不能插入其他成分。宾语与动词之间有多种语义关系,这是学习古汉语时需要注意的一个要点。

3.1　动词的宾语有单宾语和双宾语两大类。我们先介绍单宾结构。下面介绍几种常见的动宾关系。

3.1.1　动宾——宾语是动作行为的直接受事者

动词与宾语之间是支配与被支配的关系,动词绝大多数都是及物动词,宾语是动作行为的直接受事者。"动宾"与前面的施事主语形成"施—动—受"的关系。这是动宾关系中最常见、最重要的一种。如:

（1）汤放桀,武王伐纣。（《孟子·梁惠王下》）——商汤流放夏桀,武王讨伐殷纣。

（2）魏安釐王攻赵救燕。（《韩非子·有度》）——魏安鳌王攻打赵国援救燕国。

有时主语承前省略,如:

（3）问一得三,闻诗,闻礼,又闻君子之远其子也。(《论语·季氏》)——(我)问一件事,获知了三件事。知道诗,知道礼,又知道了君子不偏昵自己的儿子。

以下介绍的各种动宾关系可总称为特殊动宾关系。

3.1.2　动宾——使宾动

这类动宾含有使宾动的语义关系。它表示在主语的支使下,宾语发出该动词所表示的动作行为。

3.1.2.1　动宾中的"动"由及物动词或不及物动词充当,及物动词表使动用法。如:

（1）尝人,人死;食狗,狗死。(《吕氏春秋·上德》)——使人尝,人死了;让狗吃,狗死了。

注意,发出"尝"这一动作的不是前面被省略的主语,而是"尝"的宾语"人";发出"食"这一动作的也不是前面被省略的主语,而是"食"的宾语"狗"。通过上下文可以辨明语义。又如:

（2）故不如先斗秦、赵。(《史记·项羽本纪》)——所以不如先使秦、赵相斗。

不及物动词一般不带宾语,如果带了宾语,往往就是使动用法。如:

（3）故远人不服,则修文德以来之。(《论语·季氏》)——所以远方的人如果还不归服,就修治仁义礼乐的政教使他们来归服。

（4）将尉醉,广故数言欲亡,忿恚尉。(《史记·陈涉世家》)——(押送戍卒的)将尉喝醉了,吴广故意多次扬言要逃跑,以使将尉气愤。

以上例中的"来"、"忿恚",都是不及物动词带宾语表示使动,即主语使宾语发出动词所代表的动作行为。

3.1.2.2 形容词也可有使动用法。即形容词活用作动词后带宾语,表示在主语的支使下使宾语出现形容词所表示的性质或状态。如:

(1)工欲善其事,必先利其器。(《论语·卫灵公》)——工人要想使自己的工作做好,一定要先使自己的工具锐利。

(2)故天将降大任於是人也,必先苦其心志,劳其筋骨,饿其体肤。(《孟子·告子下》)——所以上天将要把重大责任落在这人身上,一定要先使他的心志苦痛,使他的筋骨辛劳,使他的肠胃饥饿。

(3)工师得大木,则王喜,……匠人斲而小之,则王怒。(《孟子·梁惠王下》)——工师得到了大木料,王就高兴……如果木工砍它使它变小,王就会发怒。

有时形容词活用作动词,虽然没有带宾语,但前面有助动词"可"等修饰,可以看出已活用为动词,通过上下文可以看出是省去了宾语。如:

(4)鼻大可小,小不可大也。(《韩非子·说林下》)——鼻子刻得大了,可以使它变小;小就不能使它变大了。

3.1.2.3 名词的使动用法。名词活用作动词,后面带宾语,表示在主语的支使下,宾语成为该名词所表示的人或物。如:

(1)吾见申叔,夫子所谓生死而肉骨也!(《左传·襄公二十二年》)——我进见申叔,这就是所谓能使死者复生、使白骨长肉的人啊!

（2）鲁欲将吴起。(《史记·孙子吴起列传》)——鲁国打算让吴起担任主将。

（3）齐桓公合诸侯而国异姓。(《史记·晋世家》)——齐桓公会合诸侯而使异姓得以保存国家。

3.1.3 动宾——认为宾如何

也叫意动用法。这类动宾中的动词主要由形容词或名词活用而成。分别介绍于下。

3.1.3.1 形容词活用作动词,表示意动用法。这类动宾句的含义是,主语主观上认为宾语具有谓语动词所表示的性质或状态(而实际上不一定是这样)。

（1）鲁弱晋而远吴。(《左传·哀公七年》)——鲁认为晋弱,认为吴远。

（2）孔子登东山而小鲁,登太山而小天下。(《孟子·尽心上》)——孔子登上东山而认为鲁国小,登上太山而认为天下小。

（3）藤公奇其言,壮其貌,释而不斩。(《史记·淮阴侯列传》)——藤公认为韩信的言语不同凡响,认为他的相貌威武,就释放他而不斩。

3.1.3.2 名词活用作动词,表意动用法。表示主语主观上把宾语当作名词所表示的事物。如:

（1）大决所犯,伤人必多,吾不克救也。不如小决使道,不如吾闻而药之也。(《左传·襄公三十一年》)——洪水冲破大口子,伤人必然很多,我不能挽救。不如把水放掉一点儿加以疏导,不如我能听到这些(议论)而把它当作药石。

（2）盖天下言治生,祖白圭。(《史记·货殖列传》)——

因而天下人谈论经商发财致富之道,都把白圭当作祖师。

(3)倚渤海,墙泰山,堑大河。(杜牧《燕将录》)——依靠着渤海,把泰山当作墙壁,把黄河当作天堑。

3.1.3.3　使动用法和意动用法的辨别。对于动词来说,在这两项用法中,只有使动用法,没有意动用法。不及物动词一般都不带宾语,如果带有宾语,往往就是表示使动,如"来之",使之来。至于及物动词带宾语是否用作使动,则应根据上下文义和大的语境进行判断,如"尝人",使人尝。

对于形容词、名词来说,如已活用为动词,可先观察一下,作为一般动词理解与上下文义是否吻合。如果不行,就应考虑是用它来表示使动或意动。用作使动时,表示的是客观上的事实,意义是"使宾如何",如"(匠人斲)而小之",使之小。用作意动时,表示的是主观上认为如何,意义是"认为宾如何",如"孔子登东山而小鲁",认为鲁小。

在意动用法内部来说,又有一点差异:形容词活用作表意动的动词时,表示主观上认为宾语是什么状态,如"小鲁",认为鲁小。名词活用作表意动的动词时,表示主观上把宾语当作什么事情,如"墙泰山",把泰山当作墙。

3.1.4　动宾——为宾动

宾语表示动作行为的目的或为之而发的对象。如:

(1)文嬴请三帅(《左传·僖公三十三年》)——文嬴为三位(被囚的)将帅请求。

(2)伯夷死名于首阳之下,盗跖死利于东陵之上。(《庄子·骈拇》)——伯夷为名死于首阳山下,盗跖为利死于东陵山上。

(3)今亡亦死,举大计亦死,等死,死国可乎?(《史记·陈涉世家》)——如今逃走是死,起义干一番大事业也是死,同样是死,为国而死,好吗?

3.1.5 动宾——对(向、朝)宾动

这类动宾表示动作行为对谁(或向谁、朝谁)而发,宾语表示动作对之而发的对象。如:

(1)君三泣臣矣,敢问谁之罪也?(《左传·襄公二十二年》)——君王三次对臣下哭泣了,敢问是谁的罪过?

(2)武安侯新欲用事为相,卑下宾客。(《史记·魏其武安侯列传》)——武安侯新近掌权,想要当丞相,对宾客态度谦恭。

(3)施施从外来,骄其妻妾。(《孟子·离娄下》)——(齐人)得意扬扬地从外边回来,对妻妾骄傲。

3.1.6 动宾——因宾动

这类动宾主要表示动作行为发生的原因,宾语表示原因。如:

(1)诸侯归晋之德只,非归其尸盟也。(《左传·襄公二十七年》)——诸侯归服晋国是因为它的德行,不是因为它主持结盟。

(2)魏王怒公子之盗其兵符、矫杀晋鄙。(《史记·信陵君列传》)——魏王因公子盗了他的兵符、假传命令杀了晋鄙而恼怒。

3.1.7 动宾——动于宾

有以下两类情况。

3.1.7.1 这类动宾大都表示动作行为发生或起始的处所,宾语表示处所。如:

（1）日出东方。（《庄子·田子方》）——太阳从东方升起。

（2）朝发白帝，暮到江陵。（《水经注·江水》）——早上从白帝城出发，日暮到达江陵。

（3）死长安即葬长安，何必来葬为？（《史记·吴王濞列传》）——死在长安就葬在长安，为什么一定要送回来安葬呢？

3.1.7.2　这类动宾表示被动，动词的宾语实际上是动作行为的施事者。如：

（1）兵破陈涉，地夺诸侯。（《盐铁论·结和》）——军队被陈涉攻破，土地被诸侯侵夺。

（2）忍父而求好人，人孰好之？（《国语·晋语二》）——对父亲忍心下毒手而想被国人称好，国人谁会对你称好？

（3）今起生者，皆死秦之孤也。（《战国策·燕策二》）——现在那些活着的人，都是被秦杀死的战士的遗孤。

3.1.8　动宾关系的内容还不限于以上所列的几种，不必一一列举。通过以上介绍，读者自会对动宾关系有一个总的认识，即动宾关系复杂多样，宾语的种类相当多，是最值得注意的句子成分之一。我们在阅读古文看到"动·宾"格式时，如果不能用及物动词和受事宾语的关系去正确解通上下文义，就应考虑用其他类型的特殊动宾关系去检验。在理解句义时，除使动、意动用法外，这些特殊用法的宾语大都可以用添加介词（如：为、对、向、因、用、把、于等）的办法提出，组成介宾短语，放在动词的前后，句意往往随之豁朗。

也有些学者认为，只有及物动词带受事宾语是动宾关系，其他都是动补关系,动词后面的成分表示动作行为的目的、对象、原因、处所等。我们未取这种说法。

3.2 以上介绍了单宾语的情况,下面介绍双宾结构。

双宾式是指一个动词后边接连出现两个宾语。离动词近的那个可叫近宾语(或间接宾语),离动词远的可叫远宾语(或直接宾语)。按照动词与宾语之间的关系,主要有以下几类。

3.2.1 给与类双宾式

在这种双宾式中,远宾语一般都指施事主语所给予的器物(也叫直接宾语),近宾语一般都指接受器物的一方(也叫间接宾语)。常见的动词有贻、馈、遗、予、赐等。如:

(1)静女其娈,贻我彤管。(《诗经·邶风·静女》)——好姑娘呀多俊俏,送我一把红管草。

(2)夫人使馈之锦与马。(《左传·襄公二十六年》)——夫人派人送给左师锦和马。

(3)客从远方来,遗我双鲤鱼。(《古诗·饮马长城窟行》)——有客人从远方来,赠送我一双鲤鱼。

3.2.2 夺取类双宾式

施事主语从对方夺取或以其他方式取得某物,常见的动词有夺、取、贷、罚、收等。如:

(1)司徒期聘于越,公攻而夺之币。(《左传·哀公二十六年》)——司徒期到越国聘问,卫侯攻打他并且从他那里夺走了财礼。

(2)吾为公取彼一将。(《史记·项羽本纪》)——我为您从对方军中夺取一名将帅。

(3)贷人五斗米,送还一石粟。(王梵志《贷人五斗米》）——从别人借五斗米，送还人家一石粟。

3.2.3　作为类双宾式

施事主语为对方做某事，常见动词有为、作、树、立等，其中"为"出现次数很多，用法灵活。如：

（1）姜氏何厌之有？不如早为之所，无使滋蔓。（《左传·隐公元年》）——姜氏哪会有满足？不如及早为她安排去处，不要使其（势力）蔓延。

（2）作僖公主者何？为僖公作主也。（《公羊传·文公二年》）——"作僖公主"是什么意思？就是为僖公制作牌位。

（3）天生民而立之君。（《左传·襄公十四年》）——上天生了百姓而给他们立国君。

3.2.4　教示类双宾式

施事主语将某事告诉对方，或向对方问某事，常见动词有告、语、教、诲、问等。如：

（1）今予告汝："不易！"（《尚书·盘庚中》）——现在我告诉你们："不要轻举妄动！"

（2）夫子语我九言。（《左传·定公四年》）——夫子对我说九句话。

（3）后稷教民稼穑。（《孟子·滕文公上》）——后稷教给百姓种庄稼。

3.2.5　以上是几种主要的双宾式，施事主语和双宾中的一方都是由人物充当，还有些双宾式中有一个宾语表示有关的处所、时间或数量。如：

（1）诱子华而杀之南里。（《左传·宣公三年》）——（文公）诱骗子华而把他杀死在南里。

（2）行<u>之</u>十年，秦民大说。(《史记·商君列传》)——施行新法十年，秦国百姓非常满意。

（3）读<u>书</u>百遍，而义自见。(《三国志·魏书·王肃传》注引《魏略》)——把书读百遍，意义自会明白。

由于这些表处所、时间或数量的成分都和另一宾语一起直接与动词相连接，没有经介词引进，因此我们把它们也都视为宾语，归之于双宾语结构。

4. 定语

定语是指名词或名词性短语的修饰成分。由于被修饰的中心语是名词或名词性短语，因而定语加中心语构成的偏正短语仍然是名词性的。定中名词性短语具有与名词同样的功能，可以作句中主语或宾语，也可作名词谓语。一说到定语，人们马上会想到形容词，但是在古汉语里，可以用作定语的成分很多，绝不仅限于形容词。本节对各类定语加以介绍。

4.1 形容词作定语

形容词的主要作用是加在名词或名词短语之前作定语，表示具体人、事、物的性质或状态。如：

（1）窈窕淑女，君子好逑。(《诗经·周南·关雎》)——美丽善良的姑娘，是君子的好伴侣。

形容词"淑"修饰"女"，形成名词短语"淑女"；双声叠韵形容词"窈窕"修饰"淑女"，形成含有两层定语的名词性短语"窈窕淑女"。"好"修饰"逑"。

（2）彼，良医也。(《左传·成公十年》)——他，是好医生。

（3）谈笑有鸿儒，往来无白丁。(刘禹锡《陋室铭》)——在一起谈笑的是知识渊博的学者，出出进进没有穿着白衣的平民。

如作定语的是两个单音节形容词,而中心语是一个单音节名词,则定语与中心语之间往往加"之",构成四字格的名词短语。如:

(4)小大之狱,虽不能察,必以情。(《左传·庄公十年》)——大大小小的案件,虽然不能一一洞察,但必定按照情理去处理。

(5)今诸生学于太学,……无冻馁之患矣。(宋濂《宋东阳马生序》)——现在诸生在太学学习,……没有寒冷、饥饿的忧患了。

4.2 名词作定语

在古汉语里,名词或名词短语作定语的情况相当丰富,可表示人、事、物的状态或性质。如:

(1)且是人也,蜂目而豺声,忍人也。(《左传·文公元年》)——而且这个人,胡蜂眼,豺狼声,是一个残忍的人。

可表示人物的身份或职业。如:

(2)南越反,拜为楼船将军。(《史记·酷吏列传》)——南越反叛,杨仆被任命为(统率水军的)楼船将军。

可表示人、事、物的时间或处所特征。如:

(3)吕太后者,高祖微时妃也。(《史记·吕太后本纪》)——吕太后,是汉高祖微贱时的妻子。

(4)扁鹊以其言饮药三十日,视见垣一方人。(《史记·扁鹊仓公列传》)——扁鹊按照长桑君的话服药三十天,能看见在墙那一方的人。

可表定语与中心语之间的领属关系。如:

（5）北山愚公者，年且九十。（《列子·汤问》）——北山的愚公，年纪快九十了。

表领属关系时，定语和中心语之间常有"之"。如：

（6）醉翁之意不在酒，在乎山水之间也。（欧阳修《醉翁亭记》）——醉翁的心意不在乎喝酒，而在于山水之间。

4.3　数词或数量词作定语

主要表示事物的多少、大小、长短、价值等特征。先秦时期表数量的词大都位于名词之后，如"牛十二"；自战国晚期至汉以后，数量词位于名词前的日益增多。如：

（1）以十二牛犒秦师。（《史记·晋世家》）——用十二头牛犒劳秦军。

（2）适有万金良药，故得无死。（《史记·魏其武安侯列传》）——正巧有价值万金的良药，所以能够免死。

4.4　动词及其短语作定语

主要表示人、事、物的性质和特征。如：

（1）流水不腐。（《吕氏春秋·尽数》）——长流动的水不会腐朽。

（2）鸣鸡吠狗，烟火万里。（《史记·律书》）——鸣叫的鸡，吠嚷的狗，炊烟万里连绵不断。

动词的偏正短语或动宾短语作定语。如：

（3）以不教民战，是谓弃之。（《论语·子路》）——用未经过教育训练的人民去作战，这等于糟蹋生命。

（4）然闻其西可千余里有乘象国。（《史记·大宛列传》）——但是听说它西边大约一千多里有个乘象国。

（5）愿请延年益寿药。（《史记·淮南衡山列传》）——

期望赐给延年益寿的药。

定语和中心语之间有时有"之"连接。如：

（6）夫搏牛之虻不可以破虮虱。（《史记·项羽本纪》）——叮咬牛的牛虻不可用来消灭虱子。

（7）有席卷天下、包举宇内、囊括四海之意，并吞八荒之心。（《史记·秦始皇本纪》）——有席卷天下、统一宇内、囊括四海的意图，有吞并八方的心思。

4.5　由以上分析可知，形容词、名词、数量词、动词以及它们的短语作定语去修饰名词，在古汉语中为数不少。无论它们本身是什么成分，它们与名词中心语构成的都是名词性短语。在多数情况下，定语与中心语之间不加"之"，有时加"之"。加"之"与否，多半是为了使名词性短语成为偶数音节。大致上并列成分作定语时加"之"的情况较多。

此外代词、主谓短语等成分也可作定语。如：

（1）以尔车来，以我贿迁。（《诗经·卫风·氓》）——驾着你的车儿来，把我的财物一起搬。

（2）楚兵罢食尽，此天亡楚之时也。（《史记·项羽本纪》）——楚军士兵疲敝粮食断绝，这是上天灭亡楚国的时候。因用例不多，未专门列项。

5. 状语

状语是在句中修饰谓语中心词的成分。由于谓语中心词绝大多数都是动词，因此状语主要作动词的修饰语。

古汉语里状语的内容十分丰富，可以充当状语的成分很多。现扼要介绍于下。

5.1　副词作状语

在状语中占比重最大的就是副词。副词大都位于动词前面，但也有少数位于动词之后作补语，有少数位于主谓结构前头。副词作修饰语，主要表示动作行为的各种特征，如状态、程度、时态等。同时它对主语或宾语也有修饰作用，显示它在与谓语发生关系时的范围等。现选其数种举例如下。

5.1.1　表示动作行为的时间特征。如：

（1）昔我往矣，杨柳依依。今我来思，雨雪霏霏。(《诗经·小雅·采薇》)——从前我出发那时光，杨柳轻轻飘荡。如今我返回家乡，雪花儿纷纷飘扬。

（2）小人者，其未得也则忧不得，既已得之，又恐失之，是以有终身之忧，无一日之乐也。(《荀子·子道》)——小人，尚未得到时忧虑不能得到；既已得到后又恐怕失去，因此有终身的忧虑，没有一天的快乐。

（3）大器晚成。(《老子·四十一章》)——大器经久才能完成。

5.1.2　表示动作行为的状态特征。如：

（1）猎者知其诈，伪举罔而进之，麋因得矣。(《战国策·楚策三》)——猎人知道麋的诡诈，假装举网而使它前来，因而把麋捉到。

（2）群书万卷常暗诵。(杜甫《可叹诗》)——读群书万卷常暗暗背诵。

5.1.3　表示动作行为或状态的程度特征。如：

（1）言之大甘，其中必苦。(《国语·晋语一》)——言语太甜，用心必苦。

（2）乍读渊明诗，颇似枯淡，久又有味。东坡晚年酷好之,谓李杜不及也。(陈善《扪虱新话·文章以气韵为主》)——刚读陶渊明诗,很觉枯淡,久了又觉有味。苏东坡晚年十分喜好他的诗,说李白杜甫都比不上他。

5.1.4　表示主语、宾语或谓语的范围。如:

(1)羞恶之心,人皆有之。(《孟子·告子上》)——羞耻之心,人人都有。

(2)令其宗人尽断其车轴末。(《史记·田单列传》)——命令他的同族人把他们车轴两端突出的部分全部锯掉。

(3)狡兔有三窟,仅得免其死耳。(《战国策·齐策四》)——狡猾的兔子有三处洞窟,也才仅能免于死亡罢了。

5.2　介宾短语作状语

介宾短语就是由介词带宾语构成的短语。它位于动词前时叫状语,位于动词后时叫补语。当它位于动词前作状语时,主要表示与动作行为相关的时间、对象、处所、工具、方式、原因或目的等。介宾短语在状语中占有重要地位。

5.2.1　介宾短语表示与动作行为相关的时间,常用介词有自、及、从、由、至等。如:

(1)及高祖时,中国初定。(《史记·郦生陆贾列传》)——到汉高祖时,中国刚刚平定。

(2)自古逢秋悲寂寥,我言秋日胜春朝。(刘禹锡《秋词》)——自古逢秋就悲叹寂寞冷清,我却要说秋日胜过春朝。

5.2.2　介宾短语表示与动作行为相关的对象,常用介词有为、替、对、与等。如:

(1)古之人与民偕乐,故能乐也。(《孟子·梁惠王上》)——古之人跟百姓一起快乐,所以能感到欢乐。

（2）为天下兴利除害。(《史记·郦生陆贾列传》)——为天下百姓兴利除害。

（3）愿为市鞍马，从此替爷征。(《乐府诗·木兰辞》)——望为我买来鞍和马，从此替父去出征。

5.2.3　介宾短语表示与动作行为相关的处所，常用介词有自、从、向、由、在等。如：

（1）有朋自远方来，不亦乐乎？(《论语·学而》)——有朋友从很远的地方来，不也很高兴吗？

（2）怒从心中来，恶向胆边生。(《新校元刊杂剧三十种·汉高皇濯足气英布》)——怒打心上来，恶自胆边生。

5.2.4　介宾短语表示动作行为的工具、方式、条件、依据等，常用介词有以、用、依等。如：

（1）齐氏用戈击公孟。(《左传·昭公二十年》)——齐氏用戈击打公孟。

（2）皆言匈奴破月氏王，以其头为饮器。(《史记·大宛列传》)——都说匈奴攻破月氏王，用他的头作为饮器。

（3）以身教者从，以言教者讼。(《后汉书·第五伦传》)——以亲身榜样进行教育的，大家听从；用空话说教的，招来埋怨争讼。

5.2.5　介宾短语表示动作行为的原因、目的等，常用介词有以、因、为等。如：

（1）君子不以言举人，不以人废言。(《论语·卫灵公》)——君子不因人说得好听而任用人，不因人的卑贱而废弃他合理的意见。

（2）文章合为时而著，歌诗合为事而作。(白居易《与元九书》)——文章应为时势需要而写,诗歌应为某事有感而发。

(3)昔人有因噎而废食者,……岂不过哉!(陆贽《奉天请数对群臣兼许令论事状》)——从前有人因为怕噎着而不吃饭,……岂不太过分了吗!

5.3 助动词作状语

助动词是专门用于修饰动词的一种词类,它只位于动词前面,主要表示可能、意愿、应该等,常见的助动词有能、可、足、肯、欲、敢、要、当、须等。如:

(1)不以规矩,不能成方圆。(《孟子·离娄上》)——不用规和矩就不能画出方形和圆形。

(2)我不可不监于有夏,亦不可不监于有殷。(《尚书·召诰》)——我们不能不以夏为鉴戒,也不能不以殷为鉴戒。

(3)将士饥乏,不肯渡河。(《三国志·魏书·黄卓传》注引《典略》)——将帅士兵饥饿疲乏,不肯过河。

(4)欲加之罪,其无辞乎?(《左传·僖公十年》)——要想给人加上罪名,难道还怕没有话说吗?

(5)在天愿作比翼鸟,在地愿为连理枝。(白居易《长恨歌》)——在天愿作比翼双飞的鸟,在地愿作连枝而生的树。

5.4 名词作状语

这种用法在古汉语里表现得很生动。很多名词有具体形象化的特点,利用它来作状语,表示动作行为的状态特征或表示动作时运用的工具、依仗的凭据、发生的处所、范围等。

5.4.1 表示动作行为的状态特征。如:

(1)豕人立而啼。(《左传·庄公八年》)——野猪像人似地站起来啼叫。

（2）天下之士云合雾集，鱼鳞杂沓，熛至风起。（《史记·淮阴侯列传》）——天下的志士像云雾那样会合，像鱼鳞那样密集，如火花般迸发，如狂风般骤起。

5.4.2　表示动作行为的工具或凭据。如：

（1）箕畚运于渤海之尾。（《列子·汤问》）——用箕畚把土运到渤海之尾。

（2）公子为人仁而下士，士无贤不肖皆谦而礼交之。（《史记·魏公子列传》）——魏公子为人仁厚而尊敬士人，无论士是贤或不肖，他都谦虚地依礼节去结交他们。

5.4.3　表示动作行为的处所或范围。如：

（1）秦焚书禁学，济南伏生独壁藏之。（《汉书·艺文志》）——秦始皇焚书禁学，济南伏生私下在墙壁中藏书。

（2）或泥潜天飞，晨降宵升。（阮籍《答伏义书》）——有的往泥中潜，朝天上飞，早晨降下夜晚升起。

5.5　形容词作状语

表示动作的状态。如：

（1）愁居慑处，不敢动摇。（《史记·张仪列传》）——愁虑地居住，小心地生活，不敢轻举妄动。

（2）肥养一犬。（《后汉书·乌桓传》）——把一条狗养得肥肥的。

5.6　动词或其短语作状语

表示动作的状态或方式。如：

（1）足下必欲诛无道秦，不宜踞见长者。（《史记·高祖本纪》）——足下如果决计要讨灭暴秦，就不该用箕踞无礼的态度接见长者。

（2）奋臂大呼而天下响应。（《史记·淮南衡山列传》）——举臂大呼而天下都响应。

5.7　数词作状语

表示动作的次数，用法亦较虚灵。如：

（1）病万变，药亦万变。（《吕氏春秋·察今》）——疾病万般变化，药物也应万般变化。

（2）此所谓四分五裂之道也。（《战国策·魏策一》）——这就是所说的四分五裂的道理。

状语的种类还有一些，就不一一列举了。关键是要对它有一个总的概念和认识，这对于阅读、品味古文的真意会有帮助。

6. 补语

补语是句中位于谓语之后对谓语中心词（主要是动词，还有少量形容词）进行修饰的成分。补语的内容很丰富，按其与动词的语义关系，可表示动作行为的结果、趋向、程度以及对象、处所、时间、数量等。分类扼要介绍于下。

6.1　结果补语

位于动词之后，表示动作行为的结果。补语大多由动词充当，常见的有灭、死、破、绝、走、动、怒、碎、成、为等。如：

（1）秦拨去古文，焚灭《诗》、《书》。（《史记·太史公自序》）——秦废弃古代文化典籍，烧灭《诗》、《书》。

（2）暴雷，武乙震死。（《史记·殷本纪》）——大雷霆，武乙被震死。

（3）帝恐长大后见怨。（《汉书·云敞传》）——帝恐长大后被怨恨。

6.2　趋向补语

位于动词后,表示动作行为的趋向。用作趋向补语的动词很有限,单音节补语有去、来、上、下、出、入、起、过等,双音节补语有上去、下来、下去、上来、起来、过来、出来、过去、进去、出去等。如:

(1)使人召扁鹊,扁鹊已逃去。(《史记·扁鹊仓公列传》)——派人去召扁鹊,扁鹊已逃去。

(2)燕飞来。(《汉书·五行志》)——燕子飞来。

(3)残云被狂风吹散去。(《敦煌变文集·八相押座文》)——残云被狂风吹散去了。

(4)今夜就走开去,方才使得。(《京本通俗小说·碾玉观音》)——今夜就走开去,才行。

6.3　程度补语

位于谓语中心词后,表示动作或状态的程度。用作程度补语的动词有死、酽、杀等,形容词有绝、远、深、急、非常等,副词有甚、极、滋、益等。如:

(1)四面险绝,无由升陟矣。(《水经注·清水》)——四面险峻极了,没有路径可攀登了。

(2)可谓富贵极矣。(《史记·李斯列传》)——可说是富贵极了。

(3)居数月,淫益甚。(《史记·楚世家》)——过了几个月,荒淫更甚。

(4)天生的甚是聪明,父亲喜欢死他。(《元曲选·儿女团圆三折》)——天生的十分聪明,父亲喜欢得要死。

6.4　时间补语

由介词引进表示时间的词语,构成介宾短语,位于动词之后,表示动作行为发生、延续或终止的时间。如：

（1）赏以春夏，刑以秋冬。（《左传·襄公二十六年》）——在春、夏进行赏赐，在秋、冬执行刑罚。

（2）孤穷无援，危在旦夕。（《三国志·吴书·太史慈传》）——孤独穷困没有援助，危险就在旦夕之间。

（3）蜡烛有心还惜别，替人垂泪到天明。（杜牧《赠别》）——蜡烛还有心思惜别，替人流泪直到天明。

6.5　对象补语

由介词引进表对象的词语，构成介宾短语位于动词之后，表示动作行为相关的对象。如：

（1）子产咨於大叔。（《左传·昭公元年》）——子产向大叔询问。

（2）我有禁方，年老，欲传与公。（《史记·扁鹊列传》）——我有秘方，现我已老，想传给您。

（3）小弟闻姊来，磨刀霍霍向猪羊。（《乐府诗集·木兰辞》）——小弟听说姐回来，磨刀霍霍朝向猪羊。

6.6　处所补语

由介词引进表处所的词语，构成介宾短语位于动词之后，表示动作行为相关的处所。如：

（1）出自幽谷，迁于乔木。（《诗经·小雅·伐木》）——（鸟儿）从深谷飞出，迁到高高的林木。

（2）千里之行，始於足下。（《老子·六十四章》）——千里的行程从脚下开始。

（3）出于其类，拔乎其萃。（《孟子·公孙丑下》）——超出在同类之上，超越在同群之上。

（4）余乃<u>生</u>于巴蜀，<u>长</u>在蕹乡。(《敦煌变文集·伍子胥变文》)——我是出生在巴蜀，长大在蕹乡。

6.7　工具补语

介宾短语位于动词之后，表示动作行为的工具、方式、条件、依据等。如：

（1）百工<u>为</u>方<u>以</u>矩，<u>为</u>圆<u>以</u>规，<u>直</u>以绳，<u>正</u>以县。(《墨子·法仪》)——各种工匠画方形都得用矩，画圆形都用规，画直线都用绳墨，画端正垂直的线都用悬锤。

（2）阴阳相摩，天地相荡，<u>鼓</u>之<u>以</u>雷霆，<u>奋</u>之<u>以</u>风雨，<u>动</u>之<u>以</u>四时，<u>暖</u>之<u>以</u>日月，而百物化兴焉。(《史记·乐书》)——阴阳互相摩擦，天地互相激荡，以雷霆去震响，以风雨去振起，以四季去运转，以日月去照耀，因而万物兴旺生长。

（3）<u>立</u>適<u>以</u>长不以贤，<u>立</u>子<u>以</u>贵不以长。(《公羊传·隐公元年》)——立正夫人的儿子凭年长不凭贤明，立儿子(为君)凭尊贵不凭年长。

6.8　原因补语

介宾短语用于动词之后，表示动作行为的原因。如：

（1）人才有高下，<u>知</u>物<u>由</u>学。(《论衡·实知》)——人才有高下之分，懂得事物全在于学习。

（2）停车<u>坐</u>爱枫林晚，霜叶红于二月花。(杜牧《山行》)——停车不进就因为喜爱枫林的傍晚，霜叶比二月的鲜花还要红。

（3）运用之妙，<u>存</u>乎一心。(《宋史·岳飞传》)——运用的奥妙，全在于用心。

6.9 其他

还有些介宾短语位于动词之后作补语,表示其他一些与动作行为有关的内容。如用介词"于"、"以"引进训告的内容:

(1)楚自克庸以来,其君无日不讨国人而训之于民生之不易、祸至之无日、戒惧之不可以怠。……训之以若敖、蚡冒筚路蓝缕以启山林。(《左传·宣公十二年》)——楚国自从战胜庸国以来,他们的国君没有一天不用以下道理教训国人:百姓生计的不容易、祸患很快就会到来、戒备警惕不能懈怠。……用若敖、蚡冒乘柴车、穿破衣开辟山林的事迹来教训他们。

(2)臣闻爱子,教之以义方。(《左传·隐公三年》)——我听说喜爱儿子,应当用道义来教导他。

通过以上对补语的介绍可以看出,若按补语与动词的结合关系来看,补语可分为两大类,第一大类:充当补语的动词或形容词不通过介词引进,直接位于动词之后,这一类有结果补语、趋向补语和程度补语。其他各种补语都属第二大类:补语都由介词引进,以"介宾"形式出现在谓语动词之后。

介宾短语作为动词的修饰语,大部分都位于动词前作状语(已在状语部分介绍);少部分位于动词后做补语。

在古汉语里,汉以前时期,动词后的介宾补语很多。随着历史的演变,自汉以后,介宾补语逐渐减少,动词后的结果、趋向、程度三大补语由产生而发展,形成三大补语只在动词后,介宾短语主要在动词前的格局。

二 句子成分的省略

在介绍省略之前首先要解释一下什么叫省略。省略有两个要点:第一,一个句子在一定的上下文里省略了某一成分,离开了上下文或说话的环境,句义就不明白;有时即使不离开上下文,理解起来也很费劲,必须添补一定的成分,句义才能清楚。第二,添补的成分应该只有一种可能,即在上下文里有实际对象作为依据,而不是随心所欲想补什么就补什么。

语言的省略现象古今汉语都存在,但古代汉语比现代汉语更为突出。我们对古汉语的省略应有一定了解,以尽量减少阅读古文的困难。

1. 省略的方式

省略的方式主要有承上省略、探下省略以及不依赖于上下文的习惯性的省略。

1.1　承上省略

省略的成分已在上文出现过,下文承上而省略了某一成分。古文中大部分省略都属于这种情况。如:

（1）颍考叔为颍谷封人,（　　）闻之,（　　）有献于公。（《左传·隐公元年》）——颍考叔当时担任颍谷的封人,(他)听到这件事,(他)就找机会献给庄公一些东西。

以上两个括号中,都承上文省略了主语,即首句中的“颍考叔”。

（2）禹八年於外,（　　）三过其门而不入。（《孟子·滕文公上》）——禹(治理水灾)八年在外,(他)三次经过自己的家门都不进去。

此例的括号中承上文省略了“禹”。

（3）厉王虐,国人谤王。邵公告王曰:“民不堪命矣!”王怒,（　　）得卫巫,（　　）使监谤者。（　　）以（　　）告,（　　）则杀之。（《国语·周语上》）——周厉王暴虐,国人指责王。(周王的卿士)邵穆公对王说:"人民忍受不住残暴的政令了!"周厉王大怒,(王)找到一个卫国的巫者,(王)让他监视那些指责政令的人。(卫国的巫者)把指责者上报,(周厉王)就把被告发的人杀掉。

此例"以"前的括号中承上文省略了主语"卫巫","以"后的括号中承上文省略了"谤者";三个括号都省略了主语"厉王"。

1.2 探下省略

省略的成分在下文出现,上文探下文而省略。如:

(1)七月( )在野,八月( )在宇,九月( )在户,十月蟋蟀如我床下。(《诗经·豳风·七月》)——七月(蟋蟀)在野地,八月(蟋蟀)跳到屋檐底,九月(蟋蟀)跳在门口,十月蟋蟀跳进我的床下。

此例的前三句都探下文省略了主语"蟋蟀"。

(2)楚子乘驲,会师于临品,分为二队:子越自石溪( ),子贝自仞以伐庸。(《左传·文公十六年》)——楚王乘坐驿站的传车,在临品会师,把军队分为两队:子越从石溪出发(以进攻庸国),子贝从仞地出发以进攻庸国。

此例的"自石溪"后面探下文省略了谓语中心成分"以伐庸"。

1.3 不依赖于上下文的省略

除了以上两种主要的省略情况外,有时还有这样的情况:省略的词语并没有在上下文出现,但可根据语言习惯推断出来。属于约定俗成的、习惯性的省略。如:

(1)辛伯谏曰:"……。"周公弗从,故及( )。(《左传·桓公十八年》)——辛伯劝谏说:"……。"周公没有听从,所以遭遇(祸难)。

（2）於是丕郑聘于秦，且谢缓赂，故不及（　）。(《左传·僖公十年》)——当时丕郑正在秦国聘问，并为了推迟割让国土而道歉，所以没有遭到(这场祸难)。

"及"就是"及於难"之省，"不及"就是"不及於难"之省，这是古人的一种语言习惯。

2. 省略的成分

古汉语里省略的现象多，句子的各种成分几乎都可以省略。

2.1 主语的省略

古汉语里主语的省略最为常见，在先秦时期尤其如此。一个句子里，谓语省略的现象较少见到，而主语则常省去，这是古汉语的一个重要特点。但我们也必须看到，有些句子本来就是无主语的，谈不上省略，这种句子叫做无主句。我们有必要先交代一下无主句，再介绍主语的省略。

2.1.1 无主句

有以下几种情况：

1）一些成语、谚语或总结经验、概括规律的句子，主语往往是泛指的不必说出或无从说出，因而是无主句。如：

（1）多行不义，必自毙。(《左传·隐公元年》)——做很多不义的事情，必然自取灭亡。

（2）子曰："见贤思齐焉，见不贤则内自省也。"(《论语·里仁》)——孔子说："看见贤人，便应该想着向他看齐；看见不贤的人，就应该在内心反身自省。"

（3）博学之，审问之，慎思之，明辨之，笃行之。(《礼记·中庸》)——广博地学习知识，详尽地探讨它，谨慎地思考它，明白地分辨它，切实地执行它。

2）表示天气的句子一般都无主语，古今如此。如：

（1）雨我公田，遂及我私。（《诗经·小雅·大田》）——雨下在我们的公田，也落在我们的私地。

（2）三年春，不雨。夏六月，雨。（《左传·僖公三年》）——三年春，不下雨。到夏六月，下雨。

3）有些表假设的句子常无主语。如：

（1）不有居者，谁守社稷？不有行者，谁捍牧圉？（《左传·僖公二十八年》）——如果没有留下的人，谁来守卫国家？如果没有跟随君王出行的人，谁去保卫君王的车驾？

（2）子曰："如有用我者，吾其为东周乎！"（《论语·阳货》）——孔子说："假若有任用我的，我将使周文王之道在东方复兴。"

以上是无主句，下面介绍省略主语的句子，大致有对话中的省略和叙事中的省略两类。

2.1.2　主语在对话中承上文的省略

在对话中，主语承上文而省略的现象最多，具体情况主要有以下几种。

2.1.2.1　甲乙双方第一个回合（我们把一问一答称作一个回合）的对话，主语都出现；以后的对话，主语都省略，只留下"曰"。如：

（1）齐宣王问曰："齐桓、晋文之事可得闻乎？"孟子对曰："……"（齐宣王）曰："……"（孟子）曰："……"（齐宣王）曰："……"（孟子）曰："……"（《孟子·梁惠王上》）——齐宣王问道："齐桓公、晋文公在春秋时代称霸的事，您可以讲给我听听吗？"孟子答道："……"（齐宣王）问道："……"（孟子）答道："……"(齐宣王)问道："……"(孟子)答道："……"

此例在第一个回合的对话后,还有五个回合都承上文省略了甲乙方的主语。像这样的省略比较多见,省去的主语也易于辨别。

2.1.2.2　在对话中,甲方有主语;乙方主语则承上文而省,只用"对曰"或"曰"表示,形成[甲曰:"……"对曰:"……"]或[甲曰:"……"曰:"……"]对话式。如:

(1)子谓子贡在;"女与回也孰愈?"对曰:"赐也何敢望回? 回也闻一以知十,赐也闻一以知二。"(《论语·公冶长》)——孔子对子贡说:"你和颜回哪个强些?"(子贡)答道:"我吗,怎敢和回相比? 他呀,听到一件事可以推知十件事;我呢,听到一件事只能推知两件事。"

(2)乐正子见孟子。孟子曰:"子亦来见我乎?"曰:"先生何为出此言也?"(《孟子·离娄上》)——乐正子去见孟子。孟子问:"你也来看我吗?"(乐正子)答道:"老师为什么说这样的话呢?"

在这段对话后面还有几个回合的问与答,就都省去主语,只有"曰:……曰:……曰:……曰:……"

有时乙方有主语,甲方便省略,形成[曰:"……"乙曰:"……"曰:"……"乙曰:"……"]对话式。如:

(3)问其仆曰:"追我者谁也?"其仆曰:"庾公之斯也。"曰:"吾生矣!"其仆曰:"庾公之斯,卫之善射也;夫子曰吾生,何谓也?"(《孟子·离娄下》)——(子濯孺子)问驾车的说:"追我的是谁呀?"他的驾车人说:"庾公之斯。"(子濯孺子)说:"我死不了啦!"他的车夫说:"庾公之斯,是卫国有名射手,您反而说死不了啦,什么意思呀?"

2.1.2.3 有时为了使问话直接与对方的答语相连接,在甲方"主语曰"出现一次后,连主语和"曰"都省去,而乙方主语则一开始就承上省去,只留下一个"曰",形成这样的对话:[甲曰:"……"曰:"……"/"……"曰:"……"/"……"曰:"……"]这样似更显出问话人的急切心情和问话与答话的紧凑。如《左传·成公十六年》记载晋、楚鄢陵之战,楚王在战斗开始前登上楼车瞭望晋军,太宰伯州犁侍立在楚王身后,楚王一边观望一边向伯州犁提问,要他解释晋军那些行动是在干什么。从他们的问答中好像看见了晋军在战前紧张而有序的准备活动。从楚王一个接一个的提问中,更好像感到了楚王面对晋军的强大所表现出来的沉着而有些紧张恐慌的心理状态。最后果然是晋胜、楚败。下面是楚王和伯州犁在巢车上的对话:

王曰:"骋而左右,何也?"——楚王说:"车子向左右驰骋,干什么?"

曰:"召军吏也。"——伯州犁答:"这是召集军吏。"

"皆聚於中军矣。(何也?)"——"都聚集在中军了。(干什么?)"

曰:"合谋也。"——"这是一起谋划。"

"张幕矣!(何也?)"——"张开帐幕了。(干什么?)"

曰:"虔卜於先君也。"——"这是在先君的神位前占卜。"

"彻幕矣!(何也?)"——"撤掉帐幕了。(干什么?)"

曰:"将发命也。"——"这是将要发布命令。"

"甚嚣,且尘上矣!(何也?)"——"喧闹得厉害,而且尘土飞扬。(干什么?)"

曰:"将塞井夷灶而为行也。"——"这是要填井平灶而摆开行列。"

"皆乘矣,左右执兵而下矣!(何也?)"——"都上了战车了,将帅和车右拿着武器下车了。(干什么?)"

曰:"听誓也。"——"这是听取军令。"

"战乎?"——"要作战了吗?"

曰:"未可知也。"——"还不能知道。"

"乘而左右皆下矣!(何也?)"——"上了战车而将帅和车右又下来了。(干什么?)"

曰:"战祷也。"——"这是作战前的祈祷。"

这种省略使问答衔接十分紧密,行文生动活泼。如果把上面的对话都添上"王曰"和"伯州犁(曰)"读起来就要逊色得多,战前的紧张气氛也将被破坏。因而像这样的省略还真带有文学上的修辞色彩呢。

2.1.2.4　有时在甲方的说话中插进"曰"字。多用来表示语气的停顿或话题的转移,或者是说话方式的变换。形成[甲曰:"……"曰:"……"/乙曰:"……"]对话形式。这种句式容易引起误解,因上面介绍的几种对话不管主语怎么省略,都是一对一,即甲一句,乙一句。这种是二(或三)句对一句,即甲有两个或三个"曰",乙才出现一个。在阅读时宜加小心。如果一时搞不清"曰"的主语是谁,可先读完上下文,再分辨它可能是哪种对话式。如:

(1)子路曰:"桓公杀公子纠,召忽死之,管仲不死。"(　　)曰:"未仁乎?"子曰:"桓公九合诸侯,不一兵车,管仲之力也。如其仁,如其仁。"(《论语·阳货》)——子路说:"齐桓公杀了他哥哥公子纠,召忽因此自杀,管仲却仍然活着。"(子路接着又)说:"管仲不算有仁德吧?"孔子说:"齐桓公多次主持诸侯间的盟会,停止了战争,都是管仲的力量。这就是他的仁德,这就是他的仁德。"

此例"曰"前省略的主语乍一看似乎应该是和他对话的人,但仔细阅读上下文就会看出"曰"的主语仍是子路。子路先叙述情况作为提问的依据,然后稍作停顿,再提出问题。又如:

(2)阳货欲见孔子,孔子不见,归孔子豚。孔子时其亡也,而往拜之。遇诸涂。谓孔子曰:"来!予与尔言。"(　　)曰:"怀其宝而迷其邦,可谓仁乎?"(　　)曰:"不可。好从事而亟失时,可谓知乎?"(　　)曰:"不可。日月逝矣,岁不我与。"孔子曰:"诺,吾将仕矣!"(《论语·阳货》)——阳货想见孔子,孔子不去见,他便送给孔子一只小猪。孔子探听到他不在家的时候,就去拜谢他。两人在半路上遇到了。阳货对孔子说:"来!我同你说话。"(阳货接着)说:"自己怀有本领却听任国事糊里糊涂,这可以叫做仁爱吗?"(还没等孔子回答,阳货又接下去)说:"不可以。喜欢做官却屡屡错失机会,这可以叫做聪明吗?"(孔子没吭声,阳货又自己接口)说:"不可以。时光飞逝过去,岁月不会再返回呀!"孔子这才说道:"好吧,我打算做官了。"

此例中三个"曰"的主语都是阳货,用"曰"表示话语之间的停顿、自问自答和话题的变换。

2.1.3　主语在叙事中的省略

2.1.3.1　在叙事中,主语的出现往往以叙事为线索,不是一句一个主语,而是同一人的动作行为,连续几句都可承上省略主语。主语随着不同人的动作行为的变换而出现。如:

公子曰:"所不与舅氏同心者,有如白水。"(　　)投其璧于河。（　）济河，（　）围令狐，（　）入桑泉，（　）取白衰。二月甲午,晋师军于庐柳。秦伯使公子絷如晋师。……壬寅,公子入于晋师;丙午,（　）入于曲沃;丁未,（　）朝于武宫。戊申,（　）使杀怀公于高梁。(《左传·僖公二十四年》)——公子发誓说:“如果我不与舅父一条心,有河神为证!”(公子)就把他的玉璧扔在黄河里。(公子)渡过黄河,包围了令狐,进入了桑泉,占取了白衰。二月甲午日,晋公的军队驻扎在庐柳。秦伯派遣公子絷到晋国军队里去(陈说利害)。……壬寅日,公子到达晋国军队里;丙午日,(公子)进入曲沃;丁未日,(公子)在武公的庙宇中朝见群臣。戊申日,(公子)派人在高梁杀死了怀公。

此例中“公子曰”句后面的四小句叙述的都是公子的行为,主语都承第一句的“公子”而省略。接下去的三句,所叙述的行为由不同人发出,因而相继出现不同的主语“晋师”、“秦伯”、“公子”。而“公子入于晋师”后面的三句又都是说的公子的行为,所以主语又都省略了。

2.1.3.2　有时上文已交代出事件中有关的甲乙双方,下文若分别叙述双方的动作行为,则常出现甲方主语,乙方主语省略。如:

　　（　）公……遂寘姜氏于城颍,而誓之曰:“不及黄泉,无相见也。”既而悔之。颍考叔为颍谷封人。闻之,有献于公。公赐之食。（　）食舍肉。公问之,（　）对曰:……(《左传·隐公元年》)——(庄)公……就把姜氏安置在城颍,发誓说:“不到黄泉就不要相见了。”不久又感到后悔。颍考叔当时在颍谷做封人。(他)听到这件事,就找机会献给庄公一些东西。庄公赏赐他吃饭。(他)吃饭时留下肉不吃。庄公问他原因,(他)回答说……

2.1.3.3　有时承上文的两主语,在下文的叙事中依次省略。如:

　　( )楚人为食,吴人及之。( )奔,( )食而从之。(《左传·定公四年》)——楚军正做饭,吴军赶到;(楚军)奔逃,(吴军)吃了饭又追赶上去。

此例省略的两主语按上文两个主语的先后顺序分别指楚人、吴人。

2.1.3.4　有时在叙事中为了使上下文连接更加紧密,下句的主语常承上句的宾语而省略。如:

　　(1)雍门子以哭见孟尝君,( )涕流沾缨。(《淮南子·缪称》)——雍门子哭着见孟尝君,(孟尝君)泪流沾缨。

　　(2)永州之野产异蛇,( )黑质而白章,触草木,( )尽死;以啮人,( )无御之者。(柳宗元《捕蛇者说》)——永州的野外出产一种奇怪的蛇,(它)黑色的底子,白色的花纹,一接触草木,(草木)就都萎死;用(它)来咬人,(人)没能抵抗它的。

2.1.3.5　有时为了使上下文紧相衔接,后面句子中的主语分别是首句的宾语和主语。如:

　　小国之事大国也,( )德,则( )其人也;( )不德,则( )其鹿也,铤而走险,急何能择?(《左传·文公十七年》)——小国事奉大国,(大国)若以德相待,那么(小国)就会像人一样(恭顺);(大国)不以德相待,那么(小国)就会像鹿一样,狂奔逃险,急迫之下哪能选择?

此例"德"的主语"大国"承首句的宾语而省略,"其人也"的主语

"小国"承首句的主语而省略。"不德"和"其鹿也"的主语也按此顺序分别省略了"大国"和"小国"。

2.1.3.6　有时后句有的主语承上文的兼语而省略,有的主语则承上文其他主语而省略,应根据上下文加以分辨。如:

　　(1)灵公虐,赵宣子骤谏,公患之,使鉏麑贼之。(　)晨往,则(　)寝门辟矣,(　)盛服将朝,早而假寐。(《国语·晋语五》)——晋灵公暴虐,赵宣子多次劝谏,灵公厌恨他,就派力士鉏麑去杀害他。(鉏麑)早晨去,(赵宣子)卧室的门已经打开了,(赵宣子)穿戴好早朝的盛服准备上朝,由于时间还早而坐着打盹。

此例"晨往"的主语"鉏麑"承上文的兼语而省略,其他括号中承上文省略了主语"赵宣子"。

　　(2)子曰:"隐者也。"使子路反见之。(　)至,则(　)行矣。(《论语·微子》)——孔子说:"这是一位隐居的人。"让子路返回去见他。(子路)到那里,(隐者)已经走了。

此例"至"的主语"子路",承上文的兼语而省略。另一括号中的主语则承上文的"隐者"而省略。

2.1.3.7　后句主语承上文的定语而省略。如:

　　蹇叔之子与师,(　)哭而送之。(《左传·僖公三十二年》)——蹇叔的儿子在军队里,(蹇叔)哭着送别儿子。

此例"哭"的主语是上文"蹇叔",它在"蹇叔之子"中作定语。

2.1.4　主语探下文而省略

主语承上文而省略的情况占绝大多数,已介绍于上。还有少数情况是探下文而省略主语。如:

　　(1)(　)夜闻汉军四面皆楚歌,项羽乃大惊曰:"汉皆已得楚乎？是何楚人之多也！"(《史记·项羽本纪》)——(项王)夜里听到汉军在四面都唱楚歌,项王就大惊失色说:"汉军都已占取楚国了吗？这儿怎么有这么多楚人呀！"

(2)沛公谓张良:"(　)度我至军中,公乃入。"(《史记·项羽本纪》)——沛公对张良说:"(您)估计我到了军中,您就进去。"

例(1)"夜闻"句探下文省略了主语"项王";例(2)"度我"句探下文省略了主语"公"。

以上介绍了主语省略的一些主要特点和方法,可以看出,在古汉语里主语省略的情况比较普遍,省略的方式也相当灵活。有时几种省略方式同时出现在一段话中,我们可以先通过阅读上下文了解事情的脉络和梗概,从这较大的语言环境入手,辨认出被省略主语的真面目。

2.2　谓语的省略

由于谓语是古汉语句子中的主要成分,所以谓语的省略很少见到。主要有以下两种情况。

2.2.1　承上文或探下文省去充当谓语的动词。如:

(1)上医医国,其次(　)疾人。(《国语·晋语八》)——上等医生医治国患,次一等的(医治)人疾病。

此例的"疾"前承上文省略了谓语动词"医"。

(2)子曰:"躬自厚(　)而薄责於人,则远怨矣。"(《论语·卫灵公》)——孔子说:"对自己加重(责备)而较轻地责备别人,那么就不会遭怨恨了。"

此例的"厚"后探下文省略了谓语动词"责"。"厚责"与"薄责"相对。

2.2.2　承上文或探下文省去充当谓语的动宾结构。如：

（1）凡自内虐其君曰弒，自外（　　）曰戕。（《左传·宣公十八年》）——凡从国内杀死自己国君叫做"弒"，从国外（杀死自己的国君）叫做"戕"。

此例的介宾短语"自外"后承上文省略了动宾结构"虐其君"。

（2）韩魏自外（　　），赵氏自内击智伯而大败之。（《墨子·非攻》）——韩魏从外部（攻打智伯），赵氏从内部攻打智伯而使他大败。

此例的介宾短语"自外"后探下文省略了动宾结构"击智伯"。

2.3　宾语的省略。如：

（1）人皆有兄弟，我独亡（　　）。（《论语·颜渊》）——人家都有兄弟，我独独没有（兄弟）。

此例的动词"亡"（同"无"）后，承上文省略了宾语"兄弟"。

（2）齐桓公好衣紫，齐人皆好（　　）。（《韩非子·外储说左上》）——齐桓公喜好穿紫色衣服，齐人就都喜好（穿紫衣）。

此例的动词"好"后，承上文省略了宾语"衣紫"（又宾语"衣紫"又是一个动宾结构）。

2.4　兼语的省略

兼语就是指某一成分，它既作其前面的动词的宾语，又作其后面动词的主语，一身而兼二任。兼语的省略比较常见的是省去谓语动词"令"或"使"后的兼语。如：

（1）左师公曰："老臣贱息舒祺，最少，不肖，而臣衰，窃爱怜之。愿令（　　）得补黑衣之数，以卫王宫。"（《战国策·赵策四》）——左师公说："老臣我的贱子舒祺，年龄最小，没出息，

而我已年老,我私心最爱怜他,希望能令(他)补入宫内黑衣
卫士之数,用以保卫宫廷。"

此例"令"后的兼语"之"(代"贱息")承上文而省。

(2)武帝……使( )将八骑,深入匈奴二千里。(《汉
书·李陵传》)——汉武帝……使(李陵)率领八百骑兵,深入
匈奴两千里。

此例的谓语动词"使"后,承上文省略了兼语"李陵"。

2.5 介词宾语的省略。如:

(1)衣食所安,弗敢专也,必以( )分人。(《左传·庄
公十年》)——衣、食这些用以安身的东西,我不敢专为己有,
一定拿(它)分给众人。

(2)子曰:"可与( )言而不与之言,失人;不可与( )
言而与之言,失言。"(《论语·卫灵公》)——孔子说:"可以
同(他)谈却不去同他谈,是错过了人才;不可以同(他)谈却
去同他谈,是浪费了言语。"

此例两个"与"后的宾语"之"都探下文而省略。

(3)西门豹曰:"是女子不好,烦大巫妪为( )入报河伯,
得更求好女,后日送之。"(《史记·滑稽列传补》)——西门豹
说:"这个女子不好看,烦请大巫婆为(我)进河去报告河伯,
让我能另求美好的女子,后天送上。"

此例的介词"为"后按语言习惯省略了说话人自己,即第一人称
代词。

2.6 介宾短语的省略

介宾短语的省略是指介词和它的宾语一起被省略。如:

(1)八年春,齐侯将平宋、卫( )。……齐人卒平宋、卫

于郑。(《左传·隐公八年》)——八年春天,齐侯打算让宋、卫(与郑国)媾和。……齐人终于使宋、卫两国和郑国媾和。

此例齐侯将平宋、卫的后面探下文省略了介宾短语"于郑"。如果不注意到这一省略现象,就可能把前句误解为齐侯打算让宋、卫两国相互媾和。

　　(2)齐棠公之妻,东郭偃之姊也。棠公死,偃御武子以吊焉。见棠姜而美之,使偃(　)取之。(《左传·襄公二十五年》)——齐国棠公的妻子(棠姜),是东郭偃的姐姐。齐棠公死了,东郭偃驾车拉着崔武子去吊唁他。武子看到棠姜觉得她很美,就叫东郭偃(为自己)娶过来。

此例的"使偃取之"从上下文语义可知是省略了介宾短语"为己",不然就会使人误解为使东郭偃娶棠姜。可能作者考虑到棠姜是东郭偃的姐姐,不至于使人产生误解,因而省略了"为己"这个介宾短语吧!

　　2.7　介词的省略

　　介词的省略主要指介词"于"、"於"的省略。(以下都用"于"字)

　　2.7.1　谓语动词后常用"于宾"引进动作行为有关的处所,形成"动·于·宾"句式。但其中的"于"也常常不出现,形成一种特殊的"动·宾"结构,在理解文义时可添上"于",可译为"在",我们在"动宾"部分已经介绍,这里再略举两例。如:

　　(1)将军战(于)河北,臣战(于)河南。(《史记·项羽本纪》)——将军(在)河北作战,我(在)河南作战。

　　(2)高祖十二年四月甲辰,崩(于)长乐宫。(《史记·吕太后本纪》)——汉高祖十二年四月甲辰,死(于)长乐宫。

2.7.2 谓语动词后用"于宾"引进有关的对象,表示被动,形成"动·于·宾"被动式,这是古汉语中常见的一种被动句式。其中的"于"也常省去。在读古文时应予注意。如:

> 且下之化(于)上疾于影响,举措不可不审也。(《史记·张释之冯唐列传》)——而且下面同化(于)上面比影子、回声还要迅速,所以上面的举止措施是不可不慎重的啊!

"下之化上"即"下之化于上",意思是下面被上面同化,而不是下面同化了上面。

2.7.3 形容词谓语后用"于宾"引进比较的对象,形成"形·于·宾"句式,是古汉语里常见的一种比较句,意思是"甲比乙……"。有时介词"于"省略,形容词与比较的对象直接连接,形成"形·宾"式。如:

> (1)子贱为单父宰,反命于孔子曰:"此国有贤(于)不齐者五人,教不齐所以治者。"(《史记·仲尼弟子列传》)——子贱担任单父的行政长官,向孔子回报情况说:"此国有(比)我贤能的五位人才,教给我治理国家的方法。"

"贤不齐"即"贤于不齐",意思是比不齐强,而不是"贤能的不齐"。

> (2)所斩捕功已多(于)大将军。(《史记·卫将军列传》)——其斩杀、捕虏敌人的功劳已多(过)大将军。

2.7.4 有些"于·宾"表示某种性质或状态所在的处所或范围。"于"引进有关的处所或范围。"于"省略后,在词后留下了表示处所或范围的词语。如:

> (1)仲尼畏匡,菜色(于)陈蔡。(《史记·游侠列传》)——孔子曾(被)匡地的群众拘禁,曾在陈蔡忍饥挨饿面有菜色。

此例的"菜色陈蔡"不能理解为"菜色的陈蔡",它相当于"菜色于陈蔡","菜色"不是"陈蔡"的定语而是句子的谓语。

（2）荣华（于）道路,立名当世。（《史记·滑稽列传》）——（在）道路上显得荣华富贵,立功名于当世。

此例的"荣华道路"不是"荣华之道路"而相当于"荣华于道路"。"荣华"是形容词谓语,形容东郭先生做了大官之后走在道路上受人尊重的样子。

2.8 名词短语的中心词之省略

这种省略也叫以偏代全的省略,或者说以定语代替中心词的省略。

2.8.1 留下中心词语前作定语的形容词,省去中心词。如:

魏惠王为臼里之盟,将复立于天子。彭喜谓郑君曰:"君勿听。大国恶有天子,小国利之。若君与大（ ）不听,魏焉能与小（ ）立之?"（《韩非子·说林上》）——魏惠王主持臼里的盟会,打算复立天子。彭喜对郑君说:"您不要听他的。大国讨厌有天子,小国则以为有利。如果您跟大（国）都不听从,魏哪能跟小（国）把天子立起来?"

此例的"大"、"小"都承上文省略了中心词"国"。

2.8.2 留下作定语的数词,探下文或承上文省去中心词。如:

（1）至周为廷尉,诏狱亦益多矣。……一岁至千余章,章大者连逮证案数百（ ）,小者数十人;远者数千（ ）,近者数百里。（《史记·酷吏列传·杜周传》）——到杜周担任廷尉时,皇帝交办的案件也更多了。……一年达到一千多个案件,案件大的牵连逮捕证人几百（人）,小案件几十人;这些人远的有几千(里),近的有几百里。

此例括号中的"人"和"里"都探下文而省略,只留下做定语的"数百"和"数千"。

  (2)古之善为将者必能十卒而杀其三( ),次者十( )杀其一( );三( )者威振於敌国,一( )者令行於三军。(《太平御览·卷二九六》引《卫公兵法》)——古代善于作为将领的人在战斗中一定能在十名敌方士兵中杀死三个(士兵),次一等的能在十名敌方(士兵)中杀死一个(士兵);能杀死三个(敌兵)的,威名振动敌国,能杀死一个(敌兵)的,美名传于三军。

此例括号中的"卒"都承上文的"卒"而省略了,只留下作定语的数词"三"、"十"和"一"。这里连续五处承上文而省略,若不细心体会,就会感到难以理解。

  2.8.3 承上文留下定语的名词,省去中心词。如:

  今且有人于此,以随侯之珠弹千仞之雀,世必笑之。是何也?则其所用者重而所要者轻也。夫生者,岂特随侯( )之重哉!(《庄子·让王》)——如今却有人在这里,用珍贵的随侯之珠去弹打飞得很高的麻雀,世人一定会笑话他。这是为什么呢?乃是因为他所用的东西贵重而想得到的却微不足道。至于说到生命,难道仅有随侯(之珠)那么贵重吗!

此例"随侯之重"意即"随侯(之珠)之重",承上文省去了中心词"珠"和助词"之",留下了作定语的名词"随侯"。

  2.8.4 留下作定语的动词短语,承上文省去中心词。如:

  桓公、管仲、鲍叔牙、宁戚四人饮。饮酣,桓公谓鲍叔牙曰:"阖不起为寡人寿乎?"鲍叔牙奉杯而起曰:"使公毋忘出如莒时也,使管子毋忘束缚在鲁(　　)也,使宁戚毋忘饭牛车下(　　)也。"桓公避席再拜曰:"寡人与二大夫能无忘夫子之言,则国之社稷必不危矣。"(《管子·小称》)——桓公、管仲、鲍叔牙、宁戚四人曾一起饮酒。饮到沉酣畅快时,桓公对鲍叔牙说:"何不起来给我祝酒?"鲍叔牙捧杯站起来说:"但愿您不要忘记流亡在莒国时光,但愿管仲不要忘记被束缚在鲁国(的时光),但愿宁戚不要忘记在车下喂牛(的时光)。"桓公离开坐席再拜说:"我与二位大人若能不忘记先生的忠告,国家社稷就一定不会危亡了。"

此例的括号内承上文省略了中心词"时",留下做定语的动词短语"束缚"和"饭牛车下"。

2.8.5　承上文省去定语和中心语中可以省去的共同成分,只留下相异部分。如:

次国之上卿当大国之中(　　),(　　)中(　　)当其下(　　),下(　　)当其上大夫。(《左传·成公三年》)——次国的上卿相当大国的中(卿),(次国的)中(卿)相当大国的下(卿);(次国的)下(卿)相当大国的上大夫。

此例的第一句,"中"后承前省略了名词短语"中卿"的中心词"卿";第二句,"中"前承上文省略了名词短语里的定语"次国之","中"后承上文省略了名词短语的中心词"卿","下"后承前省略了中心词"卿";第三句,"下"前承上文省略了名词短语里的定语"次国之","下"后承上文省略了名词短语的中心词"卿"。

2.9　承上文之意,省略一个分句或更大的语言单位。如:

(1)骓甥、聃甥、养甥请杀楚子,邓侯弗许。三甥曰:"亡邓国者,必此人也。若不早图,后君噬齐。其及图之乎?图之,此为时矣!"邓侯曰:"(……)人将不食吾馀。"(《左传·庄公六年》)——骓甥、聃甥、养甥请求杀掉楚王,邓侯不答应。三个人说:"灭亡邓国的,必定是这个人。如果不早打他的主意,以后您后悔就来不及了。现在还来得及下手吧?下手,现在是时候了!"邓侯说:"(我若在这时杀害楚王,)人们会唾弃我,连我们吃剩下的东西都不要吃。"

此例最后,邓侯说的话不够完整,它的意思应是:"吾若于此时图之(指杀害楚王),人将不食吾馀。"看来是承上文之意省略了一个表假设的分句。

(2)上既闻廉颇、李牧为人,良悦,而博髀曰:"嗟乎!吾独不得廉颇、李牧为将;(……)吾岂忧匈奴哉!"(《史记·张释之冯唐列传》)——皇上听完冯唐讲述廉颇、李牧的为人,十分喜悦,拍着大腿说:"唉!可惜我偏偏得不到廉颇、李牧作为将领;(如若得此二人为将,)我难道还会以匈奴为忧吗!"

此例括弧处似承上文之意省去了一个分句,如"吾若得廉颇、李牧为将",或是一个更大的语言单位。汉文帝这段话反映他听到廉颇、李牧善于带兵打仗后的激动心情,在兴奋之中省去了个别句子或某一部分。如果话说得十分完整,反而体现不出这种殷切的心情了。

省略一个分句或更大的语言单位,这类情况大多出现在对话中。这种省略往往不影响对语意的理解,反而更能反映说话人的心情:或因心情急切而三句并为两句;或因表示礼貌而说话含蓄,留有余地;或者为了忌讳而隐含一句……总起来看,省去一个句子,或一部分一般都会有些特殊原因,通过仔细玩味上下文,都是不难弄明白的。而对于说话的双方来说省去这么一点儿,话说得模糊一些,有时效果还可能更好呢!

三　语序

什么叫语序(也叫词序)?语序是指充当句子成分的词语在句子中的顺序。大家都知道,汉语的一个重要特点是:词语在句子中的语法功能和作用不是通过词形本身的变化而主要是通过词语的顺序来体现的。汉语语序的基本规律是主语在前,谓语在后;动词在前,宾语在后;状语、定语在中心语前,补语在中心语后。这些基本语序自古至今保持了巨大的继承性和稳定性。如果没有这种稳定性,语言就会失去它的表达作用和交际作用,整个社会都将陷入混乱之中。古今汉语在语序上的这种继承性和共同性是语言作为全民交际的工具必须具备的特点。认识到这一点我们会减少对学习古汉语的畏难心理,增强学习古汉语的信心和勇气。

另一方面,古汉语也有部分特殊语序是现代汉语所没有的。这些特殊语序实际上主要存在于先秦上古汉语里,自汉代以后逐渐变化,后来大都逐渐从口语中消失。但由于历代写文章的人习惯于仿古,也由于有些句式富于表现力而为历代人们所喜爱,因而特殊的语序在中古以后的古文中仍不乏其例。语序变化的特殊性与基本语序的稳定性相配合,使语言更显得波澜起伏、情趣盎然。掌握这些特殊语序的变化规律不仅使我们对古今汉语的变化有更深刻的认识,而且能进一步提高我们理解和欣赏古汉语的能力。特殊语序是指词语的前后顺序有了相反的变化,我们在这一节就专门扼要加以介绍。

古汉语的特殊语序根据它的变化条件可以分为两大类：

（一）不借助于增添虚词而改变语序；（二）借助于增添虚词来改变语序。下面分别介绍。

（一）不借助于增添虚词而改变语序

1. 否定句的语序与有关问题

（本章例句大多简明易懂，不必译出。只在必要时对少数例句的含义加以说明。）

1.1　否定句的语序

在否定句中，如果动词的宾语是代词，常位于动词之前。这种现象与现代汉语比较是特殊语序，但却是古汉语的重要规律之一。否定句的这种语序改变须有两个条件：第一，句中有表示否定的虚词。如"不"或"莫"、"未"、"无"、"毋"、"弗"、"勿"等；第二，动词的宾语为代词。如第三人称代词"之"、"此"、"是"；第一人称代词"我"、"予"、"余"、"己"；第二人称代词"女"（汝）、"尔"、"子"等。应特别说明的是，如果宾语不是代词，即便是否定句，也不前置，如：

（1）君子不重伤，不禽二毛。（《左传·僖公二十二年》）

（二毛，头发花白的老人。）

（2）朝廷之臣莫不畏王。（《战国策·齐策一》）

（3）不患人之不己知，患不知人也。（《论语·学而》）

最后一例最能说明问题，"不己知"，"己"为代词宾语因而位于动词"知"前；"不知人，""人"为名词宾语，虽在否定句也仍然在动词之后。

下面按否定副词分类,看宾语前置的情况。

宾语前置的位置一般都在否定副词和动词中间,形成[否定词·代词宾语·动词]的句式。

1.1.1 "不"的句子。如:

(1)岂不尔思。(《诗经·卫风·竹竿》)

(2)晋不我救。(《左传·襄公九年》)

(3)不吾知也。(《论语·先进》)

1.1.2 "莫"的句子。下面例中的"莫"是无指代词,表示"没有什么人"。如:

(1)莫余毒也已!(《左传·僖公二十八年》)(毒,毒害。没有什么人能来毒害我了。)

(2)莫我知也夫!(《论语·宪问》)

(3)人莫之知也。(《墨子·公孟》)

1.1.3 有否定副词"未"的句子。如:

(1)骄而不亡者,未之有也。(《左传·定公三年》)

(2)诸侯之礼,吾未之学也。(《孟子·滕文公上》)

1.1.4 有否定副词"无"(义为"不要")的句子。如:

(1)我无尔诈,尔无我虞。(《左传·宣公十五年》)(虞,欺诈。)

(2)愿为足下扫室布席,幸无我逐也。(《战国策·秦策二》)

1.1.5 有否定副词"弗"的句子。如:

(1)大国亦弗之从而爱利。(《墨子·非攻中》)

(2)故作事不以礼,弗之敬矣;出言不以礼,弗之信矣。(《礼记·礼器》)

1.1.6　有否定副词"勿"的句子。如：

三月而葬，凡附于棺者，必诚必信，勿之有悔焉耳矣。（《礼记·檀弓上》）（勿之有悔——勿有悔之。）

1.2　有学者统计，在先秦时期，已有相当数量的否定句其代词宾语不前置，和今天的词序一致。如：

(1)尔不许我。（《尚书·金縢》）

(2)有事而不告我。（《左传·襄公十八年》）

(3)毋友不如己者。（《论语·子罕》）（不要与不如自己的人交朋友。）

(4)房喜谓韩王曰："勿听之也。"（《战国策·韩策三》）

事实证明，先秦的否定句中，这两种语序已同时存在。到了汉代，后置的代词宾语逐渐占优势；魏晋南北朝以后，否定句中代词宾语后置的语序已经基本固定了。只不过因为后代文人仿古的写法，使我们仍能从历代文章中看到这种宾语前置的句式。直到今天，这种句式作为一种固定格式还留存在现代汉语里。如"时不我待"（时光或机会不会等待我。）可能因为它有一种催人奋进的力量，所以为人们所喜爱，世代相传永垂不朽。

1.3　如上所说，否定句代词宾语前置的格式一般是［否定词·代词宾语·动词］，如果动词前有助动词如"能"、"敢"等，副词如"尝"、"忍"等，则大部分情况下，代词宾语都位于否定副词和助动词（或副词）之间，形成［否定词·代词宾语·助动词（或副词）·动词］格式。在理解时一般将代词宾语移于动词之后即可。如：

(1)亦莫余敢侮。（《左传·昭公七年》）

(2)莫之能御也。（《孟子·梁惠王上》）

(3)余不女忍杀。（《左传·昭公元年》）

（4）我未之前闻也。（《礼记·檀弓上》）

动词前面为"不可以"、"不足以"词组时,代词宾语一般不前置。如:

（5）我不可以后之。（《左传·隐公十一年》）

（6）我不可以再亡之。（又,《昭公二十一年》）

（7）臣不足以嗣之。（又,《昭公三年》）

2. 疑问句的词序与有关问题

疑问代词作宾语比较严格地遵循着前置于动词的原则,虽然在一定条件下也有后置现象,但总的看来,疑问句中宾语后置的变化过程比否定句要缓慢得多。

2.1　疑问代词前置于动词的情况一般都是形成［疑问代词·动词］格式。在理解时将疑问代词移于动词之后即可。

2.1.1　有疑问代词"何"的句子。如:

（1）敢问何谓也?（《左传·隐公元年》）

（2）小人何知?（《左传·哀公十一年》）

（3）今有固车良马於此,又有奴马四隅之轮於此,使子择焉,子将何乘?（《墨子·鲁问》）

（4）温曰:"何姓?"宓曰:"姓刘。"（《三国志·蜀书·秦宓传》）

2.1.2　有疑问代词"安"的句子。如:

（1）皮之不存,毛将安傅?（《左传·僖公十三年》）

（2）晏子立于崔氏之门外,其人曰:"……归乎?"曰:"君死,安归?"（《左传·襄公二十五年》）

（3）方此之时,尧安在?（《韩非子·难一》）

2.1.3　有疑问代词"谁"的句子。如:

(1)公子谁恃?(《左传·僖公九年》)

(2)寡人有子,未知其谁立焉?(《左传·闵公二年》)

(3)吾谁欺?欺天乎?(《论语·子罕》)

2.1.4 有疑问代词"奚"的句子。"奚"义为"什么"。如:

(1)吾一妇人而事二夫,纵弗能死,其又奚言?(《左传·庄公十一年》)

(2)"许子冠乎?"曰:"冠。"曰:"奚冠?"曰:"冠素。"(《孟子·滕文公上》)

2.1.5 有疑问代词"孰"的句子。如:

(1)王者孰谓?谓文王也。(《公羊传·隐公元年》)

(2)孰继?继子般也。(《公羊传·闵公元年》)

2.1.6 有疑问代词"曷"的句子。如:

(1)虽闻,曷闻?虽知,曷知?(《吕氏春秋·任数》)("曷"义为"什么"。)

(2)藐藐孤女,曷依曷恃?(陶渊明《祭程氏妹文》)("曷"义为"谁"。)

2.2 疑问代词作宾语,前置的位置如上所述,一般是[疑问代词·动]格式。若出现助动词如"敢"等,则疑问代词大都位于助动词之前,形成[疑问代词·助动·动]格式。如:

(1)王送知罃,曰:"子其怨我乎?"对曰:"……臣实不才,又谁敢怨?"(《左传·成公三年》)

(2)王曰:"然则德我乎?"对曰:"……二国有好,臣不与及,其谁敢德?"(《左传·成公三年》)("其谁敢德"义为"(我)敢感谢谁的(恩德)呢?")

试把上两例中的"谁敢怨"、"谁敢德"跟下面的例句比较:

（3）君讨臣,谁敢仇之?（《左传·定公四年》）

在"谁敢怨"、"谁敢德"中,"谁"是动词的前置宾语;而在"谁敢仇之"中,"谁"是主语,因为"仇"后已有动词"之","谁"不可能是"仇"的前置宾语。这两种句式的区别是比较容易分别的。

2.3　疑问句谓语中若出现副词,则一般的位置是[副词·疑问代词·动词]。如:

（1）三家未睦,可尽克也。克之,君将谁与?（《左传·定公十三年》）

（2）君命,天也,若死天命,将谁仇?（《左传·定公四年》）

2.4　疑问代词作介词宾语一般也要前置。如:

（1）何以赠之? 琼瑰玉佩。（《诗经·秦风·渭阳》）

（2）越王勾践见蛙而式之。御者曰:"何为式?"（《韩非子·内储说上》）（式:通"轼",古代一种敬礼。）

（3）吾谁与为亲?（《庄子·齐物论》）

（4）水奚自至?（《吕氏春秋·贵直》）

（5）何由知吾可也?（《孟子·梁惠王上》）

2.5　疑问代词作动词或介词的宾语也有不前置者,比较少见。如:

（1）武帝问:"言何?"（《汉书·酷吏传》）

（2）昔孔子为何作《春秋》哉?（《汉书·司马迁传》）

有几种不前置的情况是有规律可循的。

2.5.1　在动词"为"起系词作用的句子中,动词"为"相当于系词"是",在这种情况下不前置。

（1）子为谁?（《论语·微子》）

(2)夫执舆者为谁?(《论语·微子》)

2.5.2　在动词"云"后的疑问代词一般不前置。如:

(1)既见君子,云胡不喜?(《诗经·郑风·风雨》)

(2)子夏云何?(《论语·子张》)

2.5.3　在介词"于"后的疑问代词一般不前置。如:

于以采蘋?南涧之宾。于以采藻?于彼行潦。(《诗经·召南·采蘋》)("以"在这里作疑问代词,表示"哪里"。)

2.5.4　在介词"於"后的疑问代词一般不前置。如:

(1)盗贼之门,於谁责而可乎?(《庄子·则阳》)

(2)礼起於何也?(《荀子·礼论》)

2.5.5　在部分固定格式中,"何"位于动词之后,形成[谓·宾·何]格式。如:

(1)今以君命奔齐之急,而受室以归,是以师昏也。民其谓我何?(《左传·桓公六年》)

(2)以师伐人,遇其师而还,将谓君何?(《左传·成公二年》)

2.5.6　在动词"如"、"若"、"奈"与"何"组成的部分固定格式中,如[如(之)何]、[若(之)何]、[奈(之)何]、[如(若、奈)……何]等,"何"位于动词之后。如:

(1)与不谷同好,如何?(《左传·僖公四年》)

(2)使归就戮於秦,以逞寡君之志,若何?(《左传·僖公三十三年》)

(3)取吾璧,不予我城,奈何?(《史记·廉颇蔺相如列传》)

(4)居肓之上,膏之下,若我何?(《左传·成公十年》)

（"若我何"谓"能把我怎么样?"）

（5）吾子欲复文、武之略，而不正其德，将如之何？（《左传·定公四年》）

（6）巫妪、三老不来还，奈之何？（《史记·滑稽列传补》）

3. 代词"是"作宾语在肯定句中的前置

首先要说明的是，除了"是"以外，其他代词在肯定句中一般都不前置。代词"是"在肯定句中有时为了表示强调而前置。"是"的前置，常形成[主语·宾（"是"）·动]句式。如：

（1）尔贡包茅不入，王祭不共，无以缩酒，寡人是征；昭王南征而不复，寡人是问。（《左传·僖公四年》）（寡人是征，即寡人征是。征，问罪。寡人是问，即寡人问是。）

（2）若不恤其患，而以为口实，其无乃不堪任命，而翦为仇雠，敝邑是惧。（《左传·襄公二十二年》）

（3）迁实沈于大夏，主参，唐人是因，以服事夏、商。（《左传·昭公元年》）

4. 数量词的位置

数量词的位置，古今汉语比较有以下不同。

4.1　表示行为数量的语序问题

表示动作行为的数量，古今汉语对比，主要有两点值得注意。

4.1.1　现代汉语表示动作行为的数量，一般都要在动词和数词之后用动量词，如"跳三下"，"去了五回"，"说过几次"等。先秦汉语一般不用动量词，却是用数量词在动词之前来表示。如：

（1）三折肱知为良医。（《左传·定公十三年》）

（2）公输盘九设攻城之机变，子墨子九距之。（《墨子·

公输》)(距,通"拒",抗拒。)

(3)於是秦王不怿,为一击缶。(《史记·廉颇蔺相如列传》)

这种用法在现代汉语成语中还保存下来,如"一劳永逸"、"千变万化"、"智者千虑必有一失"等。

4.1.2 古代汉语也有少数数词用在动词之后。如:

(1)距跃三百,曲踊三百。(《左传·僖公二十八年》)

(2)鞭师曹三百。(《左传·襄公十四年》)

(3)亲推之三。(《左传·定公九年》)

值得注意的是,这些例句后的数词都有表示"众多"之义,如上面三例的数词不是"三"就是"三百"。看得出来,语序的这种变换往往有强调数量多的用意。

4.1.3 还有一种强调动作行为数量的方法,除了把数词放在后面外,还把前面的动词结构加"者",使它变成名词性的"者"字结构,作全句的主语,这样数词就变成了全句的谓语,成了句义的中心。如:

(1)於是平原君欲封鲁仲连,鲁仲连辞让者三,终不肯受。(《战国策·赵策三》)

"鲁仲连辞让者",主语;"三",谓语。

(2)范增数目项王,举所佩玉玦以示之者三。(《史记·项羽本纪》)

"举所佩玉玦以示之者",主语;"三",谓语。

4.2 数量词和名词结合的顺序

在现代汉语里,数量词常在名词前边,如"一件上衣"、"五斤苹果"等。而古代汉语常常只用数词表示,数词大多在前,少数在

后,若用数量词,则多在名词后边。如:

4.2.1　数词在名词前。如:

(1)楚一言而定三国,我一言而亡之。(《左传·僖公二十八年》)

(2)为六畜、五牲,以奉五味。(《左传·昭公二十五年》)

(3)舜有大功二十而为天子。(《左传·文公十八年》)

4.2.2　若用数量词,大多在名词之后,与现代汉语的顺序相反。如:

(1)宋人以兵车百乘、文马百驷赎华元于郑。(《左传·宣公二年》)

(2)我持白璧一双,欲献项羽;玉斗一双,欲与亚父。(《史记·项羽本纪》)

这种用法还常出现在对事物表示列举的叙述句里。如:

(3)赏赐前后黄金七千斤,钱六千万,杂缯三万匹,奴婢百七十人,马二千匹,甲第一区。(《汉书·霍光传》)

至今在带修辞性的列举或记账式的叙述中还保留这种用法。

4.2.3　值得注意的是,数量词用在名词之前,先秦虽不多见,但已有少数用例出现在《左传》、《论语》等古籍中。如:

(1)卫人使屠伯馈叔向羹与一箧锦。(《左传·昭公十三年》)("箧(qiè)",藏物之器,狭长,方形。)

(2)遂赋晋国一鼓铁以铸刑鼎。(《左传·昭公二十九年》)

(3)与之一箪珠。(《左传·哀公二十年》)

(4)一箪食,一瓢饮。(《论语·雍也》)

这说明数量词用在名词之前,这种与现代汉语相同的语序,早在先秦汉语里就已经萌生了。

5. 主谓顺序

古汉语的主谓顺序基本上与现代汉语一致,也是"主语·谓语"。只是在感叹句和疑问句中,有时为了强调,把谓语提到主语之前。

5.1 感叹句

为了表示强烈的感情色彩而变换主语与谓语的语序。如:

(1)美哉,禹功!(《左传·昭公元年》)

(2)贤哉,回也!(《论语·雍也》)

(3)君子哉,若人!(《论语·宪问》)

(4)美哉乎,山河之固!(《史记·孙武吴起列传》)

(5)甚矣,女之不惠!(《列子·汤问》)

(6)仁夫,公子重耳!(《礼记·檀弓下》)

5.2 疑问句

为了突出所问的人或事,把谓语放在前边。如:

(1)子张问:"士何如斯可谓之达矣?"子曰:"何哉,尔所谓达者?"(《论语·颜渊》)

(2)伯鱼之母死,期而犹哭,夫子闻之,曰:"谁欤,哭者?"(《礼记·檀弓下》)

(3)子邪,言伐莒者?(《吕氏春秋·重言》)

(二)借助"之"、"是"、"实"、"焉"、"于"、"於"、"来"等虚词来变化动宾词序

这一类句式都是动词和宾语的词序变换,其特点是需要在前置宾语和动词之间加助词,形成[宾语·助词(是、之……)·动词]句式。

1. 在前置宾语与动词之间加助词"之"

（1）寡君其罪之恐,敢与知鲁国之难?（《左传·昭公三十一年》）

其罪之恐——恐其罪。以下分析仿此。

（2）吾以子为异之问,曾由与求之问。（《论语·先进》）

异之问——问异。由与求之问——问由与求。

有时介词的宾语也可借助"之"而前置。如:

（3）我,一人之为,非为楚也。（《左传·襄公二十八年》）

一人之为——为一人。它与下文的"非为楚",一倒装,一顺装,可互相对照理解。

（4）至於庄、宣,皆我之自立。（《左传·襄公二十五年》）

我之自立——自我立。

［何·名词·之·动词］是借助助词"之"组成的一种固定格式,"何·名词"是动词的宾语。这是一种反问句,常用以表示强调、加重语气。如:

（1）敌利则进,何盟之有?（《左传·成公十五年》）

（2）我诸戎饮食衣服不与华同,贽币不通,言语不达,何恶之能为?（《左传·襄公十四年》）

（3）夫子焉不学,而亦何常师之有!（《论语·子张》）

［唯·宾·之·动］是助词"之"组成的又一固定格式。这种格式的特点是在宾语前置的基础上,又加上了一个表强调的语气副词"唯",突出表现了动作对象的单一性和排他性。如:

（1）人有言曰:"唯乱门之无过。"（《左传·昭公二十二

年》)

(2)父母唯其疾之忧。(《论语·为政》)

唯其疾之忧——唯忧其疾。

这种句式常紧跟在引语和叙事之后,借助于引经据典表示对前面所说事实的评论,大意是:说的就是这个吧。如:

(1)三月,献狄俘。晋侯请于王,戊申,以黻冕命士会将中军,且为大傅。於是晋国之盗逃奔于秦。羊舌职曰:"吾闻之,'禹称善人,不善人远',此之谓也夫。"(《左传·宣公十六年》)

此,指上文所说的事实:士会将中军、为大傅,而晋国之盗逃奔于秦。

有时此式前有表语气的副词"其",增添一种感叹、判断的语气。如:

(2)大史书曰:"赵盾弑其君",以示於朝。宣子曰:"不然。"对曰:"子为正卿,亡不越竟,反不讨贼,非子而谁?"宣子曰:"呜呼!《诗》曰:'我之怀矣,自诒伊慼。'其我之谓矣。"(《左传·宣公二年》)

2. 在宾语和动词之间加助词"是"或"实"

2.1 在宾语和动词之间加助词"是"。如:

(1)君人者将祸是务去,而速之,无乃不可乎?(《左传·隐公三年》)

将祸是务去——将务去祸。

(2)君亡之不恤,而群臣是忧。(《左传·僖公十五年》)

亡之不恤——不恤亡。群臣是忧——忧群臣。

(3)今吴是惧而城於郢。(《左传·昭公二十三年》)

吴是惧——惧吴。

在这里,我们要注意比较以下两种句式:

群臣是忧。(a)(《左传·僖公十五年》)

寡人是问。(b)(《左传·僖公四年》)

从形式上看,完全一样;而从语法结构上分析,上例"是"是助词,"群臣"是"忧"的宾语,还原回去应变为"忧群臣",下例"是"是宾语,还原回去应为"寡人问是"。上例是借助于助词"是"而宾语前置,下例是不借助于助词而宾语"是"前置。如何去区别它们呢?第一,要仔细阅读上下文,从意义和形式相结合的角度,看哪种理解符合上下文义;第二,从句式上看,也能找出差别,"群臣是忧"与上句的"亡之不恤"并列,两句共同的主语是上文的"君";也就是说,"群臣是忧"意思是"君忧群臣",它承上省略了主语"君",全句完整的意思是"君忧群臣而不恤亡"。而"寡人是问"的上句是"昭王南征而不复",寡人要追问的,正是上面这件事情,这件事情就用代词"是"指代了。由此可见,a式可以补出施事主语,b式已有施事主语。如果把两式混淆,把a式的前置宾语当作施事主语,如把"群臣是忧"误解为"群臣忧虑这个";或把b式的施事主语误认为前置宾语,如把"寡人是问"当作"问寡人",就会与上下文义完全向背。

[唯·宾·是·动]是宾语倒装的一种固定格式,在古汉语中较为常见。如:

(1)今商王受,惟妇言是用。(《尚书·牧誓》)

(2)无非无仪,唯酒食是议。(《诗经·小雅·斯干》)

(3)余虽与晋出入,余唯利是视。(《左传·成公十三年》)

2.2 在宾语和动词之间加助词"实"。如：

(1)臣闻之,鬼神非人实亲,惟德是依。(《左传·僖公十三年》)(非人实亲:非亲人。)

(2)宋卫实难,郑何能为?(《左传·隐公六年》)

3. 在宾语和动词之间加助词"于"、"於"、"焉"

3.1 在前置宾语和动词之间加助词"于"。如：

(1)赫赫南仲,猃狁于襄。(《诗经·小雅·出车》)(襄:除。扫除猃狁。)

(2)赫赫南仲,猃狁于夷。(《诗经·小雅·出车》)(夷:平定。平定猃狁。)

(3)四国于蕃,四方于宣。(《诗经·大雅·崧高》)(蕃:通"藩",屏障之义。宣:通"垣",垣墙之义。即"蕃四国,宣四国",谓使四方作为周王朝的藩篱,使四方作为周王朝的垣墙。)

3.2 在前置宾语和动词之间加助词"於"。如：

(1)王贪而无信,唯蔡於感。(《左传·昭公十一年》)(感:通"憾"。"唯恨蔡"之义。)

(2)亡於不暇,又何能济?(《左传·昭公四年》)(亡於不暇:不暇亡。)

3.3 在前置宾语和动词之间加助词"焉"。如：

我周之东迁,晋郑焉依。(《左传·隐公六年》)

《国语·周语》作"晋郑是依",可参照理解。

4. 在宾语和动词之间加助词"来"、"斯"、"之为"等

4.1 在宾语和动词之间加助词"来"。如：

(1)不念昔者,伊余来塈。(《诗经·邶风·谷风》)(伊:

惟。墍：息。伊予来墍：惟我是息。）

（2）匪安匪游，淮夷来求。（《诗经·大雅·江汉》）

4.2　在前置宾语和动词之间加助词"斯"。如：

（1）朋酒斯飨，曰杀羔羊。（《诗经·豳风·七月》）
朋酒，两壶酒。"朋酒"是动词"飨"的宾语。

（2）笃公刘，于京斯依。（《诗经·大雅·公刘》）

（3）笃公刘，于豳斯馆。（《诗经·大雅·公刘》）

注意这两例是将介宾结构"于京"、"于豳"前移，理解时可还原为
依于京，馆于豳。

4.3　在前置宾语和助词之间加词组"之为"。如：

使弈秋诲二人弈，其一人专心致志，惟弈秋之为听。
（《孟子·告子上》）

"之为"是一个助词词组，它的作用相当于"是"，这句话等于说"惟
弈秋是听"，即"只听弈秋的"。

四　复句

通过前面的介绍可以看到，古汉语的单句已相当完备，在此基
础上，它的复句也得到比较丰富的发展。下面就对复名作扼要
介绍。

什么是复句？复句是指由两个（或两个以上）的分句构成的
意义相对完整的，结构比较复杂的句子。分句与分句之间不是互
为句子成分，而是有着语义上的逻辑关系。

复句既是由分句构成，分句是由什么构成？分句也是由前面
介绍的几种谓语构成，即动词谓语、形容词谓语和名词谓语等。这

些谓语是单句和分句共同的基础,我们已在前面对这些谓语作了比较详细的介绍。现在关键是要说明分句与分句之间是如何组合成各种复句的。

按照分句之间不同的组合关系,我们将复句分为三大类:并列复句、连贯复句、偏正复句。

1. 并列复句

并列复句指复句的两个(或几个)分句并列组合,平等地从几个方面去表达一个比较完整的意思。在这个总前提下,为便于理解和掌握,又可按分句之间的语义关系分为等立、对比、选择三项。

1.1　等立式并列复句

分句之间为平行、对等关系,在意义上或者是相互配合,或者是相互转折。前后分句之间大多不用关联词(如连词等)连接;但有一部分用关联词或语气词作为标志。

1.1.1　分句之间无关联词连接。其特点是分句的结构相同或相似,以此组成一个整体。分句结构上的这种一致性,实际上就形成了复句的一个明显标志。如:

(1)往者不可谏,来者犹可追。(《论语·微子》)——过去的不能再挽回,未来的还来得及追上。

(2)庖有肥肉,厩有肥马,民有饥色,野有饿莩。(《孟子·梁惠王上》)——厨房里有膘肥的肉,马棚里有健壮的马,(可是)百姓面带饥色,荒野躺着饿死的尸体。

(3)父慈而教,子孝而箴,兄爱而友,弟敬而顺,夫和而义,妻柔而正,姑慈而从,妇听而婉。(《左传·昭公二十六年》)——父亲慈祥而善教,儿子孝顺而能劝,兄长亲爱而友好,弟弟恭敬而顺从,丈夫平和而正义,妻子温柔而端庄,姑婆慈爱而宽容,媳妇听从而委婉。

1.1.2　前后分句之间有关联词连接

1.1.2.1　前后分句的意义同向并列时,常用连词"又"、"而"、"亦"等连接。如:

(1)昔者吾舅死于虎,吾夫又死焉,今吾子又死焉。(《礼记·檀弓下》)——以前我的公公被老虎吃掉,我的丈夫也被老虎吃了,如今我的儿子又被老虎吃了。

(2)明者远见于未萌,而智者避危于无形。(《史记·司马相如列传》)——聪明人在事情尚未萌芽时就能预见,而智慧人在危险还没有形成时就能避免。

(3)秦亦不以城予赵,赵亦终不予秦璧。(《史记·廉颇蔺相如列传》)——秦国终也不给赵国城池,赵国终也不给秦国璧玉。

有时并列的分句后有语气词,使并列的色彩更浓。如:

(4)鱼,我所欲也;义,亦我所欲也。(《孟子·告子上》)——鱼,是我所想得到的;仁义,也是我想要得到的。

(5)不背本,仁也;不忘旧,信也;无私,忠也;尊君,敏也。(《左传·成公九年》)——不背弃根本,是仁啊;不忘记故旧,是信啊;没有私心,是忠啊;尊崇君王,是敏啊!

1.1.2.2　前后分句在意义上互相转折时,多用连词"而"、"顾"、"但"、"抑"等。如:

(1)公聚朽蠹,而三老冻馁。(《左传·昭公三年》)——公室聚敛来的财物都腐烂损坏,然而老人们都在受冻挨饿。

(2)吾每念,常痛于骨髓,顾计不知所出耳。(《战国策·燕策三》)——我每每想到这里,常痛入骨髓,但(只)是不知道有什么办法啊!

(3) 女自房观之,曰:"子晳信美矣! 抑子男,夫也!"(《左传·昭公元年》)——女子在房间里观看了他们两人,说道:"子晳确实够漂亮的了! 可是子男,却是个真正的男子汉啊!"

1.2　对比式并列复句

指两个内容互相对比的分句相互并列。大致分为以下两类。

1.2.1　前后分句以肯定式和否定式相对比。如:

(1)我非生而知之者,好古,敏以求之者也。(《论语·述而》)——我不是生来就有知识的人,而是爱好古代文化,勤奋敏捷去求得知识的人。

(2)我闻忠善以损怨,不闻作威以防怨。(《左传·襄公三十一年》)——我听说过尽心竭力做好事以减少怨恨,没听说过滥施淫威来防止怨恨。

(3)思则得之,不思则不得也。(《孟子·告子上》)——认真思考就能得到,不认真思考就不能得到。

1.2.2　前后分句中有相关的词语形成对照。如:

(1)他日吾见蔑之面而已,今吾见其心矣。(《左传·襄公二十五年》)——过去我只看见蔑的脸孔罢了,现在我了解他的内心了。

此例两个分句中的"他日"与"今"对照,"面"与"心"对照。

(2)伯牙善鼓琴,钟子期善听。(《列子·汤问》)——伯牙擅长弹琴,钟子期善于欣赏。

此例两个分句的主语"伯牙"与"钟子期"对照,"鼓琴"与"听"相对照。

1.3　选择式并列复句

选择式并列复句指在两个(或两个以上)并列分句中选择一个。这类复句又可分为以下四种句式。

1.3.1　疑问式选择复句

1.3.1.1　疑问式选择复句的特点是,常以两个疑问分句并列出现,表示从中选择一个。这类复句在形式上大都有两种标志:一,两个疑问分句之间往往有表选择的连接成分,常位于后分句之首,如"抑"、"意"、"将"、"其"、"妄"、"且"、"妄其"等等。二,两个分句之末尾大都有语气词互相呼应。如:

(1)子将大灭卫乎? 抑纳君而已乎? (《左传·哀公二十六年》)——您是打算永远灭掉卫国呢? 还是送回卫君就为止了呢?

(2)女为之与? 意鲍为之与? (《墨子·明鬼下》)——是你干的呢? 还是鲍干的呢?

(3)子以秦为将救韩乎? 其不乎? (《战国策·韩策二》)——您以为秦国将会救韩国呢? 还是不呢?

(4)丞相岂少我哉? 且固我哉? (《史记·李斯列传》)——丞相您难道是轻视我吗? 或者是鄙视我呢?

1.3.1.2　若有三个以上的疑问分句,表选择的连词常位于几个分句之间。如:

(1)曰:"王之所大欲可得闻与?"王笑而不答。曰:"为肥甘不足于口与? 轻暖不足于体与? 抑为采色不足视于目与? 声音不足听于耳与? 便嬖不足使令于前与?"(《孟子·梁惠王上》)——(孟子)说:"王的最大欲望可以让我听听吗?"王笑而不答。孟子说:"是为了肥美的食物不够吃吗? 轻暖的

衣服不够穿吗？还是为了艳丽的色彩不够看吗？美妙的音乐
不够听吗？伺候的人不够使唤吗？"

此例的连词"抑"，连接前面两个疑问分句和后面三个疑问分句，
位于第三个分句之首。

有时在每一个疑问分句之首，都有关联词表示连接。如：

(2)屈原曰："吾宁悃悃款款以忠乎？将送往劳来斯无
穷乎？宁诛锄草茅以力耕乎？将游大人以成名乎？宁正言不
讳以危身乎？将从俗富贵以偷生乎？……宁与黄鹄比翼乎？
将与鸡鹜争食乎？"(《楚辞·卜居》)——屈原说："我是宁愿
诚实勤劳质朴忠厚呢？还是去周旋应酬媚世取巧呢？是宁愿
努力耕作除草助苗呢？还是去游说诸侯求取名位呢？是宁愿
直言不讳而危害自身呢？还是去贪图富贵苟且偷生呢？……
是宁愿与天鹅比翼齐飞呢？还是去与鸡鸭争食斗气呢？"

此例上下文共连用八对十六个分句，主语都是第一句的"吾"，承
上而省略。每对选择问句都以关联成分"宁……，将……"相互呼
应配合，其中的"宁"是副词，"将"是选择连词。各分句句末的语
气词都是"乎"。

1.3.2 比较式选择问句

这类选择复句在内容上的特点是，在前后分句之间进行比较，
而从意思上已倾向于后者。从句式上看，前面分句常以叙述句的
形式出现。后面的分句带有倾向性，常以反问句形式出现，从整个
复句的结构来看还是并列等立的，因此仍归入并列复句。有时在
后面分句之首有表示选择的虚词词组"孰与"、"孰若"等作为标
志。如：

(1)大天而思之，孰与物畜而制之？从天而颂之，孰与制

天命而用之？(《荀子·天论》)——崇拜上天而思慕它，哪里比得上把它当作物一样蓄养并控制它？顺从上天而赞美它，哪里比得上掌握它的规律而利用它？

有时前后分句之首都有表示连接与选择的虚词，如"与其……孰若……"、"与(其)……岂若"等。如：

(2)与其从辟人之士也，岂若从辟世之士哉？(《论语·微子》)——与其跟着(那些)逃避坏人的人，哪如跟着(我们这些)逃避整个社会的人呢？

(3)与其杀是僮，孰若卖之？与其卖而分，孰若吾得专焉？(柳宗元《童区寄传》)——与其杀了这个小奴，哪如把他卖掉？与其卖了他而两人分钱，哪如我一人独有呢？

1.3.3 取舍式选择复句

这类选择复句的特点是，在前后分句之间表示舍前取后或舍后取前。它大多不是以问句而是以肯定句式出现。

1.3.3.1 常用[与其(与)……宁(无宁，毋宁，不如……)]句式表示舍前取后的选择。如：

(1)与其害于民，宁我独死。(《左传·定公十三年》)——与其危害百姓，宁可我一人去死。

(2)与其饥死道路，为群兽食，毋宁毙于虞人，以俎豆于贵家。(马中锡《中山狼传》)——与其饿死在道路上，被群兽吃掉，宁肯死在猎人手里，作为富贵家的盘中菜肴。

(3)与吾得革车千乘也，不如闻行人烛过之一言。(《吕氏春秋·贵直》)——与其让我得到兵车千辆，不如听到行人烛过的一句直言。

1.3.3.2 常用[宁(宁可，与……)……无(毋，不蔑……)]句

式表示舍后取前的选择。如：

(1)宁为鸡口，无为牛后。(《战国策·韩策一》)——宁肯作鸡的嘴巴，也不作牛的屁股。

(2)朕宁作高贵乡公死，不作汉献帝生。(《洛阳伽蓝记·永宁寺》)——我宁可作高贵乡公那样的人而死去，不愿作汉献帝那样的人而活着。

(3)大丈夫宁可玉碎，不能瓦全。(《北齐书·元景安传》)

1.3.4 [非A即B]式选择复句

这类选择复句的特点是，其中的两个分句不是取此舍彼的关系，而是非此即彼、非彼即此，两者必居其一。常以[非……则(即，必……)]句式出现。如：

(1)凡人之攻伐也，非为利，则固为名也。(《吕氏春秋·召类》)——凡是人们发动攻战的，不是为利，就一定是为名。

(2)秦之与魏，譬若人之有腹心疾，非魏并秦，秦即并魏。(《史记·商君列传》)——秦对于魏，就像人有心腹之疾，不是魏吞并秦，就是秦吞并魏。

(3)非未尝见狐者，必未尝见狸也。(《淮南子·缪称》)——(他们)不是从没见过狐，就一定是压根儿没有见过狸。

2. 连贯复句

连贯复句的特点是，它的前后分句之间不是偏正关系，也不是并列关系，而是先后的连贯顺承关系。这种连贯顺承关系有时间上的，也有事理上的。前后分句的顺序一般不能颠倒，如果任意颠倒，就会造成逻辑混乱、文意不通或结构不当。

2.1　先后式连贯复句

这类复句的特点是,分句之间大都按时间顺序排列,自先至后,由经过而结果。分句之间不用连词连接的较多。如:

(1)壬寅,公子入于晋师;丙午,入于曲沃;丁未,朝于武宫。(《左传·僖公二十四年》)——(二月)十二日,公子被迎入晋军;十六日,被迎入曲沃;十七日,到晋武宫神宙朝拜。

(2)楚子闻之,投袂而起,屦及于窒皇,剑及于寝门之外,车及于蒲胥之市。(《左传·宣公十四年》)——楚王听到(申舟被杀)这件事,一甩袖子就站起来往外冲,侍从们赶到寝宫门口才送上鞋子;赶到寝宫门外才送上佩剑;赶到蒲胥街市,才送上马车。

有时分句之间有副词(遂、乃、既等)或连词(而、而后、然后等)作为标志。如:

(3)管仲曰:"老马之智可用也。"乃放老马而随之,遂得道。(《韩非子·说林上》)——管仲说:"老马识途的智力可以利用。"就放出老马而跟随它前进,终于找到了路。

(4)许便回入内,既见妇,即欲出。(《世说新语·贤媛》)——许允便回身进入房内,一见到妻子(很丑),立即就想出去。

(5)岁寒,然后知松柏之后凋也。(《论语·子罕》)——天气寒冷了,然后才知道松柏是最后凋零的。

2.2　承接式连贯复句

这类复句的特点是,分句之间在意义上前后承接,内部联系紧密,不用或少用连词。后面的分句大多是对前面分句的内容作解释、说明或补充。如:

　　(1)齐命使,各有所主:其贤者使使贤王,不肖者使使不肖王。(《晏子春秋·内篇杂下》)——齐王任命使臣出使国外,各有其主:那贤能的使臣,就派到贤明君主的国家去;那没能耐的,就派到没能耐的君主那里去。

在这个复句里,后面的两个分句"其贤者……"和"不肖者"并列。解释前面的第一个分句"齐命使……"。

　　(2)陛下用群臣如积薪耳:后来者居上。(《史记·汲黯列传》)——陛下您任用群臣,如同堆积柴薪一样:后来的反倒居于上位。

此例中,"后来者居上"说明前面分句的"如积薪"。

　　(3)乃济汉而阵,自小别至于大别。三战。(《左传·定公四年》)——于是就渡过汉水摆开阵势,从小别山直到大别山,打了三仗。

此例中的"自小别至于大别"补充说明前面分句中"阵"所表示的摆开阵势的范围。

　　2.3　总分式连贯复句

　　这类复句的特点是,有纲有目,使人一目了然。"纲"就是复句里的代表"总"分句,这分句位于复句的最前(或最后),表示总起(或总结);"目"就是复句里的"分",这类分句往往不止一个,表示对"总"的分别述说。

　　2.3.1　先总后分。先总起,后分述。如:

　　(1)取国有五难:有宠而无人,一也;有人而无主,二也;有主而无谋,三也;有谋而无民,四也;有民而无德,五也。(《左传·昭公十三年》)——得到国家有五大难处:有了宠爱的人,而没有贤人,这是一;有了贤人而没有内应,这是二;有了内应而没有谋略,这是三;有了谋略而没有百姓,这是四;有了百姓而没有德行,这是五。

此例的"总"分句为"取国有五难",后面五个分句为"分"。

(2)《诗》有六义焉:一曰风,二曰赋,三曰比,四曰兴,五曰雅,六曰颂。(萧统《文选·序》)——《诗经》有六义在其中:一是风,二是赋,三是比,四是兴,五是雅,六是颂。

2.3.2　先分后总。先分述,最后总述。如:

(1)老而无妻曰鳏,老而无夫曰寡,老而无子曰独,幼而无父曰孤:此四者,天下之穷民而无告者。(《孟子·梁惠王下》)——年老而没有妻子叫做"鳏",年老而没有丈夫叫做"寡",年老而没有儿子叫做"独",年幼而没有父亲叫做"孤":这四种人,是天下的贫穷而无告的人。

(2)天子一位,公一位,侯一位,伯一位,子、男同一位:凡五等也。(《孟子·万章下》)——天子为一级,公为一级,侯为一级,伯为一级,子和男共一级:一共五级。

2.4　按断式连贯复句

按断式是指前面的分句叙述情况,叫做"按";后面的分句对前面的叙述作出评断,叫做"断"。这类复句的特点是,前面"按"的部分有时作为一个分句,但经常不止一句,可以有并列句、连贯句或转折句;这一部分是被评断的对象。后面"断"的部分常常比较简短,比较容易辨别。划出了"断"语,前面的部分就是"按"。下面就介绍"断"语的几种主要类别。

2.4.1　"断"语是表示判断的名词谓语分句。如:

(1)民得夫妇相守,父子相保,陛下之德也。(《汉书·严助传》)——人民能够夫妇相守,父子相保,这都是陛下您的恩德。

(2) 叔孙绞而婉,宋左师简而礼,乐王鲋字而敬,子与子家持之,皆保世之主也。(《左传·昭公元年》)——叔孙急切而委婉;宋国的左师简略而合乎礼;晋国的乐王鲋自爱而恭敬;您和蔡国的子家很有分寸。都是保有几世的大夫。

2.4.2 "断"语本身为一个完整的判断句,其主语为代词"是"、"此"等。复指前面"按"语所叙述的内容。如:

(1) 及楚杀子玉,公喜而后可知也。曰:"莫余毒也已。"是晋再克而楚再败也。(《左传·宣公十二年》)——等到楚国杀了子玉,晋公高兴可想而知,他说:"没有什么人能加害于我了。"这等于是晋国再次获胜而楚国再次战败。

"是"复指前面"按"语所叙述的事实,作"断"语中的主语,"晋再克而楚再败"是"断"语中的谓语。

(2) 沛公居山东时,贪于财货,好美姬;今入关,财物无所取,妇女无所幸:此其志不在小。(《史记·项羽本纪》)——沛公在山东时,贪图财货,喜好美女;现在入关之后,对财物不贪取,对妇女不宠爱:这说明他的志向不小。

"此"复指前面"按"语中所叙述的事实,作"断"语中的主语,"其志不在小"作"断"语中的谓语。

2.4.3 用动词谓语句作"断"语,表示肯定或否定的判断。如:

(1) 孙讨虏聪明仁惠,敬礼贤士;江表英豪咸归附之;已据有六郡,兵精粮多;足以立事。(《资治通鉴·汉纪·献帝建安十三年》)——孙权聪明仁惠,礼待贤能之士,江表英豪都归附他;他已占据六郡,兵强粮多;看来足以成大事。

（2）我诸戎饮食衣服不与华同,赘币不通,言语不达,何恶之能为?(《左传·襄公十四年》)——我们各部戎人饮食衣服与华夏不同,财礼不相往来,言语不通,能够做什么坏事呢?

此例的"断"语使用反问句表示否定。

2.4.4　用形容词谓语句作"断"语。如:

（1）日出沧沧凉凉,及其日中如探汤,此不为近者热而远者凉乎?(《列子·汤问》)——太阳刚出时天气清清凉凉,到了中午就热如沸水,这不是因为中午离太阳近所以就热,早晨离得远所以就凉吗?

常用"甚"、"久"等形容词作谓语。如:

（2）天下之无道也,久矣!(《论语·八佾》)——天下没有道义,已经很久了!

这类评论常以感叹句的形式出现。为了表示强调,评断语可以前置。如:

（3）甚矣哉,子之为此来也!(《左传·昭公三年》)——太过分了呀!您竟是因为这事来晋国。

（4）甚矣,吾衰也!久矣,吾不复梦见周公!(《论述·述而》)——很严重了,我的衰老!很长久了,我没有再次梦见周公!

3. 偏正复句

偏正复句指的是前后分句之间有意义上的主从关系。往往是偏句在前,正句在后。按主从关系的不同,可分以下几类。

3.1　假设偏正复句

这类复句的特点是:上句表假设或条件,是偏分句;下句表结果,是正分句。

3.1.1　这类复句中有一部分不用假设连词作为标志。比如,前句常用"不"否定句表示假设,后句表示结果。如:

(1)不杀二子,忧必及君。(《左传·成公十七年》)——(若)不杀掉这两人,忧患一定降在您身上。

(2)城不入,臣请完璧归赵。(《史记·廉颇蔺相如列传》)——城池(如果)不能得到,我保证把璧玉完整地归回赵国。

(3)不违农时,谷不可胜食也。(《孟子·梁惠王上》)——(如果)不违背农时,粮食谷物就吃不尽了。

3.1.2　这类复句的大多数都是在偏分句中用假设连词作为标志。假设连词很多,如:若、如、苟、设、倘、傥、所、微、其、若是、如是、如若、假使、假设、设若、傥或、倘或、自非,等等。下面举几例就可了解它们的共同特点。

(1)王若欲霸,必亲中国。(《战国策·秦策三》)——君王如果想称霸,一定要亲近中国。

(2)假令非不死,秦未可知。(《论衡·书解》)——如果韩非不死,秦国的未来就难以预知。

(3)重岩叠嶂,隐天蔽日,自非亭午夜分,不见曦月。(《水经注·江水二》)——山岩重叠,遮天蔽日,如果不是中午半夜时分,就看不见太阳和月亮。

(4)所不此报,无能涉河!(《左传·宣公十七年》)——如果不报复这个耻辱,就誓不渡过黄河!

此例"所"是假设连词,表示"如果"之意。"所"作假设连词大都用于誓词中,且只见于《论语》、《左传》等少数先秦古籍。

注意"微"作假设连词表示"如果没有"、"假使不是"之义。

"微"后多为名词(或名词短语)也可为"主谓"(或"主·之·谓")结构。

(5)微禹,吾其鱼乎!(《左传·昭公元年》)——假如没有大禹(治水),我大概已经是鱼了吧!

(6)是日,微樊哙奔入营谯让项羽,沛公事几殆。(《史记·樊哙传》)——这天,如果不是樊哙跑进军营斥责项羽,刘邦的大业几乎就完了。

3.1.3 有的副词如"诚"、"信"、"必"、"令"等,有时也用于假设分句表示假设,表示一种假设的条件。如:

(1)诚如是也,民归之,由水就下,沛然谁能御之?(《孟子·梁惠王上》)——如果真能这样,百姓来归顺,就像水向下流,兴旺的势头谁能制止呢?

(2)信能行此五者,则邻国之民仰之若父母矣。(《孟子·公孙丑上》)——如果真能实行这五项,那么邻国的百姓仰望您就像对自己的父母一样了。

(3)王必无人,臣愿奉璧往使。(《史记·廉颇蔺相如列传》)——大王如果真的没有合适的人,我愿奉璧出使。

时间副词"今"在一定的语言环境中也可以起表示假设的作用,有"现在如果"之义。如:

(4)今能入关破秦,大善;即不能,诸侯虏吾属而东,秦必尽诛吾父母妻子。(《史记·项羽本纪》)——现在如果真能入关破秦,非常好;如果不能,诸侯俘虏我们而东去,秦国一定会杀尽我们的父母妻子。

"今能"与下文的"即不能"配合,都表示假设。

3.1.4 假设句也有正句在前、假设分句在后的。如:

制芰荷以为衣兮,集芙蓉以为裳。不吾知其亦已兮,苟余情其信芳。(《楚辞·离骚》)——拿芰荷(香花)来做衣啊,集芙蓉(荷花)来做裳。不了解我也就算了吧,只要我的内心确实纯洁芬芳。

表假设的偏句"苟余情其信芳"与表结果的正句"不吾知其亦已兮"因押韵的需要而倒置:裳(书母阳韵)与芳(滂母阳韵)相押。

3.2 因果偏正复句

因果复句的分句之间有原因和结果的关系。它又可分为两类:一类是先因后果,一类是先果后因。无论哪一类,重点都在下分句,因此我们把它都归入偏正复句。

3.2.1 先因后果复句

3.2.1.1 这类复句中有一部分在前后分句之间没有连词连接,主要从意义上可以辨别。如:

(1)梁婴父嬖於知文子,文子欲以为卿。(《左传·定公十三年》)——梁婴父受知文子宠爱,文子就想让他做卿。

(2)巫妪弟子是女子也,不能白事;烦三老为入白之。(《史记·滑稽列传》)——巫妪的弟子都是女子,不能说清事情;烦请三老为我入河去报告这事吧。

3.2.1.2 这类复句中有相当一部分在表结果分句中用连词作为标志的较多。如:则、以、故、是故、然故、是以、用、是用、斯是用、此以、以故、以……(之)故、由、由是、由……(之)故、因是……所以,等等。

"则"在表果分句中用得很多。如下例就连续用 19 个"则"连接 19 个表果分句。

(1)是以高下异,则名号异,则权力异,则事势异,则旗章异,则符瑞异,则礼宠异,则秩禄异,则冠履异,则衣带异,则环佩异,则车马异,则妻妾异,则泽厚异,则宫室异,则床席异,则器皿异,则饮食异,则祭祀异,则死丧异。(《新书·服疑》)——所以高下地位不同,名号就不同,权力就不同,权势就不同,旗章就不同,符号祥瑞就不同,礼宠待遇就不同,官爵俸禄就不同,鞋帽就不同,衣服带饰就不同,环佩就不同,车马就不同,妻妾就不同,利益厚薄就不同,居住宫室就不同,床席就不同,器皿就不同,饮食就不同,祭祀礼仪就不同,死丧规格就不同。

(2)彼竭我盈,故克之。(《左传·庄公十年》)——对方精疲力竭,我方士气旺盛,所以战胜了它。

(3)吾所以为此者,以先国家之急而后私仇也。(《史记·廉颇蔺相如列传》)——我之所以这样做,是因为先国家之急难而后才是私人恩怨。

(4)世皆称孟尝君能得士,士以故归之。(王安石《读孟尝君传》)——世人都称赞孟尝君能赢得士人的信任,士人因此归附他。

(5)玉不琢,不成器;人不学,不知道;是故古之王者建国君民,教学为先。(《礼记·学记》)——玉不雕琢,就不能成器;人不学习,就不明道理;所以古代君王建国治民,必是教学首任。

(6)吾观国人尚有饥色,是以不秣马。(《韩非子·外储说左下》)——我观察国人尚有饥饿之色,所以不去喂马。

(7)学者不自着实理会,只管看人口头言语,所以不能进。(《宋儒语录·象山语录》)——学习的人不自己扎实体会，只管看别人口头言语，所以不能进步。

"所以"在秦汉，主要用法如《史记·平原君列传》"王之所以叱遂者，以楚国之众也"里的"所以"，是一个助词加介词的词组，相当于口语的"……的缘故"。它用在表结果的分句，作为一个连词，则大约是汉以后的事。在近代汉语里，就用得很普遍了。

3.2.2　先果后因偏正复句

先果后因复句是以前面的分句表示结果，后面的分句对造成这种结果的原因作出解释。

3.2.2.1　这类复句有一部分没有连词作为标志，往往在结果分句之末有语气词"者"，提起下文；在表因分句之末有语气词"耳"、"而已矣"等表示结束。如：

(1)天下匈匈数岁者，徒以吾两人耳。(《史记·项羽本纪》)——天下动乱不安几年的原因，就是因为我们两人的争夺罢了。

(2)古之人所以大过人者，无他焉，善推其所为而已矣。(《孟子·梁惠王上》)——古代的圣贤之所以大大超过一般的人，没有别的诀窍，就是因为善于推广他们的好行罢了。

3.2.2.2　这类复句大多数在表因分句中有连词作为标志，如：以、由、为、因、盖，等等。如：

(1)先帝将属将军以幼孤，寄将军以天下，以将军忠贤，能安刘氏也。(《汉书·霍光传》)——先帝将把自己的幼小孤儿托付给将军，把天下国家寄托给将军，就是因为将军忠诚贤能，能够安定刘氏的家国。

(2)夫卖兔者满市，而盗不敢取，由名分已定也。(《商君书·定分》))——卖兔的人满街都是，而盗不敢任意夺取，就因为名分已定了。

对于所说明的原因如果不想用十分肯定的口吻,或者想在语气上婉转一些,便可于表因分句之首用"盖"字。如:

（3）丘也闻有国有家者,不患寡而患不均,不患贫而患不安,盖均无贫,和无寡,安无倾。（《论语·季氏》）——我听说过:无论诸侯或大夫要担心的不是财富不多而是财富不均;要着急的不是人民太少而是生活不安。因为财富均等便无所谓贫穷;和平安宁便不会招致危倾。

（4）信而见疑,忠而被谤,能无怨乎? 屈原之作《离骚》,盖自怨生也。（《史记·屈原列传》）——诚实正直却被怀疑,忠心耿耿却被诽谤,怎能没有怨尤呢? 屈原写作《离骚》,大概就是从怨愤产生的。

3.2.3　部分因果复句的表因分句和表果分句都有连接的标志,如:以……,故(是以)……、因(由、为、只为、因为),……所以……,等等。如:

（1）以不能取容当世,故终身不仕。（《史记·张释之冯唐列传》）——由于(张挚)不善于讨好当权者,所以一直到死没有再做官。

（2）高帝已定天下,为中国劳苦,故释佗弗诛。（《史记·南越尉佗列传》）——汉高帝平定天下后,因为中原连年战乱,人民劳苦,所以放过尉佗,不予讨伐。

（3）因林姑娘多病,二则都还小,所以还没办呢。（《红楼梦》六十六回）——因为林姑娘多病,二来(两人)都还小,所以还没有办喜事呢。

（4）当由圣德渊重,厚地所以不能载。（《世说新语·言语》）——这是由于圣上德行深厚，所以大地都承载不住了。

（5）因为万福万寿盛满了，所以倒凸出些来了。（《红楼梦》三十八回）

"因为……所以……"这一套表因果关系的连词大约在近代汉语后期开始使用，后来越用越广，在现代汉语里就成为因果复句中出现频率最高的一对连词。

3.3　转折偏正复句

转折式属于偏正复句的一类，因它在转折之中意义总有所侧重，且侧重之义一般都在后面分句。上分句表示一层意思，后面分句表示转折。一般上分句不用连词，下分句有连词连接。常见的连词有"而"、"顾"、"顾反"、"但"、"却"、"反"等。如：

（1）卫侯欲叛晋，而患诸大夫。（《左传·定公八年》）——卫灵公想要背叛晋国，但发愁众大夫不同意。

（2）今萧何未尝有汗马之劳，徒持文墨议论，不战，顾反居臣等上，何也？（《史记·萧相国世家》）——如今萧何没有战场攻伐之功劳，只不过是靠文章笔墨议论，没有参加实战，但却位居我等之上，为什么呢？

（3）人体欲得劳动，但不得使极尔。（《三国志·魏书·方技传》）——人的身体应该有一定劳动，但不能使它太过分了。

3.4　让步偏正复句

这类复句一般都先用偏分句表示让步，再转入后面正分句的意思。

3.4.1　偏分句大多有让步连词作为标志，如：虽、纵、虽则、虽然、虽复，等等。如：

（1）故君虽尊，以白为黑，臣不能听；父虽亲，以黑为白，子不能从。(《吕氏春秋·应同》)——所以国君虽然尊严，(但若)把白的当作黑的，臣子也不能听从；父亲虽然亲爱，(但若)把黑的当作白的，儿子也不能依顺。

(2)出其东门，有女如云。虽则如云，匪我思存。(《诗经·郑风·出其东门》)——出了城东门，有美女如云。虽然多如云，却不是我思念的人。

(3)君之宠臣虽或有过，刑戮之罪不加其身者，尊君之故也。(《汉书·贾谊传》)——君王宠幸的臣子虽然有罪过，但刑戮的罪名不加在他身上，是因为尊重国君的缘故。

"虽然"在古代，其中的"虽"相当于"纵然"、"虽然"，"然"相当于"如此"。"虽然"表示"纵然如此"、"即使如此"。"然"(如此)的"此"指上文所言，因此"虽然"可单独用作偏分句，引出下文表转折的正分句。如：

(4)微子则不及此。虽然，子杀一君与一大夫，为子君者，不亦难乎?(《左传·僖公十年》)——如果没有你，我就到不了今天。虽然如此，你杀了两个国君和一个大夫，作为你的国君，不是很为难吗?

到了近代汉语里，"然"的"如此"意逐步消失。"虽然"演变为只表"虽"义的复音连词。如：

(5)虽然富贵居楼殿，耻辱缘无倾国才。(《敦煌变文集·丑女缘起》)——虽然十分富贵居住在楼阁殿堂，然而却蒙受耻辱，是由于没有使天下震服的才貌。

3.4.2　有时偏分句有"虽"、"纵"、"即"或其复音虚词表示让步；正分句有"然"、"而"、"然而"、"犹"、"尚"、"但"、"独"等连词或副词引出正面意思。如：

（1）今父老子弟虽患苦我，然百岁后期令父老子孙思我言。（《史记·滑稽列传》）——如今父老子弟虽然埋怨我，但是百年之后要使得父老的子孙后代想起我今天的话。

（2）蓝田爱念文度，虽长大，犹抱著膝上。（《世说新语·方正》）——蓝田爱怜文度，虽然文度已经长大，还抱在膝上。

（3）纵江东父兄怜而王我，我何面目见之？纵彼不言，籍独不愧于心乎？（《史记·项羽本纪》）——即使江东父兄怜惜我而拥我为王，我有什么脸面去见他们？即使他们不说什么，我难道自己心里不惭愧吗？

（4）青青子衿，悠悠我心。纵我不往，子宁不嗣音？（《诗经·郑风·子衿》）——青青的是你那衣领，常常萦绕在我的心。纵使我没有去找你，你难道能不给我音讯？

3.5　进逼偏正复句

进逼复句的偏分句往往以一种情况为下面的正分句作衬，然后以"况"、"何况"、"况于"、"矧"等连词进逼，作一反问。这种复句的作用是"用深证浅"，表示乙事尚且如此，何况是甲事？由此进逼复句的正分句一般都是反问句。偏分句常用"犹"、"尚"、"犹尚"、"尚犹"、"尤且"、"且犹"、"犹或"、"犹若"、"犹然"等作为标志。与正分句配合，使进逼之义更加突出。正分句常有"况"、"而况"、"况于"、"况乎"、"又况乎"、"况且"、"何况"等作为标志。如：

（1）死而利国，犹或为之，况琼玉乎？是粪土也。（《左传·僖公二十八年》）——个人死了而有利于国家，自己尚且愿意，何况是一些琼玉呢？这不过是粪土罢了。

（2）节己，虽贪污之心犹若止，又况乎圣人？（《吕氏春秋·有度》）——节制自己，即使是贪婪之心尚且能克制住，又何况是圣人呢？

（3）臣以为布衣之交尚不相欺，况大国乎？（《史记·廉颇蔺相如列传》）——我以为普通百姓的交往尚且不相欺骗，何况是大国呢？

3.6　目的偏正复句

3.6.1　目的复句中，后面的正分句表示目的，常有连词"以"或"为"作为标志。如：

（1）夫立法令者，以废私也。（《韩非子·诡使》）——立出法令，就是为了废除营私舞弊。

（2）君子创业垂统，为可继也。（《孟子·梁惠王下》）——君子创立功业，传之子孙，为的就是一代一代地能够继承下去。

3.6.2　目的复句与因果复句的区别

前后分句主语相同，从正分句的动词（或助动词、副词、介词）加以区别：正分句的谓语动词若是表感情好恶的动词或是形容词的意动用法，则往往是因果复句。如：

（1）十二年春，诸侯城卫楚丘之郭，惧狄难也。（《左传·僖公十二年》）——十二年春，诸侯修筑卫国（国都）楚丘外城的城墙，这是因为惧怕狄人的作乱。

（2）娶妻避其同姓，畏乱灾也。（《国语·晋语四》）——娶妻避开自己的同姓，是因为害怕有灾乱。

3.6.3　正分句的谓语动词若是表欲求或致使的动词（或助动词、副词、介词），则往往是目的复句。如：

（1）孺子长矣，而相吾室，欲兼我也。（《左传·昭公八年》)——孩子(子良)已经长大成人了,(子旗)却还要派人来辅佐我们这个家,是想要兼并我们啊!

(2)豹也受命于君以从诸侯之盟,为社稷也。(《国语·晋语八》)——我受命于君王来参加诸侯的盟会,是为了社稷的利益。

(3)夫先王之禁,刺杀,断人之足,鲸人之面,非求伤民也,以禁奸止过也。(《商君书·赏刑》)——古代帝王的刑法,如刺死、杀头、锯断犯人的脚,或是在犯人脸上刺字涂墨,这并不是要求伤害百姓,而是用来禁止奸邪杜绝罪过。

3.7 时间偏正复句

两个或两个以上的动作行为连在一起,其中多半有先后关系。连贯复句就是叙述连续发生的事情的。这是广义的时间关系。我们这里要说的是狭义的时间关系,就是吕叔湘先生在《中国文法要略》中所说的"以一事为另一事的时间背景。就是说拿甲事来指乙事发生的时间"。连贯复句的分句往往是以顺序排列的,不分主次偏正,而时间复句的分句则有偏正之分。

时间复句的偏句一般都表示过去的时间,意味着正分句所代表的动作行为已发生过。大致有以下特点。

3.7.1 偏句常为[主语·之·谓语(也)]句式。如:

(1)孔文子之将攻大叔也,访於仲尼。(《左传·哀公十一年》)——孔文子将要攻打大叔时,去向孔子征询意见。

有时"主语·之·谓语"前还有表时间的副词,如"初"、"日"、"昔"等。如:

(2)初,平王之东迁也,辛有适伊川。(《左传·僖公二十二年》)——起初,周平王向东迁都时,辛有到伊川去。

（3）日臣之使於楚也，子重问晋国之勇。（《左传·成公十六年》）——过去臣下出使到楚国，子重问起晋国的勇武如何。

（4）昔周辛甲之为大史也，命百官，官箴王阙。（《左传·襄公四年》）——以前周朝的辛甲做太史的时候，命令百官，每个官员都要劝诚天子的过失。

3.7.2　表时分句为动词谓语，常带有表时间的修饰语。如：

（1）令初下，群臣进谏。（《战国策·齐策一》）——命令刚下达时，群臣都来进谏。

（2）沛公居山东时，贪於财货，好美姬；今入关，财物无所取，妇女无所幸。（《史记·项羽本纪》）——沛公（刘邦）在山东时，贪图财货，喜好美色；现今进了关，对财物没有贪取，对妇女没有宠幸。

3.7.3　"於是"、"於是乎"词组出现在复句前面的偏句中，意为"在这时"，表示后面分句的动作时间与前面一致。"於是"是介词"於"加介词"是"构成的介宾词组。"於是乎"中的"乎"是介宾词组"於是"后的后缀助词。如：

（1）於是陈蔡方睦於卫，故宋公、陈侯、蔡人、卫人伐郑，围其东门，五日而还。（《左传·隐公四年》）——这时陈国、蔡国正和卫国友好，所以宋公、陈侯、蔡人、卫人联合攻打郑国，包围了它国都在东门，五天以后才回去。

（2）於是乎畏晋而窃与楚盟，故曰匮盟。（《左传·成公二年》）——这时（宋、陈、卫、郑）由于惧怕晋国而偷偷地和楚国结盟，所以叫作"匮盟"。

3.7.4　当"於是"、"於是乎"出现在后面的正分句中时，一般都在表示时间的同时还有承接上文之意,表示正分句代表的动作行为发生在偏句所代表的动作之后,而且往往是前面所叙事情的结果。如:

(1)宋襄公即位,以公子目夷为仁,使为左师以听政,於是宋治。(《左传·僖公九年》)——宋襄公即位,认为公子目夷仁爱,让他做左师以处理政事,宋国因此而大治。

有时"於是"后还有"乃"、"便"等副词,使连接之义更加显。如:

(2)神气傲迈,了无相酬对意,谢於是乃还。(《世说新语·简傲》)——(王恬)神气傲慢凌人,完全没有招待应酬他的意思,谢万于是就回去了。

(3)众说,晋於是乎作州兵。(《左传·僖公十五年》)——(吕甥说完)大家都很高兴,晋国因此而开始实行由各州自行组成甲兵的州兵制。

4. 复句概述

通过以上介绍,我们看到古汉语的复句共分三大类十四小类,概括如下:

一、并列复句:等立,对比,选择。

二、连贯复句:先后,顺承,总分,按断。

三、偏正复句:假设,因果,转折,让步,进逼,目的,时间。

在实际语言中,我们在阅读古文时可能会遇到更为复杂的情况。但仔细分析,其内部关系无非是多种复句结合在一起,分句更多一些,层次稍繁一些而已。掌握了以上基本句式,就应该可以对多层复句逐层分析,从而驾驭并理解它们。

总起来说,汉语的句子结构有谓语、单句、复句、语段四个层次。其中最根本的是谓语,最大量的是复句。大量的复句说明汉语是一种多谓句为主的语言。我们分析谓语的各种结构是为了从微观上了解汉语句子最重要的构件,我们分析复句是为了从宏观上了解多个谓语联合起来表达的各种关系,它们是怎样表达一个相对完整的意思的,它们是用什么语法手段来标志自己的。从宏观和微观两方面观察,可以掌握汉语语法中最具有实质性的问题。

至于语段,实际上就是由若干单句或复句围绕一个语义中心组织起来,它们有较强的逻辑性,而且有一定的语法手段作为标志。语段的主要组成方式与复句一致,也可分并列式、连贯式、偏正式,从意义上并不难于理解,我们在这里就不详细介绍了。

（本文原分6篇连载于《美中社会和文化》2002—2006年）

学习古代汉语的工具书

——谈《古书虚字集释》

一

在阅读古文的过程中，了解虚词用法有着重要意义，也有其特殊困难。由于虚词的用法灵活，含义又比较抽象，不容易掌握，所以自元代卢以纬的《助语辞》问世以来，已有不少专讲虚词或与虚词有关的著作出现，如清代刘淇的《助字辨略》、王引之的《经传释词》、俞樾的《古书疑义举例》以及今人杨树达的《词诠》、裴学海的《古书虚字集释》等。在这些著作中，《古书虚字集释》与前面几部特别是《经传释词》有着密切的关系。裴在《自序》中说："刘、王、俞、杨四家之书，虽皆大醇（chún 音纯，纯粹、美好）而不无小疵；……然则古书之虚字固尚有研几之必要。"因此，他在吸收以上著作以及章炳麟《新方言》、孙经世《经传释词补》诸书研究成果的基础上做了以下几项工作："前修及时贤之未及者，补之；误解者，正之；是而未尽者，申证之。"

全书共收虚字 290 个，分十卷，二十余万字。书名虽叫《集释》，但由于是"酌采"诸家之说（见本书凡例），在各家之中又以《经传释词》为主，因此实际上作了较大取舍。在收字方面，凡作者认为不是虚字、或虽是虚字而不见于周秦两汉之书者、或者虽见于秦汉之书，但其义已为前人解释充分的，均未收入，所以本书收字比《助字辨略》、《词诠》都少。

二

《集释》的编排办法同《经传释词》一样，用唐末僧人、音韵学家守温的三十六字母为收字顺序。第一、二、三、四卷是喉音字，如：与、予、以、已、于、方、因、允、安、焉、惟、矣、也、何、奚、胡、曷、乎等；第五卷是牙音字，如：故、顾、姑、各、敢、果、可、孔等；第六卷是舌音字，如：得、都、当、等、鼎、单、独、徒、殆、特、但、乃、那、知、良、来、略等；第七、八、九卷是齿音字，如：而、汝、女、如、若、然、耳、仍、则、将、兹、哉、作、斯、思、之、者、诸、所、是、孰等；第十卷是唇音字，如：彼、必、毕、并、别、普、叵、颇、不、非、弗、无、毋、勿、微、罔等。

在具体写法上，对每个虚字都先谈其本义，再谈引申义以及假借义。凡所采前人说法，都在注语中说明。以"与"字为例：在"与"字条下，先说本义："与，及也。"接着用小字注出这一解释的最早出处："见《礼记·檀弓》郑注"，然后就是举例。接下去是与"及"意有关的假借字，采取"字或作×"的体例，附属在有关义项之后。如在介绍"与，及也"这一解释的出处和举例之后是：

字或作"举"。《左传·昭公二年》（应为三年——笔者）："岂唯寡君举群臣，实受其贶，其自唐叔以下，实宠嘉之。"

这就是说，"与"表示"及"的意义时，假借字有"举"。像《左传》的这个例句,其中的"举"就是"及"的意思。本例句在杨伯峻先生的《春秋左传注》中读作:"岂唯寡君,举群臣实受其贶……"

在"与"的本义和与本义有关的假借字介绍之后,就列举各项引申义。如:

> 与,犹"而"也。例,……;

> 与,犹"於"也。例,……;

> 与,犹"为"也。例,……;

> 与,犹"谓"也。例,……。

若有与某引申义项有关的假借字,就附在该义项之后。如:

> 与,犹"而"也。例……字或作"予"。《诗·河广篇》:"跂予望之。"……句例同此。

三

本书的主要价值在于作者对《助字辨略》、《经传释词》、《古书疑义举例》、《词诠》等书作了补充和订正。这种补充和订正是否全都正确有待研究,但作者这种不踵随权威、勇于探索的精神还是难能可贵的。举例来说:

《晏子春秋·问篇》:"正行则民遗,曲行则道废,正行而遗民乎?与持民而遗道乎?"对其中的"与",《经传释词》解释说:"与,亦'如'也,言将正行而遗民乎,如其持民而遗道乎也。"而《集释》的作者则把这个例句放在"与,及也"的义项下,并且明确指出:"《经传释词》训'与'为'如',失之。"

又如《经传释词》在"於,在也"下面举了以下两个例句:

《易系辞传》曰:"《易》之兴也,其於中古乎?"

《礼记·曲礼》曰:"於外曰公,於其国曰君。"

作者则换用了《说苑·立节篇》的"义者轩冕在前,非义弗乘;斧钺於后,义死不避"一例,并指出:"'於'与'在'为互文。"运用这种互文的例子来作论证,就比《经传释词》的举例更能说明问题。

又如"其",在"作状事之词"的用法里,作者提出,"'其'犹'然'也",这在《经传释词》等书中都是没有的。裴举出的例句有:

《诗·溱洧篇》:溱与洧,浏其清矣;士与女,殷其盈矣。

《诗·绿衣篇》:凄其以风。

《诗·韩奕篇》:烂其盈门。

"'其'犹'然'"的说法是在前人注释的基础上提出来的,它在王显同志《〈诗经〉中跟重言作用相当的"有"字式、"其"字式、"斯"字式和"思"字式》①一文发表之前,可以说是一种较好的解说。

由于本文对《经传释词》等著作作了补充和订正,因此可以拿它与这些著作对照着阅读,把它们相互不同之处加以比较分析,从而开阔眼界、加深认识,使我们对虚词的各种用法考虑得更全面,避免轻下结论。

同时本书搜集例句丰富,分的义项也很细密,这对今天的虚词用法研究仍有一定参考价值。

本书的主要缺点是,它分析虚词的用法缺乏科学的方法,没能用现代语法学的观点去研究虚词,而主要是从词义上去分类,基本上没有摆脱传统小学的束缚,因此义项繁多,令人眼花缭乱、不得要领。尤其是作者对这种义项上的分类采取了与其他虚词互训、

① 见《语言研究》第4期,1959年。本文运用大量材料证明,这类"其"起着标志重言的作用,"浏其清"即相当于"浏浏清","凄其以风"即"凄凄以风","烂其盈门"即"烂烂盈门"……

递训、同训的方式作释义,如"以","犹'为(去声)'也","犹'为(平声)'也","犹'谓'也","犹'於'也","犹'而'也","犹'且'也"……共与 26 个虚词相"犹"。至如"其",竟跟"或"、"殆"、"将"、"之"、"而"、"於"、"在"、"然"、"若"、"抑"、"岂"、"既"、"已"、"以"、"故"、"是"、"则"、"又"、"且"、"必"、"所"、"乃"、"有"、"亦"、"夫"、"为(平声)"、"为(去声)"、"宁"、"与"、"可"、"乎"31 个虚词相"犹",好像虚词之间无不可通、无不可"犹"。当然,虚词的用法确实比较灵活,适当地把它与其他有关虚词的用法和意义在异同上加以比较和区别,有助于对虚词的理解,但像这种缺乏科学分析与归纳的烦琐哲学,却令人无法掌握其规律而加以运用。看来作者的方法过于陈旧,未能运用科学方法进行规律性的概括与总结。因此往往使人感到此书不易理解,不便运用,这就不能不影响它的学术价值与实际效用。

(本文原载于《文史知识》1983 年第 3 期)

一本开创性的古汉语专著

——评李佐丰的《文言实词》

学过几天文言文的中学生都知道使动用法,并且熟知这是古代汉语中最重要的一种用法:活用。这毫不奇怪。自从 1922 年,我国杰出的语法学家陈承泽在他的名著《国文法草创》中提出使动是活用之后,在以后的七十多年中,专家们都沿用了他的这种说法,并把这个说法移到了大、中、小学的教学之中。这个说法对于学习和研究古代汉语无疑曾起过积极作用,但是这个说法的科学性现在受到了挑战。北京广播学院李佐丰教授的《文言实词》(语文出版社,1994 年),在对《左传》等先秦十部主要典籍穷尽研究的基础上,对于使动得出了一个与以往完全不同的结论。佐丰同志指出:使动不是活用,而是古汉语中不及物动词的基本功能;当把使动看作活用时,便取消了从句法特征上给动词进一步分类的可能,也就在一个很重要的方面妨碍了古代汉语研究的深入。与这种思想相应,《文言实词》则第一次给先秦汉语的实词做了全面系统的分类,对于古代汉语实词的研究和归类作出了贡献,在这方面的研究工作中起了一种里程碑的作用。

《文言实词》是一本发人深思、给人启迪的佳作。十多年前,佐丰在写研究生毕业论文《先秦汉语的自动词及其使动用法》(载

《语言学论丛》第十辑,商务印书馆,1983年)时,实际已经对使动是活用提出了疑义,并对不及物动词提出了一些新颖的见解,指出不及物动词有自主和不自主的两类。这篇论文首先得到了郭锡良教授、唐作藩教授、叶蜚声教授的认同,接着朱德熙先生、王力先生都肯定这篇文章有价值。该文发表以后,吕叔湘先生又在《说"胜"和"败"》一文中引用了这篇文章中的某些观点(见《中国语文》1987年第1期)。这些对于正在进一步思考这个问题的佐丰无疑是个很大的鼓舞。紧接着就是十多年的辛勤探索,研究的范围是先秦汉语,从不及物动词,到及物动词,又到全部动词;从动词到名词,又到全部实词。在科研工作中借鉴别国和前辈的研究方法,而又努力从本民族的特点出发,来思考中华民族自己的语言文化,形成自己有特色的理论和方法,并运用它去找出汉语规律性的东西。这是十分艰巨的劳动,它需要作者的执著和心血,需要付出很大的代价,这代价首先就是时间和生命。当年轻时的梦想变为铅字,而铅字又可能引出新的梦想时,佐丰也从青年的队伍中走出,朝着老年的朋友走去。常听佐丰同志说要对得起自己和自己的老师,我想他的《文言实词》应该没让他的师友失望。这是一本开创性强的书,其中独到的见解很多,已经在海内外的古汉语研究中产生了积极的作用。但开创性往往与不成熟是共生的,书中的有些思想或许有人会不同意,有些思想有待进一步在实践中经受检验,有些思想也许日后会更完善,但它终究朝前迈出了一大步。我们期待着古汉语的研究有更大的发展,这对于语言学理论的完善和文言文的教学都是很有价值的事。

(本文原载《人民日报》1997年6月4日第10版)

专书词类研究原则与方法的可贵探索
——《吕氏春秋词类研究》读后①

《吕氏春秋词类研究》,殷国光著,华夏出版社 1997 年版。

现在在国内古汉语界从事专书语法研究的学者很多,发表的文章也不少。而对专书的词类进行全面系统研究的著作,这却是第一部。由于词类问题是专书语法研究不可缺少的重要组成部分,而在这方面尚缺乏可以借鉴的先例,因此这本书对古汉语语法学界有着普遍的参考价值。它所提出的关于专书词类研究的一系列原则、方法,乃至具体操作,都具有启发作用和创新意义。

本文想通过讨论该书的特色,着重探讨该书所运用的原则和方法。因为我觉得这样更便于参照,便于借鉴。

一

作者善于运用穷尽的量化的方法对词类的性质与功能特征

---

① 《吕氏春秋词类研究》是 1996 年度国家社科基金项目《吕氏春秋语法研究》的成果之一,1997 年获第七届北京大学王力语言学二等奖,1998 年获全国普通高等院校第二届人文社会科学优秀成果三等奖。

进行研究。对于《吕氏春秋》(下文简称《吕》)词类系统的框架，本书并未另起炉灶，而是沿用了前人关于古汉语词类的分类及名称。这种沿用并不是盲目照搬，而是对前人关于古汉语词类的基本格局进行了严格的检测。为了进行这种检测，并在检测之中确定《吕》的词类系统，作者采用了穷尽性的、量化的研究方法，对该书 5153 个词一一归类，并从各个不同的角度进行了数量统计。书中的各项结论都尽可能以量化的语言材料作为依据，再配合其他方法(这些方法将在下面讨论)综合进行研究。考察结果表明，前人关于古汉语词类的基本格局是符合上古汉语的客观实际的。

通过作者的上述检测，使人们对词类的认识从宏观到微观上都推进了一步。比如作者把《吕》的词类划定为 11 大类，其中实词 7 类：名词、动词、形容词、数词、量词、代词、副词；虚词 4 类：介词、连词、助词、叹词。关于作者对实词和虚词的分类大家是否同意自然可以讨论，但这总算是一家之言。这 11 类词在《吕》词汇总量中各占数量多少？相互比例如何？出现频度又是怎样？① 知道这些有助于我们从宏观上认识各类词在词汇总量中的位置和作用。作者对此作了一个全面的统计，通过下面这样一张表格(该书 P21)，一目了然地告诉了读者：

---

① 频度指单词平均出现频率。

统 计 内 容 词 类 名 称		词量① （出现频率）	占总词量 百分比	频度
实词	名词	3369（26027）	59.5%	7.73
	形容词	571（5572）	10.1%	9.76
	动词	1418（23994）	25.0%	16.92
	数词	24（1646）	0.4%	68.58
	量词	21（105）	0.4%	5.00
	代词	40（6176）	0.7%	154.40
	副词	133（7160）	2.3%	53.83
虚词	介词	22（3237）	0.4%	147.14
	连词	35（4772）	0.6%	136.34
	助词	23（9793）	0.4%	425.78
	叹词	7（27）	0.1%	3.86

　　由这个表格可以看到《吕》的实词占词汇总量的98.5%，频度为12.68；虚词占词汇总量的1.5%，频度为204.93。明显地表示了实、虚词在数量和频度上的巨大差异。同时通过这个表格，我们不仅全面看到由各类词编织成的词汇总体，同时也看到各类词在其中扮演的角色。虽然只是《吕》一本书的情况，也有很大的参考价值。何况在同一时期更多专书研究的基础上，我们就能看到这

①　兼类词按类分别统计，故表中总词量为5663个，超出数字为兼类词重复计算部分。

时期词类的比较清晰的全貌。若没有专书语法研究,这一目的是根本不可能实现的。

又如:名、动、形三大词类充当句子各种成分时的词量、频率、占该词类总数百分比的统计(该书 P28),使我们对这三大词类的特点、性质、功能有了远比过去具体、准确而全面的认识。

举这么两个例子就可以看出,作者在穷尽性、量化的基础上,对各类词的性质和功能都有进一步的剖析和刻画,绝不仅是照搬前人的框架而已。作者善于运用计量语言学这一工具去解释语言现象,由于书中的各项结论都以量化的语言材料作为依据,因而具有较高的科学价值。

二

本书的另一特色是着重描写词的大类内部存在的语法功能差异和语义上的差异。也就是说,着眼于同一大类的词在入句之后呈现出的不同变化。在这方面反映了作者在词类研究中始终贯穿着较强的语法观念,同时也表现出作者敏锐的观察力。下面我们举例来谈。

2.1 名词

(1)作者提出名词的一个重要语法特征是"名词各小类直接受名词及其他词类修饰的能力存在着差异"(该书 P37),这是作者在对名词各小类的修饰语进行穷尽分析的过程中发现的。作者先分别举例以说明问题,然后对名词各小类直接受名词及其他词类修饰的情况作了全面统计,列了一个很清楚的表(该书 P40):

修饰语类别 名词中心语小类	名词	代词	数词	形容词	动词	数量短语
普通名词	名普/专/方/时 160（1396）	代人/指/疑 72（371）	70 （713）	111 （1170）	65 （190）	13 （38）
专有名词	名普/专 121（265）	代指 3（3）	6（7）	5（6）	0	0
方位名词	名普/专 14（118）	代人 1（1）	0	0	0	0
时间名词	名专/时 7（35）	代指 4（121）	8（162）	10（84）	3（5）	0

统计结果表明,普通名词可自由地直接受各小类名词、代词、数词、形容词、动词、数量短语修饰;而专有名词、方位名词、时间名词则受到限制。这种限制不仅反映在直接修饰语的类别上,而且也反映在频率上。作者把名词各小类直接受名词和他类词语修饰的能力排列如下:

普通名词＞时间名词＞专有名词＞方位名词(＞这里读作"优于")

这就使我们明确了名词内部各小类在接受名词及其他词类修饰的能力上存在着差异;反过来看,这种能力上的差异也是区别各小类的一个条件。

(2)在分析名词主语与谓语的关系时,作者指出,名词各小类作主语,对谓语的选择存在着很大差异:普通名词、专有名词作主语,充当谓语的可以是名词、形容词,也可以是各小类动词,如动作动词、心理动词、关系动词等。而方位名词、时间名词作主语,其谓语不能是动作动词、心理动词;如果一旦出现这种情况,方位名词就临时转类为普通名词。如：

今举大木者，前呼舆謣，后亦应之。（淫辞）高诱注：前人倡，后人和。

这表明，方位名词、时间名词作主语，其谓语受到极大的限制。从这个意义上说，方位名词、时间名词作主语是不自由的，而普通名词、专有名词作主语是自由的。

2.2 形容词

(1)形容词活用作动词的考察

作者首先指出，《吕》中，状态形容词不能活用作动词。[①] 性质形容词活用作动词的共71个(139例)[②]，其中复音词仅见1例。通过穷尽的分析和统计，作者指出，"形容词活用作动词以使动用法最为常见，其次是意动。还有少数既非使动，又非意动[③]"。这使我们对形容词的活用在量上有了一个总的把握。作者进一步指出，多数形容词活用作动词只有一种语义(或使动，或意动，或其他)；但有少数形容词(共14个)活用作动词有使动、意动两种意义。如：

高：高节厉行，独乐其意。(离俗)——使动

虽死，天下愈高之。(离俗)——意动

作者指出，形容词内部活用的差异，大体可描述为：

活用作名词：复音性质形容词 > 单音性质形容词 > 状态形容词。

活用作动词：单音性质形容词 > 复音性质形容词 > 状态形容词。

---

① 状态形容词表示情状，带有明显的描写性，如：逍遥、殷殷、苍狼等。

② 性质形容词单纯表示属性，如：大、小、深、浅、坚固、安宁等。

③ 如：太公之所以老也。(正名)

从而看出,活用作名词,复音性质形容词最占优势,而活用作动词,则首数单音性质形容词。

(2)形容词兼类的考察

作者在穷尽分析的基础上指出,状态形容词未见兼类现象。性质形容词兼他类词的(共183个)约占形容词总量的32%,比名词、动词兼类词所占比例都高。① 作者对这一现象的解释颇有独到的见地:"无论从历史的来源看,还是从共时的功能看,名词和动词都是两个最基本的词类,犹如两极,而形容词正处在两极之间,既有与名词相通的功能,如直接充当定语,又有与动词相通的功能,如充当述谓中心语。因此在汉语的历史演变中,处于两极的名词、动词,其词义易于向中间地带引申,引申出形容词词义。反之,处于中间地带的形容词,其词义也较易于向两极引申。这种历时的演变反映在周秦之交的汉语层面上,就是形容词一词多义现象较为普遍,以及由此而导致的一词多类现象较之名词、动词更为普遍、更为突出。这也形成周秦之交汉语形容词的一个特点。"(该书 P108—109)

2.3　动词

关于动词,我在这里只想举出作者对动词的一个小类"兼语动词"及内部差异的分析作为代表,因为我觉得这种分析细微深入,很能说明问题。作者指出,《吕》中能充当兼语结构中动1的兼语动词共9个:请、使、令、趣、劝、召、命、谓、有。他们的内部差异表现在四个方面。

(1)大部分兼语动词(请、使、趣、劝、召、有)处于"动1·名·

_____

① 名词兼类词占该词类总量的10%左右;动词兼类词约占26%。

动 2"格式中动 1 的位置时,只能构成兼语结构;小部分兼语动词(令、命、谓)处于"动 1·名·动 2"格式中动 1 的位置时,除能构成兼语结构之外,还能构成非兼语结构。

(2)兼语动词对动 2 的选择范围大小不同。据此,兼语动词可分三小类:①"请"、"谓"、"劝"、"召"、"趣"5 个词构成兼语结构时,动 2 只能是表示动作变化的动词。②"命"构成兼语结构,动 2 可以是表示动作变化的动词,也可以是非表动作变化的关系动词。③"使"、"有"、"令"3 个词构成兼语结构时,动 2 既可以是动词,也可以是形容词。

(3)兼语动词所带的兼语位置固定在兼语动词之后,唯"请"的兼语偶尔移至"请"之前。

(4)兼语动词未构成兼语结构时可以比较自由地受否定副词的修饰,一旦它们带上兼语构成兼语结构之后,兼语动词受否定副词修饰的功能则受到极大的限制,这反映在三方面:①出现频率极低,《吕》中兼语结构共出现 417 例,兼语动词受否定副词修饰的仅见 7 例,不到总数的 2%。②否定副词仅限于"无"、"毋"、"不"3 个,都表示禁止之义。③受否定词修饰的兼语动词仅见 2 个:"使"(6 例)、"令"(1 例)。

由以上分析可以看到,作者在对各类词内部存在的语法功能和语义上的差异上下了很大工夫去发掘和描述。其中对各种句式从多角度进行比较、观察是很重要的方法。此外,还有很多精彩的描述,如:名词活用的考察(P66—68),性质形容词与状态形容词的比较(P77—95),数词计动量两种位置的比较(P200—203),量词对数词的选择(P226—229),数量短语与指称计量对象的名词的位置及结构关系(P233—236),对[B 之谓 A]与[B,A 之谓]的比较(P356—358)等,不及一一详述,请大家自己去欣赏。

三

　　在词类内部多角度、多层次地进行再分类,逐步深入地探讨其特点,是本书的又一特色。在这一部分,我想以作者对动词的分析作为代表。

　　正如作者所说,动词可以多角度、多层次地进行再分类。首先,作者从宾语的语法意义的角度,运用层次分析法,由高层次向低层次对动词进行分类。先把动词分为及物和不及物两大类:不能带宾语或只能带准宾语的是不及物动词;能带真宾语的是及物动词。①

　　接下去作者又对不及物动词进行再分类:不可带宾语的动词为真自动词,可带准宾语的动词为准自动词。准自动词根据所带宾语的不同又可分为三类:甲类,只可带关系宾语;乙类,只可带非关系宾语;甲/乙兼类,既可带关系宾语,又可带非关系宾语。甲类准自动词根据所带关系宾语的语义又可再分为三小类:甲1类只带处所关系宾语;甲2类,只带对象关系宾语;甲1/甲2兼类,既可带处所关系宾语,又可带对象关系宾语。

　　对于甲1类和甲2类准自动词,作者又运用变换的方法加以区别:甲1类的宾语只能变换为介词“于”、“乎”的宾语,变换后的介宾短语的位置只能在动词之后,如:

---

　　①　准宾语包括关系宾语、非关系宾语(使动宾语、意动宾语、主题宾语等)。真宾语主要为受事宾语,此外,还包括准宾语之外的其他宾语(存现宾语、等同宾语、似类宾语等)。

谏静郭君→谏于静郭君　　［谏于简公。（慎世）］

畏鬼→畏乎鬼　　［故以众勇无畏乎孟贲矣。（用众）］

而甲2类准自动词的宾语,少数还可以变换为介词"为"、"与"的宾语,变换后的介宾短语的位置在动词之前:如泣之→为之泣;盟之→与之盟。

同时,对于乙类准自动词,作者根据非关系宾语与动词间的不同语义关系,把宾语分为使动宾语、意动宾语、主题宾语三类。据此,又进而把乙类准自动词分为四小类:乙1类,只带使动宾语;乙2类,只带意动宾语;乙3类只带主题宾语;乙1/乙2兼类,兼带使动、意动两类宾语。这三小类内部的相互差异表现为它们各自具有不同的变换:

乙1类:［动·使动宾语］→(致使)·兼语·动

乙2类:［动·意动宾语］→(意谓)·兼语·动

乙3类:［动·主题宾语］→主·动

在对不及物动词进行分类后,作者又对及物动词进行再分类,根据所带宾语的差异,分为两类:只带真宾语的为真他动词;在同一义项之下,既可带真宾语,又可带准宾语的为准他动词。

根据真他动词与宾语之间语义关系的不同,又可分为4小类:①只带受事宾语;②只带非受事宾语(包括存现宾语、似类宾语、等同宾语等);③只带处所宾语;④兼类真他动词,可以带上述两类宾语。

准他动词既具有及物动词的特点,可以带真宾语,又具有不及物动词的某些特点,可以带准宾语。据此,作者把准他动词又分为两类:一类准他动词,可以同时带两类宾语,构成双宾形式;第二小类准他动词,可以分别带真宾语和准宾语,但在《吕》中未见带双宾语。①

在作了以上分析后，作者好似作总结一样，对《吕》动词的层层分类作了一个总表，逐层都有统计数字和例词，使人一目了然（详见该书 P136）。

然而，对动词的分类并未到此结束，除了从宾语的语法意义的角度分类外，作者又从宾语的语法性质的角度把动词分为两大类：一类是体宾动词，共786个，只带体词性宾语；一类是谓宾动词，共137个，可以带谓词性宾语。作者拿它们与从宾语的语法意义的角度划分出的动词小类进行比较，发现两套分类之间有某些对立互补的关系（详见该书 P138—139）。

在讨论了动词不同角度的再分类之后，作者又在"关于几个特殊的动词小类的探讨"大题之下深入讨论了双宾动词、兼语动词、助动词、关系动词。

通过作者对动词所作的多层次的再分类及从多角度所作的讨论，可以看到作者的研究不是泛泛而谈，而是有着扎实的第一手资料作依据，有着新鲜丰富的内容；同时也可以看到作者十分注意不拘一格地借鉴前人的各种研究理论和方法，有选择地加以运用，从中显示出在方法上的向前推进和个人特色。

四

作者如何判定在《吕》中出现频率极低的那些词的词性？

在专书研究中，自然应当把该书的词类系统看作一个穷尽类

---

① 这类准他动词存有带双宾语的可能，有些在先秦其他文献中带双宾语，如："予、语、食、衣"等，但大部分在先秦其他文献中也未见带双宾语。

系统,该书的全部词都应包括在这个系统之中。因此,作者必须判定《吕》中每个词的词性,将它们一一归类,这在具体操作中必然会遇到种种问题,其中最主要的是低频词的归类问题。因为考虑词的归属首先需判断该词在《吕》中显示的意义是该词的基本词汇意义,还是临时意义? 该词在《吕》中实现的语法功能是该词的常功能,还是暂功能? 这本来主要是靠数频显示的,因为数频常常为我们提供可以把握的相对稳定范围。但对那些出现频率极低的词,就难于判定了。作者为解决这一难题,采用的重要方法之一是以与《吕》时代相近的先秦其他九部文献作为参照、比较的依据。①比如"轮"、"豆"、"弁"在《吕》中都只出现1例:

　　天地车轮。(大乐)高诱注:"轮,转。"

　　大庖不豆。(贵公)

　　庶人不冠弁。(上农)

从句中用法观察,"轮"、"豆"、"弁"都用作动词。作者考察其他九部文献,"轮"共出现34例,均为名词用法,义为"车轮"。"豆"共出现19例,其中名词用法18例,义为"食器";动词用法1例,义为"以豆祭祀"。"弁"共出现8例,其中名词用法6例,义为"皮冠";动词用法2例,义为"加弁"。通过以上考察,作者判断"轮"的基本词汇意义是"车轮","轮"的名词用法是其常功能;"轮"在《吕》中的"转"义,只是它的临时意义,它在《吕》中这一动词用法只是它的暂功能。作者根据划分词类以词的常功能为标准的原则,把"轮"一词归入名词;同理,"豆"、"弁"也归入名词。

----

　　① 　九部文献是:《论语》、《左传》、《墨子》、《庄子》、《孟子》、《荀子》、《韩非子》、《公羊传》、《穀梁传》。

这样归类,虽然有少数词的类别与在《吕》中的表现不一致,但作者认为:(1)这样归类是以先秦文献的语言材料为依据的,符合作者坚持的划分词类以词的常功能为标准的原则;(2)这样归类以语义为基础,更符合人们对"轮"、"豆"、"弁"诸词心理上的认同;(3)对于它们在《吕》中的不一致的表现,可以用词类活用给以解释。

五

提出区别兼类与活用的可供操作的标准。

关于兼类与活用,这是进行专书词类研究无法避免的一个重大问题。作者在具体操作过程中形成一套原则和方法,可供大家参考和讨论。

作者认为,区分词的兼类与活用的标准有二:一是频率标准,一是意义标准。

关于频率标准。作者指出,在言语中"词的临时活用→兼类"是个连续不断的过程,其间的界限显然不大容易把握。既然称"活用",当属偶然的、临时的语言现象,其出现频率必然不高;反之,出现频率高的"活用",就该看作是该词的常功能,当属"本用"。如何判断频率的高或不高呢? 为了对《吕》的词类系统作量化的研究,需要有一个量化的标准,以区分词的兼类与活用。如何确定这一标准呢? 作者认为应依据以下原则:一要以《吕》的语言材料为依据,必要时参考先秦的其他文献;二要考虑到人们语感上的可接受程度;三要从词类系统总的格局考虑。如果把标准定低了,比如以出现 1 次或 2 次作为活用的标准,那么,人们在语感上已经认同的一些活用现象,如"吾举登也,已耳而目之矣"(知度)中的"耳"、"目"(在《吕》中作动词各有 4 次),便会被排斥在外。如果标准定高了,比如超过 10 次才不视为"活用",就又很难自圆"偶然"、"临时"之说。因此,通过对《吕》语言材料的通盘考察、全面衡量之后,作者把出现频率 5 次作为区分"活用"与"本用"的标准。也就是说,凡一词的某一词类用法,出现频率达到 5 次者,就不视为"活用"。这一标准是否带有普遍性,尚有待更多专书研究者进行检验。但必须有这么一个标准,作者才能把《吕》中词的兼类与活用现象加以量化和区别,并在运用这一标准的过程中检验它的合理性。

需注意的是,当遇到出现频率在 5 次以下的低频词时,上述频率标准就无法操作;同时,必须明确,"活用"既然是偶然的、临时的语言现象,其出现频率必低;但不能反过来说,词的某一类用法频率低的就一定是"活用"。因此,同时还必须使用意义标准,并须参考先秦其他文献。

关于意义标准。什么情况下属于词的"活用"现象?如何具体掌握?作者也尝试提出一套标准:由于词类活用是一种共时的语言现象,当一个词(主要指名、动、形三类)在言语中活用作他类词时,该词的意义(词汇意义和语法意义)也随之发生位移,位移后的词义与该词义之间应存在着直接的、有迹可寻的联系,位移的具体情况如下:

指称事物→表示以该事物为对象(或工具等)的动作。如:桑,用作动词,义为"采桑";耳,用作动词,义为"用耳听"。

指称事物→表示以该事物为量度单位。如:以"鼎"、"镬"之类的容器作容量单位。

表示性状→指称具有该性状的人或事物。如:良,用作名词,义为"良人"。

表示性状→表示使客体具有该性状的动作。如:洁,用作动词,义为"使清洁"。

表示性状→表示认为客体具有该性状的动作。如:拙,用作动词,义为"以为拙"。

表示动作→指称动作者,或动作涉及的对象。如:逃,用作名词,义为"逃亡之人";亡,用作名词,义为"灭亡之国"。

上述这类位移发生在同一意义层次之上,它们是同一义位的临时变体。如果一个词的词义与其用作他类词的词义之间存在较大差异,超出了上述词类活用时词义变化的范围,就应考虑排除活用的可能,而把该词归入兼类词。

作者进一步指出,一词多义,乃至由此产生的一词多类是汉语发展至周秦之交的特点,是汉语历时的发展在共时平面的反映。因此区分词的兼类与活用,必要时还得考察词义的历史发展。如"寇",依甲骨文字形,像一个人拿着棍棒跑进他人的屋内去击打主人的头,本义是动词。《诗经》中"寇"出现 7 次,6 次作动词,义为"抢劫"、"掠夺";1 次为名词,义为"盗匪"。从《诗经》的情况看,"寇"用作名词应看作是活用。《吕》中,"寇"出现 27 次,26 次用作名词,指入侵之敌;1 次用作动词,义为"劫掠"(贵公)。从频率看,"寇"用作动词又像是活用。作者认为,从词义的历史发展看,"寇"的动词义项是它所固有的,不是在句中临时取得的,因此,"寇"宜看作是兼类词。

作者提出的上述原则和方法都有待在更大范围里实践、检验、讨论。现在还不宜过早下肯定或否定的结论。但最重要的是作者作了开创性的工作,提出了这些可供操作、可供讨论、可供修正甚至推翻的模子,为推进专书语法研究迈出了可贵的一步,做出了极有意义的贡献。

六

在专书量化研究的基础上,对前人的有关研究成果、研究理论和方法进行检验,或加以吸收借鉴,或进行讨论、修正扬弃。

作者这种精神和做法在全书随处可见,如在考察方位名词两两连用的组合顺序时,借鉴了陆俭明的《同类词连用规则刍议》(中国语文,1994 年第 5 期)。

在对《吕》形容词进行分类时,采纳了陈克炯"非定形容词"(指不能直接作定语的形容词)的称名①,分出非定形容词和非谓形容词。

作者以专书研究为依据,也对前人的一些观点提出讨论。如动词章的助动词小类中关于"可"和"可以"的讨论。作者指出,王力先生在《汉语语法史》中说,"可以"和"可"有两点不同:(1)"可"字后的动词是被动意义的,"可以"后面的动词是主动意义的;(2)"可"字后面的动词不能带宾语,而"可以"后面的动词经常带宾语。② 作者考察了《吕》的实情之后说道:"可以"和"可"的区别大体如此,但并非完全如此:(1)"可"字后面的动词可以是主动意义的(17 例),如:"故审知今则可知古,知古则可知后。"(长见)(2)"可以"后面的动词偶尔也可以是被动意义的(6 例),如,

---

① 陈克炯《〈左传〉形容词的考察和非定形容词的建立》,载《第一届国际先秦汉语语法研讨会论文集》,岳麓出版社,1995 年。

② 详见《王力文集》(第十一卷),山东教育出版社,1990 年,第 339 页。

"黔首之苦不可以加以矣。"(振乱)(3)"可"字后面的动词也可以带宾语(92 例),如:"今可得其国。"(高义)

以上这些与时贤的讨论,无论采纳时贤的结论也好,对时贤观点进行修正也好,都很有价值。只有深入进行专书语法研究,掌握第一手资料,才能提出这种有力的论据。

<h2 style="text-align:center">七</h2>

本书不足之处有以下几点:

(1)关于区分词类的标准。作者提出"以语法功能为标准,以语义为依据,二者不可或缺,这是我们划分词类的基本原则。"(P11)但在作者的具体讨论中,没有使人感到"以语法功能为标准"和"以语义为依据"有什么不同。为什么不可以把语义也作为一个标准呢? 似乎还有进一步讨论的必要。

(2)有的大类的再分类缺乏科学依据,最明显的是副词,有较多的主观随意性,在研究方法上有待进一步提高。

(3)较多笔墨用在词类内部差异的探讨和描述上,但缺乏一些必要的理论上的概括和阐发。看得出来,作者注意到了这一点,也努力作了一些尝试,但总起来看还显不够。

总起来说,这是一本很有意义并有学术价值的好书,是迄今为止国内第一部全面研究专书词类系统的著作。作者对专书词类研究的原则与方法作了可贵的探索,其中颇多启人深思的地方,作者有不少新鲜看法,也提出了一些需要深入讨论的问题,值得一读。

(本文原载于《古汉语研究》2001 年第 1 期)

《左传》语言研究的新成就

——读陈克炯教授《左传详解词典》

  陈克炯教授编著的《左传详解词典》于 2004 年 9 月由中州古籍出版社出版。这是古汉语专书语言研究领域里又一件可喜可贺、有重要意义的事。

  《左传》在先秦书面文献中篇幅最为浩繁,语言十分丰富,词汇量极大,对汉语发展史、语法史、词汇史的研究有着众所公认的重要地位。同时,《左传》作为文史兼备的经书,是中华历史文化的瑰宝,在大力强调继承传统文化的精华,古为今用,建设有中国特色社会主义新文化的今天,《左传》的历史价值和文献价值就更显突出。但是《左传》的行文,由于年代久远和历史文献文体的影响,读起来有些费力,再加上其内容涵盖面甚广,涉及古代政治、经济、军事、科技、天文、地理、物质文化和精神文化等领域;书中记载战争、盟会、典礼、内政、外交种种活动,多国关系错综复杂,所提到的人名就有3400 多个(方朝晖 2001),其中还有不少是一人数名。凡此种种都显示出《左传》的丰富与魅力,同时也透露出阅读《左传》确有一定难度,更反映出一部高质量的《左传词典》的急需和重要。

  解放后,杨伯峻先生以多年心血研究《左传》,1981 年他的力作《春秋左传注》问世,接着在此基础上又于 1985 年编著出版了我国第一部《春秋左传词典》，为《左传》的普及与研究作出了具有里程碑意义的贡献。现在，我们又欣喜地看到陈克炯先生呕心沥血编著的《左传详解词典》，它在吸收前辈研究成果的基础上，又向前迈出了踏实的一大步。下面就以个人的浅见谈谈克炯先生这部书的特色。在介绍之中免不了与杨书作些比较，我想通过比较才可看到前辈学者筚路蓝缕的开创之功，也可看到后辈学者继往开来的奋发有为。正是这种献身理想和事业的伟大精神支撑着一代又一代学人前仆后继，永不止息，使我们共同的学术事业继承发展下去。

一　单音词注音清晰

一部好的词典对其所收的词应有清晰的注音，专书词典更应对每个词的读音有明确交代。本词典的每个单音词都按现代音、中古音、上古音分别标注读音，现代音用汉语拼音方案标注；中古音以《广韵》为主要依据，《广韵》无者，补之以《集韵》，并标明声、韵、调；上古音则标明韵部。

若单音词有两个或两个以上音项，则以现代音为准，把不同的音项分列出来，在各音项之下分别介绍其义项和词性。如"度"，杨书未按音项分列，平列了七个义项。陈书则先分出三个音项（dù，duó，zhái），下列义项、词性，条理甚为清晰。

二　给词的义项标明词性

给词的义项标明词性是一项非常复杂的系统工程，涉及到词义、句法、语用等诸多层面。同时,这又是一项意义重大的工作,它能使词在专书中的性质、意义以及词在句中充当句法成分的能力都以简明的直感形式凸显在人们面前,使人体会到专书词典的生命力和个性,且有助于促使义项的划分和词义的解释更加科学合理。这对先秦词汇史和语法史的考查与研究有直接参考作用,对其他专书词典和通用古汉语词典的词性标注也可提供重要借鉴。

本书采取随义标注词性的办法,对领头单词的义项均按名词、代词、动词、形容词、状态词等十四类词分别标注词性。对义项的划分以意义为主要标准,句法功能为辅助标准。这样既可顾及词义发展的内部脉络,也无碍于展现词的句法功能。让我们看一个例子:

[同]tóng 《广韵》徒红切 定东平 东部

①动词。相同。(例略,下同)②动词。等同。③动词。共一个。④名词。各国诸侯共同朝见天子的礼节。每隔十二年,诸侯一齐来朝见周王叫"同"。⑤名词。指同盟国家。⑥名词。犹同事。⑦名词。指共同的意愿。⑧量词。土地面积单位。方百里为同。⑨形容词。一样的,相同的。⑩副词。范围副词。表示不同的对象共同发出同样的动作行为。一起;共同。

通过对"同"的义项分析和词性标注,使我们对它的全貌有了清楚的认识。

三 义项的分合更趋合理,义项的建立更加科学完备

义项的分合是否合理,它的建立是否科学完备,主要表现在:

第一,在同一词性下,把意义可相对独立的义项分列出来。第二,结合对语法系统、句法分布的考虑,把可以合为一项的义项加以合并。第三,词在专书用例中所包含的义项列举完备,对孤证建立相关义项。看得出来,作者力求用科学方法驾驭词的繁杂用法,以使众多义项分合适宜,层次有序。下面分几点来谈。

3.1　在同一词性下,把意义可相对独立的义项分列出来。举例如下:

　　[动]杨书为两个义项:①举动,动作。相时而动。(隐₁₁)②震动,惊动。谓陈人无动。(宣₁₁)

"动"在《左传》中共38例,陈书在全面分析的基础上,又增加了下面三个义项(原书各义项之下本有2—3例,这里只取其一例):

　　①动词。物体脱离静止状态,活动。子公之食指动,以示子家,曰:"他日我如此,必尝异味。"(宣₄)②动词。萌动,开始发生。作事不时,怨讟动于民,则有非言之物而言。(昭₈)③动词。改变,变化。楚子使蒍子冯为令尹……以疾辞。方暑,阙地,下冰而床焉。重茧,衣裘,鲜食而寝。楚子使医视之。复曰:"瘠则甚矣,而血气未动。"(襄₂₁)

从"动"在《左传》中的全部用例看,杨书所分的两项似不足以将这三个义项包含在内,增分这三项就更能看出"动"在《左传》中的词义特色。其中第二个义项的用例,在《汉语大词典》中被引为代表例,很可能其首见义即出自《左传》。

　　[土]杨书有两个义项:①土地,田地。②国土。陈书增加了两个义项:①名词。土壤,泥土。不如新田,土厚水深,居之不疾。(成₃)②名词。乡土,本地。使民不安其土,民必

忧。(昭₂₆)乐操土风,不忘旧也。(成₉)

查《说文》:"土,地之吐生万物者也。"因此,《汉语大词典》、《汉语大字典》等都据此本义将"土壤,泥土"列为"土"的第一义项,陈书增此义项显然是正确而必要的。至于陈书所增第二义项,《汉语大词典》、王力《古汉语词典》都列了义项,但却分别引用了《汉书·叙传上》和《后汉书·班超传》的例子,比《左传》晚了好几百年。可见编著高质量的专书词典对于编纂大型汉语词典的重要保证作用。

可以看出,作者在同一词性下尽可能把意义相对独立的义项科学地、有理有据地分列出来,使词的义项分合更为合理,使各个词在《左传》中的特色更充分地展现了出来。

3.2　结合对语法系统、句法分布的考虑,把可以合为一项的义项加以合并,使义项的分合更加科学、合理。例如:

[於]这是《左传》中用法相当复杂的一个词,出现频率高达1764次。各词典对它的介绍头绪都较多。杨书平列了十项,本书则把平列的诸项合为"介词"一项,再根据"於"带宾语在谓语前后的不同位置,分为两大项:

一是"位于谓语前面的'於·宾'词组,大多出现在表示强调的句子中。(例略,下同)(1)表示对人或其他有关对象的强调。(2)表示对有关时间的强调。(3)表示对有关条件的强调。(4)表示对范围或处所的强调"。

二是"位于谓语中心词后面的'於·宾'词组,起引进作用。(1)介引处所。表示动作行为发生的处所或方向。(2)介引人物,作为动作行为的间接宾语。(3)介引与动作行为有关的对象。(4)介引动作行为的原因。(5)介引动作行为的结果。(6)介引动作行为的范围。(7)介引动作行为的条件。(8)表示甲、乙两项的比较关系"。

像这样把多个平列的"介词"及义项合为"介词"一项,再按"於·宾"在谓语前后的位置分为两大项,指出在谓语前者主要表示强调,在谓语后者主要起引介作用,是一种比较科学的方法。这样就把前后两大项在语义上的特点凸显出来,把词义和句法有机地结合起来。在两大项之下又分小项,对作用和意义加以介绍,条理分明,层次清晰,使人感受到利用现代语言科学方法编写词典的可贵。

[以]不少词典对这个词的介绍都包含多种词性,用法相当纷纭复杂。本书给它列出"动词"、"代词"、"副词"、"介词"、"连词"五大词性,下面分别列出义项。眉目清楚,语法的系统性也比较明显。特别值得一提的是,对连词的介绍,其下位分并列连词、顺承连词、因果连词,概括了连词"以"的复杂多样的连接关系。其中又以顺承连词为重点,下有六个分项:(1)前项表示后项的方式或状态。(2)前项表示对后项的态度。(3)前项表示后项的时间。(4)前项表示后项的处所。(5)前项表示后项的条件。(6)前项表示后项的目的。这六个分项都是作者根据前后项的实际关系概括出来的,简明确切,令人叹服。尤其是第(3)项,"前项表示对后项的态度",引例是:

　　且晋人戚忧以重我,天地以要我。(僖₉)
　　将恃大国之安靖己,而无乃包藏祸心以图之。(昭₁)
　　这两例中的"以",用法很有特色,过去学者的看法也不一,有人把"以"视为介词。"戚忧"、"天地"、"包藏祸心"是宾语前置,可是,解释起来显得牵强。作者这样的处理灵活恰当,有独到见解,也有说服力。

3.3　为了使词的义项完备,本书对孤证一律为之建立相关义项,以便为考察词在专书中的个性,为了解断代词义的现状提供依据。如"焉",《左传》共 877 例,其中兼词(相当"于＋之")859 例,助词 14 例,仅有 1 例用作介词,本书为之建立了义项:"介词。组成介宾词组,用在动词后面。介引对象。相当于'於'。如鱼窥尾,衡流而方羊。裔焉大国,灭之,将亡。(哀₁₇)"此例的"裔"是动词,"焉"后的"大国"是"焉"的宾语,"焉"在这里只能是介词。

四　释义力求准确、明白、完善

释义是否准确、明白、完善,是判断一部词典质量高下的关键。本书对词的释义下了很大工夫,主要表现在以下几点。

4.1　在杨书的基础上使释义的准确度更有提高。我们还是通过比较看得更清楚些:

［加］对庄公 10 年这个例句中的"加",两书有不同的释义,放在不同的义项下:

杨书:增益。弗敢加也。(庄₁₀)

陈书:虚构;夸诬失实。牺牲玉帛,弗敢加也,必以信。(庄₁₀)

这两种解释相差甚大,究竟哪种更准确呢? 查《说文》:"加,语相谮加也。从力口。"段玉裁注:"谮,各本作'增',今正。增者,益也。义不与此同。'谮'下曰:'加也'。'诬'下曰:'加也'。此云'语相谮加也。'知"'谮'、'诬'、'加'三字同义矣。诬人曰'谮',亦曰'加'。《论语》曰:'我不欲人之加诸我也,吾亦欲无加诸人。'马融曰:'加,陵也。'袁宏曰:'加,不得理之谓也。'……"

在"从力口"下,段注:"谓有力之口也。会意。"

可知陈书的释义与《说文》"加"的本义解释一致,应是更为准确。而且对照此例的下文"必以信","信"表示"信用"、"诚信",也正与上文"加"的"夸诬失实"义形成反义对照。杜预对此句的注:"祝辞不敢以小为大,以恶为美。"也是夸诬失实之义。如果把这个"加"解为"增益",就是把"谮"误作"增"了,这正是段玉裁所特意指正之处。

[旅]再让我们把两书对"旅"的释义作个全面比较:

杨:军队建制之一。君行师从,卿从旅从。(定$_4$)
陈:名词。军队建制单位。包括士卒五百人。若嘉好之事,君行师从,卿行旅从。(定$_4$)杜注:"旅,五百人。"

杨:军队。楚子囊乞旅于秦。(襄$_{11}$)
陈:名词。师旅:军队。三年而治兵,入而振旅,(隐$_5$)楚子囊乞旅于秦。秦右大夫詹帅师从楚子,将以伐郑。(襄$_{11}$)

杨:陈列。庭实旅百。(庄$_{22}$)
陈:动词。陈列。《广雅·释诂二》:"旅,陈也。"庭实旅百,奉之以玉帛,天地之美具焉。(庄$_{22}$)按:旅,陈列。百,极言其多。

杨:旅酬。及旅。(襄$_{23}$)
陈:动词。互相敬酒酬答。及旅,而召公鉏,使与之齿。季孙失色。(襄$_{23}$)

杨:行也。而旅於明年之次。(襄$_{28}$)
陈:寄居,客处。岁弃其次,而旅於明年之次,以害鸟帑,周、楚恶之。(襄$_{28}$)杜注:"旅,客处也。岁星弃星纪之次,客在玄枵。"

除以上所引之外,陈书还多出一个名词义项"众人"和一个动词义项"通'胪'。传言"。通过以上比较,可以看出,陈书的释义更趋准确明白,也更加完善。

4.2　释义尽可能扣紧专书内容,扩大必要的信息量。如[工尹]:

杨:楚官名。即工正。

陈:楚官名,相当于鲁、宋、齐等国之工正,为百官之长。有时亦可临时统兵(从工尹寿、工尹齐等人的活动可知)。

又如[晏婴]:

杨:齐臣。

陈:齐臣。官至上卿。历仕灵公、庄公、景公三世,是春秋末期著名的政治家。他在中国历史上首次提出"以民为本"的重要思想。

4.3　通过"按"语对释义作补充说明。主要作用是通过"按"语解说引例中某词语的意思。如:

[出]⑨出现。火未出,而作火以铸刑器,藏争辟焉。(昭$_6$)按:火即心宿。

通过"按"语对一些重大的事件作些具体解说。如:

[城濮]卫地名,即今山东范县南之临濮城。战于城濮,楚师败绩。(僖$_{28}$)按:晋、楚城濮之战为中国历史上著名战役之一,晋国从此成为华夏霸主。

通过"按"语介绍一些不同说法。如:

[中寿]年龄在八十岁以下、六十岁以上的中等年寿。(例略)洪亮吉诂:"此云中寿,当在八十以下,六十以上。"按:中寿,古时说法不一,六十岁、七十岁、八十岁或九十以上者均有之。今从洪说。

五　建立状态词

本书对单音词义项标注词性共分 14 类词,其中应特别指出的是状态词,这是本书新建的词类。什么是状态词? 作者在前言中对状态词在句中的作用、功能以及与形容词、副词的界限作了明确划分:形容词修饰名词,描写事物的容貌形态,在句中主要作定语,其次是作谓语或状语;状态词都修饰动词,描绘动作行为的情形状态,在句中主要作状语,其次作谓语,含义大都比较具体、实在。副词修饰谓语,表示动作行为或性质状态的各种特征,在句中作状语,语法意义大都比较虚泛、灵活。按照这个框架,三者可以各就其位,各司其职。

从结构上看,状态词大都有明显特色:部分带后缀“焉、然、尔、乎、如、若”的复音词;部分联绵词如“憔悴”、“辗转”、“犹豫”等;部分重言词如“蠢蠢”、“泱泱”、“闵闵”等;还有少量含义较实的单音词如“宛”、“奄”、“悖”、“忽”等。如:

[狡焉]状态词。表示奸猾的样子。夫狡焉思启封疆以利社稷者,何国蔑有? (成₈)

[蠢蠢]状态词。动乱不安的样子。今王室实蠢蠢焉,吾小国惧矣。(昭₂₄)杜注:“蠢蠢,动扰貌。”

[奄]状态词。表示规模大的状态。赫赫楚国,而君临之,抚有蛮夷,奄征南海,以属诸夏。(襄₁₃)

作者经过多年对《左传》和其他古籍词类的认真分析与思考,认为“从上古汉语的实际出发,单独建立‘状态词’这一词类是完全必要的”。因而在本词典中旗帜鲜明地建立了“状态词”。应该说这是作者在继承前人的基础上迈出的勇敢的一步,为汉语词类划分更加科学化进行的大胆探索。本书还特意收录了出自《左传》的有关成语200余条。

通过以上介绍,我想大家都会感到这是一部很有特色、颇有功力,在前人研究基础上有全面进展的佳作。这是作者对《左传》乃至古汉语研究、汉语史研究事业作出的重大贡献。

当然,本书也难免有不足之处,一是词类划分的标准在实际操作中有时有些含糊,尤其是部分状态词与副词的界限尚有待今后在实践中进一步探讨。二是词的义项划分也有可商榷之处。三是没有词的频率统计。可能是由于作者孤军作战,年老体衰,不得不忍痛放弃,有待后人。

总之,这部词典凝聚着陈克炯先生长期研究《左传》的心得和见解,是他在数十年的艰难岁月中以抱病之身编著完成的。作者没有拿过一分钱的资助,也没有半个助手,誊写、修改工作都是在进入花甲、古稀之年以后,退而不休,坐冷板凳,一词一语,日积月累,水滴石穿而完成的。这需要何等的精神,何等的毅力! 我捧着这部词典,不仅因得到研究《左传》的方便而倍感欣喜,更被一种崇高的献身学术事业的精神深深感动。我愿向所有献身事业、努力耕耘的人们表示最深切的敬意,更期望来者继承前辈的治学精神,在前辈学术成果的基础上不断发展、完善,作出更加辉煌的成就。

参考文献

方朝晖 2001 《春秋左传人物谱》(上、下册),齐鲁书社。

杨伯峻,徐提 1985 《春秋左传词典》,中华书局。

(本文原载《中南民族大学学报》(人文社会科学版)2006年第2期)

观《十三经辞典》有感

由陕西师范大学刘学林、迟铎教授组织,有全国各地学者参加的"十三经辞典编纂委员会",经过十余年的艰苦奋斗,已于2002年底出版了《十三经辞典》(含各经词语索引)中的五卷:《毛诗卷》、《论语卷》、《孝经卷》、《孟子卷》、《春秋穀梁传》卷。其中《论语卷》和《孝经卷》合为一册,共为四大册(国际16开本)。其余八卷将随后陆续问世。

在初步观书之后,甚有感触,觉得它为研究工作提供了更多便利。出自一个读者、一个普通学人的感激之情和希望其他几卷编得更好的迫切心愿,很想为它的问世说上几句,姑且就算是观书有感吧。

我想说的有三点:特色,贡献,不足与建议。

该书特色之一,这是十三经各经书的一整套专书辞典。

作为专书辞典,它不能回避或遗漏任何语言现象,它必须穷尽式地收录各部经书的全部词语,通过分析、归纳、整理、描写,为每个词在语音、语义、词性、语法各范畴内找到合适的位置,提供相关的信息。本辞典所收的单字条目和多字条目,收释了该经书中的字、词、短语、固定格式以及含有经义或特殊意义的句子;辞典在单字条目后依次标明在该书中的现代音、中古音和上古音;每一词都列出它在该书中的全部义项,同时标出词性和词频。

作为专书辞典,编纂者下了很大的工夫,就其收词范围而论,是有限性,它限制在各部经书之内;就其所收词语的类别而论,则为百科性。凡是经书中的词语,无论是哲学、政治、伦理、教育、文化、道德等有关基本概念的词语或是天文历法、人、地、物、历史事件以及草、木、虫、鱼、飞鸟、走兽之名等等,全在收录之列。

该辞典各卷正文有两大部分:一为辞典正文,一为词语索引。各卷附录包括三项:一是经书原文,以中华书局出版的《十三经注疏》为底本又经过编纂者精心核校。二是历代研究本部经书的主要论著索引。这项工作无疑是非常必要的,因前人这些成果为《十三经辞典》的编纂打下了坚实的基础。《十三经辞典》凝聚着历代学者的智慧,饱含着无数学人的心血。我们打开辞典稍一阅读,就会感到厚重的历史继承的分量,闻到几千年文化积累的浓香。三是西安碑林唐开成石经拓片缩印本。这是编纂委员会充分利用了陕西得天独厚的优势——陕西作为周、秦、汉、唐等十一个朝代的都城所在地,文化遗存十分丰富,西安碑林中珍藏的唐开成石经便是其中之一。此外各卷卷首均有一篇"概述",对该书的作者、成书时代、列入经书的时期、主要内容及特点、对后世的影响等作了全面的介绍。对人们学习、研究十三经提供了极大便利。

特色之二,辞典对于所收每个词出现频率都做了统计。更为难能可贵的是它还进一步显示出字频、音频、词频和义频。这是迄今为止任何专书辞典都没有完全做到的。比如"弟",在《孟子卷》辞典中我们看到:

弟[36](一)dì 徒礼切　定荠上。脂部。(21,指出现次数,下同。)

①[名]弟弟。同父母的比自己年龄小的男子(20)。(例

略。下同)②[名]妹妹。同父母的比自己年龄小的女子(1)。

(二)tì徒礼切　定荠上。脂部。(2)

[动]用同"悌"。敬顺兄长(2)。

[弟子]①[名]学生,门徒(2)。②[名]学生以及后辈自称之词(2)。

另见"子弟"(7)、"人弟"(2)。

可知"弟"作为单字字频是36次。从音频上看,dì音出现了21次;tì音出现2次。从词频、义频上看,名词21次,表示"弟弟"义20次,表示"妹妹"义1次。动词2次,表示"敬顺兄长"义。另外,复音名词"弟子"共出现4次,表示"学生、门徒"义2次,表示"学生以及后辈自称之词"义2次。同时"弟"作为复音词的第二字,还在"子弟"中出现7次,在"人弟"中出现2次。

专书辞典理应对词语的出现频率作出统计,但要对其字频、音频、词频、义频都一一统计,就需要多角度多层次的反复分析、归纳,其繁复与艰辛的程度可想而知。王力先生(1980:16)曾指出:"词是极端复杂的一种语言现象,它是意义、声音和形态结构的整体。我们如果不全面地研究这三方面的因素,我们就不能发现一个词的特征。"这些看似枯燥无味的数字是词在经书中语音、意义、语法各方面的数据,传递给我们的正是每个词在经书中鲜活生动的使用状态。事实证明,一个词的相关频率,结合其他因素,常常可能引发对词的生命史的新发现;这些信息对于研究词的历史和特征十分重要。比如"忠",《论语》出现18次,《左传》70次。这时期"忠"在表义上主要指人与人之间一种道德观念,平辈与上下之间的关系都可以用"忠"表示。而到了战国时期,以《韩非子》和《吕氏春秋》为例,"忠"出现的频数比《左传》有所增高(张双棣

1989），而在表义上却明显朝着下对上的关系转化，上对下的情况已极少见。如《吕氏春秋》"忠"68 例中，63 例均指下对上尽忠心，尤以臣子对君主尽忠心为最多。《韩非子》93 例"忠"，有 89 例都指下对上，也以忠于君主为最多。以上调查比较清楚地表明了"忠"的词义在先秦时期的发展变化，这是只有通过穷尽性的统计、分析才能得出的结论。

特色之三，每个词的义项排列顺序以义项的频率多少为据，频数多的排在前面。它不同于语文辞典按词的本义、引申义排序。语文辞典所收的词是词的静止状态，呈现为历时性的存在；其义项的排列按照本义、引申义的顺序可以显示词义发展变化的脉络。而专书辞典所收词语反映的是该词在特定历史时期、特定著作中的动态；其义项呈现为共时性存在。因而宜按照该词在专书中的出现频率排序，用量化分析的方法显现该词在汉语发展的这一瞬间的特征。正是这无数的瞬间汇成了语言发展的长河，而每一瞬间在语言发展的长河中都肩负着承前启后的独特作用。这正是专书辞典最有价值之处，也是语言研究者关注的亮点。譬如"树"这个词，《左传》中出现 17 次，用作动词"植"、"立"义 13 次，而作名词"树木"之义仅 4 次。按其频率多少排序，动词义项应列在前。"树"在《尚书》中出现 4 次，《诗经》中 11 次，《论语》中 2 次，《孟子》中 9 次，均为动词用法。这些信息告诉我们，今天"树"的名词用法排在词典义项最前面，而在先秦时期"树"的主要用法是作动词。通过排序反映出了语言发展瞬间的状况及其历史演变。

特色之四，是划分词类，标出词性。这是辞书界经过多次讨论正在尝试中的课题。《十三经辞典》给虚词、实词都分别划分了词类，标明了词性，向前迈出了可喜的一大步。这样做，不仅反映了该书中词的组合能力以及词在句中充当句法成分的能力，也展示出了该部经书所处时代人们组词造句的习惯和特征。但由于这一工作带有尝试性，学界对划分词类的标准还没有完全统一认识，难免会出现对词性判断看法不一的情况。这是可以理解的。

特色之五，在选择词目和释义上都注意突出经书特点。作为辞典来说，首要任务就是释难解惑，但《十三经辞典》所释之难、所解之惑不仅限于经书中的生字难词，更重要的是要解释经书中含有经义、表现儒家理念的关键词语或句子。因为这些词语或句子往往能够反映经书特点，直接影响对经书的正确理解。如《论语》、《孟子》、《孝经》、《礼记》等书中表现儒家思想文化的仁、义、礼、智等方面的词语；《周礼》、《仪礼》、《礼记》中表现各种礼仪及官职的词语；《春秋公羊传》、《春秋穀梁传》、《春秋左传》中涉及对《春秋经》的解释以及人物、会盟、战役的词语等等。对于这些关键词语都要在认真研究经书的基础上，正确解释其内涵，说明其渊源，叙述其作用及影响，给以客观、科学的评价。譬如"仁"这个文化意蕴十分丰富的关键词，一般语文词典大约只用几十字或百余字，说明是古代一种含义极广的道德观念，核心是指人与人相互亲爱等，但在《十三经辞典》的《论语卷》、《孟子卷》中，这样解释显然不足。特别在《论语》中，孔子对"仁"作了全面阐释，对于"仁"的核心意义、其内在表现和外在形式、"仁"产生的前提等都有精辟的论述，对后世产生深远的影响。因而编撰者在《论语卷》的"仁"条下用了1080字作了较为充分的阐述。至于那些表达经义的语句，如"仁者爱人"、"己所不欲，勿施于人"、"民为贵，社稷次之，君为轻"等等，它们以汉语特有的简练干净，浓缩着儒家的思想精华，大多是经书的重中之重，理应作出诠解。另有一些则是以简要概略的形式包含着应该扬弃的内容,也是人们应该了解的。把这些有代表性的词语作为辞典的条目列出,等于展示了儒家思想的纲要,既便于人们掌握要点,也有利于查找。这样的专书辞典不仅是帮助人们学习十三经的工具书,也是研究十三经的具有相当价值的学术著作。

《十三经辞典》具有的这些特点,有些是尝试,有些是创新,它们对弘扬传统文化,对专书语言研究都作出了不容忽视的贡献。

说到《十三经辞典》的贡献,我想先谈谈它对社会的贡献。

当今社会的一项重要任务是建设有中国特色的社会主义新文化,我们在发扬创新精神的同时必须对传统文化进行批判继承。要做到这点,首先必须对传统文化有比较深刻的了解。而在中国传统文化中,儒家思想占有极为重要的地位。阐述儒家思想的著作繁多,以十三经最为经典。十三经内容涉及我国古代文化的许多方面,诸如天人合一的思维模式、天下为公的大同思想、以民为本的治国原则、自强不息的奋斗精神、重视德操的修身境界等等,这些思想、精神渗透在民族性格与心理之中,具有强大的凝聚力。同时对十三经中的一些消极因素也应该指出。总之,我们要研读儒家经典不可不读十三经。但由于时代的变迁,语言的演变,现在的人们如果没有经过严格的专业训练,读十三经及古人注疏可能遇到困难。因而一部汇集前人研究精华、用通俗简练的现代汉语表达的《十三经辞典》就会成为人们不可缺少的工具书。

尤其在东西方文化密切交流的今天,中国的传统文化已引起世界各国的广泛关注。如近年一位英国汉学家西蒙·莱斯在他的《论语》最新英译本出版之际撰文介绍《论语》说道:"在整个人类历史上,没有任何书能像薄薄的一本《论语》那样,对如此多的人产生如此深远长久的影响。《论语》的仁爱思想被东亚所有的国家所接受,并激发了东亚文化的繁荣。儒家思想是古老悠久的中国文化的精神支柱。……任何人,如果对中国文化一无所知或知之甚少的话,最终将会限制其对人类文明的理解。"这位英国汉学家对中国传统文化在世界文化史、人类文明史上的重要地位所作的崇高评价,对我们进一步认识十三经的价值自当有所启发。

当前中国正处于大变革、大转型时期,同时又受到全球化浪潮的冲击,继承优秀文化传统的意义更显深远而重大。因为只有保留自己文化的民族性,才有可能维护中华文化作为世界主流文化之一的地位,也才有可能与世界其他民族的文化共同发展。

《十三经辞典》就是在这样的国内国际形势下适时诞生的,它定会对弘扬中国传统文化作出重大贡献。同时,《十三经词典》的编纂对学术事业的贡献也是十分明显的。

专书语言研究一再为语言学界前辈所倡导。王力、陆志韦、丁声树、吕叔湘、杨伯峻及郭锡良等先生曾多次强调过这个问题的重要性,指出许多重大的学术工程都必须以专书研究为基础。近几十年来已有不少专书研究的成果问世,而《十三经辞典》则是在过去工作基础上取得的新的令人瞩目的成就。张岱年先生在序中说:"编撰《十三经辞典》,这是一项伟大的学术工程,对于古代学术研究有重要意义。"它的完成必将进一步推动专书辞典的编撰向新的高度和广度发展;它将为发现并补正现有古汉语词典的错误和不足创造有利的条件;更将为编撰大型汉语断代词典、大型汉语历史词典准备可靠而充分的学术依据。同时,它也为断代语言研究提供了直接的、实在的信息,是断代的汉语词汇史、语法史、语音史乃至系统完整的汉语发展史的最重要基础之一。由于本辞典的收词内容是百科性的,它也必将有助于社会科学各学科史甚至部分自然科学学科史的研究。可以说《十三经辞典》的编撰既是盛世学林之宏举,又是专书辞典和专书语言研究等学术事业更大繁荣的先兆。

当然,编写这么一部难度很大的巨型辞典,缺点和不足是难以避免的。我感到在关键词语的选择、安排和释义方面,在体现专书特色中标立义项方面,在词性的确定和释义的准确性等方面,还有一些有待进一步推敲、商榷之处。

最后,还希望:(一)在全面吸收前人及时人研究成果方面,能给予更多重视。(二)要充分利用已有的统计数字,可在附录中设一"全书用字频率表",也可增加人名、地名、引书名、官职名、其他专名等索引,为学人提供更多便利。(三)本书编纂中所依据的语法体系,划分词、词组、短语、句子的标准,划分词类的原则、区分活用与兼类等问题的依据等,望能撰文介绍,附于正文之后,便于读者在使用中共同检验是否贯彻;读者若有不同意见,也便于讨论。

参考文献

王 力 1980 《汉语史稿》,中华书局。

王 宁 1996 《训诂学原理》,中国国际广播出版社。

张双棣 1989 《吕氏春秋词汇研究》,山东教育出版社。

(本文原载于《古汉语研究》2006 年第 1 期)

《中国古代语法》序言

　　许璧先生是我的韩国学友,他从事古汉语语法研究已数十载。自1975年担任延世大学教授以来,先后发表了许多引人注意的学术论文。同时他多年来还从事古汉语教学工作,至今已是桃李满天下。许先生在国际上也很有影响。为了撰写《中国语法学史》一书,他博览世界各国汉语语法专家的研究成果;他周游列国,广交世界各国汉学家朋友,最终写出一部前无古人的介绍全世界汉语语法研究概况的专著,受到大家的普遍欢迎。

　　最近,他又写成《中国古代语法》一书,实在可喜可贺! 我觉得以下几点特别值得称道。

　　第一,本书是第一部用韩语写成的介绍古汉语语法全貌的巨著,它的出版对韩国中文界定会带来极大的好处。

　　第二,本书内容全面,描写细致。本书是一部全盘性的古汉语语法书,我们从它的总目上就可以看出其内容的系统和全面。第一章实词,包括名词、代词、形容词、动词、数词、量词。第二章虚词,包括副词、介词、连词、语气词。第三章文章论,包括基本句型和特殊句型。我们再进一步阅读此书,就会感到其描写之深入细致。仅以代词为例,在代词一节里有以下内容:(甲)人称代词。下分五项:(1)一人称代词,(2)二人称代词,(3)三人称代词,(4)单复数的区别,(5)谦称与尊称。(乙)指示代词。下分四项:(1)

近指代词,(2)远指代词,(3)旁指代词,(4)无指代词。(丙)疑问代词。下分三项:(1)代替人的疑问代词,(2)代替事物的疑问代词,(3)代替处所的疑问代词。作者对于以上内容都作了详尽的说明。

第三,本书的重点突出。重点在哪里? 在实词篇和虚词篇。尤其对实词与虚词的特殊用法和疑难问题,介绍得更为详备,论述得更为透彻。在充分吸收前人成果的基础上还提出一些个人见解。真可说是他多年来从事古汉语教学和古汉语语法研究的结晶。读后使人感到这部书不仅有广度而且有深度,不仅有学术性而且有普及性。这是因为作者为撰写此书作了长期的准备。20世纪60年代以来就前后撰写了多篇关于《战国策》、《史记》等专书虚词和实词研究的论文,如《战国策称代词研究》、《史记称代词与虚词研究》、《战国策第一人称代词研究》、《史记第一人称代词研究》、《史记和三国史记中的第一人称代词研究》、《史记和三国史记中的量词研究》等等。90年代以来又进一步撰写了不少古汉语语法专题论文,如《古代汉语中名词的特殊用法》、《古代汉语中动词、形容词的特殊用法》、《古代汉语中人称代词的特殊用法》、《古代汉语数词研究》、《古代汉语指示代词研究》、《古代汉语疑问代词研究》和《古代汉语副词研究》等等。这些论文为许先生撰写此书打下了坚实的基础。

第四,本书在论述上深入浅出,明白易懂。我想它的问世对韩国研究古汉语的学术界以及喜爱古汉语的广大读者都将大有裨益,定能收到雅俗共赏的效果。

许先生曾对我说,他之所以写这部书,是因为考虑到韩国的中文界十分需要一本"全盘性的古汉语语法书",因此他"大胆地"、义不容辞地承担了这个任务。这使我想到许先生为了传播中国的古文化和满足韩国社会中文界的需要，虽已年过花甲，仍孜孜不倦，辛勤耕耘，表现了强烈的事业心和高度的责任心。这种老当益壮的奋斗精神确实难能可贵，值得学习。

许先生多年致力于中韩文化交流，为增进中韩两国汉学家的友谊作出了宝贵的贡献，我愿借此机会深表谢忱，并衷心祝愿中韩两国学者和两国人民之间的友情世代相传，万古长青。

1997年6月10日于北京

《古汉语语法纲要》中译本序[*]

国际著名汉学家蒲立本（Edwin G. Pulleyblank）先生，1922 年出生于加拿大阿尔伯塔省卡尔加里市一个教师家庭。他在上中学时就对语言很有兴趣，大学时尤其喜爱古希腊语和拉丁语。1942年在家乡的阿尔伯塔大学完成本科学业，二战结束后于 1946 年远渡重洋，在英国伦敦大学亚非学院学习中文和中国历史，1951 年获博士学位。在此期间曾就教于著名汉学家西门华德（Walter Simon）和语言学家弗斯（John Rupert Firth）、Eugenie Henderson 等。20 世纪 50 年代初任教于剑桥大学，在这所具有中国语言研究传统的大学里开始从事古代汉语的教学与研究工作。1966 年返回加拿大，在不列颠哥伦比亚大学亚洲学系执教（1968—1975 年任系主任），直到 1987 年作为荣誉教授退休。蒲立本先生是加拿大皇家学会会员，曾先后担任加拿大亚洲研究学会主席、北美洲东方学会主席、国际中国语言学学会主席等职。

蒲立本先生的主要研究领域是中国历史语言学，在古汉语语音、语法、词汇各方面都有很深的造诣，同时在一般理论语言学、印欧语系、中亚史、唐代历史、中外文化交流史等方面也都有所建树。

---

* 本书中文版由不列颠哥伦比亚大学出版社授权语文出版社在世界范围内出版发行。

半个世纪以来发表论文一百多篇、专著十种,此外还写过多篇评论文章。近年来的主要著作除本书外还有 *Middle Chinese*(《中古汉语》)(1984),*Lexicon of Reconstructed Pronunciation in Early Middle Chinese*,*Late Middle Chinese and Early Mandarin*(《早期中古汉语、晚期中古汉语以及早期官话语音构拟字典》)(1991),*A Chinese Text in Central Asian Brahmi Script*:*new evidence for the pronunciation of Late Middle Chinese and Khotanese*(与 Ronald E. Emmerick 合作)(《中亚婆罗门教手稿中的汉语文本:晚期中古汉语和和阗语语音的一个新证据》)(1994)等。

《古汉语语法纲要》(*Outline of Classical Chinese Grammar*)的初稿源于蒲立本先生多年在剑桥大学和不列颠哥伦比亚大学给本科生讲授古代汉语的讲义,又经过作者长期的思考、研究、修改、补充,可以说是他从事古汉语教学与研究半个世纪的总结。本书自1995 年出版后好评不断。华盛顿大学鲍则岳(William G. Boltz)教授撰写书评称本书是 20 世纪以来用西方语言写就的最重要的古汉语语法专著,加州大学尔湾校区的麦克尔·福勒(Michael A. Fuller)教授在他的《文言津梁》(*An Introduction to Literary Chinese*,哈佛大学亚洲中心 1999 年出版)中说此书在有关古汉语语法的详尽讨论中极其有用。现在,蒲立本先生的学生孙景涛先生将本书译为中文,由语文出版社在古汉语的故乡出版,使更多中国学者得以了解、借鉴西方学者的古汉语语法研究,真是一件可喜可贺的事。

本书共分十五章。在对汉语的历史、文字、音韵以及古汉语语法的基本规则作出简要说明之后,作者从对各种谓语的分析入手,集中探讨了古汉语的主要句子类型。然后,就一些颇具特色的语法现象如名词短语和名物化、话题化以及语法成分的突显,否定方式,代词及相关词语,体、时、语气,表示包含或限定等进行了详细的分析。最后讨论的问题是复句。

读完全书我感到有几点明显的特色。

作者不仅注意到古汉语语法在体系上的完整性,尽可能对古汉语句法作出连贯的、全面的分析;同时还特别注意突出重点。从中我们可以了解到一个外国学者心目中的古汉语语法的整体面貌和主要特色以及他对各种语法现象的解释。同时,由于对重点问题讨论得比较深入,不但有结论,还能看出得出这一结论的方法,这就使本书在古汉语语法研究的方法论上也很有参考价值。

作者不是把语法现象孤立起来考察,而是注意到形成这一语法现象的综合因素。如作者特别重视将语音要素融入语法研究,书中随处都能感受到这一特点。关于语法现象与方言差异可能存在的关系,书中也多有论述。再如各种古籍独有的语法特色、著作者个人的语言风格以及社会历史因素等,本书也都予以关注。

作者没有像常见的语法书那样分出词类和语法两大类,而是以句型、语法结构、语法功能为主要框架来驾驭词类特别是虚词(本书统称为“小品词”),使人在了解语法全貌和重要语法现象的基础上加深对虚词在其中作用的认识。如:结合对名词谓语的介绍讨论了句末语气词“也”、系词“为、曰、唯”等,结合“复杂的动词谓语”讨论了小品词“而”、次动词“以、用、与、为、自、由、从”以及方位次动词“于、於、乎”等。而对副词的处理更有意思:考虑到古汉语中的副词相对于现代汉语和英语来说颇具特色,有必要对本书的主要读者(欧美大学里有一定现代汉语知识而又对古汉语有兴趣的青年学子)作详细介绍,作者安排了差不多四章的篇幅加以讨论;而其中只有一章名为副词,其余三章都是以语法功能为纲来安排的。如:"否定"章讨论了近二十个否定形式;"体、时、语气"章结合动词的"体"讨论了动词前的小品词"既、未、已",结合句子的"体"讨论了句末小品词"矣、也、已(也已、也已矣)"等;"表示包含和限定"章则讨论了十余个范围副词及其他一些相关词语。

作者对语法现象的观察敏锐而深入,常有自己独到的见解。比如"为"在先秦汉语中是否可以用作系词一向存在争议。作者认为"为"应视为系词。他举出《论语》"子为谁"这个例子,指出上古汉语中疑问代词作动词或介词的宾语时一定要置于动词或介词之前,"谁"是典型的疑问代词,然而它在例中没有移至"为"的前面,可见"为"在这里不是一般的动词,应该就是系词。再比如"予",一般会说它是"余"的变体,都用作第一人称代词,都读平声,二者无别。可是"予"还可用为动词,"给予"的意思,上声。作者指出,在《诗经》和《楚辞》中,"予"在代词和动词两个意义上都与上声字押韵。这似乎告诉我们,"予"原本并没有平声一读。这也就等于说用作第一人称代词的"予"与"余"在读音上并不完全相同。读音有意暗示它们在用法上可能也有差别。"余"和"予"应该与"吾"和"我"平行,"吾、余"主要用于主格,"我、予"主要用于宾格。这些具体结论容或有商讨余地,但作者观察问题的角度和研究方法是值得重视的。

作者还很注意通过汉语与英语语法的对比使人们对汉语的特点有更清楚的认识。例如关于汉英陈述句主语的比较、双宾格式的比较、表虚拟语气的比较等都很精彩。这些比较也给读者的阅读增添了许多兴趣。

　　作者对一些感到有必要进一步探讨的问题都及时提出,以引起同人注意。例如关于表示否定的"毋(无)"和"勿",作者提出:"表示禁止的小品词'毋(或"无")'和'勿',有一部分意义是属于语气方面的。如前所述,这些词可以出现在从属复句当中,在这种情况下,我们不能简单地将它们译作祈使性的否定。这种结构有待于进一步的全面的研究。"正如作者在前言中所说:"本书提出的一些尚未解决的问题也许会激发一些学术新人去尝试新的理论手段,进而将古汉语语法研究汇入语言学研究的主流,而不是让它长期地停留在深奥难测的迟滞状态。"

　　在对照原著阅读这一译本时,我们会发现景涛先生的译文充分体现了原著朴实稳妥、通俗易懂的语言风格,为我们提供了一个忠实于原著的很好的译本。特别值得一提的是,译本保留了原书对古汉语例句的英译,没有用现代汉语的译文去代替它。这种做法似乎很少见到,但我以为是很有创意的。大家都知道,研究古汉语语法是离不开援引古汉语用例的,然而对例句的理解常会因人而异;不明确说出你的理解便无法展开有效的讨论。我们读完本书就会明白,蒲立本先生在书中的叙述、选例和译文是一个不可分割的整体。译文相当准确地表达了他在语法上的认识,十分有助于理解他在正文中的论述。随便举个例子,作者在"表示包含和限定的名词性和副词性的词"这一章里谈到"诸"字,他说:"尽管'诸'通常可译解为'全部',但它实际上表示的是某一类别的成员的身份,而不是各个成员的总和。"接着举例:"王之诸臣皆足以供之。"译文:"Your various ministers are sufficient to provide them."作者在这里精心选用了"various"与"诸"对应,正与他在上文的解说互相配合,使人一目了然。不难想象,如果没有了作者的译文,这本书也就不完整了。何况通过译文我们还可看到蒲立本先生作为一位西方学者对古汉语理解之深,对某些难度较大的例句译文处理之妙,我感到确实是难能可贵,这里就不一一举例了。

　　走笔至此,不禁回想起1994年枫叶正红之时我应邀访问加拿大不列颠哥伦比亚大学的情景。记得那是一个风和日暖的下午,当我乘车到达温哥华车站时,蒲立本先生已在那里等候多时了。此后逗留期间,先生在各方面都给予热情关照。尤其令人难忘的是他还亲自主持了我的演讲会,在讨论时,他又是那样谦虚、认真。他对晚辈学者平易近人、关心爱护的态度使我非常感动。虽然事情已过去十年,今日想来仍历历在目。听景涛说,老先生虽已年逾八旬,仍在给学生上课,分文不取;仍然笔耕不辍,执著探索。令人肃然起敬。先生文章浑厚老到,治学锲而不舍,为人和蔼安详,是一种宁静致远、铅华尽洗的人生境界。在以渊博的知识讨论各种问题的同时,又一再坦承自己对一些问题尚缺乏深入研究,绝不以真理占有者自居。真可谓"精神到处文章老,学问深时意气平"也!

　　我愿借此机会向蒲立本先生遥致敬意,并祝中加两国学者之间的友谊长青!

　　　　　　　　　　　　　　　　　　2003年12月于北京

杜 预

杜预(公元222—284)，字元凯，京兆(今西安)杜陵人。西晋将领、学者。祖父杜畿，三国魏河东太守，后进封丰乐亭侯，为尚书仆射。曾受诏作御楼船，于陶河试船时，遇风，船没而死。帝为之流涕，追赠太仆，谥曰戴侯。父杜恕，河东太守，御史中丞。在朝，不结私援，专心向公。每政有得失，常引纲维以正言。由于不得当世之和，故屡在外任。因一次出事未报，被别有用心的人告发，当死罪，帝念其父杜畿勤于公事，为试船而淹死，免为庶人。

杜预在任官期间，凡所施论，务崇大体。他主张去繁就简，认为简则使人易于掌握并知所依从。他善于计谋，明于筹略，朝野称美，号曰"杜武库"。他对公家之事，知无不为。凡所兴造，必考度始终，鲜有败事。待人接物，恭而有礼；问无所隐，诲人不倦，敏于事而慎于言。

晋武帝时，拜杜预为镇南大将军，都督荆州诸军事，杜预以奇兵奇计大败吴兵，军中有歌谣赞颂他："以计伐战一当万。"帝因他灭吴有功，封为当阳县侯。百姓赖之，称他"杜父"。

既立功之后，从容无事，乃专攻经籍，撰有《春秋左氏经传集解》(以下简称《集解》)、《春秋释例》、《盟会图》、《春秋长历》等，备成一家之言，到老乃成。当时王济善于相马，和峤颇嗜敛财，杜预常说："济有马癖，峤有钱癖。"武帝闻之，问杜预说："卿有何癖?"答道："臣有《左传》癖。"

　　杜预的《集解》是《左传》注解流传到今的最早的一种,收入《十三经注疏》中,对《春秋》经传研究作出了重要贡献,对后世影响甚大。杜预在《集解》序中说,"预今所以为异,专修丘明之传以释经……分经之年与传之年相附,比其义类,各随而解之"。把《春秋经》和《左传》按其内容以年为纲,逐年编排在一起,这是一个创举。从此《集解》得以单独流传下来,正如陆德明《经典释文》所说:"旧夫子之经与丘明之传各异,杜氏合而释之,则《左传》又自有经。"孔颖达《春秋正义序》说:"今校先儒优劣,杜为甲矣,故晋宋传授以至于今。"《四库全书总目》指出,《左传》与杜预注、孔颖达疏皆有大功于《春秋经》。杜预的《集解》主要有以下特点。

　　一、杜注简明扼要,文风如其作风;举其精要,去其烦琐。没有那种下笔数千上万言,注疏远远超过正文的做法。如《左传·隐公三年》"涧溪沼沚之毛,蘋蘩蕰藻之菜,筐筥锜釜之器,潢污行潦之水",杜预注:"溪,亦涧也。沼,池也。沚,小渚也。毛,草也。""蘋,大萍也。蘩,皤蒿。蕰藻,聚藻也。""方曰筐,圆曰筥,无足曰釜,有足曰锜。""潢污,停水。行潦,流潦。"注释甚为简练。

　　杜预的注虽简却不粗疏,该注的地方虽然字面上毫无困难,也有注释。如《隐公三年》:"四月,郑祭足帅师取温之麦。秋,又取成周之禾。"杜预注:"四月,今二月也,秋,今之夏也,麦、禾皆未熟,言'取'者,盖芟践之。"总起来说,杜注做到了简而精。

　　从杜注中可以看出杜预对天文、地理、礼乐、历史、政治、经济等多方面的知识都有一定修养,而于地理造诣尤深。这大约与他担任将领组织作战、研究地理不无关系。阎若璩在《尚书古文疏证》中对此有很高评价:"地理之学为从来作书与注书者所难。予尝谓作《国语》之人便不如左氏……《左传》昭十一年《传》:'楚子城陈、蔡、不羹。'杜注云：'襄城县东南有不羹城，定陵西北有不羹亭。'十二年《传》：'今我大城陈、蔡、不羹。'对曰：'是四国者，专足畏也。'杜注云：'四国：陈，蔡，二不羹。'予考之《汉地理志》，颍川郡有东不羹，在定陵；有西不羹，在襄城。恰列为二，杜氏之言盖是也。作《国语》者不通地理，认不羹为一，谓之城三国。（见《楚语》上）……以知左氏之作，杜氏之注，皆精于地理如此。"

二、从语言学的角度看，杜预在1700余年前已具有初步的语法观念，这是非常可贵的。

首先，他对某些虚词的特点已有所体会。如《隐公元年》："公曰：'尔有母遗，繄我独无。'"杜注："繄，语助。"他已认识到句中的"繄"是起帮助语气的作用。又如《隐公三年》："宋宣公可谓知人矣。立穆公，其子飨之，命以义夫。"杜注："命出于义也。夫，语助。"他把句末语气词和句首语助词都视为语助，至今还有些语法书是这样分类的。

又如《隐公十一年》："若寡人得没于地，天其以礼悔祸于许，无宁兹许公复奉其社稷。"杜注："无宁，宁也。"他认识到"无宁"中的"无"与一般表否定的"无"不同，"无宁"，相当于"宁"。"无"在这里实际上是一个虚词。

又如《成公十六年》："栾铖见子重之旌，请曰：'……请摄饮焉。'"杜注："持饮往饮子重"。从"请摄饮焉"，怎么会看出"往饮子重"的意思呢？杜预似乎看出"焉"含有"于之"之义，"请摄饮焉"即"请摄饮于子重"。他虽然没有明确指出"焉"是一个兼词，却已体会到它兼有两词的含义。

其次，他对古汉语里词类活用的现象也有所体会。如《隐公十一年》："公祭钟巫……馆于寪氏。"杜注："馆，舍也。""馆"本为名词,在这里活用作动词,杜预在当时虽没有词类活用的概念,但他明确指出,"馆"在这里是居住的意思。又如《僖公二十八年》:"晋侯围曹,门焉,多死。"对这个"门焉",杜注是"攻曹城门",看来他是把"门焉"理解作"门于曹";把"门"解作"攻"。不仅把"焉"理解作包含两词意义的兼词,而且把名词"门"理解作动词"门"。他当时不可能像杨伯峻先生那样把"门"注作"名词活用作动词,攻城也",但他对"门"的用法与意义,已作出了正确的解释。

再者,他对某些特殊句式的理解也是正确的。如《桓公四年》:"秋,秦师侵芮,败焉,小之也。"杜注:"秦以芮小,轻之,故为芮所败。"他把"败焉"理解作"败于之(芮)",解释作被动句"为芮所败",是完全正确的。先秦被动句大多是[动于(於)×]式,而[动·焉]则是比较少见的被动用法,且[动焉]是否为被动句还是紧密联系上下文去分析,比如《隐公元年》的"制,岩邑也,虢叔死焉,佗邑唯命","死焉"就不是被动用法,而是"死于此"之义。杜预能从相同的句式中分辨其不同的用法,说明他具有相当精确的语感和敏锐的观察力。

总之,杜预的《春秋经传集解》是他在学术上最重要的著作,它不仅汇集了前人对《春秋左传》的注释,更重要的是凝聚了杜预多年的心血,从中可以看出他所具备的渊博的学识和以简驭繁的思考能力。从语言学的角度研究杜预的注释,可以认为他代表了那个时代词汇语法研究的水平。

(本文原载于《中国古代语言学家评传》,吉常宏、王佩增主编,

山东教育出版社,1992 年)

著名的语言学家丁声树

一

　　丁声树先生是在国内外享有盛誉的我国著名的语言学家。他是河南省邓县人，生于1909年3月9日。1926年考进北京大学预科，1932年从北京大学中文系毕业后，到前中央研究院历史语言研究所做研究工作，先后任助理员、编辑员、副研究员（1940年初至1940年底）、专任研究员（1941年至1949年），1944年至1948年赴美国考察，曾兼任哈佛大学远东语言部研究员和耶鲁大学语言学部研究员，并加入了美国语言学会。1948年9月回国。解放后一直在中国科学院语言研究所（1977年5月改称中国社会科学院语言研究所）任研究员。曾担任过语言所方言研究组组长、《中国语文》杂志主编、词典编辑室主任等职，还兼任过中央推广普通话工作委员会委员，中国科学院普通话审音委员会委员。他是原中国科学院哲学社会科学部委员，第三届政协全国委员会委员，第六届政协全国委员会委员、常委，第三届、第五届全国人民代表大会代表。

　　丁声树先生从事语言学的研究工作近50年，在汉语音韵、训诂、语法、方言以及词典编纂等方面都有很深的造诣，他以自己精心研究的成果为我国语言科学事业的发展作出了重大贡献。

二

在 20 世纪三四十年代,丁声树先生致力于古代汉语的研究,发表了一些很有价值的学术论文。他的文章,从分析具体问题入手,在论证时古今结合,旁征博引,把音韵、训诂、语法、方言各方面的知识融会贯通,运用自如。他又善于以治活语言的方法来研究古代语言。他勤于探求,刻苦钻研,以其渊博的学识、科学的方法、新颖的思路、精辟的见解达到前人所未达到的新水平,"开创了当代科学地研究古代汉语的一代新风"。①

1935 年,26 岁的丁声树,大学毕业刚 3 年,就发表了他的成名之作《释否定词"弗"、"不"》。他引用先秦典籍 170 多个例句,条理分明地论证了"弗"、"不"本身的特点、与动词连用时的特点、与介词及状词连用时的特点等,从而对"弗"、"不"的不同用法得出新的看法,特别是总结出"弗"在先秦时的运用规律,指出在先秦古籍中,"弗"一般包含着"不……之"。由于"弗"后面动词的宾语"之"已包含在"弗"中,因而多形成"弗、动"式。这篇文章引起当时语言学界的极大重视。

接着在 1936 年,又发表了《〈诗经〉"式"字说》。《诗经》中"兄及弟矣,式相好矣,无相犹矣"(《小雅·斯干》)、"虽无好友,式燕且喜"(《小雅·车辖》)等诗句中的"式"字,汉唐旧说都训为"用",清代学者则一概视为语助无义之词。丁先生分析了全部《诗经》的"式"字句,并与上下文对照比较,他从"式"字每与"无"

---

① 《中国语言学家》,第 32 页,河北人民出版社,1981 年版。

字对言，"式"字又与"虽"字对言，仔细玩味，反复推求，终于悟出"式"字有劝令的意味，是"应当"之义。接着又从"式"字说到"职"字，"职"和"式"古音相近，《诗经》"职"字也有和"无"对言的，因此"职"也可和"式"一样解作"应当"。他的见解十分精辟，标新立异而又切合语言实际，无怪有人称赞他"从此（指从"式"与"无"对言、与"虽"对言——笔者）入手，真是巨眼"。

1940 年，发表了他的《〈诗·卷耳·芣苢〉"采采"说》。《诗经》"采采卷耳"（《周南·卷耳》）、"采采芣苢"（《周南·芣苢》）中的"采采"，前人大致有两种解释，毛《传》、孔颖达《正义》、朱熹《集注》以及陈奂《毛诗传疏》等都把"采采"看作及物动词，训为"采而不已"，即采了又采；但戴震《诗经补注》、马瑞辰《毛诗传笺通释》却认为"采采"是叠字形容词，训为"众盛之貌"，即形容卷耳和芣苢两种植物的繁茂。丁先生认为戴、马之说是正确的，但"考辨犹有未尽"；于是他不仅把全部《诗经》，而且把先秦群经诸子中的叠字通通考察一番，在此基础上对"采采"的用法做出了规律性的总结："三百篇中，外动词（即及物动词——笔者）不用叠字，凡叠字之在名词上者尽为形容词，则《卷耳》、《芣苢》之'采采'，其义自当为众盛之貌，不得训为采取。"并进一步指出，不仅《诗经》没有及物动词的重叠式，就是先秦群经诸子中也还没有见到。最后他说，外动词的叠用，现代汉语常有，如"读读书"，"采采花"、"锄锄地"、"作作诗"之类，毛、韩两家诗说解释"采采"，就是以现代的语例来揣测古代语言："此固汉儒说《经》之通弊；然古今语言迁变之迹，借此略得窥其一二。"他指出，这是中国语言史上语例演化的一个方面，值得语文研究者深入探讨。

1943 年发表了他的《"碻"字音读答问》。全文不过 3000 字，却显示出作者巨大的功力。文章一开始就摆出问题:"或问曰:四川北碚之'碚',字书无考,本地人皆读去声,音如加倍之'倍';外乡人每读阳平,音如栽培之'培'。是二者孰为正读乎?"这个"碚"字,古今字书都没有收,要在上下古今若干万部书中去寻觅这个字的读音,实在太旷时费力了。再说这么一个不常见的字,不管读阳平声或去声,好像都没有什么了不起的关系,因此很少有人愿意探讨这个问题。而丁先生却不是这样。为了解决"孰为正读"的问题,他遍查古人诗文,终于发现"夷陵(今宜昌)胜迹有蝦蟆碚,荆门十二碚,两宋人书中道之者不可枚举。其字作'碚',抑或作'背'、作'倍'"。他引用了两宋诗文中大量的例句,证明"碚"的异体字作"背"或"倍";又引苏轼、苏辙兄弟的唱和诗以及黄庭坚诗,确证"碚"字依诗的格律应读去声。因而这个古今字书都未收的"碚"字,由于丁先生的潜心研究,终于有了确切的注音和解释:"碚 bèi,地名用字:北~(在四川)。"正如杨伯峻先生所说:"连注音短短十一个字,来得好不容易!"①

　　1943 年,丁先生发表《"何当"解》,1949 年又发表他在 1944 年写的《"早晚"与"何当"》。"何当"究应如何解释?清代文字训诂学家桂馥在他所著的《札朴》卷六"何当"条中,举出了唐代诏文、杜甫诗句两个例句,把"何当"解为"当也"。而丁先生在《"何当"解》一文中列举了自晋至唐 100 多个例句,这些例句绝不是无机的罗列,而是有机的、精心的组合,就以唐诗例句来说,由初唐到中唐晚唐,上下几百年,其中的各个时期、各个地域都注意到了,共精选出数十人作品中的上百个例句,强有力地指出:"作者之时地

_____

　　① 　杨伯峻《丁声树同志的治学精神》,载《读书》1984 年第 2 期。

搀互不齐,而'何当'之义训宛尔相会"。令人信服地证明了"何当"不该训为"当也",而该训为"何时",因为它是"问时之词"。在《"早晚"与"何当"》一文中,丁先生不仅进一步阐发了清代学者姚元之、近时学者刘盼遂、吕叔湘先生释"早晚"为问时之词的观点,并且在他们所举的三四个例句之外,补充了近50个例句;更重要的是他深入比较了同为问时之词的"早晚"与"何当"在用法上的异同。通过对大量资料的分析对比,丁先生总结出两者在用法上的区别:"何当"只能用于问将来之何时,"早晚"既可用于问将来的何时,也可用于问已经过去的"何时"。仔细品玩丁先生所举例句,就会发现他用例极为精确,比如在比较"早晚"与"何当"的区别时,有一例是《旧唐书·卷一九二·隐逸列传·王远知》中,唐太宗所降玺书:"……近览来奏,请归旧山,已有别敕,不违高志,并①许置观,用表宿心。未知先生早晚已届江外,所营栋宇何当就功?"接着丁先生指出:"此犹言未知先生何时已至江外,所营栋宇何时可就功也。'早晚'与'何当'并用,而'早晚'言已然,'何当'言未然,至显自可寻玩。"丁先生能精选出这样贴切的例句来说明问题,正不知要有多少倍于此的例句作后盾啊!

　　1948年丁先生写了《〈说文〉引祕书为贾逵说辨正》,这也是一篇十分精彩的文章。《说文解字》两引"祕书",一在四篇目部:"瞋,张目也。从目,真声。祕书瞋,从戌。"一在九篇易部:"易,蜥易,蝘蜓,守宫也。象形。祕书说②,日月为易,象阴阳也。一曰从

---

① 并,作者原文引《旧唐书》作"社",现据中华书局二十四史标点本改为"并",见《旧唐书》第十六册,第5125页。

② 作者原文引《说文》作"祕书说",据上海古籍出版社《说文解字注》1981年版作"祕书说曰",见九篇下,"易"部,第459页。

勿,凡易之属皆从易。"自来注《说文》者大都以"秘书"为纬书。近人丁福保却认为"秘书"当作"贾秘书",以"贾秘书"为贾逵。他说:"许君古学正从逵出,故《说文》引师说或称贾秘书或称贾侍中,而不名也。"其说似是而非,在学术界引起混乱,丁先生"不得不纠正之"。首先,丁先生遍查《说文》全书,得知《说文》引贾逵说时,照例都说"贾侍中说",全书共 17 见。其次,丁先生又以确凿的史料证明,《说文》两次提到的"秘书"都是指的中秘图籍,根本不是官名。他指出,秘书监官之设始于后汉桓帝延喜二年,自此以前未有以"秘书"名官者,接着他雄辩地说:"贾逵卒于和帝永元十三年(公元 101),下距桓帝延喜二年(公元 159)秘书监之初置,五十八年,乌得预为'秘书'? 许慎《说文》作于永元十二年(公元 100),安帝建光元年(公元 121)其子许冲奏上,又乌得称其父为'贾秘书'耶?"一针见血地指出,丁氏"盖不考其全书而臆为之说,固宜其言之多谬也"。

1948 年发表了《论〈诗经〉中的"何"、"曷"、"胡"》,这篇论文可以说是丁先生研究古代汉语的代表作,当代著名语言学家如吕叔湘先生、杨伯峻先生等常以这篇文章作为古汉语研究的典范作品向年轻人推荐。"何"、"曷"、"胡"三字在《诗经》中都常见,古传注及训诂书解释字义时,照例只说"曷,何也"、"胡,何也",未说异同;清代学者多以为是"一声之转",可以"通用"。然而丁先生却不满足于前人的这种解释。他把《诗经》中这三字的用法全部加以仔细地分析比较,并广泛对照了先秦群经诸子,最后发现"这三字至少在《诗经》里并不是随便乱用的","其中尽管也有少数用法上偶尔相混之处,尽管也有少数文义上解释两可之处,但是从大体上看,从整个的趋势上看,实在是分用画然,区别显著"。丁先生指出三字的主要用法和区别是：一、"何"字在《诗经》中主要用于：（1）表"何物"、"何事"，如"其赠维何？"（《大雅·韩奕》）；（2）加于名词（不限事物）之上，如"何草不黄？"（《小雅·何草不黄》）"何人不将？"（同前）；（3）与"如"连用："如何"、"如之何"，表方法、程度、状态等，如"伐柯如何？"（《豳风·伐柯》）"析薪如之何？"（《齐风·南山》）；（4）表何处，如"云徂何往？"（《大雅·桑柔》）以上用法是"曷"、"胡"二字所少有，或者根本没有的。二、"曷"字在《诗经》中最大多数的用法是表"何时"，而且专指未来时间，如"君子于役，不知其期，曷至哉？"（《王风·君子于役》）"何"、"胡"二字都无此种用法。三、"胡"字在《诗经》中几乎一律是表"何故"，如"式微式微，胡不归？"（《邶风·式微》）"何"、"曷"在《诗经》中这么用的很少。丁先生以大量例证作为依据，条分缕析，说理透辟；尤其是指出"曷"专表未来时间"何时"，确切地揭示了"曷"在《诗经》中用法的重要特色，令人叹服。

丁先生的这些文章距今已有几十年了，但读起来依然感到它们那巨大的吸引力，篇篇都闪耀着真理的光辉。在这些文章中，丁先生无不是大量地占有资料，科学地驾驭材料，观察深入细致，发现问题敏锐，论证用尽全力，直如雄狮搏兔，使人深刻感受到杰出的科学论文的不可征服的力量，真可谓是不朽之作。

丁先生在解放前还有一部研究方言的著作，那就是与赵元任等合作的《湖北方言调查报告》。前历史语言研究所一共进行了6次方言调查，已发表的只有这一部。调查时间是1936年，直到1948年才出版。卷一是湖北64个调查点的分地报告，卷二是综合报告，包括综合材料、湖北特点及概况、湖北方言地图。这是中国第一部有方言地图的著作。

三

解放后丁先生更加自觉地将语言研究工作同社会现实需要紧密结合,努力为我国文字改革、推广普通话和促进汉语规范化服务。他在制定语言研究计划、编制方言调查表格、开办普通话语音研究班、培训音韵研究和方言调查人员、实际调查方言、现代汉语语法研究、词典编纂等方面都做了大量、切实的工作。他在一些会议上的发言多具有重要的指导作用。在他的主持、带领或参加下,编写出了一些在国内外有重要影响的语言学著作。他为我国语言学事业的发展贡献出了自己的一切。

在音韵学方面,丁先生有《谈谈语音构造和语音演变的规律》(1952 年)、《古今字音对照手册》(1958 年)、《汉语音韵讲义》(1981 年)等论著。在《谈谈语音构造和语音演变的规律》一文中,丁先生用明白如话的语言、典型生动的实例,深入浅出地说明了语音构造与语音演变都有着严整而明显的规律,更进一步论证了两者的紧密关联和相互影响,最后指出,"研究汉语发展的内部规律,利用它们的内部规律来推进它的发展,使它的内容更丰富,结构更精密,这是中国语文工作者的任务"。这篇文章在语言学界有着深远的影响。

1958 年出版的《古今字音对照手册》收常用字 6000 左右,在排列上以今音为主,依照现代普通话音系为序,标出普通话的读法,把古代的音韵地位注在后面,所依据的古音是《广韵》所代表的中古音系。利用这本书来查找某个字在《广韵》系统里的音韵地位是很方便的。调查方言的人可以拿它作参考,研究汉语音韵的人可以拿它来推究古今语音的演变,一般读者可以拿它来考查普通话的字音。因此这本书在语言学界很受欢迎,尽管丁先生自己一再表示此书有些错误须加以改正,大家仍然认为"本书的编订是建立在对等韵学的精心研究和掌握古今语音演变规律的基础之上的"。①

《汉语音韵讲义》原是丁先生在"普通话语音研究班"上讲授课程时印发的讲义。语音班1956年2月起,由教育部和语言所合办,1959年8月后由中国文字改革委员会、教育部和语言所三个机构合办,它的任务一是培养推广普通话教学、工作的骨干;二是为全国汉语方言调查培养专业队伍。丁先生的讲义共分九章(由丁先生撰文,李荣先生制图),每章有习题,最后有总复习大纲。他写得深入浅出,条理清楚,既有很高的学术水平,又是普及语音知识的最好教材,对于掌握《广韵》系统和古今语音演变的规律大有帮助,在讲义没有公开发表之前就不胫而走,1981年在《方言》杂志发表后更是广为流传,供不应求。

在方言研究方面,由丁先生和李荣先生扩充编订、署名中国科学院语言研究所编辑的《方言调查字表》(1955年)、《方言调查词汇手册》(1955年)、《汉语方言调查字音整理卡片》(1956年)以及由他们合编的《汉语方言调查简表》(1956年),使全国方言普查能够使用统一的调查表格,运用基本一致的调查方法,不仅方便工作,更为方言材料的互相比较对照和今后绘制全国汉语方言地图准备了重要的条件。这是在丁先生主持下对全国方言普查工作和汉语方言学所作的重要贡献。

1955年10月,在现代汉语规范问题学术会议上,丁先生作了

① 《中国语言学家》,第33页,河北人民出版社,1981年版。

《汉语方言调查》的重要报告(与李荣先生合作)。这个报告的第一部分,阐述了方言调查的意义,指出汉语方言调查是直接为推广普通话服务的,同时方言调查和全国方言地图的绘制、汉语史的研究也都是密切相关的。报告的第二部分简明扼要地介绍了现代汉语方言的分布概况并略述了八个方言区的语音特点。第三部分回顾了过去的方言调查工作。第四部分是关于方言调查计划的几项建议:(1)重点调查;(2)培养干部;(3)分区设方言调查站;(4)统一调查计划,为设计全国方言地图准备条件。这些建议很受重视,大部分都为这次会议的决议和以后的教育部、高教部关于汉语方言普查的联合指示和补充通知所吸收,对全国的方言普查工作产生了重大的影响。

1960年12月,在中国科学院哲学社会科学部委员会第三次扩大会议上,丁先生作了《关于进一步开展汉语方言调查研究的一些意见》的发言,建议汉语方言进一步的调查研究在继续注意语音的调查的同时,应以词汇、语法为重点。就当前推广普通话、汉语规范化的需要而论,方言词汇的调查研究尤其重要。这些建议对汉语方言的调查研究工作,有着重大的指导意义。

1960年由丁先生与李荣先生等共同调查,由丁先生主持编写的《昌黎方言志》是一部备受语言学界称道的著作。为主持方言调查并编写这部书,丁先生费尽了心血。本书内容非常丰富,共分八章,对昌黎方言的语音、语法、词汇,昌黎话的特点,昌黎音与北京音的对应关系,昌黎方言南北两区的主要异同都有详细的描写和分析。书中还有诗歌、谣谚、故事,方言地图,分类词表等。解放前的方言调查往往侧重在语音方面,对词汇、语法重视不够,本书在丁先生主持下则有了新的面貌。在分类词表部分里,把词(或

词组)按意义分为天文、地理、时令、政治、工业、农业、商业等36
项,共100多页,几乎占全书篇幅的一半。这种开创性的做法充分
体现了丁先生对方言调查工作的主张。本书对昌黎方言的语法特
点也专有一节论述,还有一节全是语法例句。过去的方言调查往
往厚古薄今,用大量的篇幅跟《广韵》作比较,不是纯粹的描写语
言学。本书却没有与《广韵》比较,为了推广普通话,详细分析了
昌黎音与北京音的对应关系。正如王力先生所说:"实际上,完全
不提及《广韵》,也可以进行很有科学价值的方言研究工作,1960
年中国科学院语言研究所为昌黎县志所编的《昌黎方言志》就是
很好的一个例子。"①还有特别值得提及的是对昌黎城关声调的调
查。开始大家认为是三个声调,后来丁先生仔细辨别分析,发现连
读时声调有变化,连同轻声,一共应是七个声调,反映出丁先生那
洞察秋毫的能力在方言调查上同样是出类拔萃的。《昌黎方言
志》可以说是新中国方言调查的一个范本,有了它,全国各地方言
调查和方言志的编写工作就有所遵循了。

　　在语法研究上,丁先生也有很深的造诣,他和吕叔湘、李荣等
先生合编的《现代汉语语法讲话》(1961年出版)是我国语法学史
上占有特别重要地位的一部著作。本书的特点正如"内容提要"
所说的,是"尽量通过语言事实来阐明现代汉语书面语与口语中
的重要语法现象","并且着重于用法说明,而不是从定义出发"。
这一特点与丁先生本人对语法研究的主张是完全一致的。1956
年在青岛的语法座谈会上,丁先生有一个重要的发言,他再三强调
语法研究的方向要"从汉语的实际出发,具体地分析具体的问题,

---

① 　王力《中国语言学史》,第203页,山西人民出版社,1981年版。

不可从现成的定义出发,不要简单拿另外一个语言的语法系统硬套在汉语上"。他希望大家"多做一些描写性的工作","要先把事实真相弄清楚,先知道语言的事实'是'怎么样,然后才能说'应该'怎么样"。本书就充分体现了这些精神,它选例精确恰当,分析细致入微,阐述事理清楚,在国内外语言学界获得很高的评价。这部描写语法,按性质和用法划分词类,用层次分析法分析句子,重视句子格式和词序,论述问题注意从语法结构和语法形式上着手同时也注意形式与意义的结合;善于吸收国外结构语言学派和该派以外的语法理论,但又始终注意到实际运用的方便和汉语固有的特点,并不拘泥于原说。无论是解放前或是解放后,它都是最重要的一部语法著作。①

在词典编纂方面,他的成绩更为卓著。自 1961 年他担任语言所词典室主任,主持《现代汉语词典》的编辑工作,一直到 1979 年 10 月他因病住院不能工作为止,"在这将近二十年的时间里,他一直在为改变我国词典事业的落后面貌、为培养新中国年青一代的词典编纂队伍而默默无闻、孜孜不倦地工作着。他无私地把全部身心都奉献给了我国的词典事业"。② 他深知编纂一部高水平的《现代汉语词典》是祖国四化建设的需要,是祖国语言文字发展和汉语规范化的需要;是十亿人的大国教育、文化、科学事业发展的必需;更何况这是周总理亲自提出、十分关怀的项目。作为一个共产党员,他怎能不全力以赴呢? 在沉痛悼念周总理的日子里,他不止一次地对周围的年轻人说:"最重要的是用做好工作的实际行

---

① 周法高在《论中国语言学》(香港中文大学出版社,1980 年版)第 9 页中说《现代汉语语法讲话》是国内"语法书中较好的一部"。

② 闵家骥《献身于词典事业的丁声树》,《辞书研究》1983 年第 5 期。

动悼念总理。"为了编好这部词典,他不分白天黑夜地阅读大量资料,古今中外、理工农医……无不在他阅读范围之内。他亲自抄录卡片,认真校对编辑人员的卡片,反复审订词条,虚心听取各方面的意见。他经常为了一个疑难字的处理吃不好饭,睡不好觉,冥思苦想,逢人就问,不把这个问题解决好,他是绝不会罢休的。由于丁先生学识渊博,再加上在治学态度上总是注意充分占有资料,实事求是,推陈出新,因此以往辞书上的错误他屡有发现,在字的音、形、义等方面纠正了前人很多疏失讹误。例如"皮里阳秋"的"阳秋",即"春秋"。东晋时避郑后阿春讳,"春"字改称"阳","春秋"变成了"阳秋"。过去的辞书都把郑后阿春说成是简文帝(司马昱)的皇后,丁先生查阅大量资料、经过认真核对,弄清郑后阿春是简文帝的母亲,现在很多辞书都已改正这个错误。① 又如"匼",山西省南部有匼河镇,"匼"字,依晋南方言,应该读 kē,但《康熙字典》只根据《韵会举要》、《洪武正韵》注了"邬感反(ǎn)"一个音。自《康熙字典》以后的字书、词典如《辞源》、《中华大字典》、《辞海》、《国语辞典》等,都只有 ǎn 音,没有 kē 音。只有辽代僧行均的《龙龛手鉴》有 ke 音。但《康熙字典》是权威,《龙龛手鉴》是不被重视的。按《康熙字典》的凡例,对《龙龛手鉴》的音切,只能列入备考中,不入正集。可是"匼"的 kē 音,竟连备考也未收入。丁先生为了弄清"匼"的读音,专门写了《说"匼"字音》一文(1962年),他从《康熙字典》引的材料入手,打开一个缺口。他引证大量材料得出最后结论:"'匼'字今天读 kē,在历史上,有'苦合'、'口合'、'口答'、'渴合'等反切作证;有'匼匝'、'唅匝'、'铪匝'、

---

① 闵家骥《献身于词典事业的丁声树》,《辞书研究》1983 年第 5 期。

'磕匼'等同为一个叠韵联语的异文作证；有匼河镇就是宋代的'唘河镇'作证。在方言上，又有匼河镇这个地名在晋南的实际音读作证。由此可见，《龙龛手鉴》注的'苦合反'，实在是一个很有根据的音。'匼'今天读 kē，正是符合古今演变的读法。……在普通话里，'匼'字应当读 kē，不应当读 ǎn。"这篇文章不到 3000 字，却不知倾注了丁先生多少心血！最后收进《现代汉语词典》的是总共不到 20 字的结晶："匼 kē 古代的一种头巾。匼河 kē hé 地名，在山西。匼匝 kē zā〈书〉周围环绕。"可以想见，一部 270 万言的《现代汉语词典》，所收词条，包括字、词、词组、熟语、成语等，共约 56000 余条，怎能不耗尽他的全部心血！如今这部词典已经进入千家万户；发行到六七百万册；有了它，大大推动了我国的词典编纂事业，国内外新出版的一些词典如《汉英词典》、《汉日词典》、《汉俄大词典》……都拿它当作汉语词书中最重要的依据。国外有一位汉学家说，在中国词典史上，这部词典可算得上是划时代的成就。① 说到成就，丁先生一定会说这是全体编辑人员的辛劳，而全体编辑人员则定会给丁先生记头功。的确，"这部词典所达到的成就，是与丁声树的学识渊博、治学严谨以及高度责任心和艰苦细致的工作作风分不开的"。②

四

　　丁先生不仅在业务上见识高远，在政治上也是是非分明、有胆

---

① 见《甘为沧海一滴水——记我国著名语言学家、共产党员丁声树》，《光明日报》1983 年 4 月 17 日第二版。
② 《中国语言学家》，第 36 页。

有识的。他始终坚持"作为中国人，应当为祖国服务"的信念，他无限热爱自己的祖国。他的确是"由爱国主义走向共产主义"的知识分子，但他的爱国主义不始于解放前夕坚决拒绝跟国民党去台湾，而是开始于"七七事变"时。他在1938年写的《〈诗·卷耳、芣苢〉"采采"说》一文末尾写过这样一段附言："去岁卢沟桥之变，岛夷肆虐，冯陵神州。……不自揣量，亦欲放下纸笔，执干戈以卫社稷。遂举十年中藏读之书、积存之稿而尽弃之。人事因循，载离寒暑，未遂从戎之愿，空怀报国之心，辗转湘滇，仍碌碌于几案间，良足愧也。"①爱国的深情跃然纸上。他从热爱自己的祖国这一基点出发，对"谁能救中国？"这样一个重大的问题不能不严肃认真地思考。以他的敏锐和见识，他的第一步判断是：国民党是不能信赖的。因此在1944年他严辞拒绝加入国民党。当有些"同学"也来劝说，说是让他进去，把这个党"改好"时，他的回答是："我是个书呆子，没有这种能力！"在1949年解放前夕他不畏威胁和高压，大义凛然地拒绝跟国民党逃走，他在日记上写道："不逐名，不求利，不畏威，不附势……鲁迅所云'横眉冷对千夫指，俯首甘为孺子牛'，夫岂随流波荡者所能为哉！……立定脚跟，以与腐恶势力对抗，余之志也。"②

　　解放后经过党的教育和自身的观察与感受，丁先生得出了自己的第二个判断：只有共产党能够救中国。他对党充满了信赖、热爱与希望，他向党递交了自己的入党申请书。在1962年6月，他光荣地加入了中国共产党，成为一名共产主义战士。从此以后他

---

①　杨伯峻《丁声树同志的治学精神》，《读书》1984年第2期。
②　闵家骥《献身于词典事业的丁声树》，《辞书研究》1983年第5期。

更加严格地要求自己,更加努力地学习马列主义、毛泽东思想,更加自觉地用辩证唯物主义的理论和方法来指导自己的科研和工作。尽管他是国内外的知名专家,但他首先把自己看成是党内的普通一员。党布置什么任务,他总是认真完成。他在处理党和个人关系上,总是把党的利益放在第一位。他时刻以做人民公仆为己任,坚决反对特殊化。他家住房拥挤,所里要给他调换,他坚决往后靠。他家离所很远,他体弱多病仍坚持上班,所里派车去接他,他坚决拒绝。所里食堂离办公室有相当一段距离,不管严寒酷暑、风里雨里,他总是步行去食堂排队买饭,拒绝别人给他带饭或者让他先买。哪怕是很小的事情,他也不放松对自己的要求,决不接受任何特殊的照顾。

他在工作中不求名不求利,《现代汉语词典》的稿费他一文不要,也坚持不署自己的名。学部委员津贴费、人大代表的车马费,他从来不要。就是他本人的工资,每月平均也只给家里三分之一。他常对他唯一的女儿说:"你要刻苦上进,自力更生,不要指望我给你留下什么钱。不然,反而害了你。"他生活十分俭朴,几乎一年四季都是布衣布履。他是这样艰苦律己,而对国家对人民对同志却十分慷慨。抗美援朝捐献飞机大炮,历年认购建设公债,赈济各地灾区受难者……他都是独自去银行把自己的一些积蓄捐献给国家。他不愿在所内报名,怕受表扬,更怕给捐献少的同志造成压力。20世纪60年代河北发大水,邢台地震,他除了捐钱,还捐献了许多衣物,家里床上的毛毯也被他抽走了。在所里他密切地关心着大家,当有的同志收到急电,报告亲人病危时,当有的同志身患不治之症时,当要成家的年轻人经济有困难时,当有的同志被家庭重担压得喘不过气时……常有一位雪中送炭的老人默默地出现在你的身边,那就是他,大家敬爱的"老丁"。

他平易近人,待人和蔼可亲。他有那么大的学问,那么强的才能,那么高的见识,可是仍然虚怀若谷,不耻下问,对自己仍是那样地不满足。为了解决一些字的读音、释义问题,周围的研究人员、资料人员、行政管理人员、门房传达员、通信员、清洁工、炊事人员、司机……都是他请教的对象,他从不放弃任何向别人学习的机会。他和群众的关系是那样平等,那样亲密,真如鱼水一般。

他虽没有太大的组织才能和工作魄力,但他那以身作则、严于律己、勤勤恳恳,几十年如一日的工作作风,他那渊博的学识,严谨的治学态度,诲人不倦的精神,他那谦虚谨慎、平等待人的思想品质,却像磁铁一样有吸引力,把大家紧紧地团结在一起。如果说解放前他主要是个人研究,写出论文;解放后他作为学科的带头人,则把集体的力量形成拳头,在语言学的许多方面做出了令人瞩目的成就。

至于他对青年的爱护和培养,那就更是尽人皆知的了。他常说:"我要向一些老科学家学习,发扬做'人梯'的精神。"的确,他捧给青年的是一颗火热的心。他关心青年人的学习和成长,对他们循循善诱。为了培养编词典的青年大学生具备一定的音韵学知识,1964 年他就为他们开设音韵课,并亲自为他们批改作业,甚至在十年浩劫期间还关心着这些同志的学习。在工作上他总是放手让青年人干,在编写实践中增长才干。他在工作上要求严格,如果由于工作粗心造成错误,他绝不原谅,总是当面严肃批评。他看人主要不是看人的资历和天分,而是看人是否勤奋努力、认真负责、肯于钻研,是否坚持又红又专、作风正派。他真是像老园丁那样精心地爱护身边的每个年轻人,无怪乎大家都非常愿意接近他,亲热地叫他"老丁"。1979年10月，当他突然因脑溢血半身不遂住进医院时，牵动着多少同志的心啊！多少同志争先恐后地要求去医院帮助护理，多少同志徘徊在医院门口打听他的病情变化，又有多少同志恨不得能替他生病，把自己的健康奉献给他！"桃李不言，下自成蹊"，他深深地赢得了大家的敬爱，他的道德、文章的巨大影响将永远留在大家的心坎里，激励着大家前进。

五

丁先生在近半个世纪中对祖国语言学事业所作的卓越贡献，他对祖国、对人民、对同志所做的一切有益的事情，党和人民是永远不会忘记的。1983年4月16日中国社会科学院召开全体党员大会表彰丁声树同志，号召大家向他学习。院党组书记梅益同志在会上发言，给了他高度的评价："丁声树同志是从爱国主义走向共产主义的知识分子的优秀代表，是在国内外享有很高声誉的语言学家。他学识深广，治学严谨，工作勤奋；德高而不显，望重而不骄；不为名不为利，严于律己，始终把自己看作一名普通党员，一名人民的公仆。"①

第二天，在《光明日报》(1983年4月17日)第二版，用全版篇幅登载了表彰丁先生的长篇报道，题目是《甘为沧海一滴水——记我国著名语言学家、共产党员丁声树》(作者是新华社记者戴煌、李光茹，光明日报记者林玉树)，文章的最后是这样说的：

---

① 《中国社会科学院召开党员大会号召向知识分子优秀代表丁声树学习》，《光明日报》1983年4月17日第一版。

"丁声树离开工作岗位已三年多了,但他这'一滴水'——一滴特殊物质组成的水,一滴放射奇光异彩的水,仍在滋润着很多人的心田。他的严谨学风和高尚情操,他那浩然的民族正气和纯洁的党性,已在语言学界建立了非人工的纪念碑———一座树立在人们心坎上的纪念碑。它正激励着人们刻苦地学习、奋发地工作,为振兴中华而奋斗。"

愿以此作为本文的结束。

附:丁声树先生语言学论著目录

一 专著

《湖北方言调查报告》(赵元任、丁声树、杨时逢、吴宗济、董同龢),商务印书馆,1948年。

《汉语方言调查简表》,(丁声树、李荣),中国科学院语言研究所,1956年。

《方言调查字表》(丁声树、李荣扩充编订。署名:中国科学院语言研究所),科学出版社,1955年。

《方言调查词汇手册》(丁声树、李荣扩充编订。署名:中国科学院语言研究所),科学出版社,1955年。

《古今字音对照手册》,科学出版社,1958年。

《昌黎方言志》(丁声树、李荣等。署名:河北省昌黎县县志编纂委员会、中国科学院语言研究所合编),科学出版社,1960年。

《现代汉语语法讲话》(丁声树、吕叔湘、李荣、孙德宣、管燮初、傅婧、黄盛璋、陈治文),商务印书馆,1961年。(本书从1952年7月起到1953年11月止,曾以《语法讲话》为题,用"中国科学院语言研究所语法小组"的名义,在《中国语文》月刊上连续发表了十七次,共二十一章。)

《现代汉语词典》(主编。署名:中国社会科学院语言研究所词典编辑室),商务印书馆,1978年。

《汉语音韵讲义》(丁声树撰文,李荣制表),《方言》杂志1981年第4期,第241—274页(本书在1981年以前以油印本形式广为流传)。

二　论文

1935 年

释否定词"弗"、"不",《历史语言研究所集刊·庆祝蔡元培先生六十五岁文集》下册,第 967—996 页。

1936 年

《诗经》"式"字说,《历史语言研究所集刊》第 6 本第 4 分册,第 487—495 页。

1940 年

《诗词·卷耳、苤苜》"采采"说,《北京大学四十周年纪念论文集》乙编上,第 1—15 页。

1943 年

"碻"字音读答问,《历史语言研究所集刊》第 11 本(1943 年出版,1947 年再版),第 465—468 页,第 449—463 页。

"何当"解,同上。

1948 年

论《诗经》中的"何"、"曷"、"胡",《历史语言研究所集刊》第 10 本,第 349—370 页。

1949 年

"早晚"与"何当",《历史语言研究所集刊》第 20 本下册,第 61—66 页。

《说文》引祕书为贾逵说辨正,《历史语言研究所集刊》第 21 本第 1 分册,第 55—61 页。

1952 年

谈谈语音构造和语音演变的规律,《中国语文》创刊号,第 15—17 页。

谈谈汉字的标准化,《一九〇五年语文问题论文辑要》,大众书店 1952 年出版,第 114—115 页。

1956 年

汉语方言调查(丁声树、李荣,1955 年 10 月 27 日在现代汉语规范问题学术会议上的发言),《现代汉语规范问题学术会议文件汇编》,科学出版社 1956 年出版,第 80—88 页。

在语法座谈会上的发言,《中国语文》第 9 期,第 40 页。

1958 年

文风笔谈,《中国语文》第 5 期,第 201 页。

1961 年

关于进一步开展汉语方言调查研究的一些意见,《中国语文》第 3 期,第 4—6 页。

1962 年

说"匼"字音,《中国语文》第 4 期,第 151—153 页。

（本文写于 1984 年 10 月。

原载于《古汉语研究》,河南大学出版社,1987 年）

许国璋先生在瑞士

我国著名的英语教育家、语言学家许国璋教授的不幸逝世给人们带来巨大的悲恸。他博学睿智,学贯中西,思想活跃,勇于创新。他在语言学、外国文学、翻译和文化研究等领域都有许多建树,为我们留下了极为宝贵的文化遗产。他崇尚真理,爱护人才,敢于本着求实求是的态度热情扶持后辈,充分展示了既治学又育人的良师风范。凡是接触过他的人,都对他留下深刻难忘的印象。

1993 年 5 月 10 日至 15 日,许国璋先生去瑞士苏黎世大学访问、讲学。当时我正应邀在该大学东亚研究所做研究工作。许先生到达的那天,我和一位中国朋友一块儿去机场迎接。见他从海关走出时,我们又惊又喜。惊的是他竟以 78 岁的高龄独自远访欧洲,喜的是他精神矍铄,容光焕发,充满了对自己体力和精力的信心。

在瑞士的几天,许先生有两次讲学,他讲的题目是"从《说文解字》的前序看许慎的语言哲学"(这篇文章收入他的《许国璋论语言》论文集中)。许慎的《说文解字》序言共约 1300 字,许先生选出其中第一大段 209 字,14 个句子,逐句分析,令人信服地指出它们足可以代表许慎所概括的中国古代的语言哲学。要点是:一、语言和社会发展的程度有关。经济不发达的社会,区分度不大的符号足以应付所需,经济发达的社会则需要较为缜密的符号。前者如结绳,后者如文字。二、在远古的时候,汉民族已经发现,"书契"能做到"百工以乂,万品以察",它是一种治理国家的工具。书契即是书写语言。从语言的书写形式出发去研究语言,这是汉语语言学一开始就有的特点。三、对于语言起源的问题,中国古时哲人也是从书写形式着手的。"仰则观象于天,俯则观法于地。视鸟兽之文与地之宜。近取诸身,远取诸物。"许慎这短短29个字,说明人的认识、分类,取材于自然,是非常精彩的语言学见解。四、汉语的文字学即是研究古汉语演变的历史语言学。"天地鬼神、山川草木、鸟兽蛇虫,杂物奇怪、王制礼仪、世间人事,莫不毕载"(许慎之子许冲语)的《说文解字》是一部字典,又是一部百科全书。

古往今来,不知多少仁人学者阅读过许慎的这篇序言,只有许国璋先生以洞察幽微的睿智写出这独具创见的名篇。他那精辟独到的见解、渊博的学识、造诣至深的英语,都赢得听众高度评价。东亚研究所主任高思曼教授在许先生演讲结束时心悦诚服地致辞说:"许教授的讲演具有很高的学术水平,使我学习到许多东西,他流畅典雅的英语表达使我震惊。"另一位汉学家罗兰在会下说:"他的讲学内容如此丰富,我觉得他真可称为一位伟大的学者。"

许先生讲演的题目是他多年的研究心得,况且他到瑞士之前已在比利时、意大利访问,作过四五次报告,他完全可以不再花什么气力去准备,而借此机会在花园之国的瑞士游览几天。但他却不然,他对我说:"我一边讲学,一边思考琢磨,不断有新的体会,因此对讲稿不断修改,每次讲的内容都与上次有所不同。"他在苏黎世一共只停留五六天,还有两次讲学,游览的时间实在有限。但他要求在讲学的前一天下午和当天上午都不要安排活动,留给他时间认真思索,再做准备。他说:"我首先要全力以赴把讲学的事情做好,然后才是参观游览。"第一次讲学的前一天上午,我们陪他在苏黎世湖上乘游轮观赏风光,他有好一阵子不言不语,凝神深思。接着从怀中掏出一个小本,抽笔书写,然后撕下两页递给我说:"这是我明天的讲演提纲,比我原先寄给高思曼教授的提纲有修改,增添了新的内容,请你转交高教授,以便他印发大家。"以许先生高超的学术水平,再加上这样兢兢业业的工作精神,他的报告成功是可想而知的。

两次讲演圆满结束,许先生感到很轻松。我们陪他去玉女峰观赏瑞士的雪山景色,他兴致很高。玉女峰是阿尔卑斯山著名山峰之一,海拔四千多米。上山的路程分两段,第一段乘坐普通游览火车,缓缓纡曲而上,到达半腰;第二段改乘专用的爬山火车,山势逐增陡峭,直达玉女峰顶。我们一路上只担心许先生受累,并不打算到峰顶。谁想到他的兴致随着山势的增高、景色的瑰丽而益升,乘完第一段火车,我们问他还要上吗? 他毫不犹豫地答道:"上!"我们看他的精神和身体状况都很好,就陪他换乘爬山火车到了峰顶。那景色真是令人惊叹! 一座又一座数不清的雪山在阳光下闪闪发光,它们肩并肩地向天边延伸出去。四面八方,都是一排一排望不见尽头的雪山的行列,它们好像正在向全世界进军,令人顿时感到心胸无限开阔,好像瑞士不是区区之小而是大到无边无际。哪里想得到在繁花似锦、绿草如茵的花园之国上空,竟是一个如此洁白神圣的冰雪世界! 许先生兴致勃勃,四面观望,还让我们陪他游玩了山上的冰洞,合影留念。回来的路上,许先生不仅没有倦容,反显年轻了许多,他满脸喜色,谈兴很高。他吟读了李白的诗句"欲穷千里目,更上一层楼"来比喻那天登山之乐。他还对我们说,做学问就要有这种永求上进的精神。他说他自己写文章常常达到呕心沥血的地步。他觉得杜甫的"语不惊人死不休"就充分体现了精益求精的学风。古人尚且如此,何况今人!

万想不到,苏黎世机场送别竟成为永别!我在无限悲恸之中回想在苏黎世与先生难忘的相聚,不禁感到莫大的幸福。那高入天际的玉女峰不就象征着许先生永无止境的追求真理的精神吗!那无边无际的皑皑白雪不就意味着许先生坦荡宽广、永不自我满足的胸怀和品德吗!人的肉体可以消失,但他所作的可贵贡献,他光辉的人格形象却将永垂不朽。我愿用向许先生学习的实际行动来寄托我的哀悼和思念。

（本文写于1995年2月。

原载于《许国璋先生纪念文集》,外语教学与研究出版社,1996年）

杨伯峻先生传略

杨伯峻先生原名德崇，湖南省长沙市人，生于 1909 年 9 月 1 日。1992 年 5 月 13 日在北京逝世，享年 83 岁。

杨先生 1926 年考入北京大学预科，1932 年毕业于该校中文系。解放前曾经友人介绍任冯玉祥、李德全夫妇的私人语文教师及冯玉祥研究室成员。曾先后在天津、河北邢台、湖南长沙、醴陵等地担任中学、师范学校教师，1948 年在中山大学中文系任讲师。解放初历任湖南《民主报》社长、省政协秘书处长、省委统战部办公室主任。1953 年申请回到学术岗位，任北京大学古汉语教研室副教授，1957 年被划为"右派"后，调往兰州大学、甘肃师范大学中文系任副教授，1960 年调至中华书局，先后任编辑、编审，直到离休。1980 年后曾任中国语言学会理事、北京大学历史系兼职教授、国家文物局咨询委员等。

杨先生政治上一贯热爱祖国，追求进步，向往革命。早在 20 世纪 20 年代后期，在北大中文系预科学习期间，就曾刻苦钻研马克思、恩格斯、列宁著作的英文本，自译过《共产党宣言》与列宁的《国家与革命》，并积极参加革命学生运动，坚决拥护我党积极抗日的方针政策，并因此和冯玉祥接近。关于这事，他曾有过一段自述。他说自己在北大读书期间就已在伯父杨树达的指导下完成了《列子》的译注，但是"当时日军已深入东北，蒋介石采取'不抵抗'

政策,全国人民尤其是爱国青年愤慨异常,我便认为,钻进故纸堆中不是当务之急,青年应该做点有效的爱国、救国工作,因此对《列子集释》只对伯父作了'交卷',不再闻问,自己也不再钻故纸堆。北大毕业后,由同学兼好友张百川(今名勃川)介绍到泰山,任冯玉祥、李德全的私人语文教师。冯是以主张抗日闻名的,因此我欣然前往"。①

杨先生早在 1926 年于北大读预科时就加入了中国共产党,后因组织被破坏和党失去联系。他自述当时心情:"1929 年至 1930 年之际,北京地下党组织几乎全被破坏,我和党失掉联系。政治上感到无所依据,好比子女失去父母。"1949 年 1 月他在长沙重新加入地下党。在国统区期间,他一直响应党的号召,不与反动势力交往,他时时关心着国家的前途与命运。解放后他积极参加社会主义革命和建设事业,特别是在国家的古籍整理、古汉语教学、古汉语语法虚词研究和文史研究等方面,倾尽心血,耗尽生命,为祖国作出了卓越贡献。兹扼要介绍于下。

一　古籍整理

杨先生有深厚的家学渊源,两岁开始识字,六岁读书,自幼随祖父学习古典文献,如《诗经》、《论语》、《孟子》、《左传》、《史记》与《文选》的部分篇章、《唐诗三百首》等皆能背诵。大学时代,他在叔父杨树达——清华大学教授、著名学者的亲自指导下注译了

---

① 《中国现代社会科学家传略》第四辑,第 125—131 页,《晋阳学报》编辑部编,山西人民出版社,1983 年。

《列子集释》,当时他虽说只有 20 岁左右,注译却有一定水平。在此书前言中,他从语言角度论证《列子》为魏晋时人所作,受到东西方汉学家的重视。此书在 1958 年正式出版。

《论语译注》原开笔于读北京大学本科时期,因为后来陆续读了不少关于《论语》的书,记有不少笔记资料,对《译注》做过多次增删修改,终于在 20 世纪 50 年代中期对此书稿做了定稿,并于 1957 年由中华书局出版。杨先生自认“这是一部《论语》现代化的总结”。该书广泛采纳古今学者的研究成果,在注释中尽量用通俗简明的语言向读者介绍有关的历史知识、地理沿革、名物制度、哲学思想以及民情民俗等多方面的知识。同时,他从语言学家的角度,特别注意介绍词义、字音、语法、修辞等方面的一些特殊现象,并常不遗余力地去论证一些疑难问题,独具慧眼地提出个人新的见解,令人信服。此书出版后立即受到广泛关注,赢得普遍好评。

《孟子译注》是作者在 1957 年被错划为“右派”远调到兰州大学中文系任教时完成的。尽管作者当时内心极端痛苦,处境十分艰难,但仍然抓紧时间一丝不苟地做学问。且因有《论语译注》的大量积累和经验教训在前,译注《孟子》更是驾轻就熟,得以高水平地完成,与《论语译注》成为姊妹篇。张政烺先生曾撰文称赞这两部著作是同类著作中的典范。

《春秋左传注》(共四册)是杨先生用力最勤、最见功底、成就也最高的著作。他曾说:“我的‘左传癖’自然有愧于杜预,但幸而生在杜预以后一千七百年。杜预当时所不能知的,我们可以利用杜预以后、今天以前人的成果和今天的科学成就来解决。自从杜预的《春秋经传集解》问世,到唐朝孔颖达作《正义》,相隔三百多

年。以后虽然有人为《春秋左氏传》作注，却都不甚高明。清人为
《十三经》作《新疏》，唯独《礼记》阙如，《左传》作而未竟。今天距
清人刘文淇《春秋左氏传旧注疏证》又已一百多年①。《左传》应
该看成一部可靠性较高的春秋史料书，也是一部文学著作。要研
究春秋史或者古代散文的，都必须读它。然而时到今天，却没有一
部适合的读本。我因此不揣力不从心，冒昧地搜集古今中外有关
资料，试图为此书作一总结性的注释。"②杨先生从 20 世纪 50 年
代开始，先后用了 20 多年时间完成此书。他广泛搜集古今中外有
关资料，甚至引用出土文物作为重要参考，他取《左传》各种版本
以及唐宋前各种书籍的引文互相比勘，以作自己的定本。在注释
中尤其着力于社会、历史演变、历史事件和人物、地理方舆、天文历
法、典章制度、服饰器物、姓氏世族、文化习俗以及古代哲学思想的
研究与介绍。在工作过程中，他上溯甲骨金文，乃至历代出土文
物，旁及经史百家，各代大量考证笔记，以及自然科学、社会科学大
量有关的参考书籍，尽可能从中采纳前人及今人研究成果中的精
华。从他在本书前的《春秋左传注》引用书目的简介中可以看到，
本书在注释中实际引用的参考书涉及 11 个大的方面 400 余种。
在这个数目前，作者郑重写道："所披阅书数倍于此，仅列出其曾
征引者。"

　　杨先生在数十年中夜以继日，废寝忘食，全力为之。全书于
1979 年脱稿，共计 200 余万字，装为 4 册。该书语言简明扼要，深
入浅出，解说精当。充分显示出作者驾驭语言的高超水平，尤其是

作者的渊博学识和国学根底。对比前人旧注疏证，不能不使人震惊叹服。该书出版之后，学术界为之轰动，好评如潮。纷纷赞誉它是"两千多年来古今中外研究《左传》的集大成的、里程碑式的著作"。① 于 1992 年获得"全国首届古籍整理图书奖"等奖项。该书与作者的《论语译注》、《孟子译注》几十年来在海内外广泛传布，受到普遍欢迎，产生重大影响。它们已成为国内外许多大学的文科教材，学者们案头不可缺少的参考书，沾溉了数代学人，至今仍被视为古籍整理方面的典范。无论同类著作在它们影响下如何纷至沓来，都不降低这几部书在社会上的学术地位，不能代替人们对它们的信任与重视。英国牛津大学曾有学生赞美杨先生是"英雄"，理由是他在传播中华民族古典文化方面作出了杰出的贡献。②

二　《译注》的前言——高水平的学术论文

在介绍杨先生的《译注》时，还应特别提及作者在几种注译本前的前言，这些都是学术水平高、有独到见解的学术论文。《列子集释》一书虽然是他 20 岁所完稿，但其前言中关于《列子》作者的考据论证，至今仍是学术界研究此问题时必读之文。《论语译注》前言对于《论语》的价值和孔子的贡献都有科学而精彩的论证。

①　参见《中国现代语言学家传略》第四卷《杨伯峻》，中国语言学会编，河北教育出版社，2006 年。

②　1991 年何乐士应邀到牛津大学介绍杨伯峻的生平事迹及学术成就，在讲到杨先生的几部注译本时，台下有学生用英语高呼"他是一个英雄！"，并站起来十分钦佩地说："他花费了许多精力和时间为中国古典文化的广泛传播做了大量的工作，我们现在读到的《论语》、《孟子》、《左传》都是他的注译本，他当然是一个英雄！"

《孟子译注》的前言对于孔孟学说作了简明精当的比较,使人易于理解和掌握。《春秋左传注》的前言更是一篇洋洋洒洒达四万余言的学术论文,从九个方面提出个人看法:一、《春秋》名义的来源。二、《春秋》和孔丘。孔丘实未曾修《春秋》,更不曾作《春秋》,孔丘曾经用鲁春秋作过教本,传授弟子。三、《春秋》评价。《春秋》是鲁国一部自隐公元年至哀公十四年(后人又续至十六年)共244年间不完备而可信的编年史。四、《春秋》和《三传》。《春秋》原来是古文字写的,所以称它为"古经",《公羊》、《榖梁》是到汉代才定的,用的汉代通行文字,所以称为今文。五、《左传》的作者。六、《左传》成书年代。七、《左传》和《国语》是两种书不是一人所作。八、《左传》在西汉的流传。九、从《左传》看春秋时代。

　　杨先生对以上问题的重要观点受到学者的普遍关注。尤其是关于《左传》作者和成书年代的论证,得到学术界越来越多学者的认同。《左传》的作者既不是孔丘也不是左丘明。究竟是谁,有待进一步探讨。至于《左传》成书年代,作者通过多方面考证,作出判断:"左传成书在公元前403年魏斯为侯之后,周安王十三年(公元前389年)以前。鲁哀公末年约六十多年到八十年代。"由于这一推断信而有据,为学术界普遍认同。现在大都以杨先生的结论作为《左传》成书的可信时代。这可说是先生前言中最重要的影响。

　　《春秋左传词典》是由杨先生和他的夫人徐提女士合作而成。这本工具书的作用正如杨先生所说,它与《春秋左传注》"相辅相成"。其中最为突出的是在虚词方面。由于《左传》的内容十分丰富,《春秋左传注》的注释涵盖面积涉及社会科学、自然科学的许多领域,相比之下,对虚词的注释分量就显得少了一些,《词典》在很大程度上与《注》互补,对虚词解释比《注》更为全面、丰富,举例都很典型。虚词研究本是杨先生的强项,在《词典》中把这方面的积累和心得较全面地保留下来,这是十分可贵的。这里只需举一两个例子来说明,如虚词"之",共出现 7197 次,是《左传》出现次数最多的一个词,它的用法相当复杂多样,在《左传词典》中共分十二类:代词、助词、指示形容词、结构助词、介词、连词、衬字等,全面地反映了杨先生对"之"的认识,举出了最有特色、最值得注意的例句。当然,杨先生在正文中对复杂的"之"也作了注,但那都是随文作注,比较零散,如果只读《春秋左传注》就见不到这些宝贵而全面的论述了。又如"於",《左传》共出现 3258 次,《词典》中分它为三大类:①介词——介出地方;介出所归向;介出所与或所言及其他动作之对象;表示比较;介出主动者;表示"在……中";介出时间;②结构助词;③叹词。所举例子都是十分典型,甚至是在先秦其他古籍中很少见到的。如"於"作结构助词倒装用时。下举 3 例:"亡於不暇,又何能济?"(昭 11.1/1247);"王贪而无信,唯蔡於感"(昭 11.2/1323);"其一二父兄惧队宗主,私族於谋,而立长亲。"(昭 19.8/1404)。

同时多义实词在词典中也能见到其全貌。有的注释在书中未见,当是作者后来在编词典时所补,如"宗",词典共列举七个义项,第四个义项为"同姓国",例出自僖公(5.8/307):"晋,吾宗也。"而查《春秋左传注》中此句,"宗"并未加注。

可以说,《词典》不仅汇总了作者在《春秋左传注》中对于全部实词的解释,更集中了对《左传》专书全部虚词的全面分析,是研究杨先生语法虚词观点的重要著作,甚为珍贵。

中华书局出版的二十四史标点本中的《晋书》,是杨先生在中华书局工作期间和一位同事共同校点的,依据吴则虞先生原先的未定稿加以删繁、订误和补漏,做了大量工作,最后便成为今天的《晋书》校点本。

三　古汉语语法、虚词研究

杨先生对古汉语虚词有很深的造诣,在这方面留下的著作主要有《中国文法语文通解》、《文言语法》、《文言文法》、《文言虚词》、《古汉语虚词》、《古汉语语法及其发展》(合作)等。

《中国文法语文通解》1936 年由商务印书馆初次出版,1955年增订再版。本书重点意在说明古今虚词的变化主要不外二途:一、语音变化影响字形变化;二、古代虚词用法较泛,其后较整齐。究其实,古人未尝为虚词造字,虚词皆假借字。时代不同,地域不同,故虚词之变异较大。概括地说,该书是以音韵为纲,描述古今虚词的衍变大都跟声音的衍变有关。故于每章虚词之末都以声为纲,列出古今不同字形的虚词,使读者能从中大致了解虚词语音变化之源流。

《马氏文通》之后,文言(古代汉语)影响最大的著作是杨伯峻的叔父杨树达的《高等国文法》,白话(现代汉语)语法书则以他的舅父黎锦熙先生的《新著国语文法》为代表。《中国文法语文通解》则融汇两大潮流,不仅收集上古的书面材料,还广泛搜集了中古以迄近代现代的语言资料。既研究书面语,又研究口语,而且开始了语言的历史研究,这在当时是开风气之先的。①

① 参见《中国现代语言学家传略》第四卷《杨伯峻》,中国语言学会编,河北教育出版社,2006 年。

《文言语法》1956 年由北京出版社出版。该书是杨先生在北京大学中文系讲课时所写,它比起《中国文法语文通解》仅谈虚词要全面些,还用了不少篇幅讲解语法。作者自言其写作本书的企图是:"对文言文所常见的词法以及句法作一系统的叙述与明确的分析,并和现代语法作简明的比较,目的在于帮助读者大略了解祖国语言一般变化的历史和规律,以便正确地了解古书,深刻地了解现代语法。"(见本书前面的"几点说明")

全书共分三编,上编主要讲述文言语法的含义及本书编著的目的;中编谈词法;下编讲句法,包括单句和复句。本书内容丰富,文字简约,行文明快,保持作者一贯的文风,很受读者欢迎。出版后屡有增订,重印多次。日本汉学家波多野太郎博士、香阪顺一教授等将它译成了日文。

几年后作者又写了《文言文法》和《文言虚词》,两书皆为初学文言者之通俗参考书,基本上是和《文言语法》属同一体系的著作。

《古汉语虚词》1981 年由中华书局出版,1983 年再版。可以说是《文言虚词》的改写本,而例句比前者更为丰富、典型,选择更为精当,所讨论的问题也更为深入。本书与《文言虚词》的共同特色是都收了一定数量的复音虚词,这是杨先生的叔父杨树达先生在《词诠》中未做到的。在虚词分类上引人注意的是本书没有再收入《文言虚词》中的"小品词"。"小品词"所属的"之"、"所"、"然"、"者"、"焉"、"而"等,分别归入了助词、连词等词类中。这反映了杨先生在虚词研究中不故步自封。虽然他终身研究并十分熟悉古汉语虚词,但他对虚词的分类和特点仍在不断思考之中,并在不断调整自己对虚词新的认识。

《古汉语语法及其发展》是由杨先生带领他的学生何乐士共

同完成的。这是一部多达 80 余万字的大型的语法书,1983 年由语文出版社出版。先生十分关注此书,虽然年老体衰,身在病中,仍坚持完成自己分工的部分,同时还仔细审阅全部初稿,在稿纸边上详细写出修改意见,这样三易其稿,经数年而完工。当杨先生在医院的病床上看到此书的样书时,带着欣慰的笑容反复抚摸,喜悦之情溢于言表。可以看出他把这部语法巨著视为自己研究语法,经过多年深思熟虑的一个总结,是他希望留给后代的一份厚礼。

全书分上、中、下三编,上编为概述,对古汉语的特点、词法、句法作了简要的论述。中编为词类,将汉语的词分为十类:名词、代词、动词、形容词、数量词、助动词、副词、介词、连词、助词。详细介绍各类词的概念、特征与功能,并将可列举的词类的成员全部列出。下编为句法,共有十四章,对单句及其谓语的各种结构,复句的多种类型,都作了深入全面的分析讲解,同时还特意为语段立了专章。

本书主要特点有四:第一,力求从汉语实际出发,对语法特点作翔实的静态描写,从事实中引出结论。材料详而不烦,举例丰而不滥。在中篇词类中,对凡可列举的词类都作了详尽的列举和描写,这是过去的语法著作没能做到的。吕叔湘先生说过:"一部较详细的语法书,从原则上讲,应当把每个可列举的词类的成员全部列举,不应当满足于举例。"[①]本书在这方面做了很大努力。当然,必须指出,对词类的详尽列举所以能在本书实现,是同众多语言学者多年来的共同努力分不开的。作者正是在广泛阅读了学者的大量论著以及自身的研究成果的基础上,加以认真鉴别分析,才得以

---

① 吕叔湘《汉语语法论文集》,第 506 页,商务印书馆,1984 年。

形成本书中各大词类并举的阵容。第二,本书在语法体系的建立上以秦汉时期的古汉语为主,而在一些重大语法问题上,如否定句的发展演变,系词"是"出现的时代,动补式、被动句、判断句的演变,数量词的词序在古今的异同,介词"于"、"於"的对比分析等等,则联系其历史发展,作上下左右的纵横比较和动态分析,或向上溯及甲骨、金文,或向下推至唐宋以至明清。尽可能讲清来龙去脉使读者看到古代汉语与近、现代汉语的源流关系。这就使本书兼有了史的价值。第三,在继承人研究成果的基础上,大胆提出自己的观点和看法,在许多问题上有所突破和建树。如中编词类中,对副词、介词、连词、助词等的介说都有作者自己新的认识和观点。在下编句法部分,更是对许多重大问题作了有益的探讨。如将动词谓语句归纳成动词谓语、动宾结构、双宾结构、动宾结构带宾语、连动结构、并列结构、兼语结构、多种复杂谓语的综合形式等八种结构。其中对动宾关系和宾语的分类,对动宾语义关系的辨析等,都有不少独到的见解。再如第三章谈被动句时,对有形式标志被动句四个发展阶段的分析描写;第五章谈判断句时,对代词"是"与系词"是"的辨析;第六章谈形容词谓语句时,对表比较的形谓句古今特点的分析对比;第十二章把句子的作用与语气词的归纳描绘结合起来,都颇有见地、有新意。而在第十三章分析汉语句子特点的基础上得出的判断是:"谓语(或叫谓语句读)是汉语中最重要、最基本的构件。"这一分析和概括应当说是相当大胆而新颖的。其他如把复句概括为三大类十四小类,并为之立专章,尤其是将语段概括为四大类等,都是作者在分析了大量的语言材料之后得出的具有相当说服力的结论。第四,从研究方法上看,作者有效地采用了静态描写与历史比较相结合的方法,同时还大量而恰当地运用了数量统计的方法,增强了论证的科学依据与说服力。如在重要章节之后,都以小结或统计表的形式作出概括,并结合统计数字加以说明,使读者由对个别语言现象的了解,上升到对全局和本质、主流的把握和认识。

为了认真完成此书,作者既认真总结自己多年从事语法虚词研究的心得,充分利用自己的积累,又大量地阅读多年来学者们的论著,严肃慎重地吸收其有益的成分。据粗略统计,《发展》所列出的中外参考著作近百部,参考文章270多篇。特别值得提出的是,为了把论述与举例结合起来,使读者增加具体的感性认识和阅读的兴趣,作者通过大量的阅读、调查,采撷例句达八千余条,超过了何九盈所称引例句数目"前无古人,后无来者"①(《中国现代语言学史》第90页)的《马氏文通》的7326条。②

总之,"全书规模宏大,引证甚详,无论对词类或是句法结构的论述都相当深入、全面,是一部研究古代汉语特别是古汉语语法的重要参考书"③,"是一部承前启后、开拓创新、具有较高理论价值和实用价值的汉语语法巨著"④。

除以上专著外,杨先生还写了许多有关古籍整理与介绍语言文字、古史研究与文物考据、古代思想文化方面的学术论文以及序跋等。这些文章大都因其材料翔实、结论可靠而受到好评。其中

---

① 《中国现代语言学家传略》第四卷《杨伯峻》,中国语言学会编,河北教育出版社,2006年。

② 张万起《〈马氏文通〉用例小计》,《语文研究》1984年第2期。

③ 《中国现代语言学家传略》第四卷《杨伯峻》,中国语言学会编,河北教育出版社,2006年。

④ 程湘清、程娟《一部具有开拓意义的古汉语语法巨著——评〈古汉语语法及其发展〉》,载《古汉语研究》1993年第2期。

相当部分的结论都已被学术界视作定论。如 1972 年长沙一号汉墓发掘，作者撰文于《文物》杂志，认为出土女尸是第一代轪侯的妻子。后来二、三号墓的继续发掘，证实了他的判断。这些文章后来都收集在岳麓书社出版的《杨伯峻学术论文集》及《杨伯峻治学论稿》二书中①（注，这后一本《治学论稿》，我未见到原书）。

四　终身勤奋，全心奉献

杨先生学术上有很高的造诣，固然与他的家学渊源密不可分，更重要的是他终身勤奋，惜时如金。他自己说："我今年已八十岁，还能读书。虽然天赋不高，可是我认为勤能补拙。而一生的优点不多，比较自信的是不浪费时间。因为别的东西丢失了，大都可以再来，唯有光阴一去不回头。"②还有下面这段话可以看作是他对自己学习与研究方法的介绍，其中也含有坦诚的自我批评："我治学之初喜爱较为广泛，自从先叔教导和启发我之后，除非为了调剂精神，稍事翻阅杂书外，一般都是有目的读书。先拟好一个题目或书名，再尽可能地搜集并研究资料，胸中有了腹稿，一气呵成。再仔细看一遍，稍事修改和润饰。这样，速度可以加快，然而难免于粗疏。最好是不忙于发表或排印，放一个较长时间，从容再多读书，细推敲，或许可以多避免些缺点。而我的文稿，多由于主观和客观原因，难得允许放一个较长时间。"③

---

① 《中国现代语言学家传略》第四卷《杨伯峻》，中国语言学会编，河北教育出版社，2006 年。
② 杨伯峻《我的治学大要》，《国文天地》第 5 卷第 5 期，1989 年。
③ 杨伯峻《我的治学大要》，《国文天地》第 5 卷第 5 期，1989 年。

　　杨先生年轻时为了反对日寇侵略,曾愤然投笔从政,后来就把忠于祖国的满腔热情奉献给古汉语研究与教学事业,孜孜不倦,夜以继昼,数十年如一日。

　　杨先生为人正直,生性坦率,胸无城府。在"反右"运动中由于相信党的政策畅所欲言,坦述己见,被莫须有地"打"成"右派",从北京大学被"发配"到边远的兰州大学去教书。他蒙此变故,把痛苦深埋在内心,依然全心致力于教学,教书育人,奖掖后进。更为难能可贵的是,在头戴"右派"帽子的逆境中,抓紧教学之余,继《论语译注》之后,又精心完成了《孟子译注》,为祖国文化遗产的传播作出新的贡献。

　　无论在北大或兰大,或是后来在中华书局任编审,他对同事真诚相待,对学生诲人不倦。对于遭到不幸待遇的学生热情相助。他在逆境中不气馁,在顺利时不懈怠。直到八十余高龄,直到医院卧床,仍然手不释卷,心系祖国的古汉语事业。他的爱国爱事业之心有目共睹,他的默默奉献、不计较个人得失的品德确实高尚。

　　写到这里,诗人臧克家的诗句浮现在眼前:"有的人活着,他已经死了;有的人死了,他还活着。"敬爱的杨先生仍然活着。他将永远活在他的《论语译注》、《孟子译注》、《春秋左传注》等传世佳作中,他将永远活在我们身边,永远活在我们心中。

老年,是美丽的

（从大洋彼岸传来了我的朋友兰乔蒂教授即将退休的消息。兰乔蒂教授把自己的一生献给了意大利的汉语教学和研究事业,声誉传九州,桃李满天下,在他即将退休之际,谨以此文表示祝贺。）

人都有自己的少年、青年、壮年、老年,就如同一年有春、夏、秋、冬四季一样。人们常用一年的四季比喻人的一生,历代作家诗人为此写了许多诗词文章,把春天比作朝气蓬勃的青少年,夏天比作年富力强的壮年,秋天比作夕阳西照的暮年,冬天比作冷灰残烛的晚年。

在诗人的笔下,秋冬常常意味着生命的衰落,就如同花儿的凋零一样。因此写秋天的诗常常带着伤感和悲愁。

但是,老年果真是令人悲愁的吗?

不!

春夏秋冬四季各有各的美丽,它们使一年的景色变化多样,丰富多彩。有的诗人以他们卓越的观察力,比喻了老年的壮丽和辉煌。我最喜欢的是唐代诗人刘禹锡的"秋词",共两首,都是四句为一首的绝句,每句七个字,每首诗二十八个字。两首诗总共仅有五十六字,却包含了十分丰富的内容。特抄录如下,并试作译文:

（一）

自古逢秋悲寂寥，

我言秋日胜春朝。

晴空一鹤排云上，

便引诗情到碧霄。

译文：

自古以来，到了秋天，都悲叹寂寞萧条，

我却认为，秋日景色，更胜过明媚春光。

晴空万里，矫健一鹤，展双翅，排云直上。

使我振奋，启我灵感，引诗情，高入云霄。

（二）

山明水净夜来霜，

数树深红出浅黄。

试上高楼清入骨，

岂如春色嗾人狂。

译文：

山色明净，水光清亮，又加上，夜来秋霜，

这里那里，红叶丛丛，还浮现，几点浅黄。

试上高楼，临风远望，心沉静，清澈入骨，

哪里像那，浓艳春色，挑逗人，心浮若狂。

在刘禹锡的诗里，我们感不到半点悲愁与忧伤，展现在我们面前的是秋天的高雅淡泊的美丽画卷，也是对人生暮年的一首赞歌。

事实也确是如此，秋天是收获的大好季节，暮年是学者著书立说的黄金时代。一个学者的最大快乐就是让思想自由驰骋在自己的研究领域，而一泻千里地写出自己的灵感和见解。只有经过多年的钻研和积累,才能到达这种瓜熟蒂落、水到渠成的境地!

秋冬在收获之后,应享受一年劳动果实,应有欢乐的休息。老年人在一生辛劳的最后阶段,也应充分享受人生的乐趣。老人有了空闲去与亲友相聚,有了充足的机会去欣赏人世间的壮丽河山……

一年四季各有其美,刘禹锡深刻地描绘了秋天的美,同时就使我们联想到老年的美:老年人有他经验丰富、思想成熟的美;有他长期修养而形成的高尚风度的美;有他对年轻人寄予厚望、谆谆教诲的美;有他造诣精深、技艺专精的美……老年,是美丽的。

让我们高高兴兴地迎接生命的秋冬,谱写出自己一生中最后一部也是最壮丽的一部乐章!

向即将退休开始自己新生活的兰乔蒂教授表示衷心的祝福!

　　　　(本文应约为意大利那坡里东方大学东方系古汉语教授
　　　　　兰乔蒂退休纪念文集而作。原载于《兰乔蒂教授
　　　　　退休纪念文集》,意大利那坡里东方大学,1998 年)

说“往往”

“往往”在普通话里表示某种情况经常出现的意思,如:

小林往往学习到深夜。

上海的街道上,往往走不多远就有一个小吃店。

身教往往比言教效果更好。

而在古代汉语里,它的含义却不止一个,在读古书时需要结合上下文义细加分辨。它主要有以下几项含义。

(一)表示某种情况的普遍发生。可随文义理解为“处处”、“到处”、“随处”等。如。

(1)夫天下物所鲜所多,人民谣俗,山东食海盐,山西食盐卤,领南、沙北固往往出盐,大体如此矣。(《史记·货殖列传》)——天下的物产有的少有的多,从人民谣谚俗语看出,山东吃海盐,山西吃盐卤,领南、沙北从来就是处处出盐,大致情况就是这样。

(2)寡人金钱在天下者往往而有。(《汉书·吴王濞传》)——我在天下的金钱处处都有。(颜师古注:“言处处郡国皆有之。”)

(3)秋七月,地震,往往涌泉出。(《汉书·武帝纪》)——秋天七月,地震,到处都涌出泉水。

(4)触风雨,犯寒暑,呼嘘毒疠,往往而死者相籍也。

(《柳河东集·捕蛇者说》)——挨着风雨，遭受着寒冷暑热，呼吸着有毒的症气，随处而死去的人横七竖八地交错躺着。

(二)表示动作行为是主语所代表的对象普遍发出的。可理解为"纷纷"、"全都"等。如：

(1)自是以后，匈奴绝和亲，攻当路塞，往往入盗于汉边，不可胜数。(《史记·匈奴列传》)——从此以后，匈奴拒绝和亲，袭击当路的要塞，纷纷从汉的边界上入盗，多得数不过来。

(2)单于之遁来，其兵往往与汉兵相乱而随单于。(同上)——单于逃跑时，他的部下纷纷与汉兵乱成一团而追随单于。

(3)右贤王以为汉兵不能至，饮酒醉，汉兵出塞六七百里，夜围右贤王。右贤王大惊，脱身逃走，诸精骑往往随后去。(同上)——右贤王以为汉兵来不了，喝醉了酒。汉兵出塞六七百里，夜里包围了右贤王。右贤王大惊，脱身逃跑，他那些精骑全都随后赶去。

有时"往往"解作"处处"或"纷纷"都不影响对文义的理解，在这种情况下就不必过于拘泥。如：

(4)旦日，卒中往往语，皆指目陈胜。(《史记·陈涉世家》)——第二天，士卒中纷纷议论，都指点、注视陈胜。
"卒中往往语"也可解作"士卒中处处议论"。

(5)上在洛阳南宫，从复道望见诸将往往相与沙中语。(《史记·留侯世家》)——汉王在洛阳南宫，从阁道上望见诸位将领纷纷相互坐在沙中议论。
"往往"也可解作"处处"、"到处"。

(三)表示某种情况的经常出现。可理解为"经常"、"常常"、

"每每"等。如:

(1)及卜筮立名声千里者,各往往而在。(《史记·日者列传》)——至于因卜筮而立名声传千里的,各种情况经常存在。

(2)每闻他方之产可以利济人者,往往欲得而艺之。(《群芳谱·甘薯疏序》)——每当听说到别处的产物可以济世活人的,常常想得到并种植它。

(3)春江花朝秋月夜,往往取酒还独倾。(《白居易集·琵琶行》)——往往:每每。

"往往"由表示情况的经常出现,有时还可以表示程度之甚。如:

(4)比得软脚病,往往而剧。(《韩昌黎全集·祭十二郎文》)——近来得了软脚病,越来越厉害。

"往往"的前两种用法随着语言的发展,逐渐为其他词语所代替,而第三种用法则成为它的主要用法,一直延续至今。

(本文原载于《普通话》丛刊第 1 集,
香港建义利有限公司,1985 年。署名一弓)

说"一切"

我们的祖国是一个拥有悠久历史文化的伟大国家,我们的汉语也经历了一个漫长的发展过程。由于语言是全民的交际工具,它有巨大的社会性。一方面它要随着社会的发展而变化,另一方面它又有相对的稳定性。今天从汉语的词语里就能充分看到这些特点。比如口语里常说的"一切",在现代汉语里表示"全部"的意思,它有时用作代词,表示"全部的事物",如"一切您都别问"。这项用法至少在一千多年前就已经具备了,如:

(1)帝以遄、杨有翼车驾之功,诏一切勿问。(《后汉书·董卓列传》)——汉献帝因为韩遄、张杨有保驾的功劳,下令说一切事情都不要向他们问罪。

"一切"有时用作形容词,表示"全部的",如"调动一切积极因素"。这项用法在古代有所不同,它还可以表示"一般的"、"普通的"一类意思。如:

(2)去病外戚末属,一切武夫,尚能抗节洪毅;而规世家纯儒,何独负哉!(《风俗通义·过誉》)——霍去病是外戚中的末流,一般的武夫,尚且能节操高尚、意志坚定;而我皇甫规出身于世代做大官的人家,是一个纯粹的儒者,为什么偏偏不如他呢!

值得注意的是"一切"在古代常用在动词前作状语,表示"一律"、"一概"的意思。如：

（3）诸侯人来事秦者，大抵为其主游闲于秦耳，请一切逐客。（《史记·李斯列传》）——诸侯国人来给秦做事的，大都是为他们的主子在秦游说离间，请一律逐客出境。

（4）一亩之稼，则粪溉者先芽；一垄之禾，则后种者晚实。此人力之不同也，岂可一切拘以定月哉！（《梦溪笔谈·药议》）——一亩地里的庄稼，施肥灌溉的就先发芽；一块田里的谷物，后种植的就晚结实。这是由于人力的不同，难道可以一概规定在固定的月份吗！

特别值得注意的是"一切"还常表示"随机应变"、"权宜"、"苟且"等意思。如：

（5）扇水都尉所言，当时之权、一切之术也；不可以久行而传世。（《盐铁论·复古》）——扇水都尉所说的，都是顺应当时的计谋、随机应变的法术；不能长久行施并流传于后世。

（6）今商鞅之启塞，申子之三符，韩非之孤愤，张仪苏秦之从衡，皆掇取之权、一切之术也；非治之大本、事之恒常、可博闻而世传者也。（《淮南子·泰族》）——现今商鞅的《启塞》、申子的《三符》、韩非的《孤愤》、张仪苏秦的纵横之说，都是巧取的计策、权宜的法术；不是治国的根本大计、处事的恒常原则、可以广为散播并世代相传的道理。

（7）心坚意专、安官乐职、图累久长而无苟且之政；吏民供奉亦竭忠尽节而无一切之计，故能君臣和睦，百姓康乐。（《全后汉文·卷四十六·（崔寔）政论》）——心意坚定志向专一安于官位乐于职守、图谋久远而无马虎敷衍的治理；官吏百姓供职事奉也竭尽忠义而无权宜苟且的打算，所以能够君臣和睦,百姓康乐。

以上例中的"一切"不仅分别与上文的"当时"、"掇取"、"苟且"相呼应,而且与下文的"久行而传世"、"恒常"等相对照,其"随机应变"、"权宜、苟且"之义甚为明显。"一切"为什么会有这种含义呢? 因为古时"一切"中的"切"常用作动词,唐代学者颜师古在《汉书·平帝纪》的注中说:"'一切'者,权时之事,非经常也。犹如以刀切物,苟取整齐,不顾长短纵横,故言'一切'。"现代学者钱锺书在《管锥编》中也说"一切"有下刀不顾之义(第一册,329页)。这样,"一切"就既有不管三七二十一、一律、一概、全部之义,又有权宜、姑且、当机应变、快刀斩乱麻之义。后来权宜、苟且等义逐渐为其他词语所代替,"一切"的含义就趋于单一了。由此可见,考察今天汉语里词语的历史发展和演变,实在是很有趣味的事。

(本文原载于《普通话》丛刊第2集,
香港建义利有限公司,1985年。署名一弓)

说"无害"

"无害"在现代汉语里是没有危害、没有恶意的意思。在古代汉语里它却有好几种意思。

（一）表示没有灾害、没有危害。这种用法自古至今沿用不衰，在《诗经》、《左传》等著作中就见到了。如：

（1）上帝是依，无灾无害。（《诗经·鲁颂·闷宫》）——依靠上帝，没有灾难没有危害。

（2）子犯曰："战也！战而捷，必得诸侯。若其不捷，表里山河必无害也。"（《左传·僖公二十八年》）——子犯说："出战吧！出战而得胜，一定得到诸侯。如果不胜，我国内外有高山大河作为屏障，一定没有什么危害。"

（3）知伯曰："恶而无勇，何以为子？"对曰："以能忍耻，庶无害赵宗乎！"（《左传·哀公二十七年》）——知伯说："你丑陋而缺乏勇气，为什么成了继承人？"赵孟回答说："由于我能忍受耻辱，也许对赵氏宗族没有害处吧。"

例（1）的"无害"与"无灾"并列成文，意思很明显；例（2）的"无害"前面有副词"必"；例（3）的"无害"后面有宾语"赵宗"。

（二）表示"无妨"、"不要紧"一类意思，可能是由上一义项引申出来。如：

（1）史鳅曰："子必祸矣！子富而君贪，其及子乎！"文子曰："然。吾不先告子,是吾罪也。君既许我矣,其若之何?"史鳅曰:"无害。子臣,可以免。富而能臣,必免于难。"(《左传·定公十三年》)——史鳅说:"您必然招来祸患了!您富有而国君贪婪,祸患恐怕要到您身上了吧!"文子说:"是的。我没有先告诉您,这是我的罪过。现在国君已经答应我了,怎么办?"史鳅说:"没有妨害。只要你谨守臣道,就可以免祸。富有而能谨守臣道,一定能免于祸难。"

这种含义的"无害"与"不害"义同。如:

(2)晋人闻有楚师,师旷曰:"不害。吾骤歌北风,又歌南风,南风不竞,多死声。楚必无功。"(《左传·襄公十八年》)——晋人听到楚军出动,师旷说:"不要紧。我屡次歌唱北方的曲调,又歌唱南方的曲调。南方的曲调不强,多有象征死亡的声音。楚国一定不能取胜。"

这类用法的"无害",都单独成句。

(三)表示"无损于……"、"不影响……"一类意思。在句中常用作状语。如:

不知,无害为君子;知之,无损为小人。工匠不知,无害为巧;君子不知,无害为治。(《荀子·儒效》)——不知道(上文所说的道理),无损于作为一个君子;知道它,无损于作为一个小人。工匠不知,无损于巧艺;君子不知,无损于治理。

此例中的"无害"与"无损"互相呼应,意甚明确。

(四)特别值得注意的是,"无害"有"无比"、"特别出众"一类意思。如:

(1)请择吏之忠信者、无害可任者。(《墨子·号令》)——请选择官吏中忠实诚信的、特别出众可以委任事情的。

（2）萧相国何者，沛丰人也。以文无害，为沛主吏掾。（《史记·萧相国世家》）——萧相国何人，沛县丰邑人。由于通晓律令、特别出众，当上了沛县县令的助理官员。

"无害"，《汉书》作"毋害"。苏林注："毋害，若言无比也。"

（3）亚夫为丞相，禹为丞相史，府中皆称其廉平。然亚夫弗任，曰："极知禹无害，然文深，不可以居大府。"（《史记·酷吏列传·赵禹传》）——周亚夫做丞相，赵禹做丞相下面的小官，官府中都称赞赵禹的廉洁公正。但是周亚夫没有重用他，（周）说："我非常了解赵禹是无人能胜过的，但他律令太苛，不能居高位。"

《汉书·酷吏传·赵禹传》"无害"下，颜师古注："无害，言无人能胜之者。"

（4）周阳侯……以汤为无害，言大府，调茂陵尉。（《汉书·张汤传》）——周阳侯……认为张汤无人能比，向丞相府报告，选他任茂陵尉。

颜师古注："无害，言其最胜也。"这类用法的"无害"大都单独用作谓语，前面没有修饰成分作状语，后面也没有宾语。这种形式上的特点足以使它跟其他几种用法区别开来，我们在阅读古书时应多加小心。

（本文原载于《普通话》丛刊第4集，
香港建义利有限公司，1985年。署名一弓）

说"便利"

　　"便利"在现代汉语里是指使用或行动起来不感觉困难,容易达到目的。如"交通便利"、"那里百货公司很多,买东西很便利"等。在古代汉语里它却不止一种含义。

　　"便利"在古代最常见的用法与现代汉语是一致的,即表示适用、方便、顺利、没有阻碍之义。如:

　　(1)械用兵革攻完便利者强,械用兵革窳楛不便利者弱。(《荀子·议兵》)——器械、用兵、兵器、盔甲坚固适用的就强盛,器械、用兵、兵器、盔甲粗劣不适用的就衰弱。〔攻完:坚固。窳(yǔ雨)楛(kǔ苦):粗劣不坚。〕

　　(2)天子以为然,令齐人水工徐伯表,悉发数万人穿漕渠,三岁而通。通,以漕,大便利。(《史记·河渠书》)——天子认为(郑当时的建议)是对的,命令齐人水工徐伯标志穿渠之处,全部派出士卒数万人打通漕运的河道,三年而通。然后用来漕运,大大方便适用。〔漕(cáo曹)渠:运漕粮的河道。漕粮,指国家从水道运输粮食,供应京城或接济军需。〕

　　(3)乘便利时,夺取其国,不复顾恩义。(《汉书·元后传》)——趁着方便的机会,夺取他的国家,不再顾念旧日的恩惠情义。

"便利"在以上诸例中的含义和用法一直保留至今,反映了词义的巨大稳定性和继承性。

但是,古代还有些用法是今天所没有的,在阅读古书时须特别留意。

(一)表示行动敏捷、灵便。如:

(1)治气养心之术:……齐给便利,则节之以动止;狭隘褊小,则廓之以广大。(《荀子·修身》)——调理血气、培养性情的方法:……(行动)轻快敏捷,就用该动即动、该止即止的道理去节制他;(心胸)狭隘褊小,就用宽大为怀的道理去使他开阔。〔齐给、便利:都表敏捷之义。〕

(2)夫人生百体坚强,手足便利,耳目聪明而心圣智,岂非士之愿与?(《史记·蔡泽列传》)——人生在世身体强健,手足灵便,耳聪目明且心地高尚睿智,难道不是士人的愿望吗?

(二)表示口才伶俐、言辞敏锐。如:

辩说譬谕,齐给便利,而不顺礼义,谓之奸说。(《荀子·非十二子》)——辩论说理设譬作喻,口才伶俐、言辞敏锐却不合乎礼义,这就叫做"奸说"。

(三)有时还表示大小便之意。如:

贤薨,玄成在官闻丧,又言当为嗣,玄成深知其非贤雅意,即阳为病狂,卧便利,妄笑语,昏乱。征至长安,既葬,当袭爵,以病狂不应召。(《汉书·韦贤传》)——韦贤去世,玄成在职位上得闻丧事,又听说自己当为继嗣,他深知那不是韦贤的本意,就假装疯病,在床上大小便,胡言乱笑,糊涂错乱。他受召到长安,在韦贤的丧事办完之后,本当受爵,他却以疯病为借口不去应召。〔颜师古注:便利,大小便。〕

"便利"的这后几种用法逐渐由其他复音词如"便捷"、"敏捷"、"便溺"等所承担,"便利"就主要表示方便、顺利的意思了。

可见单音词在发展过程中,由于一词多义而发展演变出若干双音词,分别承担不同的含义;而双音词由于一词多义,又会向专一化的方向发展:或者在原有双音词之间分工更加明确,或者演变出新的双音词来分担不同的含义。通过一滴水的成分可以略知大海,我们由"便利"一词似乎也可一窥词的孳生演变。

(本文原载于《普通话》1987 年第 1 期,

香港文化教育出版社。署名乐士)

"料理"的故事

有位老先生教了一辈子古文，退休后还闲不住，带了四个喜欢读古书的年轻人做学生，给他们义务上课。他讲得仔细，学生们听得认真，两下的兴致都很高。老先生还常把测试包含在有趣的问答之中，使学生在愉快的气氛中学到有益的知识。

这天他对学生说："'料理'这个词的主要含义我已给你们讲解过了，你们说金代诗人段克己这两句诗'穷愁正要诗料理，莫问春来酒价高'中的'料理'是什么意思？"

几个学生想了一会儿，甲生说："您说过'料理'常有'安排'的意思，可是'穷愁正要诗安排'，怎么讲得通呀？"

乙生说："您说'料理'还有'帮助'、'照看'的意思：'穷愁正要诗照看'，诗怎么会照看帮助呢？看来这个'料理'，意思挺特别！"

老先生说："不要急，你们再想想。我不是跟你们说过，一个词除了本义还常有引申义吗？"

这时丙生说："老师，我记得您有一次说过，'料理'的'安排'义引申有'排遣'的意思，这个'料理'就有'排遣'义，您说对吗？"

丁生接着说："'穷愁正要诗排遣'，对，解得妙！"

老先生高兴地点点头，又问："你们认为黄庭坚的诗句'睡魔正仰茶料理，急遣溪童碾玉尘'中的'料理'又是什么意思呢？"

丁生立即回答:"这首诗我恰好读过,从上下文看,'料理'有'驱赶'、'驱逐'的意思。两句诗大意是:'睡魔正要靠饮茶来驱赶,急忙派小童去研磨花茶'。这'驱赶'的意思可能是由'排遣'义引申出来的。"

老师笑着说:"对,对。那么我再问你们,白居易的诗句'眼昏久被书料理,肺渴多因酒损伤',杨万里的诗'诗人瘦骨无半把,一任残春料理看',其中的'料理'又当何讲?"

甲生想了一会儿,不太有把握地说:"'眼昏久被书料理'和'肺渴多因酒损伤'是互相配对的句子,下句说肺渴大多因为酒损伤,可推知上句说眼昏的原因是久被书料理,'料理'与'损伤'相呼应,似乎有'折磨'、'苦虐'一类意思,不知对不对?"

乙生连忙接着:"对,我也是这样想。杨万里的诗,从全诗意思看,是凄风苦雨,心情感伤。'诗人瘦骨无半把',是由于残春折磨着、苦虐着的缘故。只是不知道,'料理'本是表善义的词,怎么会有表恶义的意思了? 由'照看'到'折磨',不正好相反吗?"

老先生满意地说:"你们解释得合情合理,真让我高兴。古汉语里有一部分词包含着互相对立的意思,叫做反训。如'乱'就有扰乱和治理两义。对这部分词,在读古书时要特别小心。'料理'的表善义与表恶义,可能就是由照看(帮助,安排)——排遣——驱逐——折磨(苦虐),这样逐步演变出相反的意思。因而在读古书时要结合上下文仔细玩味,悉心品尝,寻求确切含义,悟得语言奥妙。如果马马虎虎,大而化之,是不能得其精髓的啊!"

(本文原载于《普通话》1987 年第 3 期,

香港文化教育出版社。署名—弓)

小蕙小张说"门户"

　　小蕙是某大学中文系的毕业生,在中学里教语文,她的同班同学小张,毕业后在业余大学教现代汉语,他们对古汉语都很有兴趣。她和他在来往中常常交流学习古文的体会,谈得很投机。

　　有一次小蕙说:"小张,'门户'在古汉语里都有什么意思?"

　　小张说:"让我查考一下再回答你吧!"

　　第二次见面,他俩在北海划船,小张说:"你提的问题我有了些体会。"

　　小蕙说:"什么问题呀?"

　　小张说:"就是'门户'在古汉语里的意思呗。"

　　说着从上衣口袋里掏出几张卡片,一边给小蕙看一边说:"门户,是两个同义词并列组成的复音词,统指屋室出入的地方。如《孟子·尽心上》的'昏暮叩人之门户',这'门户'就泛指房屋出入的地方。古时也常用'门户'来比喻一个国家出入的地方,如《后汉书·西域传》的'此其西域之门户也',就指车师、伊吾等地是出入西域的必经之处。"

　　小蕙说:"'门户'的意思不止这些吧?"

　　小张点头道:"对。你别着急,听我说呀。'门户'由上面的意义引申,还有关键、枢纽的意思,如《淮南子·人间篇》:'是故知虑者,祸福之门户也',意思是说知不知道深谋远虑,是灾祸或幸福的关键。又如《三国志·吴志·孙贲传》注:'兄今据豫章,是扼僮芝咽喉,而守其门户矣。'这个'门户'很明显就是'枢纽'的意思,你说对吗?"小蕙说:"有道理,咱们结合读古书再了解一下,看还有什么意思好吗?"小张愉快地同意了。

不久他俩在天坛公园又见面了,两人在回音壁两端一问一答。

小张说:"小蕙,你听到我的声音了吗?"

小蕙答:"听得可清楚啦,你说吧!"

小张说:"你知道吗?'门户'还有'家'的意思呢!"

小蕙说:"你知道吗?'门户'还有'世家'、'门第'的意思呢!"说完他们就跑到一起,交换了几张卡片。

小张说:"你看这张《乐府·陇西行》有这样的句子:'健妇持门户,亦胜一丈夫',这'门户'不就是'家'的意思吗?"

小蕙笑着说:"对!你看我这张,是《新唐书·宰相世系表》中的句子:'有爵为卿大夫,世世不绝,谓之门户。'这不就是'世家'的意思吗?至于'门户'表示'门第'的意思,例句很多,意思也很明显,这几张卡片你自己看吧!"

过了几天,小蕙收到小张一封信,她急忙打开,一口气读下去,念到信的最后一段,她忍不住读出声来:"我最近读到《新唐书·韦云起传》'自作门户,附下罔上,为朋党',知道'门户'还有'朋党'的意思。查《现代汉语词典》,'门户之见'的意思是'由宗派情绪产生的偏见'。这种意思可能就是由'门户'的'朋党'义演变而来的吧!不知你的看法如何?"

小蕙读完信,微笑着自言自语地说:"真是个好学的人哪!"

(本文原载于《普通话》1987 年第 4 期,

香港文化教育出版社。署名岭梅)

病房里笑谈"上下"

陈老先生带了四个爱好古文的学生。教者热心,学者努力;教学相长,相得益彰。这一次,陈老先生又给四个学生出了个题目,让他们结合已经学过的古文,说说"上下"这个复音词在古汉语里都有什么意思,约定当月的三十号在一块座谈。不巧,在二十号那天,陈老先生接到医院通知:他预订的治疗前列腺炎的床位已有,请他立即住院,先作体检再作进一步治疗。老先生只好赶紧到医院去,同时通知几个学生延期开会。

三十号这天,老先生在医院里还惦记着几个学生,心想这时若不是在医院等候治疗,不就正和学生在一起谈论学问吗?正在这时,门外有敲门声,随着老先生的"进来!",只见甲生和乙生提着香蕉、苹果走了进来,他们殷切地询问老先生的病情,陈老先生只简单说了几句就问他们:"'上下'的用法和意义你们想了没有?"

甲生立即答道:"'上下'有'君臣'的意思,这是它在古书中最常见的用法,如《孟子·梁惠王上》的'上下交征利,而国危矣',这个'上下'就是'君臣'的意思。"

乙生很快接着说:"与'君臣'义相关,'上下'还有'尊卑'的意思。《左传》里有这样的话:'富而能臣,必免于难,上下同之。'(定公十三年)意思是说富有而能谨守臣道,一定能免于祸难,无论尊卑都是一样。"

老先生说:"你们说得对! 可是,你们知道这种'君臣'、'尊卑'的意思的来源吗?"

他俩一时答不上来,老先生说:"《尚书·尧典》里说'光被四表,格于上下',意思是说尧的名声充溢四方,至于天地。我想'君臣'、'尊卑'的意思大约就是从'天地'的意思引申出来的。"

师生正谈得起劲,门被轻轻地推开了,丙生和丁生踮着脚尖进来了。他们一边问候老师,一边把带来的东西放在老师的床头柜上。老先生说:"你们对'上下'有什么看法吗?"

丁生不慌不忙地掏出小笔记本,打开看着说:"老师,我们读《国语·周语上》时,读过一句'夫王人者,将导利而布之上下者也,使神人百物无不得其极'。很明显,'神人百物'就是对'上下'的解释,'上'指天神,'下'指地上的人和万物。"

丙生接着说:"'上下'还可以指古今,《汉书·司马迁传》说'驰骋古今,上下数千载间',这'上下'就是古今的意思。到六朝时'上下'还可用来指父母或母亲,您给我们讲过的《南史·刘瓛传》就有'上下年尊',意思说母亲年老。而到了元明小说中,又用'上下'称公差。我喜欢读《水浒传》,那里面就把'公差'叫做'上下',如说:'上下打几角酒来!'"他说得有声有色,大家都笑了起来。

这时丁生从容不迫地翻到笔记本的另一页,用他那一贯温文尔雅的态度说道:"上面咱们说的这些,都是'上下'作名词的用法和含义。'上下'还可以作动词,如屈原的名句'路漫漫其修远兮,吾将上下而求索'(《楚辞·离骚》),这个'上下'就是动词,有上上下下、左左右右到四面八方去寻求的意思。与这个意思相近,还有变易的意思,如《国语·齐语》里的'索讼者,三禁而不可上下',

大意是说为了审实讼辞需关他三天,而其言辞确定不可变易。老师,我的理解对不对?"

陈老先生靠在床头,高兴地对大家说:"你们把过去学过的知识都能联系起来,这表明你们学得很认真,领会得也深透。'上下'的动词用法不少,值得注意。常见的还有'高下'、'抬高放下'一类意思,有一个著名的历史故事就是通过'上下其手'这个成语而历代相传,直到今天还很有生命力。"

这时几个学生都注视着老师,渴望听听这个故事。

陈老先生说:"这是《左传·襄公二十六年》里的一个故事:楚国侵伐郑国,郑国的皇颉带兵和楚军作战,郑国战败,皇颉被楚国的穿封戌俘虏了。可是楚公子围却说是自己抓到的,要与穿封戌争功。他们请上司伯州犁判断是非。伯州犁说:'让我来问问俘虏吧!'于是他就叫俘虏站在面前。伯州犁对俘虏暗示说:'他们两人所争夺的对象就是您。您是个君子,有什么不明白的?'说罢,他把手抬高,指着公子围说:'那一位是王子围,是寡君的尊贵的弟弟。'然后,他把手放下,指着穿封戌说:'这个人是穿封戌,是方诚山外的小县官。'接着问俘虏:'是谁俘虏了您?'俘虏早已心领神会,就回答说:'我碰上了王子,我抵挡不过他,就……'穿封戌大怒,可是又有什么办法呢!"

甲生说:"我明白了,'上下其手'这个成语就是把手抬高和放下的意思。拿现在的话说就是搞小动作,加害于人。"

陈老先生说:"是的。这个故事后世用来比喻那些舞文玩法、颠倒黑白的官场势利小人。'上下其手'这个成语,由于它的形象、生动,寓意深刻又有讽刺意味,为人们所喜爱,一直流传至今。而'上下'的动词用法也在这个成语里一直保存下来。可见一些成语在保留古汉语中某些成分方面实在有着特殊的作用。它们好比是古汉语保留在现代汉语里的活标本,我们如果留意,就可以从中学到许多东西,并会进一步增加对古汉语的亲切感,觉得它并不是那么遥远。"

几个学生正听得极有兴趣,一位白衣护士走来,说探视的时间已过,他们只好恋恋不舍地跟老师告别了。

（本文原载于《普通话》1988 年第 1 期,

香港文化教育出版社。署名乐士）

陈老先生与学生谈数词

　　陈老先生病愈出院了,他十分惦念自己的四个学生,他的学生更是忘不了他。这天又是约定的学习日,几个学生早早就来了。老先生看看这个,又看看那个,心里真高兴。等他们都坐好了,他和蔼地说:"上次学习结束时,我要你们回去注意一下古汉语里数词的用法。你们都准备了吧?"

　　几个学生都点头答道:"准备了!"

两数相乘表年龄

　　老先生说:"那我们就从'二八佳人'开始说起吧。你们都知道,'二八佳人'不是指二十八岁而是指一十六岁的少女,'二八'是二乘以八的意思。在古汉语里这类用法很多,要特别留意。你们能给我举出几个这类用例吗?"

　　甲生很快回答说:"陶渊明的《责子》诗有这样几句:'虽有五男儿,总不好纸笔。阿舒已二八,懒惰故无匹。'这'二八'也就是十六岁的意思。"

　　丙生接着说:"还有他的《祭程氏妹文》:'慈妣早世,时尚孺婴。我年二六,尔才九龄。'其中的'二六'就是十二岁。"

两数相乘表日期

老先生说:"这种两数相乘的用法不仅常用来表示年龄,还常用来表示日期,你们能举出例子来吗?"

丁生答道:"我读到卢仝的《有所思》,'娟娟姮娥月,三五、二八盈又缺',这'三五'指的是十五日,'二八'指的是十六日。"

两数相乘表日数

乙生说:"数词的这种用法还常表示人物的数量,如《左传·襄公十一年》的'女乐二八'就指能歌舞的美女十六人。"

不能相乘,只表约数

老先生点头称赞说:"很好,你们回答得挺不错。"接着他又说:"你们所列举的都是两数相乘表示一个确切的实数,古汉语里还有一种常见的用法即相邻两数表约数,这是一种模糊词语。你们平时读书有印象吗?"

学生们想了一下,丁生说:"我小时妈妈教我背的诗'一去二三里,烟村四五家,小桥六七处,八九十枝花。'这诗里的'二三'、'四五'、'六七'乃至'八九十'都是大约之数。"

老先生笑着说:"对! 对! 如果把它们当成两数相乘的实数,可就完全没有诗意了。"

约数与实数的辨别

这时甲生问道:"老师,怎么才能辨别两数连用是表约数或表实数呢?"

老先生说:"最重要的是从上下文仔细辨别。因为在具体的语言环境里,歧义的可能性总是会被降低到最小限度。除此之外,还有一点很重要,表约数的两个数字,其排列规则一定是紧相比邻的,如二三、三四、四五、五六、六七……,而表相乘的两数,其顺序大多不是紧相比邻的,如二八、三五、六九……,如果紧相比邻的两数表示相乘,常将相乘的积数同时说出,像马融《与窦伯向书》中所说:'书虽两纸,纸八行,行七字——七八五十六字。'不过也不是全都如此。由于紧相邻接的两数连用可表约数,也可表相乘的实数,有时难免引起歧义,前人也因此做出点有趣的文章,下次我再告诉你们吧!"

几个学生异口同声地要求老师马上就讲出这有趣的故事:"老师! 您现在就讲吧!"

冠者和童子各有多少

老先生说:"好吧! 我讲。你们都学过《论语·先进》,还记得'冠者五六人,童子六七人'这两句吧?"

学生们都说:"记得!"

乙生背诵道:"冠者五六人,童子六七人,浴乎沂,风乎舞雩,咏而归。"

　　老先生说:"那么到底是多少人呢?《太平广记》里有这么一个故事:有人问国学博士:'孔子弟子达者七十二人,几人已着冠?几人未着冠?'博士答不上来,这人说,《论语》曰'冠者五六人','五六',三十人也;'童子六七人','六七',四十二人也。"

　　大家一听都笑了起来。老先生又接着说:"皇侃《论语义疏》对此章作疏也说:'或云……"五六",三十人也;……"六七",四十二人也,合为七十二人也,孔门升堂者七十二人也。'这种解说在汉代比较流行,后来把'五六'、'六七'解作约数的逐渐多了起来,到现在几乎一致把它们视为约数了。你们看,在数词的用法里还有这么多文章哩!"

（本文原载于《普通话》1988 年第 3 期,
香港文化教育出版社。署名一弓）

晏子谈"和而不同"

中华民族有着五千年的文明历史,给人类留下了无比丰富的文化遗产。我们学点古汉语方面的知识,就是为了继承这宝贵的财富。现在我们就介绍一些①优秀的古文选篇,使大家欣赏、借鉴。为了初学古文者的方便,我们作了比较详细而通俗的注解,还附有译文。

[说明]

这篇短文讲的是晏子跟齐景公谈和而不同的故事,晏子是春秋时代的一位政治家,他曾经在齐国连续辅助齐国的三位国君(齐灵公、齐庄公、齐景公),担任国卿。有一天,齐景公所宠爱的一个臣子名叫梁丘据的来朝见齐君,齐君很高兴地对晏子说:"只有据和我是和谐相处!"晏子就对齐王说,据和你的关系是相同一致而不是和谐相处。接着他就详细说明什么是和谐,只有相关的不同事物能够有机而谐调地组合在一起才叫做和谐共处,如果只追求完全相同,那就只是"同"而不是"和"。国君治理国家追求的应当是有差异的万物和谐共处而不是回避矛盾或消灭差异,只是追求盲从苟同、全都一样。这就是"和而不同"这个成语的重要来源。在《论语·子路》篇中,孔子也说过:"君子和而不同,小人同

---

① 　编按:继《学点古汉语语法》之后,《美中社会和文化》拟定每期登载一篇古文文选,由何先生撰写。不料,发表这第一篇之后,何先生便辗转病榻,终于不治而去。故引言曰"一些",这里却只有一篇。

而不和。"

[原文]　引自《左传·昭公二十年》

齐侯至自田,晏子侍于遄台,子犹驰而造焉。公曰:"唯据与我和夫!"晏子对曰:"据亦同也,焉得为和?"公曰:"和与同异乎?"①对曰:"异,和如羹焉,水、火、醯、醢、盐、梅,以烹鱼肉,燀之以薪,宰夫和之,齐之以味,济其不及,以泄其过。②君子食之,以平其心。君臣亦然。君所谓可而有否焉,臣献其否以成其可,君所谓否而有可焉,臣献其可以去其否,是以政平而不干,民无争心。③故《诗》曰:'亦有和羹,既戒既平。鬷嘏无言,时靡有争。'④先王之济五味,和五声也,以平其心,成其政也。⑤声亦如味,一气,二体,三类,四物,五声,六律,七音,八风,九歌,以相成也;⑥清浊、小大、短长、疾徐、哀乐、刚柔、迟速、高下、出入、周疏,以相济也。⑦君子听之,以平其心。心平,德和。故《诗》曰:'德音不瑕。'⑧今据不然,君所谓可,据亦曰可。君所谓否,据亦曰否。若以水济水,谁能食之? 若琴瑟之专壹,谁能听之? ⑨同之不可也如是。"

[注释]

①田:打猎。晏子:名婴,字平仲,春秋时齐国大夫。其父晏弱死后,晏子继任齐灵公、齐庄公、齐景公三世的卿相,有自己的一套政治主张。遄(chuǎn)台:台名,在山东临淄附近。子犹:即下文的梁丘据,是齐景公宠幸的大夫。驰而造焉:造:前往,到。焉:是个兼词,相当于"于+之"。意即驱车赶到景公那里。和:和谐相处。同:相同,一样。焉得为和:焉得,虚词词组,意为"哪能"。

②羹:指五味调和的浓汤。醯(xī):醋。醢(hǎi):用肉、鱼等制成的酱。梅:味酸,用以制酱作调味品。燀(chán):生火。宰夫:厨师。和:调和其味。齐之以味:齐同"剂",调剂其滋味,使酸

咸适中。济:添加。泄:减少。

③君所谓可而有否焉:国君以为可行但里面包含有不对的部分。臣献其否以成其可:臣指出其不对之处,帮国君纠正过来,达到更正确。政平:政令平和。干:干犯礼仪。争心:争斗之心。

④见《诗经·商颂·烈祖》。亦:副词,在这里有强调之意。和羹:五味调和的浓汤。戒:备。平:平和。鬷嘏(zōng gǔ):意谓献羹给神灵。无言:无所指责。时靡有争:时,指朝野上下。靡:无。

⑤五味:辛酸咸苦甘。五声:宫商角徵羽。平其心:使其心平静。

⑥一气:声音须由气动而发生。二体:乐声发出则伴有乐舞,舞有文武。文舞执羽籥,武舞执干戚,称二体。又一说,乐有阴阳刚柔二体。三类:指诗之风、雅、颂。四物:乐器由金、石、丝、竹、匏、土、革、木制成,其物为四方所产,非一方所能齐备,故称四物。六律:黄钟、太蔟、姑洗、蕤宾、夷则、无射。阳声为六律,阴声为六吕。七音:五音外加变宫、变徵二音。七音即相当今之七个音阶。八风:八方之风。九歌:六府三事为九功,歌颂九功为九歌。六府为水火木金土谷,三事为正德、利用、厚生。

⑦清浊:这里指音乐中的清音和浊音。小大、短长:指音乐的强弱、长短。疾徐:乐音的急促或徐缓。哀乐、刚柔:音乐的悲哀或欢乐,阳刚或阴柔。高下:音乐的高音低音。出入:乐音的奔放或收敛。周疏:乐音的细致或旷达。

⑧德音不瑕:见《诗经·豳风·狼跋》。瑕,玉面上的瑕痕,比喻小毛病。意谓德音没有一点缺失,因其心平。

⑨若:像。专壹:专奏一个声调。琴瑟专壹,谓唯有一声,十分

单调,不得成其为音乐。

[译文]

齐景公从打猎的地方回来,晏子在遄台侍候,梁丘据驱车赶来。齐景公说:"唯有据跟我和谐啊!"晏子回答说:"据也只不过是跟您相同而已,哪里说得上和谐?"齐景公说:"和谐跟相同不一样吗?"晏子回答说:"不一样。和谐好比做羹汤,用水、火、醋、酱、盐、梅来烹调鱼和肉,用柴火烧煮,厨师把味道调和适中,味道太淡就增加些调料,味道太过就加点水冲淡。君子喝了这汤,内心感到平静。君臣之间也应该这样。国君认为可行而其中有不合适的,臣下指出它不合适的部分,使可行的更加完备;国君认为不行,而其中还有些可行的,臣下指出它可行的部分而去掉它的不行,因此政事平和而得当,不违背礼仪,百姓也就没有争斗之心。所以《诗》说:'有着五味调和的羹汤,味道既齐备又匀称。神灵来享用而无所指责,朝野上下都无争竞。'先王调匀五味、谐和五声,是用来使他的内心平静,好去完成政事的。声音也像味道一样,是由一气、二体、三类、四物、五声、六律、七音、八风、九歌互相组成的;是由清浊、大小、短长、缓急、哀乐、刚柔、快慢、高低、出入、疏密互相调节的。君子听了,内心平静。内心平静,德行就和谐。所以《诗》说'德音没有缺失'。现在据却不是这样。国君认为行的,据也跟着说行。国君认为不行的,据也跟着说不行。这就好像用清水去调剂清水,谁能吃它呢?如同琴瑟老弹一个音调,谁会去听它呢?所以说不应该只追求相同、一样,其道理就在这里。"

(本文原载于《美中社会和文化》2006年第1期)

《古汉语虚词词典》绪论[*]

——讨论虚词的有关问题并按
语法功能对虚词进行分类

［加］杜百胜

　　这部词典在一些重要方面和传统的"虚字（empty words）"字典不同。第一，它历史地论述虚词，也就是说，它注意到虚词最早的出现情况，流行的时代，混同的和过时的用法以及词的废弃。第二，它探求虚词之间的亲缘关系（the affinities）（不是简单地举出几个找来的注释）时，是把词放在和它有共同语法作用的类或次类中去考察的。第三，它阐释并描写词的语法功能，而不是仅限于用举例来证明。本词典的编纂法远远超过了传统的词典。

　　本词典分为两部分。第一部分是绪论，一是讨论虚词的确定和描写问题；二是对所论述的词按照其所属的语法上的类和次类进行了划分，并拟出一个目录。第二部分是词典本身，在这里对虚词逐个地介绍，并分别描写了它们的功能。

　　绪论和词典互相补充、不可分割，我们需要把它们当成一个整体来看待。总之，希望它们能给学习古汉语的学生提供一部非常重要的参考书。

---

　　[*] 这篇文章是加拿大多伦多大学教授 W. A. C. H. Dobson 所编著的 *A Dictionary of the Chinese Particles* 的绪论。该词典共收古汉语虚词 694 个，1974 年多伦多大学出版。

一　虚词问题

1.1　范围和目的问题

第一个问题是,应该运用某种方法而不是单凭主观臆断去决定一部古汉语虚词词典应该包括些什么。许多汉学家一般说来都熟悉"虚词"(particles)(传统汉学中叫做"虚字")这类词,但事实上,这类词的定义只是不严谨地、泛泛地被确定的。传统的"虚字"字典编纂者在一些重要方面,如哪些词是虚词,都存在着分歧。因此现在看来急需一个形式上的标准,用它来决定什么应该包括进去,什么应该加以排除。

第二个问题是从形式和意义的角度出发,设计出一套对虚词进行分类和描写的方法,从而使这部词典不只是注释的汇集或虚词的细目,而且还是说明词的亲缘关系和用法的指南。

1.2　收词标准

这里所采用的收词标准可以从反面来阐述,如,任何一个出现在古汉语里的词,它所起的作用不同于一个实体词(substantive,指名词或用作定语的实词)或动词,这就是虚词。这里所说的"实体词"和"动词"不是指各个具体词本身的特性,而是指它们在句中分配位置(矩阵)上的语法特性。占有那样一个位置的词就具有那一位置的语法意义。词不能被先验地划入"实体词"或"动词"的类别中去,但如果能证明它们出现的位置是"实体词"或"动词"所专有的,它们当然可以被划入其中的任何一类或同时归入两类。说得更确切一些,一个词不论出现在哪个分配位置上,只要那个位置不是"实体词"和"动词"所专有的,这个词就应该包括到虚词中去。

这样一个标准排除了"虚词"（particle）这个术语原有的含糊不清的意思。"虚字"，按照严格的历史意义，是指那些在诗歌韵文中不计算韵律节奏的词。按此推理，"实字"（full word）则是指那些在诗歌韵文中要计算韵律节奏的词。在采用和改变这些词的意义的过程中，传统的语法学家扩大了它们的含义而未用任何形式上的方法去确定那些把虚字和实字区别开来的界线。实际上，虚词词典已经趋向于包括编纂者认为需要在语法上加以说明的任何一个词。①

1.3 虚词及平面系统（Grammatical Words and the Hierarchy of Levels）

根据虚词所出现的句法系统的各个平面，可以把虚词划分为三个次类。这些平面分为三级。出现在第一级平面——构词和构成词组（即语段）的平面（the level of word-formation and word-group formation）——上的虚词组成一类（例如音节重复的记号，语段连词等）。出现在第二级平面——构成句子的平面（the level of sentence formation）——上的虚词组成一类（例如动词的情态和体态助词（the modal and aspectual auxiliaries of the verb），名词的个体助词等（the distributive auxiliaries of the noun））。出现在最高级平面——句与句间的平面（the level of inter-sentential formation）——上的虚词又组成一类（例如句与句间的连词等）。

虚词的这种概略分类法，可以说就是一种平面分类法。通过

---

① 在本词典的主要部分里，凡是裴学海、杨树达或刘淇曾经有过说明的词，我都注了参看符号。人们不难看出，这三部词典在它们的总目录中存在着相当大的差异。而我则把他们所论及的每一个词都收入了，除去那种只出现过一次的罕用词、没有给原文例句的词或者从形式上考察不是虚词的那些词。

它,虚词可以划分为语段的(syntagmatic)、句子的(sentential)和句与句之间的(inter-sentential)这样几类。

1.4 虚词及其出现的位置(Grammatical Words and the Point of Occurrence)

在这种按平面分类的方法之上,可以增加一个垂直分类法。这就是在每一个平面内确定虚词出现的位置。在第一级或语段的平面上,构词内的成分可以确定为前置的(或:前缀——译者)或后置的(或:后缀——译者);在第二级或句子的平面上,虚词可确定为在句首出现的,在句尾出现的,或于句子成分的分布中在任何一个特定的位置上出现的;在第三级或句与句间的平面上,虚词可以确定为句子之间的插入语或句与句内的一个组成部分。

1.5 虚词的一个更进一步的形式上的标准(A Further Formal Criterion for Grammatical Words)

对虚词分布形式所作的平面和垂直的分类,为虚词的定义提供了一个更进一步的形式上的标准。跟实体词或动词的用法相对比,虚词是受其特有的和可预知的位置所限制的。作为一个孤立的"实字",它具有出现在实体词或动词的任何位置上的可能性,不能先验地把它们列入任何特定的位置(除非它们是这样分布的);而一个虚词却是以具有其独特的位置为特征,而且它在哪个位置上的出现是可以预知的。虚词本身是通过位置显示出它的特征的,而"实字"则不是这样。虚词的含义随着它所占有的位置的不同而发生变化。

1.6 虚词的类别

在确定了虚词的平面和它所分布的位置以后,我们将会发现所有具有相类似分布情况的虚词都有共同的功能。(不仅如此,这些虚词还具有某些可以辨认的共同的语音特征。这些通过形式上、句法上的分析而得到的"词类",有可能为研究语音上的亲缘关系问题,即古汉语的"词群"(word families)问题,提供一种新的途径。)对于虚词的这些功能给予前后一致的命名将会使人感到清楚明了。实践证明以下这些称谓是切实有用的:

(1)助词(auxiliaries)。指限定或修饰实体词或动词的虚词(例如情态和体态(modal and aspectual)助词,方式和语态(manner and voice)助词等)。

(2)记号(markers)。指标记一种语法功能的虚词(例如重叠的记号、语段的记号等)。

(3)连词(conjunctions)。指表示连接的词(例如语段的连词和句子之间的连词)。

(4)小品词(particles)*。指确定一种语法关系的词(例如表示方位的小品词,表示动作后第二位置的小品词等)。

(5)数词和替代词(numerals and substitutes)。数词既作为基数也作为序数出现,但也作为语法上的助词。在数字结构内部,它们有着不同的句法,因而它们自身构成一个形式类别。替代词之所以成为一个类别的明显特征是"替代一个或几个实词"。有专有名词的替代词(代词);有起指示作用的替代词(指示词);有表示前指的替代词,即用于反转来复指的替代词;还有不定代词和疑问代词,即用来表示泛指或询问的替代词。

(6)系词(the copulae)。这类词只出现在限定句的两项之间,

＊　本书书名中的"particles"指的是虚词,而在对虚词的具体分类中又出现了"particles"一类,根据它的具体内容,我们暂译为小品词。——译者注

它和连词不同之处在于它允许情态上的限定。

(7)感叹词(interjections)。

另一类不同的虚词是合音字(allegro form),它是用来表示一种特征,通过这种特征,由于习惯上的搭配连在一起的两个虚词(不管它们属于前面所说的类别中的何类),发展成为一种快读的语言形式。语音上的紧缩使它们变成了一个单一的单位,在汉语的书写系统中用一个单独的符号来表示。

1.7 对虚词的具体描写

本词典按照分布和功能的标准把虚词列入可比较的类别,接着就描写每一个词单独具有的特性。

1.8 历史地论述虚词

每个词单独具有的一个特点——不管该词属于何类——是它在语言中得以存在的关键。古汉语不是静止的,它处于经常变化的状态之中。一个时代又一个时代地,它的语法不断地为新造的词语所充实,又不断地淘汰那些逐渐衰退的成分,并采用旧的形式给以新的用法。因此,如果不考虑虚词的时代因素,任何对于虚词的分布和用法的描写都不可能是完全的。

一个虚词在语言里的生命是当它作为一种新的用法(实际上就是它在书面材料中第一次明确出现)的时候开始的。它风行于一个时期,然后逐渐衰废,而在人为地运用古语的形式中又可能复活(经常是以一种混同的、模糊的方式)。

根据目前的研究状况,要确定虚词第一次出现的准确年代是不可能的。但在这方面我们认识到,在汉代以前的上古时期(公元前11世纪到公元前3世纪),从文献资料中,看不出什么有意识地模仿更早一个时期语言的痕迹。每一个时期都保存着它本身的特色。因而我们可以把上古汉语有效地划分为以下三个时期:早期上古汉语(前11—前7世纪);中期上古汉语(前7—前5世纪)和晚期上古汉语(前4—前3世纪)。

在上古时代最重要的是产生了儒家的经典著作。到了汉代,这些著作获得了权威的地位,被视为写作方面"正确"风格的典范。对于汉代那些精心运用典范的模式来书写的著作,我们可以称之为汉代的"古典汉语"。但在那时,语言的另一种书面形式也很流行,它更接近于当时的实际用法而不受拟古的或崇尚古典的影响。这被人叫做汉代的"书面语"。在汉代的"古典汉语"里,作家们汲取着全部的古典的标准,以至于上古用法的整个内容,不论各种用法在上古汉语里的具体时代,都有可能出现。因而在这些著作里,混同的和模糊的用法最为明显,而上古汉语中一些表示差别的细微变化则消失了。

在六朝时代,这个过程在继续着。六朝的作家不仅从前代的经典作品中借用(只不过有时在方法上与汉代作家有所不同);而且还引进当代流行的用法的特点。这一般说来就成为"六朝"用法的特色。

由于汇集了儒家的经典,而当权者又以它作为汉代和六朝的风格及用法的典范,因而古典汉语就得以形成为长期保存在中国封建历史里的语言形态。传统的词典都限制自己的范围不超出六朝、汉和汉以前的用法,这部词典也跟着这样做。但我清楚地知道,后来那些年代的"古文"或"文言"是不能完全用这些说法来解释的。一个一个时代都值得专门研究。

1.9　功能的同一性和意义的同一性(Identity of Function and Identity of Meaning)

根据虚词的平面、位置和功能的标准,把具有类似分布情况的虚词分成各种类型,这就意味着同一类中的全部虚词在某一方面可以互相替换。这种相互替代性是传统的汉语训诂学的基础。虽然这种办法只是启发性的,但所取得的结果经常是像用形式方法进行的分类那样可靠。几乎我们所拥有的关于每个虚词的全部知识都是用这种传统方法获得的。例如,当"比"注解为"及"("比,及也")时,它的意思是说,在被注释的上下文里,"及"可以替代"比"而不失去原意。从形式的角度来看,在用"比"替代"及"的地方,它出现在句子的平面上,位于表时间的位置上,并出现在一个表时间的动词从句之前,表示"到这时……"的意思。个别地看,"比"和"及"都各有十分悬殊的本义和引申义以及大不相同的分布格式。因此"比"只在一个具体的时期、在精确的和特定的上下文中才能替代"及"。我们从"比,及也"这一注释中所能设想到的"比"和"及"之间的同一性莫过于此了。但是,由于"X,Y 也"这个公式有时确实含有等同的意思,因而词汇注释者还另外运用"X 犹 Y"这个公式。也就是说,"X 在这一方面或另外某一方面像 Y。"例如,"若犹有也",一定得理解成这样的意思:"'若'在这个具体上下文里被安置的位置和所起的作用,在某一点上是和被同样安置、起类似作用的'有'相似的。"只有在这个意义上,"若"才与"有"相像。

二　虚词的种类(The Categorization of the Particles)

1. 引言

在下一节里虚词将按照它们所属的类和次类进行处理。这种处理是按类别的(categorical)。对虚词的描写是依照平面体系由下往上的顺序。首先是语段的平面(第二部分),接着是句子的平面(动词句,第三部分;限定句,第四部分),再接下去是句与句间的平面(inter-sentential level)(第五部分)。在所有的平面上都出现的替代词,放在第六部分。混同的用法(blunted usage)单独放在第七部分。

就任何一个被介绍的虚词来说,与词典后面的主要部分相互参照,将会给你提供原文举例和更进一步的描写。

将下一节中的有关部分与词典的主要部分相互参照,会使你看到任何一个被介绍的词和它的亲缘词(affiliates)的关系以及它与其所属的词类的关系。

在这一节里,将历史时期划分如下:

早期上古汉语　　公元前11世纪——前7世纪
(缩写为:早上)

中期上古汉语　　公元前7世纪——前5世纪
(缩写为:中上)

晚期上古汉语　　公元前4世纪——前3世纪
(缩写为:晚上)

汉代汉语　　　　公元前2世纪——公元2世纪
(缩写为:汉)

六朝汉语　　　　公元2世纪——公元6世纪
(缩写为:六朝)

2. 在构词和构成词组的平面上出现的虚词

2.1　在构词中(In Word-formation)

2.1.1　重叠的记号(The Reduplicative Markers)

同一形式的重叠(重复)和由于异化作用成为一个成分的重叠(不标准的重叠),在上古汉语里都是派生新词的一个十分活跃的过程。在早期上古汉语里,重叠有时用一个重叠的记号来表示。这些记号可以出现在被重叠词的前头或后头。它们是:

前置的:思,斯,其,有。

后置的:斯,其,有,侯。

这些记号都能以重叠的各种形式出现,但后置的"斯"仅限于名词、数词、量词和情态助词(后者见3.1.4)的重叠。

2.1.2　虚词作为构词中的成分

有些虚词作为构词中的成分而出现。它们是:

可,在动词前作为修饰成分。(早上)

夫,在名词后作为后缀,形成职业名词等。(晚上)

莫之、能,在动词前作为修饰成分。(晚上)

自,作为前缀,形成反身名词。(早上)

足,在动词之前作为修饰成分。(晚上)

作、载,在动词前作为前缀,形成使动格(ergatives)。(早上)

如、若,作为前缀(早上)或后缀(汉),形成类似格修饰成分或名词。

阿,在专有名词(包括姓和爱称)、表亲属关系的术语和专有名词的疑问替代词前作前缀。(六朝)

物,附在修饰成分之后形成体词。(六朝)

2.2　语段(或结构段——译者)(Syntagma)

2.2.1　起连接作用的语段连词

在词构成一些可与单个的词互相交换的、作为构成句子成分的词组的过程中,出现某些语段连词。在这些起连接作用的词中,有的表示简单的连接关系(A 和 B),有的表示交替的连接关系(A 或 B)。在两个动词或修饰语之间表示简单连接关系的连词是:

且,而(早上)。

在两个名词之间的是:

越,粤,曰,暨,及,式,以,与,维(早上);用,而(汉)。

表示交替的连接关系的连词是:

若(晚上)。

注意:"与"在晚期上古汉语里,当它连接两个施动者时,它转换到动词前的位置上,而且在它的前面可以有体态和情态助词。

2.2.2　语段的限定连词

语段的限定连词(它们表明一个类别和其中一个成员的关系或表示所属关系)是:

其,厥,斯,之(早上)。

这种连词一般都出现在两个名词之间。而这方面的不规则现象从古汉语的总体上看,则是《诗经》里的限定连词"之"和"者"在修饰语和名词之间的出现(这种关系后来就没有标记了),其中"者"又只表示这种用法,不出现在两个名词之间。

2.3　数词和数词的虚词

由于在古汉语里,"数字"是在名词的范围以外,而且"语法上的数字"按照惯例也不是非要不可,因而一些助词、记号和连词就起了有定数和无定数的作用,它们可以表示诸如"单一的、几个、很多……事例","一个集合体或仅一件事……"、"一种……情况"、"多数……"等等意思。"数量助词"都位于它所修饰的名词之前。而某些集合体助词和表限制的助词当它们修饰一个动词句的施动者时,则往往跟在它们所修饰的名词之后,它们和"数量助词"形成鲜明对照。第 3.4 节"施动者和它的个体词"所描写的就是这种词。

2.3.1　数词

古汉语里计数的名称是:

一,二,三,四,五,六,七,八,九。

据此和以下的数相配合:

十,为 10 和它的倍数。

百,为 100 和它的倍数。

千,为 1000 和它的倍数。

万,为 10000 和它的倍数。

亿,为 100000 和它的倍数。

巨、钜,在"万"或"亿"的前面,有"数十万"、"无数的"等意思。(汉)

某些数词有替换的形式。它们是:

壹　与一　（汉）

两
贰　}与二　（晚上）

参
叁　}与三　（晚上）

两,也是一个"组的形式","两个表示一双"(早上),如同"驷"表示每组四个(早上)。序数词和基数词在形式上没有什么不同,但到汉代,一个数词的记号"等"可以放在数字之后去标志一个序数。

有些数词有一种分数的形式,它们用作分母。这些数词是:

参,表示分母为三。(汉)

叁,表示分母为三。(晚上)

伍,表示分母为五。(晚上)

什,表示分母为十。(晚上)

半,是一个表示"一半"的特殊的分数形式。(晚上)

有个数词的记号可以出现在表示分数形式的分母和分子之间。这就是"分"(晚上)。

一种数词的连词可以出现在倍数词和单个词之间表示"加"的意思。这种数词的连词是:

又(早上);有(晚上)。

"有"与"余"(早上)搭配,附加于一个数词或量词,表示"多出一点"(早上)。

在汉代,"所";在六朝,"许",充当一种表示稍多的职能,可能就是从"有余"的快读格式派生出来。

数词的其他限定词有:

不,无过,满,不满(汉);不盈(六朝)。

某些助词以类似数词的形式出现,去标志序数的序列。它们是:

上,次(晚上);末(汉)。

2.3.2 数字的助词(The Auxiliaries of Number)

某些数词用来表示一种不定的意义。它们是:

百,三,一二(早上);万,二三(晚上)。

注意:"二三"仅限于出现在身份代词(status pronouns)之前,在其他情况下,它很特别地以"二或三"的形式出现。

其他不定数助词(auxiliaries of indefinite number)有:

表示"一个大数,很多":

　　　多,众(早上)。

表示"一个小数,几个":

　　　寡(晚上)。

以上这些出现在实体词之前。

出现在数词和量词前的不定数助词有:

表示"几(~百, ~千, ~天, ~呎等)":

　　　数(晚上);几(早上)。

"几"有时还表示疑问的意思"几个什么","一"还表示不确定的意思"某个人,任何一个"。

2.3.3　逐指助词(The Enumerating Auxiliaries)

逐指助词,它的词类意义是"一种可以点数的……",它是和一些可以被点数的名词联系在一起的。例如,"头"(一头)和"羊"、"牛"联在一起;"两"和"乘"和可点数的"四轮大马车"和"古代双轮马拉战车"联系在一起;而"所"则和"建筑"、"房子"联系在一起。

逐指助词早在上古汉语时期就经常出现在逐项列举事物的表单中。在现代汉语里它们的用途是约定俗成的,而且逐指助词的仓库是大大扩充了。在古代汉语里,这种用法的词序分布是:被点数的名词/数词/助词(例如:羊千头,即"羊,一千头",也即"一千头羊")。下列的逐指助词就是以这种分布形式出现的:

早期上古汉语:

　　　两　四轮大马车,双轮马拉战车

　　　人　人

　　　夫　人

　　伯　贵族

　　匹　马

晚期上古汉语:

　　乘　四轮大马车,双轮马拉战车

　　个　箭,竿

汉:

　　级　敌人,官列级别

　　头　牛,羊

　　所　建筑,房子

　　枚　银币,古玩

　　口　人口数字的"头数"

　　匹　布的匹数,骑兵(早期上古汉语用于"马")

　　皮　毛皮,动物的尸体等

　　具　席子

　　通　书

六朝:

　　艘　小船,轮船

　　领　地毯,席子

　　出现在这样的分布"数词/助词/被点数的名词"中的逐指助词有:

晚期上古汉语:

　　介　官吏,仆人等

汉:

　　匹　马

　　树　树木

六朝：

顿　餐

汉以后又出现一组与一定的动词相联系的逐指助词。它们的目的是对一种动作出现的次数进行点数，或者为了标出某种独特的情况。它的分布是"动词/数词/助词"。这些助词所具有的词类意义是"一次"或"一轮"。它们是：

过，番，口。

注意：家畜有时是用蹄、头、角来计算的。足和蹄是用来表示"蹄"的（一头牛有四支脚）。蹄噭，"四个蹄加一个脑袋"，也常用来计数，因为这五个成分就构成一头牛。正如运用蹄角，四个蹄子加上两个角，六个成分构成一头牛一样。动物也用一双一对的办法来计算。双就是这种用法（汉）。农奴可以用一个包含了十个"手指"的成分来计算，在这里用上了"手指"，于是十个"手指"就相当于一个奴隶。

2.3.4　概数助词（The Auxiliaries of Approximate Number）

概数助词出现在数词、分数词和量词之前，表达的意思是"大约、粗略、不到、少于、几乎"等。这些助词是：

表示"大约"：

将，且（晚上）；垂（六朝）；可，几，率，大率（汉）。

表示"不足，少于"：

近，行，行几，不，未，不能，未能（汉）。

2.3.5　数词词组的标记（The Numerical Group Markers）

逐指助词的运用规定了名词的种类（如"牛"）和名词的"可数情况"（如"牛的头数"）的区别（看2.3.3）。数词词组的标记则规定了名词的种类（"如代表们"）和"可数的一群"（如"一批或几批代表")的区别。数词词组记号的出现有三种分布形式：(1)跟在一个专有名词或代名词的后面作为包括前者在内的"我们、他们"等。(2)与一个含有"这样多的一批"的意思的数词在一起；(3)与一个有"这么多批的……"的意思的数词在一起。数词词组的标记有：

　　　　*侪(晚上)；*畴，*属，**曹，**辈，*等(汉)。

　　(*表明其分布只属上面所说的(1)，**表明其分布可为上面的(1)、(2)、(3)。)

　　复合形式：

　　　　等比，等辈(汉)。

　　2.3.6　数的集合和限制助词(The Collective and Restrictive Auxiliaries of Number)

　　数的集合助词使一个名词或数词表示"集合性"、"所有的……"、"全部的……"。它们又可以区分为同一性和综合性。

　　出现在名词前面，具有"所有的……"、"其中每一个……"、"全部的……"(类似情况的总计)意思的同一性集合助词(identifying collectives)是：

　　　　每，率，凡，庶(早上)；具，举(晚上)；各，一，悉，全(汉)。

　　出现在处所名词的前面，具有"其中所有的地方……"、"到处"的意思的同一性集合助词有：

　　　　溥(早上)；普(晚上)；空(汉)。

　　注意："全"出现在地理学的处所名词前头，专用来表示"未分割的"、"在分割之前的"的意思、特别指那种在历史上曾一度完整，但后来却被分割的情况。

　　出现在名词前面表示"所有的样式……"(各种不同情况的总

计)意思的综合性集合助词(synthesizing collectives)是:

>小大,百,群,诸(早上);万(晚上)。

出现在数词之前表示"总共……"、"总计……"意思的同一性集合助词是:

>凡(汉)。

出现在时间量词前面表示"整或全(日、月、年)"意思的同一性集合助词是:

>暮,期(晚上)。

出现在数词前面表示"每一种多少……"的综合性集合助词是:

>各(汉)。

出现在量词前面表示"一个……接着一个"、"连续地……"(对连续的总计)意思的有重复集合助词(iterative collectives)。它们是:

>重,累(晚上);历,连,比(汉);频,弥,积(六朝)。

"凡"这样的分布:"凡/数词/动词"出现时,表示"在所有这许多发生的事件中"(汉)。

数的限制助词(The Restrictive Auxiliaries of Number)出现在名词和可计数的名词之前,表示一种排除的意思"只有一个……"、"没有别的只……"。它们是:

>唯、维(早上);徒,假(晚上);独,但(汉)。

复合形式:

>唯独(汉)。

2.4　身份助词(The Status Auxiliaries)

说话的人同他所称呼的对方或他所提到的人之间的相应的地

位,不管是真的或是惯例如此,需要代词的一种特殊的表现身份的形式(见6.1中的身份代词),同时也需要身份助词对一定的名词和动词进行限定。

在早期上古汉语里,在称呼或说到神和君王时的尊敬或畏惧,常用下列词中的任何一个置于名词和动词之前来表示:

诞,丕,洪(早上)。

复合形式:

丕丕(早上)。

它们都表示"伟大的、伟大地"的意思,都约定俗成地而且简单明了地表达了语词所指对象的身份。

在上古汉语的较晚阶段,出现在动词前对所称呼的人或所提到的人表示尊敬的身份助词有:

表示"十分尊敬":敬(晚上);谨(汉)。

表示"请求":请(晚上)。

表示"被……恩赐或宠爱":惠(早上);幸(汉)。

表示"十分恭顺":窃(中上)。

"乞求您的恩赐":辱(晚上)。

"深深地鞠躬":伏(汉)。

"惠"和"幸"可以单独出现也可以和"而"一块出现,如:惠而;幸而。

出现在名词前表示谦卑的身份助词有:

敝(早上);小(早上);愚(汉)。

出现在名词前表示尊敬的身份助词有:

大(早上);老(晚上)。

附加于专有名词,作为尊敬的一种标记的身份助词有:

先,公(汉);君,府(六朝)。

传统的习惯要求君主们在称呼其他君主时贬低自己的身份,并要求其臣属在这种情况下也贬称自己的君主。这时往往用:

寡(早上);孤(晚上)。

2.5　加强语意助词(The Intensive Auxiliaries)

为表示一种加强的语气或对重点的强调,往往把加强语意的助词置于一些起定语作用的词或情态否定词的前面。

出现在定语之前表示"很、真的、这样多的……"等意义的加强语意的助词有:

亶,单,大,甚,洵,允,既,肆,实,终,众,孔,弘(早上);

期,重(晚上);

沈,已,痛,竟,孤,固,绝,良(汉)。

复合形式:

固已(汉)。

出现在情态否定词前面表示"绝不"、"无论如何也不……"、"肯定不……"等意义的加强语意的助词有:

成,罄*,永,终(早上);

固,必,殊,曾,尊,慎,绝,遂**(晚上);

顾,讫,竟,委(汉);

迄(后汉);

都,略,了(六朝)。

"终"和"绝"出现在施动者的个体词(agential distributives)

---

* 原文误为"声",改正为"罄"。——译者注

** 原文误为"逐",改正为"遂"。——译者注

"莫"之前表示"绝无一个"的意思。"必"出现在表示存在的"有"的前面,表示"一定有……"、"肯定会有……"的意思。"殊"还可以作为一个加强语意的成分出现在状态助词(auxiliaries of manner)前面。"慎"只出现在命令词前面。

2.6　否定助词(The Privative Auxiliaries)

某些情态否定词活动在构成词的平面上形成形容词、名词和某些语法助词的否定形式。否定助词含有这一类词的共同含义"否定",而当它们处在动词结构中、活动在句子的平面上时所具有的那种语态上的含蓄意义(the modality implicit)在这里是没有的。否定助词是:

	在形容词前 表示"不……"、 "不是……"	在名词前 表示"无……"、 "不是……"	在助词前	
不	+	+	+	(早上)
弗	+	+	−	(早上)
無	+	+	+	(早上)
无	+	+	−	(晚上)
亡	+	+	−	(早上)
非	−	+	−	(早上)
匪	+	−	−	(早上)
棐	+	+	−	(早上)

否定结构一般都有为零所替代的否定助词作为它们的对立面。而在一定的上下文里,往往是在强调对比的地方,零就可能被一个反否定助词(a counter-privative auxiliary)所代替。这种反否定助词是:

"有"代替"无"(早上)。

"伊"代替"不"(早上)。

2.7　空间助词(The Spatial Auxiliaries)

罗盘针上基本方位的名称和空间位置的其他一些称号如"里面和外面"、"上方和下方"等等,在它们位于名词的前面或后面时,具有限定一个名词的特殊性能。前置时,它们是定语,例如:北,表示"朝北的";中,表示"中央的";外,表示"外面的"。后置时,它们表明与名词有关系的方向,例如:北,表示"到⋯⋯的北方";中,表示"在⋯⋯的中央";外,表示"在⋯⋯以外"。后置时,表示限定的连词"之"可能出现。在后一种用法里,翻译时,英语的介词"at、in、on"等应该用上。有些空间助词在形成时间短语时有一种扩大了的用法,在下列的表中,这些助词都用星号标志。

	前　置	后　置
*先	"从前的"	
*前	"从前的"	"在前面"
*后	"稍后的"	"在后面"
*间 *閒	"偏僻的"	"在⋯⋯中间"、"在⋯⋯内"
*中	"中央的"	"在⋯⋯中间"、"在⋯⋯内"
*内	"内部的"	"在⋯⋯内"
*外	"外部的"	"在⋯⋯外"、"在⋯⋯外边"
*上	"上方的"	"在⋯⋯上"、"在⋯⋯上边"
*下	"下面的"	"在⋯⋯下"、"在⋯⋯下边"
旁	"毗邻的"	"在⋯⋯旁"、"与⋯⋯为邻"

| 乡 | —— ⎫ | "朝向……",指顺着所指的 |
| 向 | —— ⎬ | 方向。 |

头	——	"朝向……"指顺着所指的
		方向。
		"在……顶上"

注意:以上助词除了"乡"和"向"是汉代的用法、"头"是六朝的用法外,其他都是上古的(archaic)。

当位于数词、按等级的序列或一系列项目之后,且带有插入的"而"、"以"或"已"时,某些空间助词,还有"往",具有延续这个系列的性能。如:

表示"包括所有的数字、成员等,在……之上或超出":

往,而往,以往;上,以上(晚上);已上(汉)。

表示"包括所有的数字、成员等,在……以下":

下,以下(晚上);已下(汉)。

插入的"以"带着几个主要的方位词置于地名之后,常用来表示"某某地方到东(西、南、北等)的范围"。

2.8 表示比较程度的助词(The Auxiliaries of the Degrees of Comparison)

在古汉语里比较的级别有三:比较级,最高级,极高级。表示比较的助词位于定语和动词前面。表示比较的连词则位于动词句前面表示"越来越……"的意思。

比较级,表示"更加":

皇,况,况(早上);加,益,又,或,滋,兹,俞(晚上);增、愈、弥(汉)。

注意:"微"表示"稍多"的意思(汉)。

　　复合形式:又益(汉);愈益(汉)。

最高级,表示"最":

　　尤,甚,至(晚上);最(汉)。

"尤"和"至"所形成的最高级常跟随在一个实体词之后,在实体词和比较助词之间常出现表限定的连词"之"。"甚"只出现在这种形式里。

复合形式:

　　最为,最其(汉)。

极高级,表示"太多":

　　太、大(早上);已(晚上);弥(汉)。

比较连词有:

　　翅*,皇(早上);况、况、兄(晚上)。

比较助词出现在词组中位于定语之前,表示"越……越……"的意思。以下助词是这种用法;

　　弥(晚上);愈(汉)。

表示前后两项有共同内含的系词(见4.1)出现在定语和名词之间表示"……跟……一样"的意思时,形成比较的语段。它们是:

　　如(早上);若(汉)。

2.9　语段的记号(The Marker of Syntagma)

一个词组用作动词句中的一个单独成分时,往往有个语段的

---

　　*　此字原文误为"刿",改正为"翅"。——译者注

记号去标志它,这就是"者"。这个记号也用来标志引证的一节或援引的一个词;或使名词和定语人格化,具有"他们那些……"的意思。在上古汉语晚期至汉的时期,这个记号也用来区分时间短语、原因从句和条件句中的条件从句。

语段的限定连词"之"也用作语段的一个记号,即当它出现在施动者和动词的序列之中时,它使一个动词子句降为一个名词性的语段。

3. 出现在动词句中的虚词

3.1 动词结构(The Verbal Complex)

动词句实质上而且在最小形式上只是一个动词。动词句的所有其他成分都是动词的扩充。形成动词结构的直接扩充成分就是表示程度、情态、体态和状态的助词。这些成分没有哪一个是硬性规定必须出现的(除非是为了表示否定),其中任何一个或全部的出现从表面上看起来都带有随意性。

3.1.1 程度助词(The Auxiliaries of Degree)

动词的程度助词加强或者减弱动词强烈的程度。其中具有共同的词类意义(class-meaning)"一种强烈的程度"("统统地、十足地、彻底地、绝对地"等)的助词有:

卒,孔,多,大(早上);致,尽,极,綦(晚上);绝,更,太,孰,全,深,甚(汉)。

复合形式:

百全,万全(汉)。

具有词类意义"较少的程度"("轻微地、一点儿、几乎不、几乎没有")的助词有:

小(早上);少,仅(晚上);差,才,纔,裁,财,颇,甫,堇

（汉）；微（六朝）。

3.1.2　情态助词（The Modal Auxiliaries）

在古汉语里，动词情态的一个显著特点就是只在否定句里它才有形式上的标记而且这种现象也只出现在上古汉语里。到了汉代，动词的情态是用迂说法来表达的，因而否定式也失去了它们情态上的内容，它们的作用此后就仅限于表示否定。

上古汉语否定式的三组形式表明三种情态：陈述情态、命令和劝说情态、假设情态。与否定式相替代的成分往往表现出一种明显的、形成对照的意义。情态助词如下：

陈述情态（Indicative Mode）

	否定形式	加重形式	正相反的形式
早上	不	弗	其
	未		成、诚
	匪		实、信、伊
晚上	末		请
	否		情、真、寔、期、壹、一、固、果
汉			竟、良、定、审

命令和劝说情态（Injunctive and Hortatory Mode）

	否定形式	加重形式	正相反的形式
早上	毋	勿	当、尚、上、庸、义、宜
中上			必
晚上	末		得、任、容
汉			仪、应、须、至
六朝			合、要

复合形式：

毋弗,勿庸(早上);

不必,无庸(晚上);

未必,不须,不应,不容,不任,尚当,不至,必须,当必,当须(汉);

要当,必应(六朝)。

参看3.3注意1,关于"不可不、不敢不、不得不、不能不"等。

在汉代,除了动词"有"是由"无"和"乌"来表示否定以外,"不"变成为一个在动词前面适合于各种需要的否定助词。

假设情态(Subjunctive Mode)

	否定形式	正相反的形式
早　上	亡、罔	如
	无	惟、维
	靡	式、庶几、庶、殆、犹、猷、有、或、苟、侯、遐、瑕
晚　上	无	若
	末	宜、为、近
汉		贵、危、试、党、傥
六朝		讵、脱

表示迂说法的情态助词(The Periphrastic Modal Auxiliaries)在动词句的句首出现。它们有:

将,欲(早上);唯,似(晚上);其,愿,要,将(汉)。

3.1.3　体态助词(The Aspectual Auxiliaries)

体态是对动词所代表的动作的进展或效果所作的一种观察,而不管它当时出现的时间。观察动作的着眼点可能在它的观念方面(表示愿望的体态)(desiderative aspect),或着眼在即将实现(表示可能的体态)(potential aspect),或着眼在刚刚开始(表示开始的体态)(inchoative aspect),或着眼在进展中(表示持续不断的体态)(durative and continuative aspect),或着眼在完成(表示完成的体态)(perfective aspect),或着眼在胜利地完成(表示结果的体态)(resultative aspect)。对动作的观察也着眼在它是单一的或是重复出现的,或是一种习惯动作(表示偶然发生的体态,连续的体态和习惯的体态)(aspects of incidence, of sequence and of customary aspect)。

出现在动词前的体态助词如下:

表示愿望的体态,"希望……":

> 逾(早上);欲(晚上)。

表示可能的体态,"可能……":

> 聊,将,且(早上);今,行,欲(汉)。

复合形式:

> 且欲,今欲(汉)。

表示可能的体态,"可能……,但未实现"、"差不多,几乎":

> 几,泛(晚上);且(汉);近,垂(六朝)。

表示开始的体态,"开始……":

> 启,初,肇,始,作(早上)。

表示继续的体态,"还,继续……":

> 又,尚(早上);犹(晚上);容,遂,复(汉)。

复合形式:

> 尚犹(晚上);尚复(汉)。

表示持续的体态,"长久地,坚持不断地,永远,总是":

> 朝夕,时,永,凤夜,凤夕(早上);终,常,党*(晚上);久,

---

* 此字原文误为"掌",改正为"党"。疑有误。——译者注

旧,雅,长,日夜,宿昔,宿夕,宿夜,旦夕,旦暮(汉)。

"短暂的时间,刚刚":

少(汉)。

表示完成的体态,"已经":

既,即,已(早上);以,业(汉);来(六朝)。

复合形式:

既已(晚上);业已(汉)。

表示结果的体态,"做得……,成功地……":

得(晚上);胜(汉)。

表示瞬息的体态,"在那(这)一瞬间":

方,乡(早上);嚮,适,识,乍(晚上);暂,正,鼎(汉);停(六朝)。

"为了眼前,暂时":

姑(早上);固,顾,且,方(汉);暂*(六朝)。

复合形式:

一切,壹切,方且,固且,顾且(汉);临时(六朝)。

"在那一瞬间恰好……":

适,属(晚上);端(汉)。

"一会儿……一会儿又……":

抑……抑……,载……载……,乃……乃……(早上);

方……方……(晚上);乍……乍……,且……且……

(汉)。

"立刻、不久、很快":

叙，肃（早上）；徐（晚上）。

"随时，急迫地"：

旦夕，旦暮（汉）。

带限制的色彩，"才……"：

属（晚上）。

"就在此刻，立即"：

遄，速*（早上）；还，亟，遽（晚上）；旋，随，寻，顿，趣，即，急，便，辄，立（汉）；奄（六朝）。

复合形式：

即时，随手，随而（汉）。

表示序列的体态（Sequential aspect），"第一次，第二次，再一次"等：

初，始，又，复，荐，薦（早上）；首，重（晚上）；本，增，更，仍（汉）。

复合形式：

本由，本首，又复，复更，复再，首先，始首，仍再。

"连续地，一个接一个地"：

累，历（汉）。

"迅速的连续，屡次，经常地"：

比，动，连（汉）。

复合形式：

比比（汉）。

"缓慢的连续，渐渐地，一点一点地"：

---

* 此字原文误为"连"，改正为"速"。——译者注

小，少（晚上）；寖，浸，渐，迟，转，稍（汉）。

复合形式：

稍稍（汉）。

"连贯地或交替地连续进行，轮流地"：

代，轶（晚上）；更，迭，递（汉）。

"偶尔发生的连续，偶然地"：

傥，党（早上）；往往，时，时……时……（汉）。

复合形式：

往来，时时（汉）。

"相关的连续，以前，近来，早先"：

夙，先（早上）；早，蚤，新（晚上）；素，前（汉）。

"有关的连续，后来，最后，终于"：

后，遂，从（晚上）；末（汉）。

表示习惯的或经验的体态（customary or experiential aspect），"曾有一次，习惯于"、"惯常地"和"经常地"：

典（早上）；尝（中上）；常，恒（晚上）；曾，始，素（汉）；经，无不（六朝）。

注意："尝"、"常"、"曾"和"始"当用来表示体态时，常以"未"来否定。在这样的结构中如"未曾不"——"不/曾经/不……"，它们形成了一个加重的表示"从来就是这样做的，总是这样做的"。

表示重复的体态，"一次，两次，三次，每天，每年"等：

三，日，世（晚上）；一，壹，再，仍，四，十，岁（汉）。

复合形式：

日日，世世，一日（晚上）。

"多次、频繁地、常常"：

仍,屡(早上);多,骤,亟(晚上);屡,数(汉);频(六朝)。

复合形式:

再三(汉)。

"几次,不寻常地,罕有地,难得地":

鲜(早上);罕(中上);希,稀(汉)。

"各次,每一回":

每(晚上);辄,动(汉)。

复合形式:

每辄(汉)。

表示存在的体态(spatial aspect),"发生在各处":

徧,方,交,皆,敷(早上);并,普,周(晚上);往往,比(汉)。

复合形式:

交徧(中上);周徧(近古);皆各(汉)。

表示同时发生的体态(aspects of simultaneity),"都在同一时间":

并,同(早上);兼(晚上)。

表示限制的体态(restrictive aspect),"只,仅仅":

职,啻,虽,祇(早上);适,翅,特,直,属,多,单,苟(晚上);取,唯,徒,地,弟,第,迟,亶,但,纯,专,顾,剸,特,祇*,褆,不过(汉);正,政,止(六朝)。

注意:"啻"只出现在表否定的词组中,如"不啻"或"奚啻"。

3.1.4　状态助词(The Auxiliaries of Manner)

---

* 此字原文误为"衹",改正为"祇"。——译者注

状态助词是一个比较大的类别,这一类在形式上的特征(而且从形式上区别于 3.1.3 中所描写的体态助词)是:(1)具有把状态助词的记号(the marker of the auxiliary of manner)后置的可能性;(2)具有重叠出现的可能性。但由于语言的经济规律在起作用,因而很多状态助词出现在文中时都省去了记号。

典型的例子是:

丞:丞丞:丞然 　　　　　　　 "大量地"(早上);

忽:忽忽:忽然/焉 　　　　　 "忽然"(晚上);

偶:偶偶:偶然 　　　　　　　 "意外地"(汉)。

状态助词的记号(the markers of the auxiliaries of manner)是:

言,焉,如,而,然(早上);安,尔(晚上);云,若,以(汉)。

某些状态助词的记号以一种替代的规律出现,当它表示"如此这般的状态,如此,这样"的意思时,就可以代替状态助词。状态助词的复指替代词(the anaphoric substitutes for the auxiliaries of manner)有:

若,若兹,兹,时,若时,如时,如兹,如此,乃,云,而,然(早上);此,尔(晚上);若此,如是(汉)。

从以上可以看出,"如此"这类标记或者作为连系动词、指示词,或者作为二者的合音形式,表现了不同程度的经济作用。

3.1.5　语态助词(The Auxiliaries of Voice)

动词的语态由分布在动词后的成分来表达,因此它就经常没有形式上的标记。动词的语态可区分为三:主动的(the active)、被动的(the passive)和使动的(the ergative or causative)。被动和使动语态都有语态助词。

表示被动语态的助词(the auxiliaries of the passive voice)有:

见,被(晚上);知,与,蒙(汉)。

表示使动语态的助词(the auxiliaries of the causative voice)有:

俾,并,便,氏,作(早上);底,教(晚上);令,听(汉)。

这些可同时用于使动和允许("让"或"准许")的用法。

当一个动词同时用来表示被动和作定语时,"为"往往和"所"出现在同一结构中(汉)。"作"也常出现在使动动词的词组中作为其中的一个成分(参见2.1.2)。

3.2 动词后的位置和它们的小品词(The Post-verbal Positions and their Particles)

在动词句中,动词后面有两个位置,这两个位置上的成分如何配置决定着动词的语态。插入动词后第一和第二位置之间的就是动词后面位置上的小品词(the particles of the post-verbal position)。它们是:

于(早上);于,乎(早上晚期);以,繇(汉)。

动词后的小品词与某些指示词和复指替代词结合在一起成为一些合音形式。如:

合音字	动词后第一位置	小品词	动词后第二位置	时 代
云		于	兹	(早上)
员		于	兹	(早上)
旃	之	於	之	(早上)
焉		于	之	(早上)
都	之	於		(晚上)
诸	之	於		(晚上)

3.3 动态助词(The Auxiliaries of Agential State)

动态助词直接置于动词句的动词结构前面,它们是:

竟,"可能或被允许做……"(早上)。

可,"可能或被允许做……"(早上)。

敢,"擅自或敢于……"(早上)。

皇、遑,"有时间或空闲去……"(早上)。

肯,"愿意做……"(早上)。

憖,"愿意……"(早上)。

能,"有可能或能胜任……"(早上)。

果,"被允许做……"(晚上)。

暇,"有时间或空闲去……"(晚上)。

忍,"能够忍受……"(晚上)。

足,"适当地或有充分能力去……"(晚上)。

任,"有可能……"(汉)。

堪,"适合或值得去做……"(六朝)。

"可"和"能"出现在早期上古汉语的晚期。

复合形式:

克能(晚上)。

注意:(1)这些助词中的一部分在一个被否定的动词前表示否定时,往往有一种情态上的暗示(modal overtones)。如:

不敢不	dare not not > "必须"
不可不	could not not > "必须"
不能不	can not not > "必须"

在这点上可以和语气助词"得"相比较:

| 不得不 | must not not be > "必须是" |

(2)"可"的否定形式"不可",往往以一种合音的形式"叵"出现(六朝)。

（3）否定式的倒装，即"可不"、"能不"等，形成一种疑问句式。

3.4 施动者和它的个体词（The Agent and its Distributives）

在动词句的施动结构里，有一些集合词和限制词直接出现在施动者后面。在上古汉语里这些集合词和限制词与2.3.6节所描写的形成对照。这种对照在近古时期逐渐减弱，到汉代就消失了。

施动者的个体词（The Agential Distributives）如下：

具有类意（class-meaning）"施动者全体"：

> 毕，并，方，悉，各，佥，咸，具（早上）；比，备，尽，举，皆，降，公，与，终（晚上）；共，讫，通（汉）。

复合形式：

> 皆莫，皆各，各各，皆通，通共（汉）。

具有类意"施动者都等同地……"：

> 一（早上）；一体，壹，一切（汉）。

具有类意"施动者两个都，两部分都……"：

> 偕（早上）；俱（晚上）；交（汉）。

复合形式：

> 相与，与偕，与俱（汉）。

具有类意"施动者中的很多，绝大多数……"，"绝大部分"：

> 多，虑（晚上）；大，率，间，颇（汉）；都（六朝）。

复合形式：

> 大率，大抵，率多，大体（汉）。

具有类意"施动者中的一些，有人他……"、"一些……另一些"：

> 有或（早上）；一……一……（晚上）。

具有类意"施动者中只有几个……"：

少（晚上）。

具有类意"施动者中仅只……"：

独（早上）。

具有类意"施动者中个别的……"：

别（汉）。

具有类意"施动者中没有谁,没有一个"：

靡,无,莫,亡,罔（早上）。

具有类意"施动者之中没有人能比得上……"：

莫如（晚上）；莫若（汉）。

注意:这个形式还有一个作连词的用法,是以"与其……莫若（如）……"的形式出现的（参见5.1.2）。

复合形式：

罔不,亡不,罔弗,亡弗（早上）；莫不,莫弗（晚上）；莫非,无非,亡非（汉）。

3.5　与动词后成分相关连的个体词（The Post-verbal Distributives）

这类个体词出现在动词的前面,它决定着动词后的成分是集合性或是限制性。在上古汉语里,这类个体词与施动者的个体词（the agential distributives）形成对照。但这种可对照之处在上古汉语的晚期逐渐变得模糊,到了汉代就趋于消失了。这类个体词如下：

具有类意"所有的,全部……"：

毕,率,悉,咸,尽（早上）；偏,徧,遍,备（晚上）；皆,具,齐,索,都（汉）。

具有类意"两者都":

俱(汉)。

具有类意"每一个":

每(早上);动(六朝)。

具有类意"很多,大多,相当多":

多(晚上);颇(汉)。

具有类意"更多":

益(汉)。

具有类意"几个":

小,少,稍(早上)。

具有类意"仅限,只……":

唯,维(早上);独(晚上);徒,特,持,恃(汉)。

复合形式:

唯独(汉)。

3.6 趋向小品词(The Directive Particles)

方位格,不论是出现在动词后的第二个位置上,或是位于动词之前,或者在地点助词之前,在它前面都可以加上表示"在、从、到"等意思的趋向小品词。这类小品词也出现在类似"从 A 到 B"这样的语段中,还见于一些含有"地点"的引申隐喻意的词组中,例如"从这里可以看出……"(某些趋向小品词还出现在时间词组中,在 3.11 中有所描写)。

趋向小品词有:

"从,经由":

由,自,犹(早上);从,循(晚上);逐,道,首,终,阶(汉)。

复合形式:

自从(汉)。

"在":

> 维、唯,在,才(早上);当,居(汉)。

复合形式:

> 在于(汉)。

"到、朝向、直到……":

> 至,于,響(早上);与,於,郷,那(晚上);抵,对,乎,向(汉)。

"离开,距离":

> 违,去(晚上)。

"横过、穿过":

> 横(六朝)。

"到达某一点,到……为止":

> 汔(早上);迨(汉)。

"接近……":

> 近(汉)。

"贯穿":

> 终(早上);尽(汉)。

复合形式:

> 至于(早上);至於,於是乎(晚上);自从,在於(汉)。

3.7　表示委派与相互性的小品词(The Particles of Delegation and Reciprocity)

当一个施动者被派遣去为另一方面行动,发出委派的施动者常用一个小品词来标记。在上古汉语里,发出委派的施动者和小品词出现在动词之后,到了近古汉语里,发出委派的施动者变换到动词前的位置上。

具有"为了……"意义的表示委派的小品词(the particles of delegation)有:

维、惟(早上);代,为(晚上);与,伪,谓(汉)。

当两个施动者相互参加在一个共同的动作中,往往用相互性小品词(the particles of reciprocity)出现在动词前来表示。

相互性小品词有:

胥,相,交(早上);互(汉)。

复合形式:

交相(早上);相交(晚上);互相(汉)。

3.8　表示从属关系的小品词和它们作连词的用法(The Particles of Subordination and their Conjunctive Use)

在古汉语里简单动词句有一种很常见的扩充式,就是在主要分句的施动者和动词之间插入一个从属分句。这样的从属分句后面往往有一个表示从属关系的小品词作为标记。

表从属关系的小品词(the particles of subordination)有:

乃,言(早上);而(早上晚期);则(汉)。

在上古汉语里,由"乃"标记的从句的动词前面,常有表示完成式的体态助词"既"。

复合形式:

而后,然后(晚上)。

表示从属关系的小品词其位置如果变换到两个分句之间,它就变成表从属关系的连词(conjunctions of subordination),表示"由于 A 已经发生,因而 B 就发生了"的意思。这些小品词是:

而,乃(晚上)。

3.9　工具格小品词,工具格连词和表示原因的连词(The Instrumental Particles, Instrumental Conjunctions and Causal Conjunctions)

在上古汉语里,工具(instrumentation)(用……)和原因(cause)(因为……)是同一虚词的两种体态。它们没有形式上的不同。后来,这些职能有了不同的表现形式,部分工具格小品词变成了原因连词,而另一些工具格形式则发展成为专门的形式。

出现在动词句的施动者和动词之间,引进一个表工具的词组的工具格小品词是:

用,由,代,以,式(早上);缘(汉)。

注意:“用”在早期的上古汉语里也以这样的形式出现:“工具/用”或“工具/之用”。

当从属分句里的工具跟在动词后面时,下面的工具格小品词往往出现:

用,以(早上)。

下面的工具格小品词与“無”、“亡”或“无”组成否定式,表示“没有办法……”:

無以,亡以(晚上);无由,無以(汉)。

注意:在汉代,工具格从句可能包括“而”,也就是:“以……而/动词”。

位于两个专有名词或它们的代词之间的工具格小品词,具有“由于……的干预”、“通过……的大力帮助”、“随……之后”等意思。它们是:

从(早上);因,随,道,导(汉)。

下面的工具格小品词引进一个表示“利用……”、“趁……之便"等意思的工具格词组：

　　　　因，介，乘（汉）；假（六期）。

　　注意："因"也可单独出现作为一个替代词，代替一个表示"趁机……"意思的工具格词组。

　　表示"依赖于……"、"依靠于……"、"靠……的力量"等意思的工具格小品词有：

　　　　依，倚，赖（汉）。

　　当工具格小品词所表示的工具是"原因"时，可以引进一个意思是"因为……"的工具格词组。这些小品词是：

　　　　以（早上）；从（晚上）；用，因（汉）。

　　某些工具格小品词在两个动词句之间的位置可以转换，因而可以用作工具格连词（instrumental conjunctions）。当它表示"为了……目的"的意思时，它可位于表"工具"和"目的"的两个分句之间，也可位于第一个分句即表"工具"的分句之前。这些连词是：

　　　　用，以（早上）；为（汉）。

　　当工具格连词表示的意思是"因而，结果是……"，它标志着两个动词分句之间的关系是因果性的。在这种情况下，这些工具格连词常出现在表"工具"的分句之后。这些连词是：

　　　　用，庸，以，由（早上）；从（晚上）；已，繇（汉）。

　　复合形式：

　　　　因以，从而（汉）。

　　和不定替代词"所"搭配在一起表示"凭借某工具……"意思的工具格连词有：

　　　　所以，所由，所繇（汉）。

　　经过进一步的转换,工具格小品词变为原因连词。在这种用法里,它们和指示词连在一起表示"所以"的意思。这些词组是:

　　　　是以,兹用,是用(早上)。

　　当指示词跟在工具格小品词之后而不是在它前面时,则表示"由于这个……"的意思。这些词组是:

　　　　用是(晚上);用此,由此,因此,繇此,缘此,从此,由是,繇是,从之(汉)。

　　当工具格小品词引进表示"因为"意思的原因从句时,它们可用作原因连词。这些小品词是:

　　　　以(早上);由,繇,缘,从(汉)。

　　出现在原因从句句末的原因助词(causal auxiliary),有时和限定连词"之"一起,有时则没有"之"。我们可借助这一用法识别原因从句。这些原因助词是:

　　"因为……原因或理由":

　　　　……故,……之故(早上)。

　　原因助词和工具格小品词都可出现在结果从句前头作为一个原因连词,表示"所以,由于这个原因":

　　　　故,用(早上);因(汉)。

　　原因助词也和一个工具格小品词或一个指示词一起组成一个原因连词,表示"所以,由于这个原因"的意思。如:

　　　　是故(晚上);以故(汉)。

　　原因连词和不定替代词"所"配合在一起,表示"这样做的原因",这种词组有:

　　　　所以,所为,所繇(汉)。

　　注意:工具格小品词和具有"成为、使成为、做、创造"含义的动词"为"构成"以 A 为 B"的格式,表示"以 A 作为 B"的意思,包括使成用法(factitive)"以为" > "使",和意动用法(putative)"以为" > "认为是"。这样就导致"以……为……"逐步紧缩为兼有使动和意动用法的动词"以为"。"以为"有时又紧缩为"惟"和"谓"。已见到的形式如下:

用为,以为(早上);以惟(汉);以谓(后汉)。

3.10 独立成分的小品词(The Particles of Exposure)

当一个成分在动词句里单独地出现,就是说它跑到句子的头上而不是在它通常的位置上,这个独立出来的成分就由独立成分的小品词来标记它。这些小品词是:

越、粤,曰,维(早上);至,至于(晚上);至如,若,若夫(汉)。

3.11 在时间位置上的虚词(Grammatical Words in the Time Position)

在古汉语里,"时态"是和动词无关的事,正如"数"和名词无关一样。时间的出现(如果那个情况被认为是与句子有关的)在动词句里是单独地位于句子的开始。为了表示时间的出现,有相当丰富的时间助词(auxiliaries of time)。在这些助词中,把那些独立存在的和那些限定性的助词区别开来是很有用的。在时间助词前面可能出现时间小品词(particles of time),而在时间助词之后则可能出现时间的标记。一个表示时间的词组完整的范例应包括:小品词/限定性助词/独立存在的助词/标记/,但由于语言通行的经济的趋势,特别是在上古汉语里,这种完整的范例极为罕见。

时间指示词的记号是:

者,也(早上)。

这些都是后置的。还有一个后置的,能和限定性连词"之"一起出现的是:

> 时,……之时(晚上)。

单独存在的时间助词(有时和时间记号"者"、"也"一块出现,有时则不)是:

"过去,从前":

> 昔,嚮(早上);古,乡,向,曩,往(晚上);雅*,昨*(汉)。

(*表示不与"也"或"者"连用。)

"刚才":

> 向来(六朝)。

"近来":

> 近,閒,间,日,乃,迺,来时(汉)。

"在黎明":

> 昧爽,明(早上);晨(晚上);旦(汉)。

复合形式:

> 旦明,平旦(汉)。

"在夜晚":

> 夕(晚上);夜(汉)。

"目前、现在":

> 今,时*(早上);见*(汉)。(*表示不与"也"或"者"连用。)

复合形式:

> 今时(晚上);今见,见在(汉)。

"将来":

> 将来(六朝)。

"到现在"：

　　　至今(早上)；自古(近古)。

复合形式：

　　　至于今(早上)；自古及今，自古以来(晚上)。

"从此以后"：

　　　自今，自时(早上)。

复合形式：

　　　自今至于后日，自今以始(早上)；从今以往，而今而后，自今日以往，自今日(晚上)；自今以来(汉)。

"在此之前，早先"：

　　　始(早上)；初*，先(晚上)；前，本(汉)。(*表示不与"也"或"者"连用。)

"在此之后，紧接的"：

　　　次(晚上)。

复合形式：

　　　其次(晚上)。

"在此之后，以后"：

　　　后(汉)。

复合形式：

　　　其后(汉)。

"不久或以后"：

　　　宿昔，宿夕(晚上)。

"后来，终于，最后，最终"：

　　　其究*，竟*，终*，道*(早上)；卒(汉)。(*表示不与"也"或"者"连用。)

复合形式：

其终(早上)；终已,终后,于卒(汉)。

其他：

少："年青时"(晚上)；或："有时",会："正值"(汉)；

值："正值"(六朝)。

复合形式：

少时(汉)。

注意："一日"和"……之日"表示"会有一天","在那样一天"等,但必须是有条件的(晚上)。

指示词也可用作单独存在的时间助词(auxiliaries of time)。这种用法几乎完全限于上古汉语,但后人仿造的句子一直到汉都能遇到。

"在此时,现在"：

兹,时,云〔＝于兹〕(早上)

"从这时起,从此以后"：

自时(早上)；自是,由是(晚上)；自此(汉)。

复合形式：

自是以来(晚上)；自是之后(汉)。

限定性的时间助词(有些也可单独出现)是：

"在过去的……刚过去的……"等：

昔：日,岁(晚上)。往：日,年；昨：日,莫；去：年(汉)。

复合形式：

畴昔(晚上)。

"最近的……"等：

近：时,世,闲：岁(汉)。尔：日,时,夜,夕(六朝)。

"目前的……"等：

　　今：朝，日，夕（早上）。

复合形式：

　　今时（晚上）。

"下一……接着而来的……"等：

　　翼：日；翊、翌、望：日；来：年（早上）。明：日，年（晚上）。旦：日（汉）。

"早先的……"等：

　　始（晚上）。

复合形式：

　　始时（晚上）。

"以后的……"等：

　　末：年（汉）。

"另一……"等：

　　他：日，月，年（晚上）；异：日（汉）。

"某……或其他"：

　　或：岁（汉）。

复合形式：

　　或时，异时。

指示词也可用作表示时间的限定性助词，表示"在这个（时间、傍晚等）"：

　　是：夜，月，岁（晚上）；此：时；其：年（汉）。

复合形式：

　　其后（早上）；此时（晚上）；是时（汉）。

有一些单独出现的时间助词，它主要不表示发生事情的时间，而是表示事情即将发生之前所消逝的时间。如：

"一个短时间"、"一个短时间以后"：

> 未几，无几（早上）；少，俄然，俄则（晚上）；久之，有顷，顷之，蛾而，睨而，为间，有间（汉）。

复合形式：

> 少少，少焉（晚上）；久久（汉）。

和表时间的词和词组一块出现的小品词有：

"在"：

> 佳、惟，在，才，若（早上）；当（晚上）；随，以，即，方，放（汉）。

"在，到"：

> 于（早上）；於（晚上）；投，至（汉）。

复合形式：

> 至于（早上）；至於（晚上）；至乎（汉）。

"……以后"：

> 距，处（晚上）；居（汉）。

"贯穿……始终"：

> 终（早上）；通，永，竟，经（六朝）。

"到……时"：

> 越、粤，遹，曰，迄，聿，迨，逮，噬，作（早上）；及，綦，暨，比，逮（晚上）；期，讫，既，迟，底，即，积，到，犁、黎、黧*（汉）。

复合形式：

> 及至，比及（晚上）；比期（汉）。

"等到……"：

> 候(汉)。

"在……之前"：

> 不至,不几(晚上);未,未及,临(汉);不及,未期(六朝)。

"从……起"：

> 自,继,由,犹,距,从(晚上);繇,终,历(汉)。

复合形式：

> 继自(晚上)。

有些空间助词(见2.7)和时间词或词组一起出现,其位置既可前置也可后置。后置时"之"有可能出现。它们是：

	前　置	后　置
"以前"：		
前	……日;……年	之前(晚上/汉)
	……此	(汉)
先	……是	之先(晚上)
上	……世	之上(晚上)
"随后,之后"：		
外	……此	之外(晚上)
下		之下(晚上)
后	……年;岁;月;日	之后(汉)
"在……期间"：		
间	……岁	之间(汉)
闲		之间(汉)
中	……日	之中(汉)

内   之内(汉)

下面的时间助词还可以和"以"、"已"、"而"一起在后置的位置上出现。

"从那时起":

往:以往;来:以来,而来(晚上);已来(汉);前:以前(汉);还:以还(六朝)。

除了前面的空间助词(见2.7)外,还有"末"也可出现在助词的前面或后面,表示"在……最后的日子,……年"等(前置);后置时和"之"一起表示"在……的末尾";类似的还有"初"可以后置,即"之初"表示"在……的开始"的意思。如:

	前置	后置
末	……年	之末(汉)
初		之初(汉)

3.12　在处所位置上的虚词(Grammatical Words in the Place Position)

在动词句里,处所的出现往往是单独地位于句子的开头。出现的处所可以是一个地方名称或是一个处所助词。在处所前面,趋向小品词(见3.6)可能出现。特别是在上古汉语里,某些指示词单独出现,用作处所助词;还有一些趋向小品词和指示词的组合(或者是紧缩的形式或者作为合音形式)表示对处所的复指。还有些空间助词(见2.7)可单独用作处所助词。

处所助词是:

旁,别(早上);或,处处(汉)。

指示词用作处所助词的是:

"这里":

兹,此(早上);是(晚上)。

"那里":

彼,伊,薄(早上)。

小品词和指示词的合音形式跟在处所后面而且复指它("在这个地方,这里;……在那个地方,那里"),它们是:

焉[＝于之],言[＝于时],爰[＝于兹](早上)。

空间助词单独用作处所助词的是:

内,中,前,后(中上);上,下,外,先(晚上)。

3.13　重读的记号(The Markers of Accentuation)

重读的记号表示给它们前面或后面的词加上一个表示强调的重读。这些记号是:

前置的:

夫,彼(晚上)。

后置的:

也,诸,只(早上);矣(晚上);焉,云(汉)。

3.14　表示句子语气的小品词(The Particles of Sentential Mood)

这一类词单独地出现在句子的最后,目的在于表明说话者的语气。

表示句子语气的小品词是:

表示一种惊讶、好奇、愤慨和高度激动的语气:

哉,兹,且,胥,只,居,其,忌,猗(早上);怃,轵,旨,来(晚上);焉(汉)。

表示一种终结的语气——"没有更多可说的了!":

已,而已,耳(＝而已),尔(＝而已),云尔(晚上)。

表示一种怀疑、询问的语气：

> 乎(早上)；与(= 也乎)，欤(= 也乎)，邪、耶(= 也乎)，诸(= 之乎)，云乎(晚上)；摩(汉)。

有些否定词用来表示交替选择(alternative-choice)疑问句的语气。它们是：

> 否，非，不，未(汉)。

注意："否"与"乎"配合一起成为一种合音形式"夫"(晚上)。

3.15 韵文的小品词(The Metrical Particles)

在诗文中，一类词——韵文的小品词，它的出现纯粹是为了韵文的需要。这些词的作用在于补足一行诗的韵脚或者为了增强诗的抒情的特征。它们是：

> 兮，乎而，斯，思，嗟，矣(早上)；些(晚上)。

4. 出现在限定句中的虚词

限定句实质上是两个同位的名词相互之间存在着如下的关系：它们或者是一类与其中一个成员的关系，或者是一类之中具有共同内涵的关系。限定句的含义是，"A 是 B 类中的一员"，也就是"A 是 B"；或者是"A 和 B 共有一个'特性'"，也就是说"A 像 B"。这两个词语分布的位置是"受限定词/限定词"。系词可能出现在这两个词语之间。其次，限定句也是这样一种结构形式，即其中原来就包含着原因和结果的关系，因而就有了从系词到原因连词的发展(在这方面有一个类似的现象即由工具格虚词到原因连词的发展(见3.9))。

4.1 系词(The Copulae)

在上古汉语的限定句中，表否定的论述是必须用系词的。而对比起来，在肯定的论述里，简单的同位语就够了，除了那些包含着对照、加强语气或倾向性的地方。在那些句子里,肯定的反身系词(the positive-reflex copulae) 可能出现。这一节所介绍的系词有:

(1)否定的(negated),"A 不是 B":

匪,棐,非(早上)。

(2)归一肯定(polar-positive),"A 是 B":

隹、惟、维,斯,伊(早上);是,即,繄(晚上)。

(3)强调归一肯定(insistent polar-positive),"A 是 B":

乃,然(晚上)。

(4)受限定的系词(qualified copulae),"A 确实是 B":

允,成(早上);诚,真,信,实,寔,苟,固(晚上);正(汉)。

复合形式:

允惟(早上)。

(5)情态上受限定的系词(modally qualified copulae):

"A 将会是 B":

将(早上);为(晚上);谓(汉)。

"A 成为 B 或充当 B":

作,造(早上);为,曰*(晚上);以(汉)。

"A 应该是 B":

当(汉)。

"A 也许或可能是 B":

殆(早上);抑(晚上)。

复合形式:

＊ 此字原文误为"日",改正为"曰"。——译者注

殆於(汉)。

"A 可能不是 B 吗?":

无为(早上)。

"A 终究是 B":

亦(汉)。

"A 必定是 B":

必(晚上)。

复合形式:

应是(汉)。

(6)有限制的系词(copulae with restriction),"A 只是 B":

职,虽(早上);唯、惟,直,持(晚上);特,裁,财,独,但,专,不过(汉);止(六朝)。

复合形式:

职维,职为(早上);非特,非独,但为,非但(汉)。

(7)表示具有共同内涵的系词(copulae of common inclusion),"A 像 B"或"A 仿佛是 B":

如,若,而,譬(早上);由,犹,比(晚上);似,类(汉)。

复合形式:

譬於(早上);譬如,譬若,譬犹,是犹,比如,裁如(晚上)。

注意:表示具有共同内涵的系词用"不"(即"不如","不若")来形成否定,意思是"A 不像 B";用"岂"(即"岂若")来形成疑问,意思是"A 的确不如 B";用"勿"(即"如勿")来形成禁止,意思是"最好不是……"。

系词用作原因连词(causal conjunctions)(就是说,在那里"是"的意思是"是因为")有:

隹、维(早上);为,繄,以为(晚上);事,谓,乃(汉)。

复合形式:

何事(晚上);安事(汉)。

表示否定"不是因为"的原因连词:

非,匪伊(早上);非为,无乃(晚上)。

受到情态修饰表示"也许因为"的原因连词:

殆为(汉)。

受到限制,表示"只因为,不仅因为"的原因连词:

特为,特以(汉)。

复合形式:

非独,非直为(晚上);非特为(汉)。

4.2　作为受限定词出现的虚词(Grammatical Words Occurring as the Determined Term)

4.2.1　表示真实和虚假(Predications of Truth and Falsity)

在受限定词位置上系词"隹"和"非"的替换表明一个论述的真实("是这样……")或虚假("不是这样……")。这种用法的系词有:

表示"是这样……":

隹、维,伊(早上)。

表示"不是这样……":

非,匪(早上)。

复合形式:

非但,非独,果是(汉);非唯,非徒(六朝)。

具有类似作用的其他系词是:

表示"真的或确实是这样……":

亶,辰,展,允,寔(早上);审(汉)。

复合形式：

不审(汉)。

具有相似意义作为受限定词出现的虚词有：

表示"这样是合适的"……：

宜(早上)。

表示"看来很明显……"：

宛(早上)。

表示"可能是这样……"：

殆(汉)。

表示"或许是……"：

几(晚上);庶几(汉)。

4.2.2　表示出现或存在(Predications of Occurrence or Presence)

出现在受限定词位置上的某些情态助词形成对出现或存在表示否认,意思是"没有……","不曾发生……"。它们是：

匪,靡 *,无(早上);否,末(晚上)。(* 只在语段中。)

复合形式：

靡所(早上)。

它们的表示肯定的对应物有：

隹、惟,友,有,或,侯(早上)。

复合形式：

靡有,遄有,未有,毋有,无有,罄无,能有(早上);固有(晚上);唯有,果有,若有(汉)。

注意："无有"合并为一个复音形式"蔑"(晚上)。

4.3　在限定词位置上的虚词(Grammatical Words in the Determinant Term)

"有"转换在限定词的位置上就成为定语。如:

有:"存在","发生"(早上)。

未之有:"不存在","没发生"(早上)。

亡有:"不存在","没发生"(晚上)。

类似的情况,系词"是"和"非"转换在限定词的位置上,也成为定语。如:

是:"是对的!"(晚上)。

非:"是错的!"(晚上)。

否:"不可能!"(汉)。

其他语法助词用作限定词的有:

久矣:"很久了!"(晚上)。

尚矣:"很久了!"(汉)。

指示词"此"也用作限定词,如:

已此:"是这样"(晚上);以此:"是这样"(晚上)。

4.4　限定句的复指法(Anaphora in the Determinative Sentence)

当限定句的两个名词中任何一个被代词替代时,就会出现某些指示词。它们是:

"这(是)":

时,是,思,实,此,其(早上);兹(晚上)。

"那(是)","他(是)":

彼(早上)。

5. 出现在句与句平面上的虚词

分析句与句的平面,出现:1)连词,2)感叹词,3)独立存在的否定词和肯定词,4)其他单独存在的组成压缩句的助词,5)对间接引语和引文等一类东西所作的标记。

5.1 连词(The Conjunctions)

在早期上古汉语里,群句的结合方法可分为两大类,一种是并列序列(disjunctive sequence)(对它来说,表示"也"意思的"又"是典型的连词),在这里,后续句是纯粹加上去的;另一种是偏正序列(resumptive sequence)(对它来说,表示"所以"、"于是就"意思的"乃"是典型的连词),在这里,后续句是从属性的。在并列序列里,有简单的连接词表示"也,此外"等,还有表示"虽然……,即使如此"的让步连词。在偏正序列里,有连接叙述序列(narrative sequence)、表示"于是、所以"的连词,还有连接条件序列(conditioned sequence)、表示"(如果……)那么……"的连词。

随着语言的发展,并列序列加上了表示"或者"的交替选择连词和表示"不是……就是……"、"或……或……"的选择连词以及表示"但是"的转折连词。条件序列(在早期和中期上古汉语里只在后续句里标记)增加了一些从原因助词和某些情态助词发展而来的连词,它们引进条件句,表示"如果、猜测……"等。这些在发展中产生的连词绝大多数出现在晚期上古汉语的末期或汉代。

句子连词在演变过程中出现的其他的历史发展的产物都已在前面描写过了。它们是:(a)从工具格虚词演变到工具格连词,进而到原因连词(见3.9);(b)从系词演变到原因连词(见4.2);(c)从表从属关系的小品词演变到从属连词(见3.8)。比较连词已描写过(见2.8)。

5.1.1 并列序列的连词,简单的连接关系(The Conjunctions of Disjunctive Sequence, Simple Connection)

简单连接关系的连词是:

表示"也":

又,或,惟、维,亦(早上);有(晚上);及,复(汉)。

复合形式:

则复,又复,且复(汉)。

表示"此外,而且,加之":

且(晚上);而,加以(汉)。

复合形式:

且夫,而且,且又(晚上);又且(汉)。

表示"不仅……而且……":

既……又……(晚上)。

5.1.2 并列序列的连词,(交替)选择关系(The Conjunctions of Disjunctive Sequence, Alternative Connection)

(交替)选择关系的连词是:

表示"或者":

意,与(晚上);若,抑,且(汉)。

带有一个表选择成分的(交替)选择连词有:

表示"或……或……":

亡其……,妄其……(晚上);意者……(汉)。

表示"是……还是……":

或……或……,亦……亦……(汉)。

表示"是……或是……":

抑……抑……(汉)。

表示倾向性的选择连词是:

表示"不……而宁可……":

　　　抑……抑……(晚上)。

表示"与其……不如……":

　　　与其……不如/若,莫如(晚上);莫若,不若(汉)。

表示"宁可……而不……":

　　　宁……无(不)……(汉)。

两个分句有时可能用来表示从中选择一个或者表示同类事物的两个方面。在这种情况下可利用表示"最大限度(最坏)……最小程度(较少害处)"等意思的词:

　　　大者……小者……,上……下……(汉)。

5.1.3　并列序列的连词,转折关系(The Conjunctions of Disjunctive Sequence, Adversative)

转折连词是:

表示"但是,尽管,正相反":

　　　羌(晚上);但,反,顾,而(汉)。

早期上古汉语里,有个含蓄的转折关系包含在下面的用法里:

　　　不惟不……,不啻不……。

它的意思是"不仅不……〔而〕……",和这个格式相类似的有汉代的用法,和"但"连用:"但……不……"表示"仅……而不……"的意思。

"其实"也包含着转折的意思,表示"但事实的真相是……"。

5.1.4　并列序列的连词,让步关系(The Conjunctions of Disjunctive Sequence, Concessive)

让步连词是:

(1)在让步句之前:

表示"承认全部反面的事实">"毕竟,终究":

"和预期的相反">"尽管,即使":

亦,则,虽,每(早上);自(汉)。

复合形式:

虽则(早上);自非(晚上)。

(2)在让步句之后:

表示"虽然如此":

虽然(早上);犹,犹尚(晚上);然,而,然而,尚,又,复(汉);虽尔,正自,自(六朝)。

以上让步连词中有一些和名词在一起也可用作让步助词(concessive auxiliaries),表示"某件事的一种非常情况……"、"甚至一个……"等意思。如:

(1)在名词之前:

犹(早上);虽(晚上);唯,自(汉);正(六朝)。

(2)在名词之后:

尚(汉)。

5.1.5 偏正序列的连词,叙述序列(The Conjunctions of Resumptive Sequence, Narrative Sequence)

叙述序列的连词(The Conjunctions of Narrative Sequence)是:

表示"在……之后,以后就……">"于是就……","因而":

表示"在……之后,跟着发生的">"因此":

乃、迺、而、时、兹、实、爰、言、薄(早上);则(中上);羌、謇、蹇、安、案(晚上);庆(汉)。

复合形式:

乃遂,于是迺(汉)。

表示"已经这样做,然后……":

> 既(早上);既而,继而(晚上);已,已而(汉)。

5.1.6 偏正序列的连词,条件序列(The Conjunctions of Resumptive Sequence, Conditional Sequence)

条件连词是:

(1)引进条件序列:

表示"如果,假定……":

> 使,俾,乃(早上);若,则,今(晚上);试,令,如,即,设(汉)。

表示"如果确实,如果真的……":

> 苟,果,讵,假,假之,诚(晚上);信,假使,假令,假设,审如,审若,如审(汉)。

以上这些词以不同的方式结合在一起,形成复合的条件连词如下:

> 若使,若令,若苟,若果,当使,当若(晚上);如令,尝试,向使,嚮使,乡使,且如,且使,有如,即使,使夫,藉使,藉第,借*使,就使,既使(汉);如使(六朝)。

(2)引进条件序列的结果句"〔如果……〕那就……":

> 乃,则,即,惟,曰(早上);斯,是,指,期,故,安,按,案,焉(晚上);只、枳、咫,此,就,而(汉)。

复合形式:

> 则斯,斯则,则是(汉)。

连词和指示词的组合有:

---

* 此字原文误为"措",改正为"借"。——译者注

表示"既然这是如此,那么……":

> 如之,如时(早上);然则(晚上);如此,若此(汉)。

表示"当这是如此,那么只有……":

> 然后(晚上)。

5.1.7　条件让步(Conditioned Concession)

把条件和让步结合在一起的连词是:

表示"即使、纵然":

> 纵,遵[*],憯、惨,曾(早上);从,唯毋,唯無,唯无,唯勿,虽(晚上);第,且,正(汉)。

复合形式:

> 且犹(晚上)。

条件、让步和否定结合在一起,如下:

表示"如果不是由于……":

> 微(早上);不(汉)。

当让步和条件控制条件句时,在结果句之前是:

表示"……即使如此":

> 犹,尚,也(晚上)。

复合形式:

> 犹尚(晚上)。

5.1.8　结果连词(The Resultative Conjunctions)

与工具格连词密切相关的是结果连词(见3.9)。它们是:

表示"具有……的结果":

> 肆,遂,则,载(早上)。

---

[*] 此字原文误为"导",改正为"遵"。——译者注

5.1.9 表示例外的连词(The Exceptive Conjunctions)

引进一个表示例外的分句的连词有:

舍(晚上);无有,无论,非,独,顾(汉)。

复合形式:

苟非(汉)。

5.2 感叹词(Interjections)

感叹词单独出现,表示叹息、斥责或嫌恶的声音以及无意中突然喊出的声音如"啊"、"呜"之类。

表示一种呻吟或叹息的是:

咨,嗟,嗟嗟,于嗟,猗嗟,猗与(早上);訾,嗟来,嗟乎,其与(晚上);嗟兹,嗟嗞,嗟子(汉)。

表示奇怪、惊讶、痛苦或愤怒等,"啊、呀":

懿,抑,噫,噫嘻,於,乌,已,呜呼,於乎,於呼,乌虖(早上);唉,诶,恶,哑,嚇,意,嘻,譆,繄,吁,呼,皋,乌乎,都(晚上);虆,熙,於戏,咄(汉);憘(六朝)。

5.3 单独存在的肯定词和否定词(Self-Standing Affirmatives and Negatives)

一些助词单独出现表示同意或赞成"是"、"你说得对"等,或者表示反对或异议"不"、"不是这样"等。其他一些表示同意或批准。

表示"对"的意思:

诺,俞(晚上);惟,唯,唯唯,固(汉)。

表示"不"的意思:

否,咈,亡(晚上);不,未(汉)。

表示"真的"、"正是如此":

　　然（晚上）；审（汉）。

表示认可、批准"好"、"可以"：

　　善（晚上）；可（汉）。

5.4　其他单独存在的助词（Other Self-Standing Auxiliaries）

有些助词单独出现用作压缩的句子。它们是：

表示"总括"：

　　凡，最，总之（汉）。

表示"主要内容如下……"：

　　要，其要，要之（汉）。

5.5　表明摘引、间接引语等的小品词（Particles Identifying Citations, Reported Speech, etc.）

表示间接引语的小品词是：

　　曰（早上）；云（汉）。

表示摘引、引证的小品词是：

　　云（晚上）。

表示专有名字的小品词是：

　　云（汉）。

表示"等等、等等"的小品词是：

　　云云（汉）。

6.　替代词（Substitution）

6.1　代词（The Pronouns）

　　上古汉语的代词系统公认的有两个人称（说话的一方和被称呼的对方），其性别和数量都没有区别。两种人称在起限定作用时都有专门形式。代词在表施事者和起限定作用之间的区别最初还留有痕迹，但在早期上古汉语时代，随着这两种作用的合一，这种区别也就逐渐消失了。身份助词的因素(见2.4)在第一人称代词表示高贵的身份或自我贬抑的形式中本来还留有痕迹,但这些在早期上古汉语时代也逐渐废弃了。到晚期上古汉语时期只保留下来两种代词形式——一种独立存在的形式和一种表示限定的形式。到了汉代,连这个区别也消失了;称代的作用被适合各种目的的形式所代替,而限定的作用则由语段的限定连词来表明了。

一组反身代词,它不管人称,表明"施动者作用于他自己、我自己、你自己"等,但也常和一个代词一块出现,表示强调"施动者他自己、我自己、你自己",经常是出现在需要做出这种强调的地方或是在某一点上和自己所预料的正相反的地方。

在代词的系统里,代词的替代(pronominal substitution)不是由第一、第二人称代词而是由复指代词(anaphoric pronouns)来完成的。复指代词在替代时不管人称、性别和数量,而且也不限于替代人,因为它们还提供了一个非人称的"它"。复指代词的共同含义是"替代为了避免重复"。在早期上古汉语里,复指代词有一个施事形式,一个限定形式和一个动词后形式。早期上古汉语时代之后,施事和限定的作用纳入于一个单独的代词之下。到了汉代,动词前和动词后这两种形式的区别有时就不那么明显了。

第一人称代词是:

(1)单独存在,不表身份(non-status),表示"我,我们":

予:余/我(早上);阿(六朝)。

(2)限定性的,不表身份,表示"我的,我们的":

吾(晚上)。

(3)表身份的形式(status forms),"我":

(a)尊贵的形式(exalted form):

我^2（早上）。

（b）贬抑的形式（deprecatory form）：

朕^3（早上）。

台（晚上）。

（4）施事形式（agentive forms）^{4}，"我"：

卬（早上）。

注意：（1）早期上古汉语之后的拟古主义的用法。

（2）只在早期上古汉语时代的初期有身份的含义。

（3）在早期上古汉语时代逐步废弃，到了秦代又复活过来表示威严的"我（们）"。

（4）在早期上古汉语时代之后就废弃了。

第二人称代词是：

（1）单独存在，不表身份，"你"：

汝：女（早上）；若（汉）。

（2）限定性的，不表身份，"你的"：

乃，而（早上）。

（3）施事的和限定性的：

戎（早上）。

（4）施事的和限定性的，单独存在的：

尔（早上）。

注意："尔"只出现在古籍中，但是从铜器铭文看，不能证明它是早期上古汉语的一种特色*。

反身和强调代词是：

$*$　新出土的西周铜器铭文中有代词"尔"。——译者注

自,亲,躬(早上);己(中上);身(汉)。

注意:在六朝时代,"身"用作第一人称代词"我"。

复合形式:

印自,躬自(早上);自身,自己,身自,己身,己自,己亲(汉)。

复指代词是:

(1)施事的(agentive):

其(早上)[1],居(早上);期,綦(晚上)。

(2)限定性的(determinative):

厥(早上)。

(3)动词后的:

之(早上),止(早上)[2]。

可用来表示复指的指示词(demonstratives)是:

时,是,实,思,兹,此,伊,薄(早上)。

注意:1. 在"厥"逐渐废弃之后,"其"兼有限定的作用。

2. 只在早期上古汉语时代。

某些助词,具有共同的含义"不指正在讨论中的处所、人物、对象",单独出现,类似代词。它们是:

表示"另一个,其他,他,他们":

他〔佗、它〕,异(早上)。

经常和"他"或"异"结合在一起的是"人"(他人、异人),"人"也单独出现作"其他人"的意思。"其"也和"人"结合为"其人"表示"其他人"(others)(汉),并和"余"结合为"其余",表示"其他的">"其余的"(汉)。

一些远指指示词也可单独出现或起限定作用,表示"那人

（们）"的意思，"他，他们"。这些词是：

> 彼，薄（早上）；夫（晚上）。

不定代词是："某一……，某某"：

> 某，甲，一（汉）。

除了人称代词本身的表身份的形式外，某些官阶、头衔和一些王位称号都进入了代词的系统，在那里对所称呼或所涉及的对象给予一个夸大的官阶或王位的称号，以对他表示加倍的尊敬。

这一类的身份代词有：

（1）来自社会的或政治上的等级制度：

> 君，君子，士（早上）；子，王，夫子，大夫（晚上）；君王，公，王，大王，夫人，大人，主君（汉）；使君，府君，君侯，明主，明公，卿，明府（六朝）。

（2）来自家庭的等级：

统治者用来称呼另外的统治者：

> 叔父，叔氏（晚上）。

复合形式：

> 吾子（晚上）。

用来称呼一位老师或类似身份的人：

> 先生（晚上）。

用来对长者：

> 叟（晚上）。

用来对长者：

> 父兄，父老（汉）；阿翁（六朝）。

另一方面，某些词语表示卑下的地位，还有一些表示贬义，它们由说话者夸大地予以虚构，表示一种谦卑的称代形式。这种谦卑的形式有：

官吏对上级的自称：

臣，小臣(早上)；贱臣，仆(汉)；民，官，下官(六朝)。

统治者用来称呼他们自己：

小子，寡人，一人(早上)；小人，不谷，孤(晚上)。

妇女对男人表示尊敬时的自称：

妾(汉)。

注意："一二"和"二三"放在某些身份代词前面，提供一组形式。例如：

一二父兄，一二亲昵，二三君子。

当称呼一个职位高的人时，从"罪人瞩目高位"的意思而派生出来对"阶下"或"脚下"位置的称呼，这就构成了下面的形式：

陛下，足下(汉)。

注意：等级制度的头衔和王位称号也可用作不表示夸大身份的代词，例如："王"表示"我，君王……"；"兄"表示"我，你的长兄"；"婢子"表示"我，你的仆人"；"老臣"表示"我，一个年老的侍从"。在这里，身份是如实地反映，没有借助于夸大。

在六朝时代，进一步出现了一组表示身份的代词，它表示对第二人称对象的亲昵和慈爱，办法是加前缀"阿"*：

阿奴："你"(对一个较自己年轻的人)

阿母："你"(对一位妈妈)

阿兄："你"(对一位长兄)

---

* 此字原文误为"何"，改正为"阿"。——译者注

6.2　指示词(Demonstratives)

上古汉语的指示词在类型上是直接指示的,它以两种形式出现:近指和远指。一些指示词专用作限定的形式,其他一些专用作单独存在的形式。这些指示词是:

近指指示词,单独存在,表示"这个":

　　*实,时,兹,斯,*嗟(早上);是,此,今(晚上);阿堵(六朝)。

远指指示词,单独存在,表示"那个":

　　*薄,彼(晚上)。

注意:上面三个加了星号的指示词只用于单独出现的场合。

近指指示词,限定性的,表示"这……":

　　时,是,兹,之,思,伊(早上);斯,此(晚上);其,今(汉)。

远指指示词,限定性的,表示"那……":

　　彼(早上);夫(晚上)。

注意:以上指示词中有些也用作重叠的标记(见2.1.1)、语段连词(见2.2.2)、复指代词(见4.4和6.1)、系词(见4.1)、时间和处所助词(见3.11和3.12)、韵文的小品词(见3.15)、状态助词的复指替代词(见3.1.4)以及作为连词中的一个成分或用作连词(见3.9,5.1.5和5.1.6)。

有些指示词或与系词一起或不带系词出现在动词前面,表示"在这种状态下,于是……"(见3.1.4)。与此相类似,有些指示词或与系词一起或不带系词出现在实体词前面,表示"类如"、"例如"。它们是:

　　若兹,如之(早上);若,若此,如此,乃(晚上);如(汉);尔(六朝)。

6.3 疑问替代词(The Interrogative Substitutes)

疑问替代词在上古和古典汉语里的共同含义是:"在疑问句中替代要求回答的那个成分。"回答往往是作为问题的那个句子的重申,只是在疑问代词的地方换上了要求答复的对象。

有一个疑问代词(可能还有别的疑问代词)由于可以出现在所有的位置和平面上,因而可被描绘成一个能够普遍分布的、具有各种替代作用的替代词。而其他替代词的出现则要求一定的客观条件(它们是有条件的分布);还有一些则只能出现在固定的位置上(也就是说,它们是有限制的分布)。更有一类(主要限于早期上古汉语时期)是由一些既具有疑问代词作用也具有非疑问代词作用的助词组成。除了上述最后一类以外,我们所遇到的疑问替代词的多种变化可能是由于两方面的原因:或者是由于那具有各种替代作用的疑问替代词在和特定位置上的虚词结合时产生的各种变化;或者是由于具体位置上的直接成分的影响而产生的语音变化。

这些区别在早期和中期上古汉语时期是清楚的,但到了晚期上古汉语的末期尤其是到了汉代,其中的一些区别就变得模糊了。

疑问替代词是:

(1)能够普遍分布的(of general distribution),表示"什么"、"怎样"、"为什么":

　　　　何(早上),胡[1](早上)。

(2)有条件的分布(of conditioned distribution):

只出现在开头:

　　　　曷[2](早上)。

只出现在情态否定词(modal negatives)之前:

遐(早上)。

和动词后的小品词一起(with the post-verbal particle):

恶[3](晚上),恶乎(晚上)。

只出现在情态词的位置上或在它前面,表示"可以吗"、"能吗":

庸,曾(晚上)。

复合形式:

庸何,庸讵,庸安,庸可(晚上);庸必(汉)。

只用于反问和否定,表示"的确不是……"、"的确不该……"等:

虽无,岂(早上);几(晚上)。

复合形式:

岂不,岂其,岂曰(早上);岂谓(晚上);岂非(汉)。

(3)有限制的分布(of restricted distribution):

语段里的替代,表示"是什么样或种类":

何等(汉);何物(六朝)。

在时间位置上的替代,表示"什么时间":

安(汉)。

对专有名称的替代,表示"谁"、"谁的":

谁[4](早上)。

在施动者分布的位置上的替代,表示"哪个人":

孰[5],畴(晚上)。

在表处所的位置上的替代,表示"从何处"、"哪里":

爰(早上),焉[6](早上);安[7](晚上)。

复合形式:

安所("从谁那里或到谁那里")(汉)。

在体态位置(aspectual position)上的替代,表示"几回":

几(晚上)。

只在动态助词位置上的替代,表示"能吗":

宁(早上)。

复合形式:

宁有,宁能,宁可,宁不(汉)。

在工具格前面位置上的替代或者与其他工具格虚词结合在一起,表示"用什么方法,怎么用"、"为的什么结果,为什么":

贾,害(早上);号,奚[8],遽,讵,钜,渠(晚上);巨,乌,安(汉)。

复合形式:

岂曰(早上);岂遽,岂钜,岂渠,奚距,奚为,奚故,奚以,岂谓,何事(晚上);宁渠,奚遽,何遽,何渠,奚由,岂非,安事(汉)。

"奈"只和"何"一起出现,它(指"奈")是"如之"的合音形式;"奈何"又结合成一种合音形式。如下:

如之何(早上);奈何,那,难(晚上)。

只出现在这种词组里的是:

其如台(早上)。

和表情态的"不"结合(何不),表示"为什么不"、"的确……":

盍,阖(晚上);盖(早上)。

与原因连词"为"结合,表示"为什么":

舍(晚上)。

(4)语法上的助词具有一个疑问的形式:

　　　　遑,非,或(早上);几,庶几(晚上)。

注意:

(1)"胡"在早期上古汉语里或者单独出现或者和"于"、"伊"、"不"一起。"胡"的用法与"何故"相似,这是晚期上古汉语的一个特色。"胡"用在名词前表示"什么种类"是汉代的事。

(2)"曷"只出现在句子开头的位置上这一现象在晚期上古汉语时期就停止了,到了汉代就逐渐变得可以和"何"互相交替。

(3)"恶"在汉代也作为"何"的一个变体出现。

(4)"谁"在语段里替代专有名称,在名词前表示"谁的",在施动的位置上表示"谁",作动词后的成分表示"对谁或为谁"。

(5)"孰"在汉代用来替代"谁",是一种混同的用法(blunted usage)。

(6)"焉"到了汉代扩展到其他疑问词的位置上。

(7)"安"在汉代不仅限于表处所的位置。

(8)"奚"在晚期上古汉语后期的著作里也出现在处所的位置上,表示"往哪里":

6.4 不定替代词(The Indefinite Substitute)

不定代词的替代作用是表示和先行词或跟在后面的词(人、地、事)的关系,这种关系或是含蓄的或是明晰的,都不实际点出事物的名称。不定替代词可以出现在语段和句子的平面上,而且在那平面之内可以出现在不同的位置上,表示"那个"、"谁"等意思。它还和其他虚词和助词结合表示各种细致的含义。它们是:

　　　　迪,攸,有,或〔＝有攸〕(早上);所(早上后期);迨(汉)。

复合形式:

所与,所谓(早上);所自,所由,所以,所为(晚上);所道,所繇(汉)。

有些疑问代词除了疑问意义也以不定式出现。它们是:

谁(早上);孰(汉)。

6.5　否定词用作动词的替代词(The Negatives as Verbal Substitutes)

某些表示情态和单独存在的否定词在两个陈述句的第二句中起替代作用,对第一个句子中的动词表示否定,意思是"〔有的是 A〕,〔有的〕不〔是 A〕","〔或者……或〕不,〔如果〕不〔那么……〕"。起这种替代作用的否定词有:

否(早上);不(汉)。

注意:以上否定词在问话的相互选择形式中也用作表示句子语气的虚词(见 3.14)。

7. 混同的用法(Blunted Usage)

一些上古汉语的典范文体在汉代成为模拟"古典风格"的范例。这种所谓的"古典风格"不加区别地从早期上古、中期上古和晚期上古汉语时期的文体中汲取先例。随之而来的结果是,早期上古汉语的某些用法在晚期上古汉语时期本已废弃,却在汉代的"古典风格"里又冒了出来。在这个过程中,上古汉语在用法上原有的一些精确、微妙的区别就消失了。在这部词典里,凡是那些失去的东西重又出现之处都特加指明,称作"混同的用法(blunted usage)"。

这种用法往往出现在语气否定词、替代词(代词、指示词和疑问替代词)、合音字、某些个体词和其他一些助词的运用之中。

7.1　语气否定词(The Modal Negatives)

在上古汉语里,否定词有各种形式,分别表示语气、重读和非重读等不同的用法。其他一些用法也有一些专门的形式(例如,否定系词、否定连词等)。

随着由上古到汉的转换,上古的否定词失去了它们的特殊形式;表示否定是运用一种适合于各种目的形式(如"不"可以出现在所有动词前面,除了"有"是由"无"来否定的)。情态的否定是用一种迂回的说法来表示的。但不论如何,上古的否定形式,还是可能在汉代的古典文体里出现,不过经常是被简单地当作"不"和"无"风格上的变体。"不"和"无",按照上古汉语严格的用法,也出现在情态词和其他专门形式可能出现的地方。

因此,在上古汉语里应分别用适合的否定词"微"、"否"、"弗"、"未"、"无"、"勿"或"非"来表示的地方,在汉代都可以用"不"来代替。在汉代和六朝的仿古文体里其他一些过时的用法有:

匪	替代	不
非	替代	不,无,不可
弗	替代	不
靡	替代	不,无,莫
莫	替代	不,无
亡	替代	不,无,勿
未	替代	不
毋	替代	不,无
无	替代	不
勿	替代	无

7.2　替代词（The Substitutes）

汉和六朝对上古代词的拟古用法，在动词前和动词后的形式之间，在表限定的形式和独立存在的形式之间，其区别有逐渐模糊的趋势。出现了以下情况：

我之	替代	吾
吾之	替代	吾
余之	替代	吾
予之	替代	吾
厥	替代	"其"或"之"
之	替代	其
其	替代	此

在指示词中，过时的用法的特点是无视这些词的限定性形式和独立存在的形式在古汉语里用法上的区别。例如：

伊	替代	他[1]
是之	替代	是
斯之	替代	斯
斯	替代	此
兹	替代	此，之

注意：由于"伊，维也"这样的注释所产生的混乱，"伊"在汉代也出现在时间短语里。

在上古汉语里，疑问替代词的多样化是由于各种对比性的语言环境所产生的。而在汉代拟古的形式里，这些差别都变得模糊起来，产生下面的用法：

岂	替代	孰，恶，何等。
焉	替代	谁

孰	替代	谁,何
恶	替代	何

7.3　合音字(Allegro Forms)

一些联绵助词的必然结合和发音上的快读,历史地派生出一定的合音字。过一段时间以后,一些合音形式就会出现在过时的用法里。这样的合音字如下:

合音字	构成成分	在混同的用法中替代
焉	于　之	"耳、也、矣",作为句中的小品词。"之",作为代词。
诸	之　於	之
耳	而　已	哉,也
爰	于　兹	然
云	于　兹	也,矣
邪	也　乎	乎
尔	而　已	也,矣

7.4　个体词(The Distributives)

上古汉语里,出现在语段中名词前的个体词和出现在施事位置上的名词后的个体词各有其明显不同的形式。到了汉代,当个体词出现在动词前面,修饰的是出现在动词后的名词时,区别就更明显了。这种混同的用法表现为:

	上古用法	过时用法(blunted)
各	[施动者]·各	各·[施动者]
俱	[施动者]·俱	俱·[动　词]

7.5　其他(Miscellaneous)

其他一些混同用法的例子是:

	上古	汉和六朝
相	相互关系	表示单方面的,也就是说,不包含相互关系的意思。
用	工具格虚词	用作"以"的一种风格上的变体。
及	语段连词	也用作句子的连词。
每	表示重复,"每次"。	表示习惯,"惯于","总是"。
矣		可与"也"互相交换使用。

译者注

①原文所举虚词都附有高本汉的拟音,译文未收。

②对原文几个虚词的更正,主要根据原书标音及后面词典中的介绍。

（本文原载于《语言学译丛》第一辑,中国社会科学出版社,1979 年）

马王堆汉墓《老子》手抄本和《秦律》残卷中的"弗"*

[德]何莫邪**

丁声树(1935)指出,弗的用法是跟"弗"后面的动词的及物性有关系,提出"弗＝不＋之"的定义。这个定义的影响国内国外都很大。高本汉(Karlgren,1957:136)又下了他自己的定义:"弗,不(特别是不能,不愿)。"

既然高本汉没有仔细讨论过"弗",所以他这个定义的影响也很小。按我所知没有人讨论过高本汉的说法。

在高本汉出生100年的周年我想要证明高先生的论点是很有道理的。"弗"字的用法非但是跟动词的及物性有关系,它也是跟动词的"能愿性"有密切关系。

---

* 我十分感谢北京俞敏对我初稿的十分有益的批评和真诚的建议。朱德熙最初的疑问和最终的支持给了我勇气公布我的研究结果。Angus C. Craham 在我准备这篇论文的后一阶段,曾给我巨大的帮助和准确的批评。Hans Bielenstein 和 Goran Mamqvist 在最后一分钟曾给我指出,高本汉(Bernhard Karlgren)是习惯于把"弗"注解为"不愿意……"、"不可能……"(be unwilling to, be unable to)的。陆俭明、Soren Egerod 和 Halvor Eifring 曾经给我提供有益的解释。这些学者对我的结论和我文章中尚存的错误都没有任何责任。

** 何莫邪教授(Prof. Christoph Harbsmeier),著名语言学家,西德人。英国牛津大学中文系毕业,丹麦哥本哈根大学哲学博士。挪威奥斯陆大学汉学教授,奥斯陆大学东欧、亚洲学院主任,挪威社会科学院成员。最近为李约瑟《中国科学技术史》写完"逻辑和语言"分册,由剑桥大学出版。——译者注甲骨文中"弗"的用法在 Takashima（1973,1988）曾有专题研究。最近朱歧祥（1990:113）注,一个被"弗"否定的动词绝不能解释作被动式,而一个在"不"后面的动词却常可这样说明:如词组"弗振"意味着"不动摇（宾语）",而"不振"则可解释为"不被动摇"。

在甲骨文中,当一个动词被"弗"否定时,宾语的位置有些有趣的限制。我们常可见到"不我·及物动词","he verbed me",但是很明显的,我们从来没见到"弗我·及物动词"。

另一方面,在汉语发展的这一初期阶段,"弗"无疑问比"不"更经常地与带有明显宾语的动词用在一起。

就我所知,到目前为止所发表的对虚词"弗"的研究成果都是以早期经文的印刷本为基础的。在此期间,发现了马王堆汉墓《老子》手抄本。举例来说,它有 40 例"弗",相比之下,王弼（公元 226—249）注本和岛邦男（1973）的注本只有 2 例"弗"。再者,我从 A. T. F. Hulsewé 所翻译的《秦律残卷》部分材料中搜集了 79 例"弗",为"弗"的任何解释和说明提供了一个严守原文的、可靠的分析基础。在 Herbert Giles' 的《孙子》原文中,没有一例"弗"。而在《孙子兵法》的竹简印本（1976:98）里,我在一个印刷页中就找到不下 6 例"弗"。

《淮南子》没有用"弗",而《管子》这部大部头著作中仅有 5 例"弗"出现在两页上。《荀子》里只有 1 个真正的"弗"用例,另外 3 例都出自《诗经》的引文而且是在伪造的最后一章中。据我初步调查,《商君书》中未发现"弗",虽然没有引得,很难确切地说究竟有没有。

司马迁从《战国策》和类似来源的典籍中选用材料时,习惯用更通行的"不"来代替"弗",但是在《史记》中仍有大量的虚词"弗"出现。《史记》中"弗"的用法很值得按照它自身特点作一个认真的研究,但这项工作最好是等到台北社会科学院编纂的《史记》引得普遍使用之后。

我衷心同意黄景欣在 1958 年 10 月对丁声树的辩驳,黄坚持认为那些经过改写的典籍一定不能作为在原始的著作中没有"弗"的证据。但是就像许多其他较古老的特点一样,这个虚词在书面语的、仿古的《文选》中再度出现,我在该书中查到 98 例。而在更加口语的《世说新语》中只有两个偶然的例子。

首先让我扼要地概述学者们过去对"弗"的两个著名的解释,然后提出第三点看法,也就是我在这篇论文里所要讨论的。

(1)指代宾语的假说。这一假说在丁声树 1935 年的文章中有详细论述,直到今天,它仍是被人们最广泛接受的理论。他主张"弗"是一个与宾语代词相结合的否定词,相当于"不之"。Boodberg(1937)曾经论证,"弗"实际是这两个词素的语音联合物。从现有典籍的资料看"弗=不之",这个论点的吸引力可以在大量例句中恰当地展示出来,甚至一些古老的注释好像也支持这个看法:

夫人岂以不胜为患哉?弗为耳。孟子 6B.2"弗为耳",赵岐注:但不为之耳。

指代宾语假说在"弗"的词源上的一个明显问题是这样一个众所周知的事实,即这一理论甚至还不曾开始对汉语最早的记录形式甲骨文和《书经》的古老部分提供一个哪怕是表面上好像讲得通的解释。尽管有 Boodberg(1937)对"弗"的语音重建所提出的有力的语音论据;但另一方面早期甲骨文中明显的未经重建的证据与那种认为"弗"在这些典籍中是"不之"联合体的观点是十分矛盾的。

吕叔湘(1955)考虑到这一历史事实,选择了这种说法:"弗"使人感到(to be felt to)它包含一个复指代词(resumptive pronoun)。

另一方面,黄景欣(1958)认为他在较晚时期典籍中找到了如此众多的相反的证据,因而他必须放弃把"弗"解释为"不之"的观点。在有些例子里,被"弗"否定的动词后是名词性宾语:

> 始吾敬子,今子鲁囚也,今吾弗敬子矣。(左传·庄公11.4)

与"弗"同时出现在句末的"矣"是有趣而重要的。A. C. Graham 曾经举出大量这类句型的例子来反对指代宾语假说。在这种句型中,"弗"既表示某种情景从时态上没有实现,也从逻辑上表示事实与期望的相反。

我想要讨论的是,"不敬"表示一种简单的缺乏尊敬,这种态度不是以深思熟虑的选择或决定为基础的。"弗敬"则表示一种不再继续下去的决定。

> 夫人情莫不爱其子,今弗爱其子,安能爱君?(韩非子36.5.17)

我注意到在这类例句中宾语的重复。A. C. Graham 指出:"伴随着'弗'的运用,动词和宾语的重复明显地作为一种复指的形式。"

人们可能增加另一种情况的重复:

> 圣人亦弗伤人也。(老子,马王堆B)

请注意马王堆手抄本 B 有"人"字,而手抄本 A 则省略了。(D. C. Lau 在他的集注中没有指出这句。由于在上文有两处"不伤人",人们可能把抄本 B 中"人"的介入当作是一种笔误,因而最终同意 D. C. Lau 的注本。)

这个例句对于"强调假说"无论如何是不适用的:虚词"亦"(also)明白地表示这里没有对比,因而人们自然会感到这里是不可能有对比性的强调。

过二月弗置啬夫。……(秦律残卷 106,A99)

注意,在上下文里,就我们所看到的而论,这里并未提出一种复指(如"为它置啬夫"),而"置啬夫"短语确实在上文已出现过。

人固买,子小不可别,弗卖子母谓也。(秦律残卷 201,D96)

注意在这里的上下文中并没有出现具体的顾客,我们没有看到"拒绝把妈妈卖给他"。在这里拒绝把妈妈按她自己的意志卖出去的是法律的要求。这种拒绝与《秦律残卷》中一般通用的格式是不一致的。

徒吏与偕使而弗为私舍人……(RQL 229,D159)

甘茂不善於公而弗为公言。(战国策·韩策 1.20)

适弗逢世。(礼记·儒行)

我们注意到在这里的上下文里,"逢世"动宾词组都没有重复出现。

那种认为"弗"包含宾语"之"的流行看法只能在这样一种假定下提出,即语言有一种冗语化的倾向;因为众所周知,按说已经包含在"弗"内的"之"却常在"弗"后重复出现。如:

大国亦弗之从。(墨子 18.22)

翟闻之言义而弗行是犯明也,绰非弗之知也,禄胜义也。(墨子 49·84)

亡则弗之忘矣。（礼记·檀弓1.9）（十三经注疏1275
页，中）

这些例句更坚定了我们的理解。我认为"弗"把一个本来可
能是偶然的、不自觉的行为（忘记）变成一个自觉的否定的动词词
组："不肯忘，也就是记在心。"（refuese to forget, i. e. keep in mind）

君子曰：无节于内者，观物弗之察矣。欲察物而不由礼，
弗之得矣。故作事不以礼，弗之敬矣。出言不以礼，弗之信
矣。（礼记·礼器）（十三经注疏1440页）

"弗"所否定的是人们可能试图要做的事情，而不是人们只是
偶然要做的事情。在上段话中，四个非主要的否定都用"不"。人
们可以把它们理解作"不能"（fail to）或"不肯"（refuse to），但汉语
本身并不强迫我们去做哪种解释。

秦王以公孙郝为党于公而弗之听。（战国策·韩策
1.20）

如果我对"弗之听"的语义没有理解错的话，这个词组绝不能
理解作"他没有听见它"。

一个明显的晚期用例可能被视为带有奇特性：

奕弗之疑。（世说新语24.8）

在这里好像既不包含拒绝（refusal）也不包含"不能"（failing
to）的意思。"弗"失去了它的独特的作用。这个例子很有趣：就
我所知，"弗疑"在汉以前的文献中没有出现过。如果我找到这个
词组，它将会成为一个有力的反面证据来反对我所理解的"弗"的
意译："不肯，不能"（refuse to, fail to），除非是上下文义使它看上
去包含着一个慎重的决定不对某一事物产生怀疑。这看起来的确
是心理学上一种很困难的表现技巧。

我们找到一些例子，其中"不"不带宾语而"弗"却有宾语：

> 背叛之人，贤主弗内之於朝，君子不与交友。（吕氏春秋 4.3）

《荀子》里提供了一个类似的例子，用"不"代替了"弗"，但却没有宾语"之"：

> 倍畔之人。明君不内朝，士大夫迁诸涂不与言。（荀子 27.85）

被"弗"否定的动词十分经常地带一个宾语"之"，而这个"之"正是一些学者认为已经包含在"弗"之内的。这已是众所周知的事实，也许已不需要详细的论证了。

我的直感是"弗"含有比关联着及物动词的宾语更多的内容。那么问题究竟是什么？

（2）蒲立本（Pulleyblank，1978）批评"宾语指代假说"，并指出他所看见的许多反面例句足以证明这一假说基本上是错误的。蒲立本建议，代替这一假说，"弗"应视为一个表示加重的否定虚词，经常与一些表示对比的强调相配合："入声的第一功能似乎是对否定本身给以相关的突出，而不是突出被否定的事物。"让我把这叫做表强调的假说。

"表强调的假说"是完全与"宾语指代假说"协调一致的：人们可以想象"弗"既是一个加重语，同时从词源学的角度也包含一个代词宾语。

下面是一个古代注释的例证，它或许可用来支持蒲立本要引我们注意的假说，即"弗"是一个表强调的否定词：

> 弗者，不之深也。（何休〔公元129—182〕注，公羊传·桓公10.3，僖公26.2，四部备要本5.4a，12.3b）

当然,在何休的时代"不"和"弗"的区别已经改变了性质,但何休的直感还是很值得考虑的。

不过,在下面这个例子里,似乎谈不上是对否定的加强:

> 谓公叔曰:"乘舟舟漏而弗塞,则舟沉矣……"(战国策·韩策2.8)

自然的强调,如果有的话,是在动词上,或者是在整个表否定的动词词组上。对比的重点放在否定本身,在这类很普通的例子中可能引起误解。当然,人们可以指出,"弗塞"在这里可以理解为与"塞"相对照。但是这种对比的形式可以适用于所有的否定词,因而也就不能用来区别它们的不同。

只说对否定的强调而没有相对照的条件,这种理论是太不可捉摸和主观了,它不能提供任何可供检验的和客观的语法标准。认为"弗"包含着这种不可捉摸的强调的理论坚持其最终的不可驳倒性,而且坚持到十分无意义的程度。语法理论只有达到那种程度才是有用的和重要的,即是说,它们很清楚地冒着在客观上可能被驳斥的危险,但在被驳斥的同时,它们仍可继续发生效用。

融合体(弗=不之)的理论是一个美好的理论,因为至今为止它经历着有意的冒险,它可以明确地被驳斥,因而我们可以清楚地看到什么情况应该是例外。而把"弗"当作一种"加强"否定的理论则是一种可怜的理论;因为至今为止,它不能具体地、准确地表示出什么是可以驳斥的,因而它也就不能经受客观上任何真正的驳斥。(它必须是永远不可驳倒的,但那并不是因为它真的不可驳倒,而是因为它在实质上不堪接受决定性的驳斥。)

我这篇论文试图讨论另一种考虑。

(3)我想在这里详细讨论的是,"弗"在某些上下文中用来构成表示否定的词组，它包含着一种做某种事物的失败，这种失败是由于主观上的原因而不只是客观因素造成的。

我的主张是，"弗＋动词"经常可被理解或被注释作"拒绝·动词·宾语"，"不愿意·动词·宾语"，"放弃·动词·宾语"，"决不·动词·宾语"，"不可能·动词·宾语"，"失败于·动词·宾语"；"弗＋动词"的特征是（但不是一概而论），"弗"后及物动词的宾语更多是被理解出的而不是表现出来的。

请注意下面例中否定式的相互影响：

> 父母之丧，弗除可乎？孔子曰："先王制礼，过时弗举，礼也。非弗能勿除也，患其过于制也。"（礼记·曾子问）

代词宾语在这里合并入两个不相关联的否定式中。

上面我举出的对"弗"可能有的解释。终究是不可靠的标准。它意义的要点是这样的："弗"从不否定被认为是主语完全不自愿的、而只是受制于外界环境的行为。

在有些情况下，人们需要扩展对"蓄意"的解释。但这只限于人的本性。比如说，人们可能会毫不犹豫地同意"拒绝"（refuse to）包含着"蓄意"的意思。但我们有必要注意下面这条新闻标题"拒绝加在一起的总数"，这是一种使数字人格化的做法，是一种完全可以被接受的英语用法。同时这种使格式灵活运用的可能性并不会损害这一基本原则，即"拒绝"（refuse to）基本上是一种有意（蓄意）的行为。

按照我称之为"拒绝的假说"，"弗"的确很有特色地结合着一个宾语。而且它确实很有特色地把跟在它后面的那个本来可能不是及物动词的动词转变成及物动词。当我们看到"弗贵"，我们不把它翻译成"不能成为有价值的"（failetobe valuable），而宁可翻译成"不肯"（把它）作为有价值的来对待（refuse to treat as valuable）。下面这个有启发性的例子中，这一语法定义运用得很中肯：

　　夫玉生于山，制则破焉。非弗宝贵矣，然夫璞不完。（战国策·齐策4.5）

不论如何，"弗"可能最终是包含着一个指代宾语，但与"然"不同，"然"在某种意义上说永远是相当于"如之"，而且也可能作为"如"与重建代词"安"的合并体（fusion）；"安"也是"焉"的一部分（"焉"相当于"于之"）。"弗"在某些有关的方面可能有点像"以"、"用"、"通过"、"用它"、"通过它"、"带着它"。"弗"可能很有特色地结合着一个（隐含的）指代宾语，但是"以"常常带着一个明显的宾语。而且常常明显地带着一个宾语"之"。

一个有代表性的调查足以支持我的看法就是几乎无所不在的"弗得"（fail to get or achieve it）。关于它，几乎有成百上千的例句与罕见的"弗失"相对照。"弗得"表示人们不能得到或实现他尝试要得到或实现的什么。我们找到了预想中的"求之弗得"（seek but fail to obtain it），也有"追而弗及"（follow after but fail to reach）。"弗及"（fail to reach it）也是随处可见的。

我们再把十分常见的"弗受"（refuse to accept）（例如《战国策·楚策》4.5，诸祖耿，832页，以及其他各处）与罕见的"弗失"（fail to lose，我们实际上得到的是"勿失"avoid losing it）比较。"失之"（lose it）在《老子》里常可见到。特别有趣的是词组"勿失之"，意思是"切莫失去他（它）"（make sure not to lost it），在《荀子》14.46。"不失"（not lose it）也很常见。在《韩诗外传》4.11我们看到有"不失"，意思是"不要把事情搞错"（not get it〈the business〉wrong），与"弗阿"（refuse to flatter him）相对应。

如果我们真的找到一例"弗失",我目前对它的说明预示它的意义一定"不肯失去(它)"。在下面这些很稀有的例句中的确是这个意思。我把这些好不容易找到的例子排列于下:

子曰:回之为人也,择乎中庸,得一善则拳拳服膺而弗失之。(礼记·中庸8,十三经注疏1626页)

James Legge 把最后的词组翻译为"……未失去它"(and did not lose it),这样就没有抓住这个特殊的进行道德训练的例句的要点。Couvreur 在他的书32页,拉丁语和法语都翻译得很准确:"et ne la laissaitplus echapper。"我目前作语法说明的目的就是这种语法上的特点势必强迫我们对这类文句作出正确的解释。

故执之而弗失,亲之而弗离。(帛书·五行篇)(公元前207—前195抄本)(庞朴,85页)

我们的语法分析要点对下面的例句也是有意义的:

圣人不能为时,时至弗失。(战国策·秦策3.2,诸祖耿,264页)

注意,你侥幸没变成一个圣人。圣人一定有他做事的"方法"。为了不让时机失去,他在这点上一定得是有意识的。

另一表现特征的例子是常见的"弗知"(《左传》、《国语》、《韩非子》),我们的确查到了"吾惑之"(《荀子》) 和"不惑"(《庄子》),在《庄子》28.15 有"岂不惑哉",我们大概可以译成"How should they not be confused about this?"在这里,像"迷惑"那种病态不是被"弗"来否定的。总之,到目前为止,根据我所能做到的调查,从未见到"弗惑"(refuse to be confused about it)。如果我能找到一个例子,我希望上下文能使我理解为"不肯使自己被它迷惑"(refuse to allow oneself to get confused by it)。

另一方面,我们的确有"过而弗悔"与"不悔"(《庄子》)。

我们也有这类词组"相类而非"(《战国策》),其中的"类"很明显是一个及物动词。而对"不可类之"(《韩非子》)这样的例子,人们可能提出反对,认为这是"类"的一种特殊的派生的用法,并不能用以证明"类"是一个及物动词。但请考虑下例:

> 辞多类非而是,多类是而非。(吕氏春秋 22.6)秦类之。

(荀子 16.67,参看 21.84)

我们也有"不类"(左传·庄公 8.5),A. C. Graham 认为《墨经》中的"不类"意思一定得理解作"不像"(not be alike),但在汉以前相应的典籍中都没有看到"弗类",按照我目前的假说,我们永远也不可能找到这类词组。

我们有"似之而非也"(《吕氏春秋》、《庄子》、《战国策》)和"物之相似"(《吕氏春秋》)。动词"似"的及物性是无可怀疑的:

> 信陵君似之矣。(荀子 13.48)

"似"也可以被否定:

> 望之不似人君。(孟子 1A.6)

按照我目前的理论,我们不可能找到"弗似"(refuse to be like)。的确,至少在汉以前有索引的文献中我们好像从未查到这个词组。

另一方面,我们却有"弗若"(fail to come up to)(在《墨子》6A.9 有两个例子我们将在下面讨论)和"弗如"(《战国策》、《孙膑兵法》)。人们可能要问:"其与是不类乎?"(《庄子》)

按照我们的理论,我们一般不应见到"弗活"表示"他不在世"之类的意思。因而当我们遇到像这样的例子:

> 子之先生死矣,弗活矣。(庄子 7.20)

这意思不应是"你的先生死了,他不在世了"(Your master is dead, he is not alive.)。的确,我们找到这句话是说列子的先生。当时这位先生还健在,但按照一位巫士的说法,他注定了要死。这位巫士告诉列子关于他先生的前景:"你的老师要死了,他不能活下去了。"

我们有著名的例句"吾丧我"(《庄子》),但如果我们什么时候发现了"弗丧",我的预言是它的含义应该是"不肯埋葬他"(refuse to bury him),而不是"未失去它"。我们常可遇到"弗应"(不肯答应它),但从未遇到"弗感"(不肯感动它),我们有"感而后应"(《庄子》15. 11)。在谈到一种奇怪的体验时,庄子表明了"感"的及物性:

异鹊感吾颡。(庄子,26. 67)

我们常遇到"怪之"(《庄子》),但我们从未遇到"弗怪"。"不遇"意思是"没机会遇上"或"不能碰巧遇上";"遇之"是"恰巧遇见他(它)"(《庄子》),我从未见到过"弗遇",除了在《易经》里有一个艰涩难懂的例子。

如果我们遇到"弗逢"这样的结构,我可预言它不是指失去了某种相遇的机会,而是指某人期待着一次相遇,但是未能实现。正像书上所写的圣人想要遇见一个真正的有感受力的世界而不能找到一样:"弗逢世"(《礼记》),这类例子只指未能遇到是由机会而不是由于缺乏任何努力。

我们能遇到"恶之"(《左传》),但据我所知,极难遇到"弗恶"。在《战国策》,我们先看到"韩魏必恶之",然后再与这个例句比较"若四国弗恶"。"弗"在对照之中的作用,自然正如蒲立本所说。但我们没有理由把这种对比的作用只归功于"弗"本身。

我们有"畏之如雷霆"(《左传》),但如果我们找到"弗畏",我们将把它理解作"不肯使自己被……所畏惧"。

> 弗畏强御,果也。(帛书·五行篇,庞本,65页,又,参看同书58页)

我们有"不惧"(《左传》),但很明显,从来没有看到"弗惧"。我们有"怒我"(《左传》),但我还没有碰到一例"弗怒"。我们看到"圣人羞之"(《庄子》),但我们难道看到过"弗羞"?我们有"嗅之"(《庄子》),但我们看到过"弗嗅"吗?

我们并不期待会遇到被动结构"为"字式被"弗"否定。如果我们真的遇到那么一种被动结构,我敢说那种结构一定有一种很特殊的意义:结构中语法上的主语一定拒绝被逻辑上的主语所动作。在我找到的一个例子中,情况恰恰就是这样:申缚者,大臣与百姓弗为用,故王胜之。(战国策·齐策1.1,朱本,470页)

初看这个例句,它好像是一个很难应付的反证,表示我的假说的局限性。但仔细研究之后就会发现,正是这类例句最清楚地揭示了"弗"的这一关键性的含义。为了卫护宾语指代说,人们可能坚持"为"后有一个假想的宾语,因而我们可以理解为"不为×用"。

经过以上的劝说,楚王决定不遣走这个人,"弗逐之"(《战国策》),他原来是打算要这么做的。

例子可以多种多样。我的论点是,它们都可归入一种清楚的句型:那些不能解释作故意或决定于施动者,而是由客观因素所决定的行为,不能在那种含义上被"弗"所否定。不管怎样,我必须在这里举出一个例子,它对我目前的论点不大有利:

> 喜怒哀惧爱恶欲,七者弗学而能。(礼记·礼运,十三经

注疏本1422页,下)

在这里我们把"弗"译为"不能"(fail to)。这种"不能"(fail to)不是一个人一直在尝试去实现某种目的失败。这种失败是指人们在一种较宽泛的意义上希望做某事而失败(例如学会某种人们可能学到的事情),可以用"弗"来标志。

应记住的重要之处是,在翻译带"弗"的动词词组时,"弗"本身所能显示的"不肯"(refuse to)或"不能"(fail to)的可能性是很有限的。验证语义的依据是被否定的行为的蓄意性(deliberateness)或至少是半蓄意性(quasi-deliberateness)。

在翻译带"弗"的动词词组时,我知道我会触起很多语法上的敏感点。但这种翻译上的常规并不是我要讨论的实质。问题的实质并不在于翻译时是否表示出动词的性质(verbality)而是语气或语义上的细微差别。我注意到在任何情况下,即使"弗"被解释成一个语法化了的动词,它也将被描绘成一个十分"不完全的"语法化的动词——这里运用了拉丁语法的术语。"弗"不能受副词修饰,不能被否定,不能带名词性宾语,等等。我的假说的尝试并不是要证明我们是否能够抽象地、理论地为"弗"的典型动词性辩护。我的尝试是想要证明,在对古汉语文义的解释中,运用一些英语动词如"to refuse to, to abstain from, to fail to"等来对"弗"作规律性的注释,或许是有帮助的。

像这样一种非常特殊的否定究竟是应该叫做一个动词或是叫做一个虚词,这一理论问题对我目前的目的来说是无实际意义的、纯学院式的。因而我将不花费任何时间来立论"弗"的动词性或虚词性,同时我将也不参加类似的关于这一虚词词源的扩大的学术讨论会(有必要是纯理论的)。相反,我将把我的全部注意力投入这个问题,即如何从实际上(in practice)使人们能最好地解释出现在各种不同语言环境中的否定词"弗"。目的是使人们能掌握住这个词在各种实际的、语义的、句法的环境中所表达的准确而微妙的力量。对这种努力的检验很简单,就是我的解释是否能使"弗"所在句的意义清楚。读者自己可以判断,在这篇论文所提供的基础上他能理解到何种程度。

当你不肯或不能(refuse to or fail to)做某事,而按照惯例你是应该做的(例如你不肯说"hallo"(对某人)),于是表否定的动词(如"不肯……"、"不能……")的范围经常趋向于成为一种在上下文中已被知晓的事情。如果"主要"动词是及物动词,宾语常已被知,因而这个宾语我们可以认为已被省略,如果是代词"之"更是如此。但这种句法上的特殊性(无论是由于词源上的某种激发,还是出于古代民间俗词源的一种错误)并不就是古汉语里关于"弗"的语义功能的全部故事。

当你不肯或不能(refuse to or fail to)去做某事,这种情况经常(虽然不是总是)与另一些人正打算去做这事相对照,比如你不肯或不能去参加一个会议。因而在对照之中常常(虽然不是总是)包含着一种不能(failure)或不肯(refusal)去做某事。但是,这种对照或强调并不就是"弗"语义功能的全部故事。请考虑这点:

弗为也。(孟子 3B.1,沈文倬 414 页)

这里赵岐注释"弗"作"不欲",这相当接近我在本文中的看法。我同意 D. C. Law 的译文:"他仍很不愿做它。"赵岐的注释是有启发性的,但明显的是他未能把它当作无可辩驳的证据来说明他认为"弗"在一般情况下都含有"不欲"的意思。也许有人会争辩说,赵岐只是为疏通上下文意而注释,并不是专对"弗"的意义而言的。的确,"不为"本身通常的意义也常是"不欲为"。但我的看法是,"不为"并不是必须有"不欲为"的意思,它没有有关的区别性特征作为标志,它也可能意味着"他偶然没有做它"。试比较:

> 今日为之,弗为,是谓废法也。(秦律残卷212,D120)

很清楚,"指代宾语假说"在这里毫无问题,同时它对我来说,好像我的解释它给增加了一种重要的细微区别。在大多数情况下,我的观点将被看作是对"指代宾语假说"的补充而不是在跟它争输赢。

当然,无论如何,我们不能不指出,"指代宾语假说"对有些类似的例子是不那么适当的:

> 子曰:素(读为索)隐行怪,后世有述焉,吾弗为之矣。(礼记·中庸,十三经注疏本,1626,下)

这里还有另一个例子,古老的注释似乎是支持我的看法:

> 目之情欲色,心弗乐,五色在前弗视。(吕氏春秋5.4,陈本,272页)

在这里,高诱注释"弗视"作"不欲视之也"。这,再次与"指代宾语假说"一致,同时也支持了本文提出的看法。在有些上下文里我们把"不见"理解作"不欲见(拜访)",这一事实并不影响我的论点。我认为,从语法的角度上看,我们不是必须这样理解"不见"。我坚持认为"不见"这种词组是没有标志出细微差别的、有争议的词组。证据是足够简单的:"不见"在其他上下文里经常需要理解作"不看见(not to see)",就如同"不见而明"(《韩非子》)。我还找到:

> 呼尔而与之,行道之人弗受。(6A10,沈本,784页)

赵岐的注释与我一致:"不肯受",虽然人们必须记住,赵岐没有在任何地方给"弗"下定义说"弗,不肯也",而且在这里他的注释也只是依据上下文义作出,但这种类似的不同观点可以举出,与早期对"弗"的其他注释相对照。它们解释的不是一个词或句的抽象意义而是它们在一定的上下文中的意义。词组"弗受"(refuse to accept)在汉以前文献中几乎是无所不在的。接受,就像给予、聆听、顺从、答应、注意,这些都是人们很自然地可能拒绝(不肯,refuse to)去做的。同时这里就有了问题:人们不肯或不能去做的事情总是可以归之于某种主观上的意愿。古汉语中被"弗"否定的事倾向于是人们可能希望去做或害怕去做的某种事。它绝不可能是这种情况:去死,去成为聋或瞎,虽然有时它偶然也可能是一种行为如"站起来"。如果一个动词有"笨"的意思而被前面的"弗"所否定,我认为我们可以理解作"不肯认为(某人)是愚笨的"一类意思。也就是说,"弗"的运用影响我们对它后面动词的理解。它迫使我们把这些动词理解作"主动动词"(action verbs)或"类似主动动词"(半主动动词,quasi-action verbs)。

不管怎样,我们在下面的标题中看到"refuse"(拒绝)的派生作用"拒绝(或不肯)加起来的总数"。总数应该加起来,但是它们不加,它们不肯(refuse to)。在英语里,有些人可能说,某些"弗""不肯按照这篇论文所提出的假说去动作"。这表示英语动词"refuse to"有某些派生的意义,在这些派生意义中,词的原始的某些含义被削弱了。我想当我们必须把"弗"翻译成"不能"(fail to)一类意思时,会有这种情况发生。但关键问题是在通常情况下它是表示不肯或不能做某事,这是十分清楚的。在这两种解释中都有一种明确的愿望,而且这种愿望没有实现。所不同的是没有实现的是针锋相对的。一种情况是由于施动者不愿遇到原先想要遇到的对象,另一种情况是,他愿意遇到原想遇到的对象,但不可能实现这个愿望。"弗"的这种意义上的分叉保留着一些使人迷惑之处,但他是在人类语言现象中一词多义的一种普通现象。

> 禹之时十年九潦,而水弗为加益,汤之时八年七旱,而崖不为加损。(庄子 17.73)

下面是一篇逻辑论文中找到的例子:

> 趋之而得刀,则弗趋也,是以所疑止所欲也。(墨子 A.75)

必须指出,"所疑"肯定不是"怀疑"(即怀疑的心理过程)而是"所怀疑之事",这个例子对于"强调假说"和"宾语指代假说"都是很好的,它无论如何不可能被用来驳斥它们。但我仍然坚持,"弗"的微妙作用如果按我的"拒绝理论"去理解,将会最充分最明确地体现出来。

> 凡重,上弗挈,下弗收,旁弗劫,则下直。(墨子 B.27)

我的论点迫使我坚持"挈"、"收"、"劫"是故意的动作。

在 D.C. Lau 1982 年香港中英文版著作中,D.C. Lau 对《老子》中的"弗"给以注意。A.F.P. Hulsewé's 的《秦律残卷》却恰恰相反,同意蒲立本对"弗"所作的新的解释———一种加强的否定。

我本来要对《老子》和 RQL《秦律残卷》里的"弗"作一个详细而全面的概述,这里省略,直接讲到结论。

如果明天我们找到"弗义"作为"不义"的一种变体(也许是为了加强),它的含义是"不按道义而行动",那么我们就找到反对我理论的证据了。写到这里,我遇到这样的例子:

> 大国弗义以告弊邑。(战国策·88,秦策 2.15,诸祖耿

本,253 页。参看 J. L. Crump 92 页）

如果这例的意思是："The large state did not be have in accordance with the demands of duty and informed my humble city of this"（大国不〔或未〕按道义行动并把这事告诉弊邑），这将对我目前的理论非常不利。但这句子一点也不是这个意思。我们必须译为："（您）贵国不肯认为这是道义的行为而把这事告诉弊邑。"

高诱对此例的注释与我的说法相同（而且我还急于加上一句,也与丁声树在他的宾语指代理论的基础上必然要说的一致）："弗义,不以为义也。"这一段文字的历史是迷惑不定的,据说同书的另一版本是以"不"代"弗"。我们知道高诱看到的原文一定是"弗义",因为他发现这个词组很难理解因而专门为它作了注释。当诸祖耿理解这段文字时,他把"不"校正为"弗",正如我上面的引文,他是完全正确的。

黄景欣（1958:60）提供下面例中的"弗"出现在不及物动词前头：

> 日起请夫环,执政弗义,弗敢复也。（左传·昭公 16,附 3。十三经注疏本 2079 页,下）

黄景欣解释"执政弗义"作"您,宰相,是不义的"。但杨伯峻（1981:1379）的注释是正确的："弗义,不以为义也。"这也是丁声树会要说明的。我们的解释没有什么不同。

如果我看见词组"弗好",我将跟丁声树一样,把它读为"fú hào",但倾向于不只翻译为"不喜欢（它）",而是"不肯（refuse to）喜欢"。"弗悦"应解为"决定不喜悦"（decided he did not like）,像在下例中：

> 孟尝君有舍人而弗悦,欲逐之。（战国策·齐策 3.8,诸

本,577页)

　　故事的结尾是好的:乃弗逐。(同书)

　　某人想要对某人做某事,但决定不对它做此事,这种句型
(弗×)是常见的:

　　楚怒,将罪之,……楚王曰:"善。"乃弗罪。(战国策·韩
策2.10,诸本,1432页)

　　我注意一些流行的词组,如"弗顾"、"弗出"、"弗入"、"弗
死"、"弗图"、"弗谢而去"、"往者弗送",特别要注意,"不之送"在
这里的上下文中是不适用的。"弗救"一般可解作"refuse to res-
cue",但"弗恐"(其实是"恐"的使动用法,意思是"使恐怖")却很
奇特,而且需要一个很特殊的上下文,以不使它成为一个反证。
"弗怒",如果它真的出现,而且如果我的假说终于被证明是正确
的,那么它的意思应该是"refuse to get angry(at some one or some-
thing)"(不肯〔对某人或某事〕生气),而不是"(happen to)not get
angry at him"(〔偶尔〕对他不生气)。"弗名"意思是"not be called
(so-and-so)"(不被叫做……),对我的假说是一个反证。而"弗
为"(refuse to act as,refuse to do it)应该是常见的。"弗入"(refuse
to enter)不会有什么问题,但"弗在"(not be inside)却是我的假说
的主要而明显的反证。

　　如果"弗然"的意思是"happen not to conside to be the case"
(〔偶尔〕不以为然),那么它明显地将成为我的理论的又一反证。
不过从我看来,我宁可把这个结构解释为"refuse to consider(it)as
so/right"(不肯以为它是这样〔或:对的〕),而不是"(happen)not
(to)think of it as being so"(〔偶尔〕不想它是这样)。"弗说"的意
思应是"refuse to be amused"(不肯〔变得〕高兴),而且可以预测有

人想要使他高兴。这个词组永远不能简单译为"偶尔〔变得〕不高兴"（happen to be displeased）。类似的是"弗是"（refuse to〔not: happen to〕consider as right or correct）（不肯认为是对的或是错的）。不论如何，我不肯认为任何关于"弗"的理论是正确的，如果我不知道如何尝试着合理而确切地证明它是错误的。

（本文原载于《古汉语研究》1992 年第 4 期）

否定词"弗"的句法

[瑞士]高思曼*

一 "不"和"弗"所在的各种语境①

1.1 在古代汉语里,动词谓语句的否定式大都由否定词"不"表示。在语句中,否定词"不"和"弗"从词法来说,相当严格地对立,它们不能在一个语句的同一分句中出现,在同一分句中使用"不"或"弗"必须是有选择的。请看下例:

(1)三日不食。(孟子3B.10)②[三天他没吃]

(2)饥者弗食。(孟子1B.4)[饥饿的人没被供食]

1.2 由"不"、"弗"否定的语句从表层结构看是很相似的;名词性宾语或宾语分句都充分保留(例3,5);而代词宾语"之",除了一些特殊的例外,都规律性地省略了(例4,6)。如:

(3)昔者所进,今日不知其亡也。(孟子1B.7)

* 高思曼教授(Prof. Dr. Robert H. Gassmann),瑞士著名语言学家,苏黎世大学汉学系终身教授。1946年生,1974年毕业于苏黎世大学汉学系、英语语言文学系、英国文学系。所撰有《〈孟子〉的结构标志词"也"》(论文)、《正名》(专著)、《春秋繁露》(译著)等等。

① "语境"(contexts of utterance)在这里主要指"不"、"弗"在句中与动词搭配的情况、句中宾语的情况以及与句末语气词的搭配等。

② 例句出处及引书版本请看"参考文献"。

（4）周公知其将畔而使之与？……不知也。（孟子2B.9）

（5）吾弗敬子矣。（左传·庄公11.4）

（6）非礼之礼……大人弗为。（孟子4A.6）

这个规律一般不适用于融合词，也就是由介词和它的宾语"之"组成的融合词。例如：

（7）齐鲁之故吾子何不闻焉。（左传·定公10.3）

"焉"是介词"于"和代词"之"的融合词（参 Kennedy 1947），其中的"之"并不因否定词"不"的出现而省略。

最后必需指出，在极少数罕见的例子中，虽然有"不"或"弗"的否定，代词宾语"之"并未省去：

（8）狂而不直……吾不知之矣。（论语8.16）

（9）素隐行怪……吾弗为之矣。（中庸11）

1.3　"不"可以不加选择地用于否定及物动词和不及物动词。"弗"与之相反，绝大多数"弗"否定句好像都只能解释为及物动词句，这一点也适用于那些既可视为不及物也可视为及物的两可动词如"去"、"来"等。

（10）效死而民弗去，则是可为也。（孟子1B.13）

〔If（you）fight unto death and the people do not give（you/the land）up，then（...）〕

1.4　否定词"不"、"弗"与动词"许"、"听"搭配时常常互相对立的情况是值得注意的。如"不许/听"、"弗许/听"，几乎可以遇到各自相等的数量。参看下例：

（11）公不听。（左传·桓公2.6）

（12）王弗听。（左传·僖公24.2）

1.5　最后,至少从《左传》的实例来看,否定词"弗"跟"矣"(作为完成式的一个标志)的搭配使用出现频率较高,如:

(13)归弗来矣。(左传·昭公 12.4)

二　当前已有的解释:融合和强调

除了在"不"、"弗"否定句中省略代词宾语"之"这一主宰句子表层结构的省略规律外,"之"与否定词连用还有一个值得注意的特点:被否定词"未"否定的句中,代词宾语"之"不出现在动词后的位置上(那个位置是相对应的名词性宾语出现的地方),而居于动词之前——在否定词"未"和动词之间。如:

(14)臣未之闻也。(孟子 1A.7)

"不"、"弗"否定句与之相似的表层结构,也即"﹡不(弗)·之·动"①这样的句式,在古汉语中没有找到。但在"不"否定句中,代词宾语为第一人称代词时,却有极罕见的几例位于"不"后、动词前(请参看 Gassmann,1984):

(15)父母之不我爱。(孟子 5A.1)

以上两种不同的句型即代词宾语"之"在"不"、"弗"否定句中的省略与"之"在"未"否定句中的前置,是所谓的融合论的主要依据。融合理论对"不"和"弗"之间的关系作了如下阐述:"否定词'弗'是一个融合形式,代表'不之'的连语,包含否定词'不'和前置代词宾词宾语'之'。"

正如以上 1.3 节已提到的那样,绝大多数"弗"否定句的谓语

---

①　﹡号表示这一形式既不是语法上的也不与语言实际的表层结构相当。

动词应解释为及物动词或使动用法。谓语动词的及物性为（直接）宾语的存在提供了条件。我们也已指出，在这些否定句中，动词后的代词宾语"之"被省略了，而这同一代词（由于已被省略）也从不出现在"不"否定句动词前的位置上（这正与某些"未"否定句相反），这一事实看来好像为融合论的正确性提供了有力的证据。此外还有其他一些现成的、被确认的融合词包含着宾语代词"之"；如"诸"，通常被解释为包含代词"之"和疑问词"乎"。再者，"弗"为"不"和"之"的融合结构，这一理论在语音方面看来也没有出现什么疑难（参看丁，1935；Kennedy，1952）。

然而就在融合词"弗"普遍受到描述和解释的同时，融合理论已经面临着挑战。虽然看来没有什么实质性的理由可用来反对语音派生的说法，因为同时还存在其他一些否定词的情况（如：勿＝无（或"毋"）＋之；参看 Mulder，1959）。但是面对这一无可争辩的事实——前置的宾语"之"（作为理论上的假设），在许许多多实例中根本没有出现——必然会产生这样的结果：不仅不能促使"弗"的融合论受到进一步公认，相反，在我们头脑中自然而然地升起了对这一理论的普遍性和权威性的疑问：按照这一理论，当"弗"出现时，句中就暗示有一个被省略了的宾语，也就是说，该句包含着一个及物动词。然而从绝对数量的意义上说，"不"在及物动词句中出现的频率比"弗"要高得多。因而这一融合理论仅仅解释了一小部分"弗"否定句的及物动词；而且也未能说明为什么在少数情况下发生融合，在许多其他情况下不发生。同时还引出另一问题：为什么前置和融合对于第三人称代词"之"形成一个规律，而对于第一人称代词"吾"和"我"就不然？

为了支持融合理论，有人提出，"弗"仅出现在某些动词词性含糊不清、极需辨别的语句中。换句话说,如果一个受"不"否定的及物动词有可能被误解为不及物动词,在这种情况下,"弗"能起到辨别作用。即是说,它能清晰地标志动词的及物性。这种对融合理论的修饰实际上也解释了"弗"的使用没有"不"那样频繁的原因。然而对这一理论测试的结果表明,在很多情况下使用"不"或"弗"对于动词及物性的辨别都同样清楚;另一方面,对于某些存有疑问的极困难的例子,无论使用"不"或"弗"都同样起不到辨别作用。例如:怎么能确定例(2)中动词位置上的"食"字应读为入声(现在念 shí)或去声(现在念 sì)(两种读法都是及物动词)? 应分析为:

(16)饥者弗食(入声)。〔The hungry do not eat(a thing)〕

或者分析为:

(17)饥者弗食(去声)。〔The hungry are not fed(by a person). 或者:The hungry do not feed(a person/an animal).〕

另一种更为棘手的情况,它甚至迫使我们最终不得不承认融合理论不适当而放弃它,就是句中不仅有否定"弗",同时还有一个明显多余的名词性宾语! 一个处于动词后位置上的名词性宾语,本应出现在一个普通的、不表强调的句子中,但在这里却和它的表强调的、前置的代词化替身,也就是和融合结构"弗"同时存在。这事实向我们提出了一个绝对无法解释的语法问题。如:

(18)吾弗敬子矣。(左传·庄公11.4)

融合理论的这些困难把研究激向另一方向。作为这种探索的一个结果,有人提出(特别是 Pulleyblank,1978),"不"和"弗"的不同其中之一是表示强调。该理论所遇到的问题(正如它的提出者所承认的那样)是,这类形式的强调通常只用作极其次要的辅助因素,因而很难在书写文献中得到证实(而这种书写文献是古代汉语赖以流传的主要形式),从而这一理论也不能对否定词"弗"的用法提供严格的、科学的解释和论断。

基于这种不能令人满意的情况,研究者又进一步寻求别的解释和论证,特别着重在寻求某些足以用书面文献媒介来证明或反驳的解释和论证。

三 "弗"的句法:第一次探索

让我们回到例(2),并作进一步的分析。

(a)我们可以假设"饥者"是一个主动语态句子的主语,"弗食(shí)"或"弗食(sì)"是谓语。由于两个动词都是及物,我们必须假设有一个省略了的代词宾语。可能的解释是:

(aa)饥者弗食(之)。〔the hungry do not eat(a thing)〕

或者:

(ab)饥者弗食(之)。〔the hungry do not feed(a person/an animal)〕

(b)我们可假设"饥者"是一个被动语态句子中的主语。由于动词的及物性(同样,无论其为 shí 或 sì),必须假设有一个省略了的主语(施动者)隐含在深层结构中。这样的尝试使"食(shí)"的上下文义不可理解:

(ba)饥者弗食(于 X)。〔the hungry are not eaten(by X)〕

"食(sì)"则导致下面的解释:

（bb）饥者弗食（于X）。〔the hungry are not fed（by X）〕

注意，假设（b）按照原来的融合理论是绝对不能接受的。因为被动主语（主动宾语）和它的代词替身竟然能够同时出现在一个句子中，这是不可思议的。

（c）最后我们还可以假设"饥者"是一个前置宾语。由于动词的及物性（再次，无论它是"shí"或"sì"）必须假设有一个省略了的由名词短语充当的主语。这一假说再次使"食（shí）"的上下文义不可理解：

（ca）饥者,〔X〕弗食（之）。〔the hungry——（X）does not eat（them）〕

"食（sì）"则有以下解释：

（cb）饥者,〔X〕弗食（之）。〔the hungry——（X）does not feed（them）〕

上面（ab）、（ba）和（ca）的解释行文上很难理解，因此必须从进一步的讨论中排除。引文来自《孟子》1B.4,说的是"人君兴师行军，皆远转粮食而食之"（赵岐注）。接下去,（aa）的解释正与原文意思相反。按照上面对上下文大意的介绍,（bb）和（cb）的解释（当然，它们在语义上和句法转换上是相关的）和"食（sì）"的读法是完全可以接受的。在这种分析的基础上，随之而来的是如下的例子：

（19）劳者弗息。（孟子 1B.4）

对它的句子结构和意义可分析为：与"食（sì）"的"喂养某人"、"供给某人食物"的含义相当，我们可以假设"息"有"给某人休息"之意，从而可把句子解释为：those who toil are not given rest（by X）——那些受了劳累的，没有〔被 X〕给予休息。或者：those who toil〔X〕does not give them rest——那些受了劳累的,〔X〕不给他们休息。①

由于"不"、"弗"否定词是很典型地互相对立,人们必然会提出这样的问题:在例(16)和(17)中,"弗"或"不"的替换是否会引出结构或语义上的明显变化? 对例(17),这种替换似乎没有什么影响;而且食的"shí"和"sì"两种选择的读法仍然可以根据上下文义所提供的信息而定。这肯定是由于"shí"、"sì"内在的及物性所决定的。而例(19)的替换形式是:

(20)劳者不息。

由于用"不"替换"弗",结构明显地变化了。正如我们在1.3节中已提到的,"弗"句基本上倾向于一种及物的解释,"不"句在这方面却更加中立。动词"息",通常分析为不及物动词,在"不"否定句中往往保持它的不及物性质。因而对(20)的解释一般都是:那些受劳累的不休息(those who toil do not rest)。

从这个例子推及其他两可(既可分析为及物也可分析为不及物)的动词结构(不管动词有无不同的读法),我们一般可观察到:"不"和"弗"在区别谓语动词是不及物("不")或及物("弗")上,往往显示出一种强烈的倾向。

但这并没有把"不"、"弗"在句法上的区别全部解决。古汉语一个显著的特点是,几乎所有的不及物动词都可以上升为同形异义的使动动词(homograph ic causative verbs)。显示这一过程的表层结构具有的特征是:上升了的动词都能被分析为处在及物形式

① 这种分析还是不够细致。下面关于"弗"结构的进一步讨论将表明,"弗"后的动词也可能是不及物的。

之中。用语法上的简明词语来说:"'不及物'动词被分析为与另一名词补语(noun complement)(在这里实际为直接宾语)在一起。"因而"劳者不息"和"劳者弗息"的不同可以更加精确地陈述如下:

前者是一个不及物动词句,后者则是一个及物·使动句(不仅是及物)。

通过进一步的调查表明,"饥者弗食"中"食"的不同读法同样揭示出其中之一是使动性,即处于及物(shí)和使动(sì)之间。

现在让我们把对句法分析的结果概括如下:

1)上下文的约束首先引导我们在例(15)中选择"食"读为 sì,是及物·使动性,表示"喂养(使食)";而不是读"shí"表示"吃"义的及物动词。由于例(18)是跟它并列的结构,也用同样的上下文义一贯的方法来分析,就是说,也是一个及物·使动形式。

2)用简明的语法术语来说,不及物动词在及物形式中被视为使动动词,就像"息"的情况。如果这一使动语句是否定式,代词宾语"之"就被省略。省略的结果可能是及物·使动的解释("使休息")和不及物的解释("休息")之间的区别难以辨认,或者全都不清楚。

3)在上面的分析中,宾语都不是争议的要点。因为在所有的讨论中,都是由于动词明显的及物性而使宾语成为句法上的必要因素。这表明代词宾语(它或者被省略或者进入某个融合形式)并不构成主要问题。与此相反,形成问题的却是动词前的成分——名词补语(noun complement)的语法作用:它是句子的主语还是前置宾语? 如果是用作宾语,那么被省略的使动主语(causative subject)的问题就仍然有待回答。

4)"弗"的作用看来主要是显示动词的否定的使动性(nega-tive causativity)。通过"弗"、"不"例的比较可以清楚看到,"弗"的最重要作用不是直接表明及物和不及物在结构上的不同,也不在于去区别这些形式;而是一方面区别及物和不及物形式的不同含义,另一方面,显示使动性的含义。

有上面的概述作为基础,我们可以提出以下假说:"否定词'弗'的作用是标志它所否定的动词应被释为使动结构中的一个成分。因而'弗'可以用来辨别与一些'不'结构的区别,这些由'不'否定的结构可以释为不及物的和及物的,由'弗'否定的结构可以解释为使动的。"

四 "弗"和使动性

以上关于"弗"的假说不仅是设想"弗"标志了综合型结构中谓语的使动性;它也暗示"弗"明确地标志了不及物或及物动词的否定的使动化作用。在这方面"弗"的作用与刚才讨论的分析型使动结构很相似。我们是否因此就可以认为"弗"是一个使动否定词,它可以从分析型的角度解释作"不使"(not make, not cause, not let)呢?可惜问题并不那么简单,在古代文献里,"不使"和"弗"还不是完全等同的。请看"不使"的用例:

(21)恶不仁者……不使不仁者加乎其身。(论语4.6)

(22)君子……不使大臣怨乎不以。(论语18.10)

(23)故明主观人不使人观己。(韩非子24;韩非子集释1:480)

(24)晏子不使其君禁侵陵之臣。(韩非子34;韩非子集

释11:717)

仔细分析以上例子以及其他未列于此的例子,我们看到由"不使"支配的补足分句(complement clause)的主语,无例外地都是由名词或名词短语充当,如例(21)的"不仁者"、(22)的"大臣",(23)的"人"、(24)的"其君"。如果由"使"支配的补足分句的名词主语为代词替代,我们就得到"之"作补足分句主语的例子。例如:

(25)使之主事而事治。(孟子5A.5)

(26)使之居于王所。(孟子3B.6)

在例(25)、(26)中,句子包含使动动词"使"和补足分句的主语代词"之",如果"不使"等同于"弗",则"不使"后应有"之"出现。但值得特别指出的是,支配"之"的动词"使"却从未被否定。对现有古汉语文献引得的系统调查得到一个令人惊讶的结果:表肯定的语法形式"使之"出现十分经常;但与它相关的否定式"不使之"则绝对不存在。请看下表(cc＝补足分句 complement clause):

表1　使动式句法形式(一个不完全调查)

	cc 的主语(Y)为名词短语	cc 的主语(Y)为代词
肯定式	X 使 Y	X 使之(＝Y)
否定式	X 不使 Y	X???

五　融合理论:一个新的探索

不存在"不使之"这一否定式,初看似乎是难以对付,实际上却是遵循一个更高层次的规律的极好证明。在1.1我已说过,被"不"或"弗"否定的语句,代词宾语"之"被规律性地省掉了。这一省略规律的系统运用使我们设想:＊"不使之"句式的表层结构就是"不使〔之〕"——这正是实际语言中所发生的。请看下例：

(27)肉虽多,不使胜食气。(论语10.6)

传统的融合理论,带来的问题肯定比它解决的多。下面我们所提出的新融合理论则可以解决两方面的任务:一方面可以完满解释"弗"否定句的存在原因;另一方面可以提出一个更高层次的系统性理论。新融合理论是:"'弗'是一个由否定词'不'和使动词'使'组成的融合形式。只有当句子的深层结构是'不使〔O〕+动'句式时,'弗'这一融合形式才会出现在句子的表层结构中。在这种深层结构中,〔O〕必须是一个被省略的名词词组或者是被省略的代词'之'。"

这一公式适应以下与传统融合理论相背的系统性现象:

1)前置词是受一种孤立的语法过程的促动:这一语法过程即指依照上下文可复原的宾语的省略,或宾语代词"之"的省略。我们的前置词从而与古汉语一种普遍结构(a general phenomenon)并为一体,也就是一种省略了提供应知信息的名词短语的表层结构。(这是在省略了名词短语主语的句子中十分突出的现象,但也不仅限于这类句子。)

2)没有必要坚持前置位置的说法,宾语前置明确的、唯一的原因就是与加重有关。这一新的前置论不仅是语言(省略是普遍现象)更高层次组织的一部分,而且比传统的理论简明易懂。

3)现在我们可以从语法的角度令人满意地解释"不"和"弗"作用的相似和相异处:依照上下文可以复原的宾语或代词宾语的省略是两个否定词的共同规律。"不"否定句的动词可有及物、不及物两种解释;"弗"否定句动词可有及物·使动的解释,我们清楚地看到,这是由于"弗"包含有一个深层的使动词"使"。

4)表 1 关于使动词句作用调查的一项空缺现在可以填出了（见下面表 2）。这样一种融合形式的存在,我认为就是为了强调古汉语中十分著名的使动结构。

5)动词后有代词宾语的例子不会再惹出什么分析上的麻烦:那些名词性或代词性补足语在(肯定的)补足分句中正好是宾语,因而不属于这一省略规律。

6)如果原融合式"不(piug) + 之(tieg) = 弗(piwet)"可以从语音上判断,那么,在相似的(构拟的)元音基础上,新融合式"不(piug) + 使(slieg) = 弗(piwet)",是十分恰当的。除了以上理由,我们也必须承认,语音融合式的假定并不是绝对必要的,正如另外一对反义词联合体并没有语音上相互派生的关系,即"有"和"无";它们可顺带证明融合形式可由一个否定词和一个动词构成:"无 = 不有。"因而"弗 = 不使"也不是一个孤立的现象。

从新的融合理论出发,我们可利用它的逻辑可逆性作为分析工具,并填上表 1 的空缺:"所有带有否定词'弗'的语句均应是可分析为深层结构(意为)'不使'的转换式。补语分句(cc)主语的移动必须在以下情况之下:或者相当于一个被省略的名词短语,或者是一个宾语代词'之'。"

表 2　使动句式(一个完全观察)

	cc 的主语 = 名词	cc 的主语 = 代词
肯定式	X 使 Y	X 使之(= Y)
否定式	X 不使 Y	X 弗[之](Y = 0)

现在,如果新的融合理论和由它派生的分析工具(即逻辑可逆性)真有力量,那么"弗"否定句就可以被解释为使动结构或者可转换为使动结构。为了证实这些假说,我们现在就转入分析有

趣的例子,对它们的解释完全依我们对"不"、"弗"区别的正确理解为转移。

六　不让"弗"拒绝

　　"不"和"弗"语法——语义上的实质性不同可通过分析两对相反的例子得以说明。其中最有趣的是它们的格结构。正如我在2.4已说过的,"不听"或"弗许"在《左传》中出现得十分经常。一般它们被解释为"不听从(某人)"(不/弗听),或"不允许"(不/弗许)。分析《左传》中带"听"的段落得出以下实际框架:

　　——X 已有某一行动,或打算采取某一不平常的行动。

　　——Y 尝试说服 X,指出那一行为不是或可能是不正确的、无道理的、危险的,等等。换句话说,Y 打算说服 X 停止这种特殊行为。

　　——X 不听这一忠告/反对/告诫。

　　对照以下两例:

　　(28)昭公将去群公子。乐豫曰:"不可。"不听。(左传·文公7.5)〔不听:(The duke)did not(不)listen to him.〕

　　(29)先蔑之使也,荀林父止之曰:"……此必不行。"弗听。为赋板之三章,又弗听。(左传·文公7.6)〔弗听:(Xian Mie)refused to listen. 又弗听:again Xian Mie refused。〕

　　以上对"弗听"的译文尚待讨论。上面的分析框架(关系到与"不听"、"弗听"有关各方的相互作用)看来似不能提供什么确实的线索去描绘"不"、"弗"的不同。但通过对事件过程中各有关因素的进一步观察,显示出一种有趣的关系:不论 X 是已经采取行

动或者打算行动,Y 总是试着要说服他采取一个不同的步骤。Y
提出忠告或批评是一种行动,其目的是使一种结果实现,尽管不能
总是达到目的。提出的忠告或批评意味着引出或导致某一行动,
要不就阻止它们。从句法上看,这就相当于一个使动结构。回顾
我对"弗"作用的看法,看来"弗"这个否定词是确实无误地出现在
深层结构为使动关系的上下文中。因而"弗听"可以从一个以下
面类型为基础的深层结构中派生出来:

　　Y 不使(= 弗) X 听。〔Y does not cause, that X listens (to
him).〕

　　Y 的空位上可以填上一个名词表示忠告者或忠告本身,而 X
的位置则属于说到的人。如果 X 是代词"之",那么"不"和使动词
"使"的融合式"弗"就可能出现。"弗听"主要出现在以下两种形
式的语句中,(a)表现为简单的"弗听";(b)有一个前置名词短语
"N 弗听"。在两种语句中,主语名词短语 N 都是属于 X 的,这一
点似与上面分析的结构相对立。

　　这两种语句是深层结构向表层结构的转换,在转换过程中有
以下步骤:

　　1)Y 不使 X(之)听(Y)。〔Y does not cause, that X listens(to
him). ①〕

　　2)Y 不使 X 听。〔Y does not cause X to listen(to him).〕——
补语分句中主语的移动。

　　3)X 不使听。〔X is not caused to listen(to Y).〕——主要分
句的被动化。

---

　　①　补足分句的结构在例(27)中已很典型。

4）X 弗听。〔X refuses to listen(to Y).〕——用"弗"代替"不使"①，＝语句(a)。

5）(O)弗听。〔(X)refuses to listen(to Y).〕——省略被动句主语，＝语句(b)。

X 是补足分句中动词"听"(listen)的(行动)主语，X 的反应在这类语句中最好是用动词"拒绝"refuse(＝不使)②来表示。当富辰批评周王不该娶狄女为王后时，周王的反应是：

(30)王弗听。(左传·僖公 24.2)

现在我们可以比较容易地用简明易懂的语言说明"不"和"弗"在句法上的不同："不"句表明所谈到的人物(即主语)不听从忠告者的话；"弗"句则表示忠告者或忠告(即主语)不可能使所谈到的人物(即宾语)听从。因而"不"句是客观地描述(主语)对发出忠告人的反应；而"弗"句却表示所提到的人物对忠告人的话表示了明确的反对。至此我可把我的不同观点明确表述如下："不"句中所谈人物的反对是中性的；"弗"句中所谈人物的反对是顽强的，而批评对他则如耳边风。

拒绝表示允许的短语也可用类似的方法解释：提出批评的人也是想劝导对方采取一个更恰当的行动，我们发现回答的方式也有两种："不许"表示"(X)不允许什么"。"弗许"表示"(X)拒绝/否认允许"。

以上对两种使动类型——即拒绝接受忠告和拒绝给予许可——的内在因素的分析不仅有助于理解为什么"弗"作为一个

---

①　这种代替的可能性是由于动词后的空缺：X 移到主语位置，Y 被省略了。

②　注意这一条件，"在这类语句中"："拒绝(听从)" ＝ "不使他自己(听从)"。"不使"在不同的上下文中也可解释为"阻止"。

否定、使动的标志出现的频率高,而且准确地指出了"不"和"弗"在作用上的不同。下面的观察进一步支持了"弗"的深层结构为使动性的假设:我发现"弗"的上下文从句型上分析具有以下特色:X 和 Y 很少是平等的阶层(X 通常是君主或主事者,Y 通常是部长或一般官员),据我的调查,X 从不低于 Y。在这种情况下,使动者 Y 是位置低下者,被使动者是居高位者;因而在很多情况下,结果就难免是否定的。也就是说,忠告者是迫使他的上级服从他的忠告! 如果使动者和被使动者的地位反过来,使动者的地位比被使动者高,这样的例句《左传》倒提供了不少①,表明确实存在这类事实,如:

(31)使诸侯之大夫听命。(左传·襄公 8.4)〔(The Duke of Jìn)made the great officers of the princes listen to his orders.〕

新的假说对否定词"弗"的新确认基于对上述句子类型的分析,这事实鼓励我们回过头来讨论第 3 部分分析的例子。对这些例子的结构分析现在可以用这一假设为基础,即"弗"在它的深层结构中含有句法成分"不使"。第一例是:

(32)吾弗敬子矣。(左传·庄公 11.4)〔I shall refuse to respect you,Sir.〕

但另外两例:(16)饥者弗食(孟子 1B.4)、(19)劳者弗息(孟子 1B.4)怎么样呢?

按照这两例的上下文,语法成分"不使"表示"拒绝",看来是荒谬的。在这种情况下,人们必须牢记,否定使动不仅意味着"不

---

① 但带有"弗"的例子缺乏。

能使……"（failure to cause）；而且也含有"使不"（cause that not）
①之义，同时这一含义可恰当地理解为"阻止"。上面两句是下面
深层结构的表层结构转换式。例（18）是以下步骤的结果（例（15）
以同样方式达到结果）：

1）Y 不使劳者（之）息。〔Y causes，that those who toil do not
rest.〕

2）Y 不使劳者息。〔Y causes those who toil not to rest.〕——
补足分句主语的移动。

3）劳者不使息。〔Those who toil are caused not to rest（by
Y）.〕——主分句的被动化。

4）劳者弗息〔The toilers are prevented from resting（by
Y）.〕——用"弗"代替"不使"。

5）劳者弗息。〔Those who toil are prevented from resting.〕——
被动的主语省略。

注意例（19）的动词"息"在整个过程中都是一个不及物动词，
因为没有必要假设一个使动词"息"。这同样也意味着例（16）的
动词"食"究应解释为"shí"或者"sì"，不再是支配"弗"的规律所
回答的问题，因为在补足分句中的动词可以属于任何次类，即不及
物、及物或者甚至是使动。这个问题只有与相关的语句作比较才
能回答，如：

> （33）治于人者食人，治人者食于人。（孟子 3A. 4）（治于
> 人者食（sì）人，治人者食（sì）于人。）

---

① 否定的位置在英语译文中不是绝对的。

参考文献

丁声树 1935 《释否定词弗、不》,历史语言研究所集刊。

杨伯峻 1980 《论语译注》,中华书局。

杨伯峻 1980 《孟子译注》,中华书局。

杨伯峻 1981 《春秋左传注》,中华书局。

Gassmann, Robert H. 1980 Das grammatische Morphem yeh 也. *Eine Untersuchung sein er syntaktischen Funktion im Menzius*. Bern；Frankfurt am Main；Las Vegas：Lang.

Gassmann, Robert H. 1984 Eine kontextorientierte Interpretation der Pronomina 'wu' und 'wo' im Menzius. *Asiatische Studien* 2；S. 129—153.

Kennedy, George A. 1952 Classical Negatives. *Wennti* 1.

Kennedy, George A. 1947 Equation No. 5 (Chinese Fusion-words). *JAOS* 67.

Mulder, J. W. F. 1959 On the Morphology of the Negatives in Archaic Chinese. *T'oung pao* 47, S. 251—280.

Pulleyblank, Edwin G. 1978 Emphatic Negatives in Classical Chinese. *Ancient China：Studies in Early Civilization*. Ed. by David T. Roy und Tsuen-hsuin Tsien. Hong Kong：The Chinese University Press.

（本文原载于《古汉语研究》1993 年第 4 期）

古汉语体态的各方面

[加] 蒲立本

○ 汉语语法中的态

语法理论中的术语"体态"在俄语里翻译为"vid",认为它与斯拉夫语中的"完成体"和"未完成体"相对应。这个术语现在运用得很广泛,因为事实证明很多语言在它们的动词词法中都具有这类特征。汉语缺乏动词词法的各种变化形态,但在现代汉语里确实有后接成分"了"表示"完成"态,有"着"表示"进行"或"持续"态,还有"过"表示"不的过去"或"经验过的"态;同时还用重叠表示"尝试性的"或"暂时性的"态(赵 chao,1968;李和谭槢森 Li and Thompson,1981)。再者,有些句末虚词也有表示动词态的作用和意义,因而也应属于表体态一类。用在句末的"了",虽然与词尾"了"有明显区别,却也含有表示"开始(inchoative)"和"状态改变(change of state)"的意思,它们与动词的完成体也有关系(一个完成了的动作改变一种状态,或者变为一种新的动作)。其他方言也有类似的结构。看来这一点是明显的:在汉语的历史中完成体和非完成体的对立是语言的部分内容。本文的目的就是要探讨它们在古汉语里的表达方式。

一　句末虚词"矣"和现代汉语的句末"了"

在古汉语语法里,最为大家广泛接受的结论之一是"矣"大致与现代的"了"同类。① 正如大家所知,"了"在现代汉语里代表两种不同的词素,(a)词后缀"了",它紧附于前面的动词后;(b)句末虚词"了"。正是这后者而不是前者,可以与古代的"矣"相比较。这一理论从两方面带来困难。一方面,从普通语言学理论来说,通常把体态视为动词词素;另一方面,从传统的汉语用法来说,句末虚词是被汇集在一起作为一个单独的词类——语气词(modal particles)。从这两方面来看,句末的"了"都不能作为时态系统中的一部分。应该说,这两种理论都有问题,特别是在汉语这种极少词的形态的语言中,我们常可看到各种不同的句型表示语义上相关的作用。正如我们已提到过的,李和谭楷森以及赵的著作中都论及许多虚词词缀用作传递动词时态的工具。李和谭楷森还认为位于主要动词前的"在"可以与动词后的"着"交替出现,用作持续态的标志;而赵,虽然提到"在"的表时态的意义,却把它当作"动—动"连动式中的第一动词,相当于"在那儿"(right there),而省略了宾语("那儿")。在他们的说法里并不存在真正的矛盾。一种分析强调语义,而另一种则强调句法结构。两者都应放入整

① 但也不是人人都接受这一结论。在一次会议上有人对我说 Paul Serruys 教授最近发表了关于《诗经》"矣"的一篇长文(1991),他反对这一看法以及前人关于"矣"的所有解释;他提出,"矣"的所有意义都可以从"一个基本的祈使意"(他强调)派生出来。遗憾的是,他的争议不是在语法分析的基础上,而仅是对一些引文中的"矣"作些新奇的、巧辩的说明,而且对"祈使"作很多语义上的伸展。我未敢苟同。

个语境中去考虑。

"语气词"（modal particles）对我来说，我怀疑这一分类是否有用。它把许多不同的词素（morphemes）放在一起，它们在句中虽占据了同一位置，但却具有不同的作用。"语气词"这一用法，如果不仅限于术语本身的话，应当追溯到马建忠，中国现代语法研究的奠基人，他把古汉语的句末虚词分为"传信助字"包括"也、矣、耳、已"和"传疑助字"包括"乎、哉、邪、欤"。（1954：412，第一版1989）①他用了这个相当含糊的术语"语气"（word force），它成为"语气"（mood）一词的标准译法，去给语义范围里的"传信"和"传疑"这组对立物下定义。与西方语言相比，与其说它们相当于通常意义的陈述语气（indicative）、虚拟语气（subjunctive）的"语气"（mood），不如说相当于直陈（declarative）和疑问（interrogative）的句式（sentence type）。虽然直陈（declarative）和疑问（interrogative）的区别有时与形态（modality）的概念相联（如 Lyons，1968：3017），但还是胜过把它视为不合语法的"气"，也就是说，对于理解说话人话语的真实价值说来，对言语行为本身性质的分析胜过对说话人态度的分析（Lyons，1977n. 13）。

马建忠对陈述句和疑问句虚词的二分法无论如何都不能令人满意，因为他所谓的陈述句虚词也可以出现在疑问句里，不管是否同时还有表疑问的虚词。马确曾尝试辨别他在陈述句中的两个主要虚词："也"和"矣"。他给"也"的定义是表示"论段辞气，述说理当如此的事情"；而"矣"是表"徐说辞气"，述说"已然"之事。

① 马建忠把诗歌中出现得很多的句尾虚词如"兮"、"些"等都排除在外，因为他认为这些是由于押韵的需要。Von der Gabelentg，1881 出版过《汉语语法》，也给句末虚词定义为"语气"（modal）（1953：315）。我不知道马建忠是否知道。

前者至今还可看到,传统的述语中把汉语的名词谓语句叫做"判断句"(judgement sentence),这种说法的含糊性超过了它的明确性。另一方面,用"已然"来描述"矣"意义(也许是受了"矣"和它前面的动词"已"常常连用而又同音异义的影响)对于认为"矣"表时态意义的理论倒是颇为有趣的。

王力(1958:445)继续使用"语气"这一术语,把它与西方语法学家所说的"语气"(mood)等同起来。但他作出了一点重要区别,他说西方语言中,"语气"(mood)的区别主要是由动词的屈折变化来表达,而且只运用于动词;而在汉语里,区别是由句末虚词表达,而且运用于整个句子。① 他指出"也"和"矣"是陈述句的语气(mood)标志,这一说法除去了那种认为"也"和"矣"包含疑问句和陈述句的矛盾。同时他对于这两个表陈述虚词的区别所下的定义也很有洞察力。他说"也"句表示一种状况(state),而"矣"句表示一种过程(process)。这是一种明显的与体态有关的区别,而与术语"语气"(modal)所包含的与说话人态度(attitude)有关的区别毫无关系。

王力对汉语句末虚词和西方语动词形态变化所作的区别就如同 Lyons 对英语中所谓"句子副词"(sentence adverbs)和普通副词(ordinary adverbs)所作的区别。Lyons 注意到,从一种语义的观点来看,"句子副词""常具有某种评价的作用",常表示与形态(modality)有关的情况。这可能相当于汉语句末虚词所表达的"语气"或"态度"的意义。但是英语的"句子副词"如"现在"(now)、"现

---

① 在他的《现代汉语语法》(1959)中,他区别了"语气词"(mood words)(他指为"句末虚词")和"语气状语"(mood adverbials)(他指为"语气末品")。

今、现时"（nowdays）、"经常地"（frequently），可用来为句子的表时装置下定义，并与动词的表时形态相互作用。看来没有充足的理由需承认所有的句末虚词只是因为出现在句子的同一位置上就必须依据它们的句法作用和意义划归为一个单独的词类；正如在很多语言里体态关系是基本上与动词相联系，我们也无需断言这是一个普遍的语言现象。

对动词词尾"了"作为完成态标志以及由它派生的表"结束"（finish）的"了"的解说是相当清楚而且没有争议的。但即使如此，如果能指出某些区别也是理想的；如当它在汉语里作为"完成态"标志时与普通语法（universal grammar）表完成观念的区别，或者是与其他语言作些具体的比较。

Comrie 反对把动词的完成体（perfectivity）鉴定作"完成了的"动作（'completed' action）而与简单的"完整的"动作（'complete' action）相对立。理由是动词的"完成体"简单地注意一个具有开头、中间、结尾的完整情况，"完成了的"（completed）这一说法在词的末尾一点（the end point）上给了过多的强调。这对于他从俄语和古希腊语摘引的例子来说，无疑是很有价值的论点；而对汉语的情况而言，完成体态的表现是通过一个虚词，它从一个具有"完成"（complete）义的动词派生出来。而这一特点强调的是所描绘的情况的末尾，好像是反映在它所采用的虚词中。动词的完成体"了"若在句子的主分句中表示过去时态（如同古希腊语中表直陈的不定过去式），而在一个独立的句子里，"了"可能表示未来时态。如：

（1）你吃了饭再去吧。

在这里，焦点还是在动词的末尾，而且暗示吃饭将是被完成的而不是简单的将要发生。因而它不很像 Comrie 从俄语里摘引的未来完成体例子"我将杀你"(I shall kill you),或是古希腊语不定过去式的例子"他希望做这事"(He wishes to do this)。雅洪托夫(Jaxontov)对汉语的"了"用术语"过去完成时"(past completed)(proshedshee zavershenoe)而未用"过去完成体(动词)"(past perfective)(proshedshee sovershenoe)(1957:115—121)。Comrie 所引用的(1977:81n.1)、在斯拉夫语言讨论中的普通术语也许对汉语有某些恰当的对应关系。我把这个问题留给研究现代汉语的学者。下一部分我将讨论古汉语里动词前的副词"既"和"已",它们都从具有"完成,结束"义的动词派生出来,它们与词尾"了"在作用上有最密切的对应关系。

赵(1968),李和谭楷森(1981)都把"了"和其他句末虚词一起讨论过,赵没有指明这一类词的意义,而李和谭则针对传统的术语"语气词"而叫它们为"表示态度的"(attitudinal)。赵列出"了"的七项意义而未曾试把它们置于一个总的定义之下。李和谭给的定义是"与现时有关系的状态",李、谭(1982)还更进一步建议,"了"是作为完成时态(perfect aspect)的标志┤与完成体动词(perfective)相对├。也就是说,它不是简单地像俄语的完成体动词(perfective)或古希腊语的不定过去式作为一个完整的、没有分开的整体,而是把它的完成态与说话的时间相联系,就如同古希腊或英语中的完成时(perfect tense)。赵列出"了"的意义中还有"现在已完成了的动作"。李和谭给"了"意义分类的第一项是"状态的变化"。在现代汉语语法教学中常可见到这类定义,很容易与完成时态(perfect aspect)的概念相适应,正如赵所列"了"的第一项意义为"表示开始"。在以上两种情况下,焦点都集中在新的情况上,它是在前一情况完成的基础上而产生的。

这里不可能对古汉语的"矣"与现代汉语的"了"作详尽比较。下面有几个明显的例句,其他例子在论文中适当处还会列出。

(2)不为不多矣。(孟1A/1)/(3)君子曰,此亦妄人也已矣。(孟4B/28)(从例中可知,说话人心中已有新的情况。比较赵(1968:798):"这个表开始的'了'可运用于一种新的情况或者只是对于说话者是一种新的情况。"关于此例中"也"和"已"的作用请看下面的讨论。)/(4)上下交征利而国危矣。(孟1A/1)(意思是说,国家将会达到了危险的境地。)/(5)则苗勃然兴之矣。(孟1A/6)(意思是说,苗将要萌发了。生动地表示由于雨而带来的突然变化。)

二　古汉语中标志完成态的副词

在古汉语里,标志动词完成态的角色是副词"既"和"已"(已经,already),从动词义"用完、结束、完成"和"停、止"派生出来,具有与现代汉语词尾"了"十分相当的功能。"既"出现得最早,在《诗经》和《书经》中已常见到。在那个时期已有一个特殊的否定词"未"(尚未、从未),它对完成体动词起着否定的作用。就好像"没(有)"在现代汉语里对"了"所起的否定作用一样。它可能是一个合成词由现有的否定词素"＊m"从"毋"(wù)(不要,do not)、"无"(wú)(没有,not have)等否定词中找到和"既"(jì)所合成。

"既"最常见用法之一是,在从句里,它一般被译作表从属的连接成分"当……之后"。相似于"未"在从句里与"前"义相呼应。

(6)兵刃既接,弃甲曳兵而走。(孟1A/3)/(7)未见君子,怒如调饥……既见君子,不我遐弃。(诗 10/1.2,高本汉)"未见"——while I have not yet seen;"既见"——when I have seen。

"既"的这种用法正与现代汉语中"了"和它的否定词"没(有)"用法之一相吻合(赵 1968:120)。英语里与这种用法近似的应是运用完成态分词:"having not yet seen","having crossed"等。

当"既"出现在主分句中时,我们几乎同时都可见到"矣",表示这一完成了的动作是以一个新的情况作为结束。如:

(8)然则夫子既圣矣乎!(孟 2A/2)在这种用法中,我们常见到"已"(already),或是连用的词组"既已",它比单用的"既"更多。

(9)知虞公之不可谏而去之秦,年已七十矣。(孟 5A/9)/(10)予既已知之矣。(孟 6B/13)

另一方面,否定词"未"却从不见"矣"在后跟随,它的句末常为"也"。

(11)未有仁而遗其亲者也。(孟 1A/1)

在肯定和否定同时存在的句子里,这种对比就愈加明显。

(12)今既数月矣,未可以言与?(孟 2B/5)("与"与"也乎"相当。)"矣"与"也"在连续句中的这类对照在动词不表完成(或未完成)的情况下也常可见到。

(13)齐人曰:"所以为蚔蛙,则好矣;所以自为,则吾不知也。"(孟 2B/5)(句中所表示的变化与否是在齐人心中而不在蛙。)

以上的例子虽取自《孟子》,但所代表的句型在战国其他文献中都常见到。

正是这类句型看来似乎支持马建忠以及那些步他后尘的人,即"也"可与"矣"属于同一词类。"也"的最显著作用是作为名词谓语的标志,当它出现在名词或名词化的动词词组(它们不形成我在下文要讨论的独立谓语)之后时,具有相应的名词化作用。我认为这事实上是"也"的基本功能,从这里引申出它的时态虚词的作用,并与表完成态的"矣"相对照。

三　起名词化作用的"也"①

大家都知道在古汉语的名词谓语句里,没有与现代汉语"是"位置相当的系词,而在句末常有"也"。如:

(14)非我也,兵也。(孟1A/3)在这类谓语句中否定词不是通常用以否定动词的"不",而是"非"。句末"也"有时可能省略(比如在现代汉语中用了系词"是"的情况下)。虽然根据目前的研究成果我们还不能详细说明"也"省略的条件和语境,但我们可以确有把握地说,名词谓语句中包含"也"是一条确定的规律。另一方面,我们还可肯定"矣"总是不出现在这类句中(不过请注意下面"也已"和"已"作句末虚词的讨论);但是,由动词"为"(可与现代的"作"比较)派生的系动词"为"可与"矣"配合。如:

(15)万取千焉,千取百焉,不为不多矣。(孟1A/1)"取"在这里包含一个动态的过程,因而动词"为"和虚词"矣"表明了作为一种结果的新的情况。试与静止的、无时态的情况相比:

(16)不为也,非不能也。(孟1A/7)

---

① 　"也"在名词谓语句中的作用以及在名词化的动词谓语后的相关作用,高思曼(Gassmann)曾讨论过(1980),他提出的结论对我来说是非常不寻常的,虽然有些细节还可讨论。不过我十分不同意他对动词谓语后的"也"具有其自身表时态意义的否定。特别是我不能同意他企图把表时态的否定句式"未……也"跟否定的名词谓语式"非……也"一致起来。

　　上例的动词词组"不多"作为动词"为"的宾语和下例的"不为""不能",都作为名词性谓语插入在"也"前;不论有无特定的否定词"不"或"非",它们占有的是名词的位置。这就是我所谓的未标志的名词化词(unmarked nominaligation)。如果有主语出现,"之"作为连词不插入,如:

　　(17)使之主事而事治,百姓安之,是民受之也。(孟 5B/5)(末句:This was the people's accepting him. 在"民"和"受之"间不插入连词"之"。)

　　正如这例子所显示的,没有显著名词化标志而位于名词谓语位置上的动词词组往往是特意用来对照两种不同的情况,或者是为了在另一谓语之后添加一个解释性的说明如"就是……"或"是因为……"。当然动词谓语而带有明显名词化的标志如连词"之"或它的替身"其",或"者"、"所",也常用作名词谓语而在句末用"也"结束。①

　　"也"也出现在一些名词性词组或名词化的动词词组之后,但并不形成谓语,这种用法之一是作为一种主题的标志。这种用法在《论语》的专有名词后特别常见,比如当孔子用弟子个人的名字而谈到他们时,常说"回也"、"由也"等。另一种固定格式在古汉语中常可见到,是一种介绍时间的词组如"今也"(now)放在句子的开头。② "也"作为主题的标志放在明显名词化的动词词组之

---

　　①　比较 Graham(1978:156)论《墨子》逻辑章的"X Y 也"结构的不同,其中的 Y 是一个带有或不带有明显名词化标志的动词词组。
　　②　Graham(1978:155)指出在《墨子》逻辑章里当主语有"是"复指时,作为句子主语的名词总有"也"在后。同样的句式在《庄子》和《荀子》中也有。他说这种用法可能是为了避免与用在句子开头表示再次出现的"是"相混。

后,也是常见的,如:

(18)寡人之於国也,尽心焉耳矣。(孟 1A/3)在这例中,被名词化的是介词"於",但这不值得强调,因为所谓的介词在汉语里实际是一种动词。

"也"还规律性地用来在另一种情况下标志名词化的动词词组的结束,即当这个词组用作动词的宾语时:

(19)丑见王之敬子也。(孟 2B/2)

庄(Graham,1978)对"也"有个很有趣的讨论,他指出在《墨子》逻辑章,"也"是名词化词组(phrases)的一个标志,包括把名词性句子或动词性句子都用同样方法变为名词化词组,那就是用"之"插在主语(或其他动词前成分)与谓语之间,或者用"其"作为代名词性替代物。① 如果我们考虑到主题标志"也"有某种指示的说明作用——"that Hui…"等(请看下面与上古"唯"的对比),我们也许可以这样说明它的作用:位于名词分句之尾,重复显示"that"的作用,就像在英文中那样引进一些分句。②

"也"的系词性用法和其他一些名词修饰语的用法在古汉语时期可以见到大量例证。但是,还有相当数量的"也"出现在动词谓语之后,不能把"也"只解释作使名词化的标志。一种类型,就是我已说过的"也"在"未……"之后,与"矣"在"既……"、"已……"之后相对照,表示持续状态(continuing state)。马建忠就是以这种类型作为依据,把"也"与"矣"视为相互对照的"语气"(modal)虚词,同时导致中国许多语法学家把句末所有的"也"

---

① 见 Graham(1978:155)。

② Walter Simon 曾设想"也"的来源,与闪语(希伯来语,阿拉伯语等)的名词性谓语有平行关系。这篇论文未发表,但有一个提纲,见 Simon(1949)。

包括名词谓语后的"也"在内,都列在"判断句"(judgement sentences)标题之下。虽然在"也"的这两项运用规律(用在名词性谓语和用在动词性谓语之后)内部一定有某种内在的关联,但这两种用法的区别仍是十分明显。我认为,名词性用法是它最初(primary)用法而在动词谓语后表示状态持续不变(unchanging state),则是由于语义引申而产生的第二属性(a secondary smantic extension)。

　　我们可以看到这种引申义是如何发生的。尽管我们用动词"是"(to be)的现在式,像"他是一个人"这样的名词性谓语句,还是真正无时态的。又如"从来没有或尚未有过一个有道德的人而抛弃自己的父母"这样的句子与时间有关,但它的时态是泛指的(omnitemporal or open ended)。无时间概念(time lessness)和时间无变化(unchangingness within time)不是一回事,但它们确有共同之处,而且人们可以看出一种表现形式如何与另一种交叉。从"也"的情况看,有无任何证据告诉我们,它标志名词谓语和标志动词谓语不变时态的作用哪种首先出现?如果我们仅注意行文上的证据,可能很难确定。因两种用法都出现得很早。我想有两个强有力的理由可以假设"也"的最初功能是作为名词谓语的标志。第一,"也"作为名词主题或名词化词组主题的标志,对这些主题起指示作用,这时它标志的并不是谓语,这种用法很难与时态的意义联在一起。第二,从语源学上看,"也"可能与上古系词"唯"有关联,此点见下部分的讨论。

　　是否可以把所有动词性谓语后的"也"都解释为对未标志的名词化结构的深层起作用——(embedded unmarked nominaligation)或者是起标志时态的作用?尚有待进一步研究。一个可疑的情况是"也"用在"可"（表可能）和一个被动词之后：

（20）亦不可行也。（论语 1/12）（This too may not be prac-tised.）

正如 Graham（1957）所指出，"也"与相应的疑问词"与"（这个词也许是"也乎"的融合体）配合在《论语》中经常出现，而且这种同样句式在其他典籍中也可找到。另一方面很难看到"也"和"与"在"可以·主动态动词（active verb）"之后。"足"（表示"够"）"易"（容易）和"难"（困难）在相同句法条件下也是同样。是否可能"也"作为一种深层标志，在以上情况中主要用作一个动词补语出现在谓语形容词之后，而不是用作一个使动词词组名词化的标志出现在及物动词之后？当我们讨论句尾"也已"和"已"的规律时还会再涉及这个句式。

四　上古（preclassical）的唯（隹，惟，维）和古代的"也"

上古汉语和早期古汉语的明显区别之一就是名词谓语的句法。在上古汉语里，谓语名词前普遍有一个"维"（现在发音wéi），在甲骨、金文中写作"隹"，在《尚书》中作"惟"，在《诗经》中作"维"或"唯"。在这一用法中，它占据了通常是主语和它的补语之间的动词的位置，但却属于一个特殊的词类，我们可以称之为"系词"（copula）。它的句法在很多方面与一般动词不同。最重要的区别之一是，疑问代词在古汉语里位于支配它的动词之前，如"何有？"（has what?）而位于系词之后，如"维何？"（is what?）。其他用作系词的"伊"和"斯"在词序上也有同样的规律："尔勇伊何"（诗 198/6）（What is your courage? 你的勇气是什么？），"彼路斯何"(诗167/4,注意在同一诗中也用"维何")(What is that road? 那路是什么?)。至于这些不同的系词所传递的意义有无不同,不同是什么,则不清楚。①

"伊"和"斯"还可用在名词前起指示作用,可译为"这"或"那":"所谓伊人"(诗129/1、2、3,186/1、2)("伊人":that man,那人);"则百斯男"(诗240/1)("斯男":those males,那些男人)。"斯"在古汉语时代继续用作一个指示词。"伊"在古汉语文献中罕见,但稍晚时期又再度出现在不同的方言中作代名词用法。"维",如同其他系词,在《诗经》里就如其他上古文献那样,不仅是名词谓语的标志而且也是一个附于名词前的虚词(an adnominal particle),它对它后面的名词起着指示作用,指向它或引起人们对它的注意。它的作用像是主题的一种标志,而且译成英语时常作为定冠词(definitearticle):"维石岩岩。"(诗191/1)"维石",the rocks。铭文的开头常用这样的套语"隹王曰"(The king says...)。与其他系词相对照而类推,"维"很可能先具有一种指示的、代名词性的意义,由此而派生出系词的作用。

"非"也是一个特别的否定虚词,它对"维"的系词用法和指示用法都可否定。它应属于古汉语中同韵的这一组字,而且无疑问是"不唯"的融合体。较少用的是"微",它是引申的否定词素"﹡m﹣"与"唯"的融合体,它在古汉语里表"如果过去不是因为……"(if it had not been for)。表让步的"虽"也是有关的一个

---

① 在上古汉语里,具有同样词序规律的词包括"如"(像,like)(在古汉语里它成为一个普通动词);还有处所介词"于"和"於"。这些词有另外一种特性(不带代词"之"作补语)使它们与及物动词区别,但它们有带﹡﹣n的派生词(参看蒲立本,1988;1991a)。

（蒲立本，1959），它可能是"唯"的使成式，原始意义是"使它成为那样……"（Lit it be that...）。

在上古汉语晚期的《诗经》和古代汉语早期的《左传》里，"唯"失去了它作为名词谓语标志的作用。它表示一种限制义"仅"（only），保留了一些它在上古汉语语法中用在名词前的特征（蒲立本，1959）。它作为名词谓语标志的作用和作为主题标志的作用都被"也"取代，"也"总是跟随在它所标志的名词或名词化词组之后。如同我们所见到的，"非"继续保留在古汉语里，与"也"配合，作为名词性谓语的否定者，也可不用"也"，单独对名词和名词性词组起否定作用。上古汉语的"唯"和古汉语的"也"互相配合所起的系词作用以及对名词的加强指示作用曾由 Georg von der Gabelentg（1953：314—315）在他的学生 Maxuhle（1880）研究的基础上明确指出。在下面例子中请注意"惟"出现在句首的日期之前："惟五月丁亥"（the fifth month on the day Ding hai）（《尚书·多方》），可与古汉语中表示引进的词组"今也"相比较。

"也"和"唯"在句法规律上明显相似之处恐怕不是偶然。我认为它们在语音上有密切关系，很可能由同一词根所派生。虽然二者的现代读者不大相似，在中古和古代汉语里却有更多共同点。在中古汉语里，我把它们构拟为 EMCJWI（唯）和 jia'（也），就是说，它们有相同的字首音节 j -（喻，四等）。虽然它们属于古汉语不同的韵部："微"和"歌"，但根据我的构拟，这些韵部都应用相同的辅音"＊ － l"作结尾，不同的只是分别在 ＊ ə 和 ＊ a 作为韵部的元音。我曾指出，这些元音的相互通用是古汉语构成词的形态学（morphology of word formation）的一条普遍规律。还有一条附加的重要区别是"唯"的中间辅音 － W －（合口），不过即使有这个矛盾也不妨碍把它们视为同一词根的派生物。我曾在别处提出(蒲立本,1991b)①把"隹"(鸟)构拟为 $*K^{w-}jəi$,有一个软唇腭音的开头字母,而且把它解释为由词根 $*K^{w-}j$ 派生的、带 $*-l$ 的派生词。$*K^{w-}j$ 可在"鸡"的拟音 EMCkɛJ〈 $*K^{w-}aˇj$ 中找到。这样做的基础是假设当古代汉语的软唇腭音词首字母后面跟随有中间辅音 $*-j$ 和元音 $*-ə-$ 时,就会腭音化(palatalized);若在元音 $*a$ 前则会唇音化(delabialized)(蒲立本,1989)。当时文中的词首字母现在解释作软唇腭音的,都被我构拟成软口盖音(uvulars),当时设想,正相反,在 $*ə$ 前会变成唇音化。不过软唇腭音的解决从很多方面来看都更令人满意。疑问代词"谁"(EMC dzw⁻i〈 $*ak^{w-}$ jˀəl)、"奚"(EMCɣɛj〈 $*ak^{w-}aˇj$)(与"何"EMCɣa〈 $*ak^{w-}aˀl$ 比较)提供了一个相似的例子(蒲立本,1991b)。

这里包含着对"唯"的古代汉语读音构拟作 $*wjˀai$。同时我提出把"也"构拟为 $*wjˀa:lʔ$。② 虽然一般来说,词首的 $*w-$,不像软唇腭音的唇音化,在 $*a$ 前时仍能保持不变,但我们还是有理由提出,它在 $*-j-$ 前时,有可能失去。尽管目前对此还带有一定的推测,因事实上"也"的"W"已不存在;但看来这两个词十分像是从同一词根派生。同时从上古汉语到古代汉语,名词谓语形式的变化并不是出现了一个全新的词素,而只是名词前虚词(prenominal particle)被一个由同一词根派生的名词后虚词(post

---

① 在引文里,我认为把所讨论的字的古代汉语中的词首字母看作软口盖音胜过软唇腭音。进一步的解释请看蒲立本(1991b)。关于元音交替关系的争议还有待必要的修正。

② 这个长元音是设想去说明为什么以 $-ia$ 代替 $-iăă$,这是通常的 B 类型收尾,来自古代汉语的 $*-al$。比较"匜"EEMCjiă 与"也"的语音。

nominal particle）所代替。

"维"的系词作用被词序变化了的"也"取代，至今还不能完全解释。目前我也无法从语法学的角度来说明是什么因素激发了这个变化。幸而至少《诗经》有另一个系词"伊"可以与它相对照。在《左传》里，我还找到一个虚词"繄"EMCʔɛj，出现了四次。它纵然有其不同的中古汉语读音，却很清楚是从"伊"EMCʔji[①]产生的一个变体。其差异是在我所谓的 A 类型和 B 类型的音节之间，我相信差异的形成是由一个重音落在音节的第二或第一个短音（mora）上（蒲立本，1994）。

在两种音节类型中的替换，从形态上有关的虚词来说，并不是罕见的。例如，表疑问的同义虚词"安"EMCʔan（类型 A）和焉EMCʔian（类型 B）。从我们现在的观点看，有趣的是表音素的最小单位（graph）yì"殹"，明显地代表《广韵》中的同一个词，尽管在声调上有区别。它在石鼓文和汉代手抄本里都是作为句尾虚词而且等同于秦方言中一个与"也"相当的词，提供了再一个例证，即由名词前变化到名词后的词序。请参看《汉语大词典》。

关于从系词"唯"的指示和说明作用派生出句子的最终成分"也"这一假设，还有一点应特别注意。我们看到它明显的类推作用：古汉语里复指代词（demonstrative pronoun）"是"（这个，那个）在古汉语后期发展为一个系词，可能也是通过普通的句式："是"在其中对带"也"的名词谓语的主语表示重指。这种对比不是那么精确，因为没有证据可以证明"唯"能够起独立代词的作用，但

---

① 见 3/隐 1/3；96/僖 5/g；181（14）宣 2/4（在这个例句中，一句原文用传统的"伊"，而另一句则有"繄"。请参看哈佛燕京引得）281/襄 14/附/4。

至少可以看出，一个指示词(demonstratiye word)可能发展成一个具有系词作用的虚词。另一方面，我也找不到什么证据可以说明"唯"曾在上古汉语的时态系统中扮演过什么角色。

五　句尾虚词"已"和"矣"的句法和语义

句末虚词"已"①为人熟知的一项用法是表示"而已"(同时也可紧缩为"耳")，很明显它是从动词"已"(停止)派生的。这表明，一方面，通过连词"而"——它有规律地出现在两个或数个动词系列的最后一个动词前头；另一方面，也通过这样的事实：如果"而"和任何其他动词在一起，句末就可能伴随着时态虚词"矣"。语义上的替换也十分明显："于是停止"(then stop)→"那就是一切"(that's all)。语法化的作用包含在这样的事实里："已"(停止)不像在普通情况下一系列动词的最后一个往往是主要动词，它却从属于它前面的主要动词并对它起修饰作用。其他一些"已"在句尾，前面没有"而"，它有时与"而已"相当②，但不能简单地这样等同。在《礼记·檀弓》的下面这段里，清代学者王引之(1958：23)把"已"视为单独"矣"的对等词：

　　(21)卒哭而讳，生事毕而鬼事始已。

①　何莫邪(1989)对汉以前文献中的句末虚词"已"的各种表现作了一个彻底的分析(可惜有些印刷错误)。他把它视为"从一个具有主语和谓语中含'已'分句的复句中经过语法化的过程而派生"。他假设它属于"语气"虚词的分类，并把它有规律地译作"确实地"(definitely)。虽然标志完成态确实可能对句中某些插入的成分表示强调，但把这点作为这个虚词的基本意义是不能令人满意的。有趣的是在一个注脚(P475n.11)中他指出，"人们本能地……会把'已'分析为'也矣'的联合体"。我想，他这种"本能"的判断会是正确的。

②　比较刘淇《助字辨略》(P131)，引颜师古对《史记》的注释。

句义明显包含一种新的情况作为状态变化的结果,因此很适合我对"矣"的解释。有一点不是十分明显,就是为什么用"已"代替"矣","矣"用在这里看上去十分合适。经过对另外一些例子的调查,发现"已"常用在人们预期句尾"也"亦可出现的位置上。在上面的例子里,"也"的作用几乎是使它所在的分句成为对上一分句的说明:"〔为什么对死者的名字避讳?〕那是(也)他必须现在(矣)在鬼的状态中被人服事。"比较下例:

(22)地籁则众窍是已,人籁则比竹是已。(庄子 2/8)

如果对准原文语法翻译,则应作:"大地的笛子,那么,众多的洞穴就是它们;人的笛子,那么,一排排的管子就是它们。"谓语的名词性的 XY 也类型。说话人正在报告他从人们的解释中所得到的新的理解,句尾用"矣"应是合适的,而这里用的是"已",它明显地起着双重作用。

按照我的统计在《庄子》里还有 20 例带句尾虚词"已",其中绝大多数也都是名词谓语类型。下例的"已"跟在动词词组之后作为主要动词的补语,也都是预想中"也"的位置:

(23)吾自以为至达已。(庄子 17/67)

在这一例中,"已"跟在被动动词后作"可"的补语,在这种结构中,"也"常常出现。①《孟子》中 9 例句尾虚词中有 4 例是属于后一种类型。在两例中"已"代替了"也",其中的动词词组深嵌在由"是"引进的名词谓语结构之中。下面的句子出现两次,"已"可以代替"也"去标志动词"无"的词组宾语的结束:

---

① 《庄子》中有一例(12/33)有"退已"是作为一个压缩的命令式:"退后去"(Graham,1981:154)。我没有研究"也"和"矣"在命令句中的运用规律。

（24）放僻邪侈无不为已。（孟子1A/7；3A,3）

余下的例子是一个纯粹的名词谓语句,我们看到"也已矣"代替了单独的"已":

（25）君子曰:"此亦妄人也已矣。"（孟子4B/28）

"已矣"的作用像是表示开始义的"了",表明说这话的人明白了此种情况。Legge 译作"This is a man utterly lost indeed!"确实是表达了原文的含义。

虽然在其他一些战国文献如《墨子》、《荀子》里,"已"大都单独使用,在代表早期古汉语的《论语》和《左传》则常见到"也已",有时有"矣"有时无"矣"附加。"可 + 被动动词 + 也已"特别普遍。如:

（26）可谓好学也已。（论语1/14）/（27）去富子则群公子可谋也已。（左传·庄23/附）

六　结论

可以把结论归纳为以下几点:

（1）正如中国语法学家一般设想的那样,结尾虚词"矣"和"也"在动词谓语后的某些用法上是相互对照的,分别表示状态的变化和状态的持续。

（2）"也"的基本意义和用法是位于名词后作为一个指示词,有各种不同的用法,最明显的是作为名词谓语的标志;作为主题的标志;并作为一个带有或不带有明显的名词化特征的标志嵌入动词词组中。

（3）对"也"的分析被下面这种可能性所加强,即它与"唯"有同源关系。二者尽管词序不同,在上古汉语里对有关的名词和名词化的动词词组都起着同样的指示作用。

(4)"也"作为持续状态标志的用法与"矣"相对照,是从属性的,是语义的引申。

(5)尽管"已"和"矣"在稍晚期同音异义,尽管古代的"已"和现代的动词后缀"了"(-le)作为完成体态的标志,古代的"矣"和现代的句末"了(le)"作为完成态或状态改变的标志有惊人的一致处,"矣"和"已"彼此之间可能没有同源关系。

(6)除了"而已"词组和它的融合形式"耳"明显地作为动词"已"派生出的语法形式外,句末虚词"已"代表了"也"和"矣"的融合体。关于"已"可能是"也矣"合音词的讨论,请参看蒲立本的英文原稿(Pulleyblank,1994b)。

参考文献

Classical chinese texts are cited in *the Harvard-Yenching Indexes*, except for *the Liji*, which is cited in *the Liji zhuzi suoyin* 礼记逐字索引,Hong Kong:Commercial Press,1992.

Chao,Yuen Ren 1968 *A grammar of Spoken Chinese*. Berkeley:University of California Press.

Comrie, Bernard 1977 *Aspect*, Cambridge:Cambridge University Press.

Gabelentz, Georg von der 1953 *Chinesische Grammatik*. Berlin. Deutscher Verlag der Wissenschaften [Reprint with a Foreword by Eduard Erkes of the first edition, 1881, Leipzig:T. O. Weigel].

Gassmann, Robert H. 1980 *Das grammatische Morphem ye* 也. Bern,Farnkfurt am Main, Las Vegas:Peter Lang.

Graham, Angus C. 1957 *The relation between the final particles yu* 与 *and yee* 也.

Bulletin of the School of Oriental and African Studies 19: 105—123.

Graham, Angus C. 1978 *Later Mohist Logic*, *Ethics and Science*. Hong Kong and London: Chinese University Press and school of Oriental and African Studies.

Graham, Angus C. 1981 *Chuang-tzu*: *the Inner Chapters*, London: Allen and Unwin.

Hanyu Dacidian Bianji Weiyuanhui 汉语大词典编辑委员会 1986 *Hanyu Dacidian* 汉语大词典, 11 vols. Shanghai: Hanyu Dacidian Chubanshe.

Harbsmeier, Christoph 1989 *The Classical Chinese Modal Particle I* 已, Proceedings of the Second International Conference on Sinology, December 29—31, 1986. *Section on Linguistics and Paleography*. Taipei: Academia Sinica.

Hashimoto, Mantaro 1973 *The Hakka dialect*: *A Linguistic Study of its Phonology*, *Syntax and Lexicon*. Cambridge: Cambridge University Press.

Jaxontov, S. E. 1957 *Kategorija Glagola v Kitajskom Jazyke*. Leningrad: Izd-vo Leningradskogo Universiteta.

Karlgren, Bernhard 1950 *The Book of Odes*. The Museum of Far Eastern Antiquities: Stockholm.

Legge, James 1885 *The Sacred Books of China*: *The Texts of Confucianism*. Part Ⅲ. The Li Ki, Ⅰ—Ⅹ, Oxford: Clarendon Press.

Li, Charles N., Sandra A. Thompson 1981 *Mandarin Chinese*: *a Functional Refernce Grammar*. Berkeley, Los Angeles, London: University of California Press.

Li, Charles N., Sandra A. Thompson and R. McMillan Thompson 1982 *The discourse motivation for the perfect aspect*: *the Mandarin particle le*. In Paul J. Hopper, ed., *Tense-Aspect*: *Between Semantics and Pragmatics*. Amsterdam/Philadelphia: Benjamins.

Liu Qi 刘淇 1954 *Zhuzi Bianlue* 助字辨略. Commentary by Zhang Xichen 章锡琛. Beijing: Zhonghua Shuju[Preface 1711. First modern edition 1924].

Lyons, John 1968 *Introduction to Theoretical Linguistics*. Cambridge: Cambridge University Press.

Lyons, John 1977 *Semantics*, 2 *vols*. Cambridge: Cambridge University Press.

Ma Jianzhong 马建忠 1954 *Mashi Wentong Jiaozhu* 马氏文通校注, 2 vols. Commentary by Zhang Xichen 章锡琛. Beijing: Zhonghua Shuju [*Mashi Wentong*. 1904. Shanghai: Commercial Press. Preface 1898].

Pulleyblank, Edwin G. 1959 *Fei* 非, *wei* 唯 *and certain related words*. In S. Egerod and E. Glahn, eds. *Studia Serica Bernhard Karlgren dedicata*. Copenhagen: Munksgaard.

Pulleyblank, Edwin G. 1988 *Jo chih ho* 若之何 *O nai ho* 奈何, *Bulletin of the Institute of History and Philology*, *Academia Sinica* 59: 339—351.

Pulleyblank, Edwin G. 1989 *A blaut and Initial Voicing in Old Chinese Morphology*: * *a as an Infix and Prefix*, Proceedings of the Second International Conference on Sinology, *Section on Linguistics and Paleography*. Taipei: Academia Sinica. pp. 1—21.

Pulleyblank, Edwin G. 1991a *Some notes on Morphology and Syntax in Classical Chinese* . In Henry Rosemont ed. , *Chinese Texts and Philosophical Contexts*: *Essays Dedicated to Angus C. Graham*. La Salle, Illinois: Open Court. 21—45.

Pulleyblank, Edwin G. 1991b *The Ganzhi as Phonograms and their Application to the Calendar*, *Early China* 16: 39—80.

Pulleyblank, Edwin G. 1991c *Lexicon of Reconstructed Pronunciation in Early Middle Chinese*, *Late Middle Chinese and Early Mandarin*. Vancouver: University of British Columbia Press.

Pulleyblank, Edwin G. 1994a *The Old Chinese Origin of Type A and B Syllables*, *Journal of Chinese Linguistics* 22: 73—100.

Pulleyblank, Edwin G. 1994b *Aspects of aspect in Classical Chinese.*

Serruys, Paul L-M. 1991 *Studies in the Language of the Shih Ching*:*I*, *The Final Particle Yi*, *Early China* 16: 81—168.

Simon, Walter 1949 *The Pronominal Nature of the So-called Final Particle yee*. *Actes du 21e Congres des Orientalistes(Paris)* ,258

Uhle, Max 1880 *Beitrage zur Grammatik des Vorclassichen Chinesisch. Die Partikel wei im Schu-king und Schi-king.* Leipzig:T. O. Weigel.

Wang Li 王力 1958 *Hangyu Shigao* 汉语史稿,3 vols. Beijing:Kexue Chuban-she.

Wang Li 王力 1959 *Zhongguo Xiandai Yufa* 中国现代语法,2vols. Beijing: Zhonghua Shuju.

Wang Yinzhi 王引之 1956 *Jingzhuan Shici* 经传释词. Beijing: Zhonghua Shuju.

（本文原载于《古汉语研究》1995 年第 2 期）

上古汉语"哭"、"泣"辨

[德]何莫邪

细心的许慎研究者都会发现,在《说文解字》里没有"笑"字(to laugh),这是一个很严重的疏漏。《古汉语常用字字典》(北京:商务印书馆,1979。多次再版)没有收"哭"字,编者也许认为懂得现代汉语的学生不可能误解这个古字的含义。我发现这是一个相当可笑的疏忽。

"哭"在我们一些古籍里的分布相当特别,因此我想从一些零星的统计开始谈起。在甲骨文或金文里我没有找到"哭"的确例,同样在《诗经》和《尚书》被确认的古文部分也没有见到。而在充满了眼泪的《楚辞》里,"哭"竟然只有一例。

"泣"《礼记》有14例,其中10例是"哭泣"连用:这些"哭泣"的含义从礼仪的角度看都是不重要的,因"强调"的是"泣"。《仪礼》根本没有"泣"。可另一方面,根据我的电脑统计,"哭"《礼记》有257例,《仪礼》则有94例。对照之下,《吕氏春秋》有13例"泣"与14例"哭"相对应。《史记》的"泣曰"不少于19例,它的117例"哭"与98例"泣"基本持平。

以上这些事实需要作出解释。

我查了目前四种古今词义对照的词典:王克仲等《古今词义

辨析词典》(哈尔滨:黑龙江人民出版社,1993)、刘庆俄等《汉语常
用字古今义对比词典》(海口:南海出版公司,1992)、孙树松《古今
异义词词典》(北京:对外贸易教育出版社,1989)、王德惠等《古
今词义对比词典》(长春:吉林文史出版社,1989)。他们都没有讨
论"哭"字,可能仍是由于编纂者不能想象这么一个简单的字在意
义上会有什么重要变化。看来似乎形成了一种普遍的看法,即古
代的"哭"在意义上与今天的"哭"大体一致。

　　袁晖《新编古今汉语词典》(太原:山西人民出版社,1995)是
新近值得称赞的一个例外。比起其他著作,它标志着一个显著的
进步。因为它确实对"哭"给予了特别的注意,它以大家共有的传
统的误解对"哭"作了非常清晰的定义:"因悲伤痛苦或情绪激动
而流泪。"而这正是我在这篇文章里提出要矫正的。在本文里我
的观点是,"哭"的意义从佛教传入前(Pre-Buddhist)的用法到佛
教变文(Buddhist biànwén)的文学语言实有根本的变化。

　　《说文系传》逐字随着许慎(死于公元149年)作注,对"哭"所
注语义中不包含眼泪:"大声曰哭,细声出涕曰泣。"段玉裁《说文
解字注》在"泣"下注(565页,下):"'哭'下曰'哀声也'①,其出涕
不待言。其无声出涕者为'泣'。此'哭''泣'之别也。"

　　我要争辩的是,许慎的解释是正确的,而段玉裁却未能抓住许
慎注解的精髓。"哭"原本是指感情外露的、听得见的而且直接面
对听者的痛哭和哀号,它的基本核心是有声的。它根本就没有与
"水"(氵)偏旁联在一起。正如我想要指出的,它与眼泪没有什么
本质的联系。甚至有不少"哭"的例子完全没有眼泪。毋庸置疑,

---

　　①　段玉裁这句话的意思是:许慎在"哭"字下(解释)说:"哀声也。"

眼泪对"哭"并不是必须"不待言"(见上文引段玉裁注语)的;即使上下文没有明确交代哭时无眼泪,"哭"的意义也是如此。下面就对这一要点作进一步论证。

毫无疑问,眼泪并不一定是痛哭哀号的必然伴随物。[法]赛拉芬·可维尔对"哭"的标准法语注释是"发出痛苦哀号"(pousser des lamentations)。无论这一解释会不会在法语听众中引起同样的判断——哭时可能有眼泪,但"pousser des lamentations"本身并不能因此作为一个带眼泪哭的确凿解释。我们有可能听说某人"哭而无泪"(wail without tears),但我们绝不可能听到说某人由于没有流出眼泪他的哭就失败了。古汉语里"哭而无泣"给人的直觉是,在说这话的时候,"哭"的动作本身是完成了,但伴随它的眼泪——它们被认为是显示强烈悲痛感情的可信赖的保证——却没有发现。我们至少对上述这一点可以断言,除非我们找到一个事例,证明某人由于没有流出眼泪而被否认他是哭了。

痛哭与哀号自然地与死亡联系在一起。事实上在我们搜集到的汉以前的标准文字里,绝大多数"哭"例都出现在与死亡有关的场合:大都有一具未葬的尸体在场。正因为有这种情况,我们对那些没有尸体而号哭的例子,有着特殊的兴趣。真的,我将把我在所列书目的原始资料中能找到的这类例子一个一个地列出。

许慎观察得很清楚,哭的效应原本是有声的。"哭"的促因(cause)看来与"泣"(weeping and crying)十分不同。

在下面这段微妙的、表现两人共谋的对话里,"哭"原有的有声特征表露得非常准确。故事的背景是,楚军击败了萧国军队而逼近萧国国都。萧大夫还无社想要老相识楚大夫申叔展在进入萧国国都之后救他一命。这是两人在楚军入城前一天的对话。无社

说他将躲在一口枯井里,申叔展说他将以面对枯井号哭作为记号
而把无社救出(见杨伯峻《春秋左传注》749页,宣公12·06):

> 曰:"目于眢井而拯之。"——(无社)说:"注意看一口枯
> 井里面,就可拯救我。"

> "若为茅絰,哭井则己。"——(申叔展说:)"你(在井上)
> 放一根草绳,有在上面对着井哭的人就是我。"

> 明日,萧溃。——第二天,萧国溃败。

> 申叔视其井,——申叔注视那口井,

> 则茅絰存焉。——在井上果然放有草绳。

> 号而救之。——于是他作出大哭的号声而把还无社救了
> 出来。

"哭"在这里是一个纯粹的声音标志。因为根本没有必要对着井
或在井边流泪,那不是问题所在。"号"在这个故事里是对"哭"表
示强调的翻译,也是不带眼泪的。[①]

在《淮南子·齐俗》里,我们找到下面这段具备更多理论性风
格的文字:

> 此皆愤于中而形于外者也。——这些都是内心的积愤而
> 表现在外的形式。

> 譬若水之下流,——就好像水向下流,

> 烟之上寻也。——烟向上升一样。

华拉克下面的译文调和了"哭"与"泣"的区别:"确实,泣(weep-
ing)从口中爆发而泪从眼中涌出,都是内心的激动表现在外的形

---

① 号,杜预注:"哭也。"杨伯峻注:"有声无泪曰号。应上文'哭井则己'。"(《春
秋左传注》750页)

式……"《淮南子》此例实际上向我们指出,"哭"是内心激动的一种自然的、有声的表示。

另一方面,在下文中可以看到"泣"与"水(water)"的巧妙联系。《淮南子·诠言》:

> 忧天下之乱,——为天下的混乱而忧虑,
>
> 犹忧河水之少,——就像为黄河的水太少而忧虑,
>
> 泣而益之也。——想用涕泣(weeping)来增加水量一样。

我敢说这里用"泣"而不用更为多见的"哭"绝非偶然:这是因为"泣"总是与泪水相联系,而"哭"总是与悲号的声音相关。在"哭"的例子里,可能有也可能没有真正的眼泪,而且即使有眼泪,也不是主要之点。

我们在读书中常可遇到"鬼夜哭"(如《淮南子·本经》等),它当然指的是鬼的声音,而不是鬼的眼泪。

但婴儿的涕泣(cry),在古典文学作品里常用"啼",有时也用"泣",却从来不用"哭"。理由就是"哭"不与疼痛或不舒适相关联,正如许慎所精确表达的,它是与"哀"(mourning,grief)联系在一起的。而婴儿们既不会忧伤(grieve)也不会哀悼(mourn)。试比较下文中的"妇人"和"孺子"。《礼记·檀弓下》:

> 孔子过泰山侧,——孔子从泰山旁走过,
>
> 有妇人哭于墓者而哀,——有位妇人在墓前悲哀地号哭,
>
> 夫子式而听之。——孔子靠在车前横木上注意地听着。

这里的"哭"作为一种礼仪的行为,是可以通过耳朵聆听而辨认和体会的。我们不会期待"泣"在这里出现,而且一旦我们真的在这里遇上了"泣",我们就会料想那位妇人不是被约束在形式上的礼仪行为之中。

再看下面,《礼记·檀弓上》:

> 弁人有其母死而孺子泣者。——弁人的小孩儿因母亲死去而涕泣。

被"哭"迷了心窍(而大量使用"哭")的《礼记》,在这个特殊的例子里,却用"泣"作动词,因为孩子是在一种非礼仪的情况下啼泣。在这里我们当然不会期望"哭"的出现,因为当需要表示一种非故意的哭泣或婴儿的啼泣时,"哭"的出现很可能引起误解。

有一个较晚的关于一个早熟孩童号哭的例子,《搜神记》266段:①

> 儿闻之,亡去。——孩子听到这事,就离去了。
>
> 入山行歌。——他进入群山边走边歌。
>
> 客有逢者,谓:——一个路人碰见他,对他说:
>
> 子年少,——你这么年轻,
>
> 何哭之甚悲耶?——为什么这样悲哀地号哭呢?

这一段反映出"哭"与其他表示有声行为的动词(如"歌")的联系。试比较下文中的"歌"与"哭",《淮南子·缪称》:

> 歌哭,众人之所能为也。——唱歌、号哭,是所有人都能做的。
>
> 一发声入人耳,——一旦声音被发出并进入人耳,
>
> 感人心。——就会感动人心。

"哭"(wailing)我认为是文化交往活动中一种带有语义的行为(a semantic act),原本不是一种自发的感情之反应。人们将会发现颜师古(公元581—645)是支持这一观点的人。《汉书·王莽

---

① 相应的篇章在《吴越春秋》477—478页,但却没有这一段。

传》下："国有大灾,则哭以厌之。"颜师古注:

> 周礼春官之属——在《周礼》"春官"下面,
>
> 女巫氏之职曰:——女巫师的职务是这样规定的:
>
> "凡邦之大灾,——"任何时候国内有大的灾难,
>
> 歌哭而请。"——她们就唱歌、号哭去请求(众神和精灵的宽恕)。"
>
> 哭者所以告哀也。——号哭是报告灾难使神人知晓的方式。

歌唱和号哭的联系在早期的资料中就已见到。试把它们对照着加以比较,《诗经·小雅·四月》:

> 君子作歌,——君子创作了这首歌,
>
> 维以告哀!——为使大家了解他的悲哀。

"哭"严格地说也是一种艺术,《淮南子·览冥》:

> 昔雍门子——从前雍门子
>
> 以哭见于孟尝君。——因为他的号哭而被孟尝君接见,
>
> 已而陈辞通意,——最后他慷慨陈辞抒发心意,
>
> 拊心发声。——他捶击胸膛发出许多声响。

高诱注:

> 雍门子名周,——雍门子名叫周,
>
> 善弹琴,——他擅长弹琴,
>
> 又善哭。……——又擅长号哭。……
>
> 哭犹歌也。——"哭"就像唱歌。

在哀悼和忧伤中,一般都有一具尸体作为哀悼的对象。哭与死亡的联系原本出自一个史书方面的注释:《隋书·五行志》引自《洪范五行传》:"哭者死亡之表。"(657页)——痛哭哀号是死亡

反应在外的表象。

"哭"是"哀"(忧伤,哀悼,苦痛)的一种公开表示。古汉语的"哀"有些延伸用法表明它有时并不和哀悼联在一起:虽然一个人一般不会因肉体上的伤害而"哀",但却可能为自己祖国可悲的现状而"哀"。

人们也许会说,"我认为'哀'是一种感情"。然而它却是一种特殊的感情和精神状态。它是,像它所表现的那样,一种公开的感情(a public emotion),至少是一种有意展现给人看的感情,为了使之公开而运用一些公开的行为,这些行为常常是但并不必须是礼仪的行为。它很自然地与一些外在的现象联系着,伴随着或多或少的公开行为,或多或少的礼仪活动。它不像"忧"(worry),原本是属于个人的;也不像"郁"(depression),它是一种私下隐蔽的内心状态。"哀"(mourning,grief)原本是一种被规定好的,一种带有强制性的、礼仪式的精神状态:一个人对死者的哀伤状态必须通过一定的方式表达出来。"哀"由这一基本意义派生出其他一些意义,如"深切而强烈的同情(对活着的人)","急切而深刻的感情上的关注(对事物的状态)"。正如我们将要看到的,"哀"的这些派生意义也使"哭"(wailing, lamentation)产生一些派生形式:一个人可以为将要离家的儿子"哭",因他将要成为一支无望取胜的军队中的一员;一个人也可以为了对人民悲惨命运的深厚同情而"哭"。在所有这些情况中,"哭"都倾向于直接对着一位听者,而且保有以下几点:

1. 它原有的使它与哀号(lamentation)联在一起的有声的特点(acoustic feature);

2. 它原有的使它与公开范围相联系的外在性特点(extrover-

ted）;

3. 它原有的对社会文化因素认同的感情使它与公开的道德行为（public morality）相联系;

4. 通过公开行为表示出的非短暂性的、非转瞬即逝的感情;

5. 它原有的与哀悼死者的联系表明它包含更多共同的忧伤（general grief）。

我们的古汉语资料所描绘的"哭"的状况是非常明确而突出的,确实几乎都是不变的、公开的场合。这可能有两种原因:一是个人私下的悲号和痛哭确实存在,只是在我们所能见到的古中国的文学资料中没有记载;另一原因是"哭"的确是一种直接或间接为一些公开场合有意表示的哀号。

我想宣称,"哭"的表现意味着一种持续的、固定的、非短暂的感情（emotion）,而"泣"则可能表示一种临时的,也许是十分短暂的情感（feeling）。因为"哭"常与非短暂的"哀"联系,而"泣"则多与表示更为短暂感情的动词如"伤"（感到暂时的伤害）、痛（临时感到疼痛）等联系。下面只是这类例子之一,是它们把我的注意力引导到这个重要的焦点上,虽然实际上此例包含着并列词组"泣涕"而不只是单纯的"泣",这点我在一开始就交代过了。《荀子·大略》:

> 曾子食鱼,——曾子正在吃鱼,
>
> 有余。——吃剩了一些。
>
> 曰:"泔之。"——（曾子）说:"用米汁把剩下的鱼浸渍起来。"
>
> 门人曰:——仆人说:
>
> "泔之伤人,——"用米汁浸渍它,伤害人的身体,

不若奥之。"——不如把它腌起来。"

曾子泣涕曰：——曾子感动得流着眼泪说：

"有异心乎哉？"——"（你是对的！）人怎么会想得不同呢？"

伤其闻之晚也。——他感到伤心因为他听到不同的想法太晚了。

"伤"在最后一句的用法是非常引人注意的。"泣"的核心意义确实与这个"伤"和"痛"有关。它们描绘了一种远比"哀"短暂而临时性的感情，而"哀"则常常在"哭"中得到表现。《论衡·逢遇》：

昔周人有仕，——古时有个想谋官职的周人，

数不遇，——多次失去做官的机会，

年老白首，——他年老了头发也白了，

泣涕于涂者。——他在路上涕泣。

人或问之：——有人问他：

"何为泣乎？"——"你为什么如此涕泣？"

对曰：——他回答道：

"吾仕数不遇，——"为了寻找一个官职我失去了多次机会，

自伤年老失时，——我痛苦地发觉自己已经年老失去了时机，

是以泣也。"——我因此而涕泣。"

老人感到剧烈的个人心理上的痛苦。正如他所表白的，他的泣是这种痛苦感情的直接表现。《论衡·龙虚》：

纣作象箸而箕子泣。——当纣作象牙筷子时箕子流泪
而泣。

泣之者痛其极也。——他之所以对此涕泣是因为这种奢
极的做法使他感到痛苦。

"泣"在这里是被一种剧烈的精神上的痛苦感情所激起。"泣"意
义的焦点是感情的诚挚纯真,这点应是基本假设——泣是直接发
自内心的感情——的必要前提。王充在这方面讨论得相当精彩。
《论衡·明雩》:

夫雨水在天地之间也,——雨水在天和地之间,

犹夫涕泣在人形中也。——就像泪水在人体之内。

或赍酒食,——如果有人舍给酒食,

请于惠人之前,——在一位仁人之前提出请求,

未(=求)出其泣,——求他流出眼泪,

惠人终不为陨涕。——那位仁人将永不可能流出这些
泪水。

夫泣不能请而出,——泪水不可能因请求而流出,

雨安可求而得?——雨水又怎么可能用请求去获得?

至于"哭",则异于"泣"。一个人甚至能够派遣人去哭,以他
作为自身的代表。《淮南子·说林》:

汤使人哭之。——汤派出使臣代表他去哀哭。

高诱注:"哭犹吊也。"在这类表使动的行文中,"泣"看来像是被排
除在外的,但"啼"(带长而爆发型的声音)则不然。

下面是全部《楚辞》中仅有的一例"哭"。《楚辞·惜往日》:

思久故之亲身兮,——当他思念到他们以前长期的亲密
关系,

　　　　因缟素而哭之。——他身穿衰服为之哀哭。

在这里，"哭"行为的公开表示来自穿上了白色的哀悼服装。

　　在《楚辞》里，我统计有32例"涕"和10例"泣"。在《诗经》里根本没有"哭"，但有7例"泣"和6例"涕"。"哭"在所有的礼仪行文中几乎是无所不在，而"泣"在这些场合则几乎销声匿迹，特别在《仪礼》中更为明显。

　　我必须用一个警告作为本文的结束：并不是全部例子都能恰当准确地解释"哭"和"泣"的区别。确实存在着两者交错使用的情况；特别是在并列句中，作为用词的变化而使用它们。作为修辞变体（rhetorical varition），在遇到并列结构时，作者可能交错使用这两个词，主要是为了避免重复而不是出于意义上的选择。这种在诗句中常可见到的情况，对于全世界来说都是普遍的，中国当然也不例外。奇怪的是，把"哭"和"泣"相对照而使用的例子竟然只有很有限的几个！也许是因为它们在语义上的距离被人们感到确实是太大了，因而不宜于为了修辞上的效果而故意加以忽略吧！《淮南子·说林》：

　　　　杨子见逵路而哭之，

　　　　为其可以南可以北。

　　　　墨子见丝而泣之，

　　　　为其可以黄可以黑。

在这里"哭"和"泣"被用来互换，我们因而得到一个在修辞上用两者作为变体的清楚的例子。《论衡·变动》：

　　　　秦之将灭，——当秦国将要灭亡时，

　　　　都门内崩。——城门在内部崩塌。

　　　　霍光家且败，——当霍光的家行将被毁，

第墙且坏。——宾馆的墙自己崩溃。

谁哭于秦宫,——谁在秦廷哀号,

泣於霍光家者?——或在霍光家涕泣?

王充否认用哭或泣对这些墙的崩溃有什么不同。在这里,他显然对"哭"和"泣"的对照没有什么兴趣。不仅如此,我们注意到,文中还有"崩"与"败"的对应,"灭"与"坏"的对应,它们之间在语义上的细微差别也都被忽略了。同样还有"且"和"将"的区别也是如此。

面对以上这些思考所联系到的背景,佛前时代,在"泣"范围内,大部分用法变得可以预料。比如《汉书·东方朔传》,当东方朔告诉顽固的侏儒们,他们可能被皇帝斩杀时,他们十分恐怖(可预料下文该用"泣"):

朱儒大恐,啼泣。——侏儒十分恐惧,他们涕泣起来。

综合以上所述,我对上古汉语的"哭"和"泣"作以下辨析:

1. 哭本来是一种公开的主动的行动,泣本来是个人感情方面不由自主的反应。

2. 哭注重于声音,泣注重于眼泪。

3. 哭基本上是对死亡的悲哀,引申可以对灾祸;泣是含有各种个人悲痛感情的反应。

4. 哭是成人的一种表示悲哀的公开的行为,并带有仪式的成分;泣也能表示某些动物的行为,但是没有表示婴儿的引例;婴儿只有泣,没有哭。

5. 哭本是跟长期的悲和哀有关系;泣还跟短期的伤、痛等有关系。

6. 哭表示的是公开的心理态度;泣也可以是个人的生理或心

理的反应。

7. 哭的引例偏于男性;泣的引例偏于女性。

8. 泣一般要有真情实感,语义角度是内在心理的;哭往往可以主动表示,语义角度是外在社会的。

9. 泣有动词、名词两种意义,分属动词、名词;哭单属动词,只能活用为名词。

10. 哭往往与歌并用,泣往往与涕相连。

11. 以哭出名是完全可能的:哭可以是一种艺术形式;以泣闻世是极其少有的。

12. 制定哭法、品评哭声是儒家的专科;没有关于泣的法制定、品评的记载,也无法规定。

13. 哭希望求得社会的认可或同情;泣只求个人感情的抒发。

14. 哭可包含语言在内;泣只能连带语言。

(本文原载于第二届国际古汉语语法研讨会(1996,北京)论文选编《古汉语语法论集》,郭锡良主编,语文出版社,1998 年)

汉语的语法和词汇:一种动态的探讨

[俄]佐格拉夫

汉语这种类型的语言被普遍认为是缺乏形态(从形态学的通常理解来说)的语言。这类语言主要依赖于词序和功能词(function words)①来标志句法关系。功能词在这类语言中的重要作用大致类似于屈折语中的屈折变化。因而我们清楚地看到,当人们对任何历史时期的汉语进行描写时,在语言全面的语法系统内,一般都特别强调对每个功能词的语义和形式特征的研究。

功能词实际上不仅包括纯粹的助词项(auxiliary items)如连词、情态词等,还有些"半助词"(semi-auxiliary)如系词、代词和其他替换词(substitutive words)。正是功能词最明显地反映出汉语在不同时期经历的变化,通过各个的书面文献大体表明语言上的相似或变异。从上古汉语(Old Chinese)到中古汉语(Middle Chinese),功能词的目录单发生了很大变化;而伴随着中古汉语到现代汉语的过渡,在功能词宝库中又有大量变换。在语言发展过程中可以观察到以下现象:a)功能词被另一个具有相近语法意义的词所取代;b)某个词的"物质"外壳由于象形文字书写形式的特点

---

① 功能词(function words),或称之为助词(auxiliary words),传统的汉语述语叫做虚词(empty words)。

而保留下来了，但它的实际功能却或者部分或者全部地起了变化。本文就分这两个问题讨论。

　　虽然汉语功能词的每个变体都会向语言学家显示它自身特殊的条件，但为了辨识汉语功能词在它不同发展阶段上的不同变体，我们必须以下面几点作为基础：选择出功能词最有代表性、最有活力（active）的特点；弄清它们的实际作用；确定其句法上的特点。例如，当我们研究白话（以一种口语典范为基础的文学语言）的形成时，有两点至关重要：a）资料的选择。应选择最接近那个时代口语的资料（必须考虑到同时存在的文言对白话的影响）；b）资料的分类。对这些足以代表那个时代的资料按照它们所属的不同文体分类（在古代汉语里，文学书面语的特征常常在一定程度上受文体的制约）。在元代，更进一步，还出现了汉语和蒙语相互作用的问题。① 总之，当我们分析由典范的古代汉语派生的书面语"文言"时，很多注意力要集中于古汉语功能词中在不同的历史时期里表现在语法意义上的变化以及在句法结构上的变换。

一

　　如同上面已谈到的，最重要、最需注意的问题之一是功能词的实体的变换；这指的就是在某个时期里曾起作用的一个功能词到另一个历史时期里，被另一个具有同样语法性质的功能词所替代。例如，上古汉语的介词"以"，标志工具补语（instrumental comple-

---

　　① 这是另一个需单独讨论的问题，我们不在这里多说。请参看 I. T. Zograph（佐格拉夫）《蒙语—汉语的相互干扰》（元代的官方语言），莫斯科：Nauka 出版社，1984年。

ment)或直接宾语①，它在六朝时代的语言资料中也有同样作用②，从唐开始③经过宋和元④，逐渐被介词"把"和"将"替代了。又如上古汉语的介词"为"(for)，在六朝时也很常见；到宋、元时代有"与"(给)与之并行，而上及唐代，两者就已并见，特别是在敦煌变文的文体中。在现代汉语里，同样的意思是由介词"给"来传递的。最早的例证出现在18世纪的小说《儒林外史》中。

人们注意到，自六朝以来，过去时态的标志(the past-tense marker)"曾"逐渐被运用，渐渐代替了古汉语的"尝"。

宋、元资料中常常出现介词"和"，它和上古汉语里的相应伙伴"与"("与"也出现在六朝和唐代文献资料中)都常运用在中古汉语里，它俩都有参加到同一活动中的意思。

"使"作为上古汉语使动用法的代表，在六朝逐渐被"令"所代替，而在唐、宋、元的语言资料中，又进一步被"教(交、叫)"所替代。

上古汉语表否定的标志"无"和"勿"(后者是否定标志和第三身代词"之"的结合体)，在六朝时期它们逐渐被"莫"和"勿"所替代，到了唐、宋、元时期又被"休"、"莫"代替，最后，在现代汉语里，被"别"取代。最早的例证在《红楼梦》(18世纪中叶)中可以

---

① 对上古汉语语法情况的描写，我们依据的主要是S. ye. Yakhontov(雅洪托夫)的著作《上古汉语》(*Old Chinese Language*)，莫斯科：Nauka出版社，1984年。

② 对六朝时期功能词语法特征的描写，我是依据I. S. Gurevich的《3—5世纪汉语语法纲要》(以汉译佛教文献为资料基础)，莫斯科：Nauka出版社，1974年。

③ 对唐代敦煌变文的语法分析见I. T. Zograph(佐格拉夫)的《双恩记》(圣彼得堡东方研究院敦煌收藏中的一个抄本)第二部分《语法短论和词汇》，莫斯科：Nauka出版社，1972年。

④ 宋元时期的语言描写见I. T. Zograph(佐格拉夫)的《中古汉语：它的形成和发展》，莫斯科：Nauka出版社，1979年。

找到。

上古汉语利用介词"於"引进被动结构中语义上的施事者，汉代出现了"为……所"被动结构，一直延续到六朝，到了唐、宋、元时代，标志被动的助词"被"发展起来，它当时的作用只是部分地与现代汉语的"被"相应。

上古汉语里，我们看到有标志疑问句的虚词"乎"。而在六朝时期，不少疑问句都包含有否定标志"不"或"否"，两者都被置于句末；唐代疑问句仍然延用这一标志，但同时也出现了一个新的特殊的疑问词"么"。疑问句的这两种标志直到今天仍然有效，也就是说，人们长期以来在疑问句中使用否定标志或疑问词"么"，所不同的仅仅是否定标志由一个时代到另一个时代有所不同罢了。

在上古汉语里，我们还可以发现介词"於"常用来标志动作的处所，而在宋、元时代，标志动作处所的介词逐渐变成了介词"在"，现在仍在运用。（在汉魏六朝以至后来，表处所结构"名词＋后置词"常直接附于动词之后而不用介词引进。）

在唐、宋、元资料中，表程度（十分，非常）的意义多由"甚"传递；而在现代汉语中则由"很"所取代，最早的例证出现在《儒林外史》中。

指示代词"彼"和"此"在上古汉语和六朝资料中都很典型，而到宋、元却分别被"那"和"这"取代，一直运用至今。等等。

二

我们在研究功能词时要特别注意的另一个问题是：一个词保留着它的原始"物质"形式，但它的语法功能和语义在时间的过程

中却或者部分或者全部地发生了变化。这种变化可能在不同历史
时期的文献中留下痕迹。① 下面的一些例子显示出其中一些最富
特征的这类语义和功能的变化：

1. 在上古汉语里，"他"作为一个指示代词具有"另一个"的
意思。或者，有时(独立运用)含有"另外一事"(something else)之
义。在六朝时代，当单独使用"他"时，人们还用这同一个词表示
"另一人"、"某一人"之义。或者，把"他"作为名词的修饰语使
用，含有"某人的"、"属于某人"之义。后一意义由唐代延续下来。
与此同时，"他"又获得一个新的意义：第三人称代词，指代一个具
体的名词而不是一个不确定的人。如：

少时他不为添陪，——如果(财富)不够，别人不会给
(我)增添。②

破除己物如他物——(他)破坏属于他自己的东西就如
同它们是别人的东西。③

在宋、元中古汉语和现代汉语里，"他"的作用，作为一个规
律，往往只带有一个意义——第三人称代词。

2. 在上古汉语里，第一人称代词"吾"不能用作句子里的宾
语；而在六朝和唐的资料中，它可以承担名词性成分的各种句法作
用，如主语、定语和宾语。如：

莫谴出吾有忧，——不要使我忧伤。(D,154)

---

① 参见 I. T. Zograph(佐格拉夫)的《官方文言》(*Official Wenyan*)，莫斯科：Nauka
出版社，1990 年。

② 见《双恩记》抄本，代码(Code)#F—96。圣彼得堡东亚研究院图书馆(96 表示
抄本的行数)。

③ 王重民等《敦煌变文集》，北京：人民文学出版社，1957 年。

果然今日抛吾去。——（他）今日真的要抛弃我而去。
（D,317）

3. 上古汉语的第二人称代词"汝"不用作定语，而在六朝和唐的语料中，人们发现这同一个词不仅有用作主语和宾语的句法功能，还可用作定语。如：

损汝眼伤是汝亲。——（他，那个）伤害了你的眼睛的人，是你的一个亲戚。（Ms,539）

4. 在古汉语里，人们发现，"我"、"你"、"他"用来表示复数而没有附加任何表复数的词缀，这种用法比起现代汉语要频繁得多。

5. 在上古汉语里，"是"是一个指示代词（demonstrative pronoun），表示"这"（this）；但自六朝以来，包括今天在内，它主要是用作名词系词（Noun copula）。如：

你是何人？——你是谁？（D,871）

6. "人家"这个词在唐、宋、元语料中，既含有"家庭"、"家族"之义，也有"人民"（people）、"人类"（human being）之义。有时人们会遇到这个词表示"某人的另一个"（someone's else）之义（通常用作一个没有附加词缀"的"的名词修饰语）。无论如何，在那些早期的资料里，"人家"还没有与反身代词明显相反的用法，就像现代汉语里所见到的：

应是人家皆快活。——每个人（所有的人）都满意。
（Ms,326）

你两个是哪里人家？——你们是谁？（Sh,507①）

7. 上古汉语里的系词"也"（有时也与动词一起，起着表肯定

———————————

① 施耐庵（Sh）《水浒传》，北京：作家出版社，1953 年。

语气的虚词的作用),在中古汉语里获得一种新的功能——作为表感叹语气的虚词。如:

> 打杀我也! ——(他们)正杀害我! (Jing,39①)

> 敌人来到也! ——敌人自要到来! (Bi,6.6②)

8. "不"作为否定的标志在唐、宋、元语料中不仅像现代汉语里"不"的特征表示现在和未来,它还可表示过去完成时态。如:

> 可常如何不可来? ——为什么可常不曾来? (Jing,12)

9. 在唐、宋、元语料中,"被"是一个完全的动词,还可能有一个从句作为它的补语,通常用来表示某些预料之外、非意愿的情况。如:

> 这厮……被我们拿了这厮。——我们捉到了这厮。

还有一类特殊的结构,其中的"被"没有主语在它前头:

> 被你杀了四只猛虎——(真巧)你杀掉了我四只猛虎。

在现代汉语里,"被"失去了它类似动词的性质而开始把作用仅限于作为被动结构的一个标志。

10. 唐、宋、元语料中"把"介绍一个直接宾语和一个工具补语。如:

> 我把这儿子与你去。——我把这个儿子给你。(Bi,1.9)

> 把剑煞人。——(道者)用(他的)剑杀了那个人。(D,219)

在现代汉语里,这两个作用被分开了;"把"是直接宾语的标志,而工具格补语的标志通常是"拿"。

---

① 《京本通俗小说》(Jing),上海:古典文学出版社,1954年。
② 《元朝秘史》(Bi),上海:商务印书馆,1936年(6.6表示6卷6页)。

11. 在现代汉语里，反身代词"自己"大多用作主语或宾语的同位语；而这一用法在唐、宋、元时期却不多见，这个词大多被用作定语、状语或主语、宾语。如：

自己也忍做眼花了。——他也认为（他）被迷惑了（被他的想象）。（Jing，36）

宋江又自己焚香。——宋江又自己烧香。（Sh，794）

12. 表示"另一个"、"其他"之义的"别"，在唐、宋、元语料中不仅可以占据名词前的位置（如同现代汉语中"别"的情况），而且还可以位于动词之前。如：

须是别求财宝救接贫穷。——（一个人）应该另外寻求一些钱财去救助贫穷的人。（Ms，352）

在现代汉语里，我们可以看到"另"具有同样的作用。

13. 在六朝语料中，功能词"将"的功能只用于与及物动词构成的句法结构中（由行为动词构成），在那里"将"只引进动物名词；而在唐代语料中，我们使用这同一词引进动物名词和非动物名词构成的宾语；而且，除此之外，从唐代以来，"将"与"把"同时存在，用来标志直接或工具宾语（在六朝时期这一作用多由"持"承担）。如：

恶友将珠到宫。——恶人之宠爱者带着珠宝来到宫殿。（Ms，586）

将小妇人典与他人。——（我的丈夫）已把我典给了另一个男人，作为他（欠人债务）的一个抵押。（Jing，85）

故意将钱钞哄我！——是有意用（你的）钱财愚弄我们吧！（元，9）①

---

① 《元人杂剧选》（Yuan），北京：人民文学出版社，1956 年。

14. 介词"从",它的通常功能是引进起始点补语(包括时间的或空间的);而在六朝语料中它也用作另一些补语的标志,这些补语引进的是一个其所有关系发生转移的人物。如:

> 我不闻汝从我索食。——我从没听说你需从我索求食物。

(Da Ⅲ,798b)①

15. 在古汉语里,"各"含有"每个……"之义,如同其他任何作修饰语的代词一样,它常位于谓语之前而且作为谓语短语中的一个组成部分。在文言里,"各"除继续保持这一作用外,还能用在主语前作为主语短语中的一个成分,或者位于句中其他某个名词性词语之前,含有"各"义。

16. 在上古汉语里,"莫"作为一个用作修辞语的代词,带有"没有人"、"无一人"、"无人"之义;而在文言里,"莫"主要用来表示程度上的最高级。

17. "由"在文言里和在上古汉语中一样,都用作一个介词,引进一个含有起始的时间或动作行为起点的宾语。在上古汉语里,介词"由"还可以引进一个表原因的宾语或一个表原因的从句。

"由"在文言中还有这样的用法:在被动结构中用于施事者之前(这种情况在古汉语中未见),这一用法与"自"作为一种动作的原因互相联系。介词"由"引进一个施动者,位于谓语之前。(在上古汉语里,正好相反,一个施事者往往是由介词"於"引进,位于动词谓语之后。)在语义上是施事主语的名词语在这种结构中是

---

① 《大正新修大藏经》(Da),东京:大正一切经刊行会,1924年(798b表示7卷9页8行)。

从不省略的。如:

　　　　大总统由国民共举。——总统是被全国公民共同选
举的。

　　在文言里,以"由"作为标志的被动结构中还存在一种混合变
体:在这类句子中,功能词"所"也在动词谓语之前(可能是由于
"为……所"结构的类推作用)。如:

　　　　一切是疾疫皆由微生物所致。——所有疾病都被细菌
造成。

　　看来已很清楚,当我们编纂词典和以历史语言学的观点正确
描写汉语语法时,上面所讨论的问题必须给以认真对待。在描写
汉语语法时最重要的环节就是对功能词的描写,应把它们作为从
属于各个时期的一个首尾一贯的系统。人们不仅需要编写各个主
要历史时期分立的词典,也需要编写一个特别的"标志"系统(a
special system of notations),它的作用是从历史语言学的角度对虚
词的历史动态进行总的、全面的探讨。现在这些任务在实际上已
可能做到,因为近期以来已有大量新的出版物问世,它们对汉语的
历史已作出连续的、阶段性的分析,为上述工作的进行准备了一定
的条件。

　　　　　　(本文原载于第二届国际古汉语语法研讨会(1996,北京)
论文选编《古汉语语法论集》,郭锡良主编,语文出版社,1998 年)

何乐士论著目录^①

一 专著

1. 《左传虚词研究》,商务印书馆,1989 年,2004 年修订本。

2. 《实用古代汉语》(何乐士、赵克勤、王海棻等),北京出版社,1991 年。

3. 《古汉语语法及其发展》(杨伯峻、何乐士),语文出版社,1992 年,2001 年修订本。

4. 《左传范围副词》,岳麓书社,1994 年。

5. 《古汉语语法研究论文集》,商务印书馆,2000 年。

6. 《史记语法特点研究》,商务印书馆,2005 年。

7. 《汉语语法史断代专书比较研究》,河南大学出版社,2007 年。

二 论文

1. 先秦[动·之·名]双宾式中的"之"是否等于"其",《中国语文》1980 年第 4 期。又收入《左传虚词研究》,商务印书馆,1989 年;《左传虚词研究》(修订本),商务印书馆,2004 年。

2. 论"谓之"句和"之谓"句,《古汉语研究论文集》(一),北京出版社,1982 年。又收入《左传虚词研究》,商务印书馆,1989 年;

---

① 合著、合译注明各个作者,不注作者则为何乐士单独署名。

《左传虚词研究》(修订本),商务印书馆,2004 年。

3. 《左传》中介词"以"宾语的省略,《左传虚词研究》,商务印书馆,1989 年;《左传虚词研究》(修订本),商务印书馆,2004 年。

4. 《左传》的单句和复句初探,《先秦汉语研究》,山东教育出版社,1982 年。

5. 从《左传》和《史记》的比较看《史记》的动补式,《东岳论丛》,山东教育出版社,1984 年。又收入《古汉语语法研究论文集》,商务印书馆,2000 年。

6. 《左传》的语气副词"其",《语言学和语言教学》,安徽教育出版社,1984 年。又收入《左传虚词研究》,商务印书馆,1989 年;《左传虚词研究》(修订本),商务印书馆,2004 年。

7. 《左传》的人称代词,《古汉语研究论文集》(二),北京出版社,1984 年。又收入《古汉语语法研究论文集》,商务印书馆,2000 年。

8. 说"稍"与"稍稍",《语文知识》1985 年第 1 期。

9. 《史记》语法特点研究——从《左传》与《史记》的比较看《史记》语法的若干特点,《两汉汉语研究》,山东教育出版社,1985 年。又收入《史记语法特点研究》,商务印书馆,2005 年。

10. 《左传》的"贰於(于)×"句式,《字词天地》1985 年第 7 期。又收入《左传虚词研究》,商务印书馆,1989 年;《左传虚词研究》(修订本),商务印书馆,2004 年。

11. 古汉语虚词总述——《古代汉语虚词通释》(前言),《古代汉语虚词通释》,北京出版社,1985 年。又收入《古汉语语法研究论文集》,商务印书馆,2000 年。

12. 《左传》、《史记》介宾短语位置的比较,《语言研究》1985 年第

1 期。又收入《古汉语语法研究论文集》（汉语句法结构上的一个重大变化——从《左传》、《史记》的比较看介宾短语位置的前移），商务印书馆，2000 年。

13. 《左传》的语气词"也"，《语言学论丛》第 16 辑，1986 年。又收入《古汉语语法研究论文集》，商务印书馆，2000 年；《左传虚词研究》（修订本），商务印书馆，2004 年。

14. 《左传》的介词"于"和"於"，《古汉语研究论文集》（三），北京出版社，1987 年。又收入《左传虚词研究》，商务印书馆，1989年；《左传虚词研究》（修订本），商务印书馆，2004 年。

15. 《左传》的介词"以"，《古汉语研究论文集》（三），北京出版社，1987 年。又收入《左传虚词研究》，商务印书馆，1989 年；《左传虚词研究》（修订本），商务印书馆，2004 年。

16. 论《左传》前八公与后四公的语法差异，《古汉语研究》创刊号，中华书局，1988 年。又收入《古汉语语法研究论文集》，商务印书馆，2005 年。

17. "政以治民"和"以政治民"两种句式有何不同？《中国语言学报》第三期，1988 年。又收入《古汉语语法研究论文集》，商务印书馆，2005 年。

18. 《世说新语》的语法特点研究——从《史记》和《世说新语》的比较看《世说新语》的语法特点，《魏晋南北朝汉语研究》，山东教育出版社，1988 年。又收入《汉语语法史断代专书比较研究》，河南大学出版社，2007 年。

19. 《左传》的"之"，《古汉语研究》第一集，中华书局，1996 年。又收入《左传虚词研究》，商务印书馆，1989 年；《左传虚词研究》（修订本），商务印书馆，2004 年。

20. 《左传》的"何",《古汉语论集》第二辑,湖南教育出版社,1988年。又收入《左传虚词研究》,商务印书馆,1989年;《左传虚词研究》(修订本),商务印书馆,2004年。

21. 《左传》的"焉",《古汉语研究》第一集,中华书局,1988年。又收入《左传虚词研究》,商务印书馆,1989年;《左传虚词研究》(修订本),商务印书馆,2004年。

22. 《左传》的"如",《语文月刊》1988年第11、12期。

23. 《左传》的数量词,《庆祝王力先生学术活动五十周年语言文字学术论文集》,知识出版社,1989年。又收入《古汉语语法研究论文集》,商务印书馆,2000年。

24. 《左传》的"若",《语文月刊》1989年第2、3期。

25. 《左传》的被动句式与虚词,《左传虚词研究》,商务印书馆,1989年。

26. 《左传》的比较句式与虚词,《左传虚词研究》,商务印书馆,1989年。

27. 《左传》的特殊词序与虚词,《左传虚词研究》,商务印书馆,1989年。

28. 《左传》中介词"以"的前置宾语,《左传虚词研究》,商务印书馆,1989年。又收入《左传虚词研究》(修订本),商务印书馆,2004年。

29. 《左传》的连词"以",《左传虚词研究》,商务印书馆,1989年。又收入《左传虚词研究》(修订本),商务印书馆,2004年。

30. 《左传》的[主·"之"·谓]式,《左传虚词研究》,商务印书馆,1989年。又收入《左传虚词研究》(修订本),商务印书馆,2004年。

31. 《左传》的"者",《左传虚词研究》,商务印书馆,1989 年。又收入《左传虚词研究》(修订本),商务印书馆,2004 年。

32. 关于"者"字结构作后置定语和受事主语的问题,《左传虚词研究》,商务印书馆,1989 年。又收入《左传虚词研究》(修订本),商务印书馆,2004 年。

33. 《左传》的"夫",《左传虚词研究》,商务印书馆,1989 年。又收入《左传虚词研究》(修订本),商务印书馆,2004 年。

34. 《左传》的"所",《左传虚词研究》,商务印书馆,1989 年。又收入《左传虚词研究》(修订本),商务印书馆,2004 年。

35. 《左传》的"莫",《左传虚词研究》,商务印书馆,1989 年。又收入《左传虚词研究》(修订本),商务印书馆,2004 年。

36. 《左传》的"诸",《左传虚词研究》,商务印书馆,1989 年。又收入《左传虚词研究》(修订本),商务印书馆,2004 年。

37. 《左传》的介词"为",《左传虚词研究》,商务印书馆,1989 年。又收入《左传虚词研究》(修订本),商务印书馆,2004 年。

38. 敦煌变文语法特点研究——敦煌变文与《世说新语》若干语法特点的比较,《隋唐五代汉语研究》,山东教育出版社,1990 年。又收入《汉语语法史断代专书比较研究》,河南大学出版社,2007 年。

39. 古汉语的介词系统,《古汉语语法及其发展》,语文出版社,1992 年。又收入《古汉语语法研究论文集》,商务印书馆,2000 年。

40. 元杂剧语法特点研究——从《关汉卿戏曲集》与《敦煌变文集》的比较看元杂剧语法的若干特点,《宋元明汉语研究》,山东教育出版社,1992 年。又收入《汉语语法史断代专书比较研究》,河南大学出版社,2007 年。

41. 《左传》否定副词"不"与"弗"的比较,《第一届国际先秦汉语语法研讨会论文集》,岳麓书社,1994 年。又收入《古汉语语法研究论文集》,商务印书馆,2000 年。

42. 再论《左传》前八公与后四公的语法差异,《第一届国际〈左传〉学术研讨会论文集》,1994 年。又收入《古汉语语法研究论文集》,商务印书馆,2000 年。

43. 《左传》范围副词概论,《左传范围副词》,岳麓书社,1994 年。又收入《古汉语语法研究论文集》,商务印书馆,2000 年。

44. "牲用备具"的"备"为什么是副词?——谈《左传》的副词"备",《左传范围副词》,岳麓书社,1994 年。

45. 《左传》的副词"尽",《左传范围副词》,岳麓书社,1994 年。

46. 《左传》的副词"偕"与"俱",《左传范围副词》,岳麓书社,1994 年。

47. 《左传》的副词"齐",《左传范围副词》,岳麓书社,1994 年。

48. 《左传》的副词"毕",《左传范围副词》,岳麓书社,1994 年。

49. "乃遍以璧见于群望"的"遍"——谈《左传》的副词"遍",《左传范围副词》,岳麓书社,1994 年。

50. 《左传》的副词"悉"和"悉索敝赋",《左传范围副词》,岳麓书社,1994 年。

51. 《左传》的副词"举"——兼谈"举群臣实受其贶",《左传范围副词》,岳麓书社,1994 年。

52. 《左传》的副词"胥",《左传范围副词》,岳麓书社,1994 年。

53. 《左传》的副词"周"和"以周事子",《左传范围副词》,岳麓书社,1994 年。

54. 《左传》的副词"共",《左传范围副词》,岳麓书社,1994 年。

55. 《左传》的副词"同"及其与"共"、"皆"的比较,《左传范围副词》,岳麓书社,1994 年。

56. 《左传》的副词"兼",《左传范围副词》,岳麓书社,1994 年。

57. 《左传》的副词"並"以及与"皆"、"兼"的比较,《左传范围副词》,岳麓书社,1994 年。

58. "凡"在句中的特殊位置和作用——谈《左传》的副词"凡",《左传范围副词》,岳麓书社,1994 年。

59. 《左传》的副词"鲜",《左传范围副词》,岳麓书社,1994 年。

60. 《左传》的副词"祇"、"适"、"仅",《左传范围副词》,岳麓书社,1994 年。

61. "唯"在句中的多种位置及其作用——论《左传》的副词"唯",《左传范围副词》,岳麓书社,1994 年。

62. 《左传》的副词"独",《左传范围副词》,岳麓书社,1994 年。

63. 《左传》的"咸"和"咸黜不端",《左传范围副词》,岳麓书社,1994 年。又收入《吕叔湘先生 90 华诞纪念文集》,商务印书馆,1995 年;《古汉语语法研究论文集》,商务印书馆,2000 年。

64. 《左传》的"皆",《左传范围副词》,岳麓书社,1994 年。

65. 《左传》、《史记》名词作状语的比较,第二届国际古汉语语法研讨会论文选编《古汉语语法论集》,语文出版社,1998 年。又收入《古汉语语法研究论文集》,商务印书馆,2000 年。

66. 专书语法研究的几点体会,《镇江师专学报》1999 年第 1 期。又收入《古汉语语法研究论文集》,商务印书馆,2000 年。

67. 《左传》的连词"而",《汉语方言共时与历时语法研究论文集》,暨南大学出版社,1999 年。《左传虚词研究》(修订本),

商务印书馆,2004 年。

68. 从《左传》和《史记》的比较看《史记》被动句的特色,《古汉语语法研究论文集》,商务印书馆,2000 年。

69. 《世说新语》的语言特色——《世说新语》与《史记》名词作状语的比较,《湖北大学学报》(哲学社会科学版)2000 年第6 期。

70. 从《左传》"非"、"不"几种句式的比较看"非"、"不"用法上的差异,《许威汉先生从教50 周年纪念文集》,上海教育出版社,2001 年。

71. 专书语法研究的回顾与展望,《湖北大学学报》(哲学社会科学版)2001 年第6 期。

72. "弗"的历史演变——从《〈左传〉"不"与"弗"的比较》到《"弗"的历史演变》,巴黎第三届国际古汉语语法研讨《古汉语语法论文集》,2001 年。又收入《左传虚词研究》(修订本),商务印书馆,2004 年。

73. 从《左传》看《说文解字》,《说文学研究》第一集,崇文书局,2004 年。

三　工具书

1. 《文言虚词浅释》(何乐士、敖镜浩、王克仲、麦梅翘),北京出版社,1979 年。

2. 《古代汉语虚词通释》(何乐士、敖镜浩、王克仲、麦梅翘、王海棻),北京出版社,1985 年。

3. 《古今汉语词典》(撰稿人之一),商务印书馆,2000 年。

4. 《古代汉语虚词词典》,语文出版社,2006 年。

四　译著

1. 《英语结构:英语句子构造导论》([美]弗里斯著,何乐士、金有景、邵荣棻、刘坚、范继淹译),商务印书馆,1964 年。

2. 古汉语虚词词典绪论([加]杜百胜著),《语言学译丛》第一辑,中国社科出版社,1979 年。

3. 马王堆汉墓《老子》手抄本和《秦律》残卷中的"弗"([德]何莫邪著),《古汉语研究》1992 年第 4 期。

4. 否定词"弗"的句法([瑞士]高思曼著),《古汉语研究》1994 年第 4 期。

5. 古汉语体态的各方面([加]蒲立本),《古汉语研究》1995 年第 2 期。

6. 汉语的语法和词汇:一种动态的探讨([俄]佐格拉夫著),第二届国际古汉语语法研讨会论文选编《古汉语语法论集》,语文出版社,1998 年。

7. 上古汉语哭、泣辨([德]何莫邪著),第二届国际古汉语语法研讨会论文选编《古汉语语法论集》,语文出版社,1998 年。

五　其他

1. 学习古代汉语的工具书——谈《古书虚字集释》,《文史知识》1983 年第 8 期。

2. 说"往往",《普通话》丛刊第 1 集,香港建义利有限公司,1985 年。

3. 说"一切",《普通话》丛刊第 2 集,香港建义利有限公司,1985 年。

4. 说"无害",《普通话》丛刊第 4 集,香港建义利有限公司,
   1986 年。

5. 说"便利",《普通话》第 1 期,香港文化教育出版社,1987 年。

6. 著名的语言学家丁声树,《古汉语研究》第一辑,河南大学出版
   社,1987 年。

7. "料理"的故事,《普通话》第 3 期,香港文化教育出版社,
   1987 年。

8. 常用虚词(上、下),《中学语文教学》1987 年第 9、11 期。

9. 小蕙小张说"门户",《普通话》第 4 期,香港文化教育出版社,
   1987 年。

10. 病房里笑谈"上下",《普通话》第 1 期,香港文化教育出版社,
    1988 年。

11. 陈老先生与学生谈数词,《普通话》第 3 期,香港文化教育出版
    社,1988 年。

12. 杜预,《中国古代语言学家评传》,山东教育出版社,1992 年。

13. 《文言实词》读后,《东方文化》,香港大学,1996 年。

14. 许国璋先生在瑞士,《许国璋先生纪念文集》,外语教学与研究
    出版社,1996 年。

15. 老年,是美丽的,《兰乔蒂教授退休纪念》,意大利那坡里东方
    大学,1996 年。

16. 一本开创性的古汉语专著——评李佐丰的《文言实词》,《人民
    日报》,1997 年 6 月 4 日。

17. 《中国古代语法》序言,韩国新雅出版社,1997 年。

18. 专书词类研究原则与方法的可贵探索——《吕氏春秋词类研
    究》读后,《古汉语研究》2001 年第 1 期。

19. 学点古汉语语法(6 篇连载),《美中社会和文化》,《美中社会和文化》杂志社 2002—2006 年。

20. 观《十三经辞典》有感,《古汉语研究》2006 年第 1 期。

21. 晏子谈"和而不同",《美中社会和文化》,《美中社会和文化》杂志社,2006 年第 1 期。

22. 《古汉语语法纲要》中译本序,语文出版社,2006 年。

23. 《左传》语言研究的新成就——读陈克炯教授《左传详解词典》,《中南民族大学学报》(人文社会科学版)2006 年第 3 期。

编　后　记

何乐士先生去世后,张秦杨先生发现何老师一摞整理未就的稿子,大约是准备辑集出版的。内容有散见各种杂志书刊未曾收入专集的文章,有未曾发表过的文稿。张先生送到我家,希望我帮他整理一下。当然,义不容辞。

收入本集中的文章共38篇,我将它们分为六大类:

一、古汉语虚词、语法。其中包括9篇论文、1篇关于"被动句演变历史"的讲演提纲、1份古汉语语法讲义。这9篇论文和那个讲演提纲是很有分量的,不论是对一个词、一种句式的历史演变的考察,还是专书语言研究、断代专书比较研究,或是古汉语研究的纵论,均有深度、有独到见解、有所发现、有所发明。其中《古汉语语法研究概况(1979—1985)》及《试谈古汉语虚词的特点——兼谈实词虚词划分的必要性》是打印手稿,未找到出处,似乎未曾发表过,其内容颇有参考价值。《学点古汉语语法》是应美中文化研究所主办,剑桥中国文化中心、北京东方大学协办的《美中社会和文化》之邀而撰写的。自2003年1月至2006年12月连载于《美中社会和文化》(半年刊)。该杂志国内亦有发行,但读者对象主要是海外华人及其子女,他们的第一语言大多不是汉语。何先生突破一般语法教科书从词类开始按部就班——道来的程式,根据读者特点、需求选择安排内容。又抓住汉语的特点,注重讲解似相似实不同的语言现象的辨别方法。比如,在名词谓语部分,说明了主谓之间无系词与有系词的两种类型之后,特别专设小节讲解作系词的"为"与作一般动词的"为"的鉴别方法、作系词的"是"与作代词的"是"的鉴别方法。讲宾语时,像排列公式一般总结了各种动宾搭配关系,使其规律化,易懂易记。又根据汉语没有词形变化的特点专立"语序"一章,讲解词语在句子中的功能和作用是通过词语的顺序来体现的,并与现代汉语比较,说明古汉语的特殊语序。简明扼要地帮助这些初学者树立起古汉语的语法观念。

二、书评类。共 5 篇。绝非一般泛泛而言的敷衍应付之作,而是以所评介之书为标的的古汉语研究论文。——讲述该书的研究成果、对语言研究的贡献,也指出存在的不足。这样的文章,不仅可以作为一般读者的导读,还为古汉语研究者指出了继续深入研究的方向。何老师曾说过:"给人家写书评,必须读完、读懂全书,还要与同类之书作比较才能写。"比如在写《〈左传〉语言研究的新成就——读陈克炯教授〈左传详解词典〉》之前,她竟重新读了一遍杨伯峻《左传词典》,作了深入的对比研究之后才动笔。

三、序言。共两篇。是为韩·许璧《中国古代语法》和加·蒲立本《古汉语语法纲要》中译本撰写的。显然,序言是在认真阅读全书的前提下撰写的,文章实实在在地将该书值得称道的特点、长处一一道来。两部书的作者都是外国汉学家,《序言》中还表达了中国学者对外国汉学家的敬意,对他们为中外文化交流所作出的贡献的感谢,以及对两国学者和人民之间的友谊万古长青的祝愿。

四、语言学家评传类。共 5 篇文章,古今中外的语言学家兼有。比如《著名的语言学家丁声树》一文,何先生充满感情地讲述了丁先生一生卓越的学术成就及光彩照人的品格。顿时,活灵灵一位才高德厚的大家形象跃然纸上。《杨伯峻先生传略》是为中华书局即将出版的《杨伯峻文集》撰写的文章，留下的是亲笔手稿，是其绝笔之作。文稿前有一封2007年7月8日写给曹先擢先生（《杨伯峻文集》的编者之一）的信，曰："现谨交上这一不像样的拙稿，请不客气地加以批改。自接受这项任务到今天，我因感冒发烧并发肺炎，先后住了四次医院，现在仍在医院的病床上。因此拖延了完稿时间，也影响了稿子质量，我十分内疚！只有期待着您们来弥补了。如果不能用的话，就请换稿，不要客气。千万千万。……"何先生身体瘦弱娇小，但从她笔下流出的字却秀丽大方而遒劲。然而这份手稿中的字迹走样了，失去了以往的精气神儿，有些篇章、段落钩抹删改较多。可想而知，何先生是如何拖着病体坚持写完的。呜呼！哀哉！该文作为初稿提交给《杨柏峻文集》编委，据说，纳入《文集》前将请其他先生作补充修订，那是《杨伯峻文集》的事。这里作为何先生的遗稿，我们忠实原貌地给予保留。

五、为香港《普通话》杂志撰写的古汉语词汇小品文。有实词，也有虚词，共8篇。文章短小、生动、活泼，又绝不失深度、广度。小文章见大功夫。还有一篇《晏子谈"和而不同"》，是继《学点古汉语语法》之后登载于《美中社会和文化》2006年12月《学点语法知识，读点古文》栏目的一篇古代文选译注。《美中社会和文化》原计划作为古汉语普及园地，每期一篇。遗憾的是，这第一篇发表之后，何老师的身体状况已经不允许她继续写下去了。尽管只有一篇，作为这最后的纪念，还是收到这里。何先生一贯认为做文化普及工作是专家学者的天职，并身体力行。这些小文章深入浅出、通俗易懂、趣味盎然，甚至于可以从中读出何先生写作时的喜悦、快慰。

六、译著类。共6篇。何老师认为，"国外学者常会提出一些我们意想不到的新鲜问题和看法，即使我们可能不尽同意，但他们观察问题的角度、研究问题的方法、考虑问题的思路等，却常会给我们以启发"。（见何乐士《专书语法研究的回顾与展望》）她不仅一向关注国外学者的研究方法和成果，并亲自做翻译工作，将国外学者的研究成果介绍到国内来，真是应当感谢她。

在文集之后附上何乐士先生论著目录。这是张秦杨先生根据何老师生前填写的"社科院学术研究成果报表"整理的。我们也不知是否完备，深望学者、朋友们补充修订。何先生本来还有可观的写作计划，绝未曾想到天不假年，正在写作的书稿只好半途而废了。

今将整理好的文集交付出版社，心中不免惴惴，尤其未经作者手定的未曾发表过的文章，是否有失检之处？又不知我是否领会了何先生的本意，有无不符合其心意的地方。我们为何先生未能完成她的研究、写作计划就被虏去天国，深感遗憾，真希望本文集的出版能让何先生在天之灵能得到些许安慰！

刘尚慈

2008年3月10日

致　　谢

时间过得真快，转眼何乐士先生离开我们已经快两年了。

在她生命的最后阶段，医生为了抢救生命而采取了不得已的治疗措施，却使她在离开这个世界前的三个多月即已不能说话，所以关于她工作上的事都没有来得及做任何交待。近一时期在清理她的书房时，发现她有些在一些刊物、书籍中发表过的论文、译文、普及性的书稿以及关于老师们的记事回忆和传记已经归类，似拟再增加些内容分别汇集成专书出版，现在她已不可能完成她的这些计划了，考虑到这些篇章都是她心血的结晶，对后人对社会或许有用，所以决定把它汇编成册奉献给读者，同时也作为她留给大家的永久纪念。但我对她研究工作上的事完全不懂，为了慎重处理这些稿子，她的生前好友刘尚慈先生伸出了友谊之手，承担了审稿任务。经过商量，决定将何乐士先生现有的38篇文稿和何乐士先生主要著作目录一并请刘先生审阅、修正并作出有无出版价值的评估。分门别类、归纳成册以及确定书名等送出版社前的各项工作均请刘先生全权办理（详见刘先生的编后记）。在审稿过程中，刘先生还花费了不少精力为稿中个别例句的出处、原发表刊物的名称进行了查证、补证，并对38篇文章进行了编目，拟定了书名，为此书的出版付出了大量的辛勤劳动，使何乐士先生生前的愿望得以实现，我在此代表何乐士先生和我们全家向刘尚慈先生表示衷心感谢和崇高的敬意。

　　由于何乐士先生的西去,这本小册子在编撰过程中受到客观条件的限制,因此文中难免有疏漏和失误。为此我们殷切地期待着师友们和广大读者的批评指正。

　　在漫长的岁月中,商务印书馆的领导和汉语室的赵克勤、张万起、周洪波、何宛屏、许振生等新老同志,始终如一地关爱、帮助、支持、鼓励何乐士同志,我谨代表何乐士先生和我们全家向他们表示衷心的感谢。同时还要向为本书出版,付出了辛勤劳动的责任编辑包诗林同志表示诚挚的谢意。

张秦杨

2009 年 5 月 1 日